김기림 전집 1
시

김기림 전집 1

태양(太陽)의 풍속(風俗)　　　기상도(氣象圖)

권영민 엮음

바다와 나비　　　　새노래　　　미수록 시 작품

시

민음사

『김기림 전집』을 새로 펴내며

　김기림은 1908년 5월 11일 함북 학성(현재는 성진시)에서 출생했다. 1921년 상경해 보성고등보통학교에서 수학한 후 일본으로 유학해 1926년 니혼대학(日本大學) 문학예술과에 입학했다. 1930년 니혼대학을 졸업하고 귀국해 조선일보사 학예부 기자로 생활하면서 시와 시론을 발표했다. 이 시기에《조선일보》에 발표한 그의 시는 「가거라 새로운 생활로」 (1930), 「가을의 태양은 푸라티나의 연미복을 입고」(1930), 「훌륭한 아침이 아니냐」(1931), 「옥상정원」(1931) 등이 있으며, 「시의 기술, 인식, 현실 등 제 문제」(1931), 「현대시의 전망」(1931) 등의 평문도 발표했다. 1933년 이태준, 정지용, 김유영, 이무영, 박태원 등과 '구인회(九人會)'를 결성하고 동인으로 활동하면서 이상(李箱)의 시를 새로운 초현실주의 시로 문단에 소개했다. 서구 모더니즘 문학론을 소개하는 데에 앞장섰으며, 이를 바탕으로 「현대시의 기술」(1935), 「현대시의 육체」(1935) 등을 비롯해 「오전의 시론」(1935)을 완성했다.
　1936년 조선일보사 장학금으로 다시 일본으로 유학해 도호쿠제국대학(東北帝國大學) 영문학과에 입학했다. 장시 「기상도(氣象圖)」(1936)는 태풍의 경로를 표시하는 기상도의 변화를 통해 서구 문명의 동양 진출에 대한 비판적 인식을 시적으로 형상화하고 있다. 일본 유학 중 당대 영문학의 중추적인 이론가였던 I. A. 리처즈를 본격적으로 연구했으며 이러한 관심은 뒤에 그가 펴낸 『시의 이해』(1950)로 심화 확대되었다. 1939년 도호쿠제대를 졸업한 후 김기림은 다시 조선일보사로 복귀했고 평론 「모더니즘의 역사적 위치」(1939), 「과학으로서의 시학」(1940) 등을 발표했다. 그의 전반기 시를 총망라한 시집 『태양의 풍속』(1939)은 한국 모더니즘 시 운동의 실천적 성과로 손꼽힌다. 일제의 탄압으로 《조선일보》가 폐간되자 그는 고향으로 돌아가 함경북도 경성중학교 영어 교사로 활동했다.

1945년 광복 직후 상경해 문단 활동을 재개하면서 이태준, 임화, 이원조 등과 조선문학가동맹(1946)의 조직을 주도했고, 조선문학가동맹 시 부위원장으로 활동하면서 새로운 국가 건설을 위해 문학인의 정치 참여를 주장했다. 서울대학교, 중앙대학교 등에서 문학을 강의했고, 시집 『바다와 나비』(1946), 『새노래』(1948) 등을 잇달아 발간했다. 자신의 시론을 모아 한국 현대시 최초의 시론집인 『시론』(1947)을 발간했고, 『문학개론』(1946), 『시의 이해』(1950), 『문장론신강』(1950) 등을 펴냈다. 1950년 한국전쟁 때 피난하지 못하고 서울에 머물러 있다가 북한 인민군에게 피랍되어 납북당한 것으로 알려졌으나 그 후 행방은 제대로 알려진 바 없다.

김기림의 문필 활동은 시 창작과 비평 작업으로 크게 나뉜다. 그는 과거의 시들이 감상성에 빠져들어 허무주의로 흐르고 있다고 지적하면서 여기에서 벗어나기 위해 건강하고 명랑한 '오전의 시론'을 가져야 한다고 주장했다. 실제로 그의 시는 밝고 동적인 이미지를 중심으로 현대 도시 문명의 속성을 형상화한 작품들이 많다. 그는 시적 모더니티를 추구하면서도 그 극복을 위한 다양한 방법을 비평적으로 모색하면서 한국 모더니즘 문학의 이론적 기반을 확립하는 데에 크게 기여했다.

이번에 민음사에서 새로 발간하는 『김기림 전집』은 21세기의 독자들에게 김기림 문학의 전모를 새롭게 보여 준다는 데에 목표를 두고 전체 3권으로 그 내용을 구성했다.

『김기림 전집 1권』은 김기림이 발표한 시 작품 전체를 수록한 책이다. 단행본 시집으로 나온 장시『기상도』(1936)와 창작 시집『태양의 풍속』(1939),『바다와 나비』(1946),『새노래』(1948)에 실린 시들을 발간 순서대로 수록했으며, 시집에 수록하지 못한 미수록 작품들을 발굴해 함께 실었다. 전집의 편집 방침에 따라 시집에 수록한 작품의 원문을 정본으로 삼았으며 일부 고유어나 난해 어구에는 주석을 붙여 그 의미와 쓰임을 밝혔다. 현대 국어 표기법에 따라 고친 현대어 본을 각 작품의 맨 앞에 수록하여 일반 독자들이 편리하게 이용할 수 있도록 했으며, 잡지나 신문에 발표된 원문도 함께 수록해 원문의 개작과 변모를 확인할 수 있도록 했다.

『김기림 전집 2권』은 김기림이 발표한 시론과 평론을 모두 수록한 책이다. 단행본으로 발간한『시론』(1947),『시의 이해』(1950)와『문학개론』(1946)은 책의 원문을 정본으로 삼아 현대 국어 표기법에 따라 고치고 한자 표기를 국문으로 바꾸어 수록했다. 단행본에 묶이지 못한 평론을 신문 잡지에서 모두 찾아 현대 국어 표기법으로 고쳐 함께 뒤에 실었다. 일부 외국 인명이나 작품명에는 주석으로 설명을 붙여 글의 이해를 도왔다.

『김기림 전집 3권』은 수필집『바다와 육체』(1948),『문장론신강』(1950)의 원문을 정본으로 삼아 현대 국어 표기법에 따라 고치고 한자 표기를 국문으로 모두 바꾸어 수록했다. 그리고 단행본에 싣지 않은 산문과 함께 신문 잡지에 발표한 소설, 희곡 등도 모두 찾아 실었다. 발표 당시의 원문을 모두 현대 국어 표기법으로 고쳤으며 한자 표기를 없앴다. 3권의 부록으로는 연대기적으로 요약하여 기술한 김기림의 연보를 덧붙였다.

이 전집을 계획하면서 나는 두 차례 일본 센다이(仙台) 소재 도호쿠 대학을 방문한 일이 있다. 영문학과 사무실에서 그의 학적부를 확인하고자 했지만, 태평양전쟁 당시 모두 소실되어 졸업논문의 원본도 학적부와 함께 사라졌다는 것을 알았다. 다만 그가 영문학과 졸업논문으로 「PSYCHOLOGY AND I. A. RICHARDS(심리학과 I. A. 리처즈)」를 제출해 통과했다는 사실을 당시의 『대학기요(大學紀要)』에서 확인했다. 이 전집을 새로 엮으면서 지금은 절판된 김학동 교수의 『김기림 전집』(심설당, 1988)을 참조했음을 밝혀 둔다.

이 책의 모든 원고는 버클리대학 동아시아에서 한국문학을 강의하는 동안 틈틈이 정리했다. 버클리대학 동아시아도서관 장재용 박사는 귀중문서보관소에 비치되어 있던 한국 해방 공간의 신문과 잡지를 특별 열람할 수 있도록 도와주었다. 그 덕분에 당시 신문에 발표된 김기림의 시 5편과 산문을 찾을 수 있었음을 밝히면서 장재용 박사에게 감사의 인사를 드리고 싶다. 버클리대학이 코로나 사태로 캠퍼스를 폐쇄했을 때 나는 한국학센터의 소장을 지내신 클레어 유 교수님 댁의 1층을 독차지해 살면서 '봄날은 간다'를 혼자 되뇌며 컴퓨터 자판을 두드렸다. 버클리 머리나를 내려다볼 수 있는 교수님 댁 앞뜰에는 커다란 감나무와 올리브나무 이파리가 햇살에 번득였다. 내가 팬데믹의 혼돈 속을 빠져나올 수 있도록 배려해 주시고 이 방대한 전집을 마무리할 수 있도록 도와주신 클레어 유 교수님 내외분의 후의를 잊을 수가 없다.

많은 자료 정리와 원고의 교열 작업을 도와준 서울대학교 현대문학교실 유한형, 서여진 선생께 고마움을 표한다. 어려운 출판 사정에도 출간을 맡아 주신 민음사에 고마움을 표하며 까다로운 편집 과정의 오랜 시간을 잘 견뎌 주신 민음사 편집부 남선영 팀장께 감사드린다.

2025년 6월
권영민

차례

머리말: 『김기림 전집』을 새로 펴내며	4

1부 『태양(太陽)의 풍속(風俗)』
(學藝社, 1939)

어떤 친한 '시의 벗'에게	23

마음의 의상(衣常)

태양(太陽)의 풍속(風俗)	27
기차(汽車)	29
오후(午後)의 꿈은 날 줄을 모른다	31
연애(戀愛)의 단면(斷面)	34
화물자동차(貨物自動車)	37
해상(海上)	40
대중화민국 행진곡(大中華民國行進曲)	43
해도(海圖)에 대하여	47
비	50
방(房)	56
가을의 과수원(果樹園)	60
옥상정원(屋上庭園)	63

화술(話術)

    1 오후(午後)의 예의(禮儀)

향수(鄕愁)	71
첫사랑	74
램프	80

꿈꾸는 진주(眞珠)여 바다로 가자	83
감상 풍경(感傷風景)	90
이별(離別)	92
가거라 새로운 생활(生活)로	95
먼 들에서는	100
우울(憂鬱)한 천사(天使)	102
봄은 전보(電報)도 안 치고	106
기원(祈願)	112
커피잔(盞)을 들고	115

2 길에서

기차(汽車)	119
인천역(仁川驛)	122
조수(潮水)	125
고독(孤獨)	128
이방인(異邦人)	131
밤 항구(港口)	134
파선(破船)	137
대합실(待合室)	140

함경선(咸鏡線) 오백(五百)킬로 여행 풍경(旅行風景)

서시(序詩)	144
대합실(待合室)	147
식당(食堂)	150
마을	153
풍속(風俗)	156
함흥평야(咸興平野)	159
목장(牧場)	162
동해(東海)	165

동해수(東海水)	168
벼룩	171
바위	174
물	177
달리아	180
산촌(山村)	183

3 오전(午前)의 생리(生理)

깃발	187
분수(噴水)	191
바다의 아침	198
제비의 가족(家族)	201
나의 소제부(掃除夫)	203
들은 우리를 부르오	206
새날이 밝는다	210
출발(出發)	216
아침 비행기(飛行機)	220
일요일 행진곡(日曜日行進曲)	223

속도(速度)의 시(詩)

스케이팅	229
여행(旅行)	235

시네마 풍경(風景)

호텔	247
삼월(三月)의 시네마 — 아침 해	256
삼월(三月)의 시네마 — 물레방앗간	259
삼월(三月)의 시네마 — 분광기(分光器)	262
삼월(三月)의 시네마 — 개	265

삼월(三月)의 시네마 — 강(江)	268
삼월(三月)의 시네마 — 어족(魚族)	271
삼월(三月)의 시네마 — 비행기(飛行機)	274
삼월(三月)의 시네마 — 북행열차(北行列車)	277

앨범

오월(五月)	283
풍속(風俗)	286
굴뚝	290
식료품점(食料品店) — 1. 초콜릿	293
식료품점(食料品店) — 2. 능금(林檎)	296
식료품점(食料品店) — 3. 모과	299
식료품점(食料品店) — 4. 밤〔栗〕	302
파고다 공원(公園)	305
한강인도교(漢江人道橋)	308
해수욕장(海水浴場)	311
칠월(七月)의 아가씨섬	314
섬	316
십오야(十五夜)	320
새벽	323
아스팔트	326
해수욕장(海水浴場)의 석양(夕陽)	329
상아(象牙)의 해안(海岸)	332
항해(航海)	336
가을의 태양(太陽)은 플라티나의 연미복(燕尾服)을 입고	342
하루 일이 끝났을 때	345
황혼(黃昏)	348

이동 건축(移動建築)

    훌륭한 아침이 아니냐?   353
    어둠 속의 노래   361
    상공 운동회(商工運動會)   367

2부 『기상도(氣象圖)』   375
(彰文社, 1936)

기상도(氣象圖)

    세계(世界)의 아침   377
    시민 행렬(市民行列)   379
    태풍(颱風)의 기침 시간(起寢時間)   381
    자취   384
    병(病)든 풍경(風景)   390
    올빼미의 주문(呪文)   393
    쇠바퀴의 노래   398

3부 『바다와 나비』   451
(新文化硏究所, 1946)

    머리말   453

    서시(序詩): 모두들 돌아와 있구나   453

1

    우리들의 팔월(八月)로 돌아가자   461
    전날 밤   467
    지혜(知慧)에게 바치는 노래   471
    순교자(殉敎者)   477

어린 공화국(共和國)이여		480
무지개		483
두견새		489
길가의 만장(輓章)		495
여인도(女人圖)		499

2

바다와 나비	505
요양원(療養院)	508
산양(山羊)	511
공동묘지(共同墓地)	514
파랑 항구(港口)	517
못	520

3

바다	525
추억(追憶)	533
아프리카 광상곡(狂想曲)	536
연도(連禱)	542
금붕어	545
흰 장미(薔薇)처럼 잠이 드시다	551
겨울의 노래	555
새벽의 아담	561
동방기행(東方紀行)	564
서시(序詩)	564
미야지마〔宮島〕	565
가마쿠라〔鎌倉海邊〕	565
주젠지〔中禪寺湖〕	566
센다이〔仙臺〕	566

세토나이카이〔瀬戶內海〕	567
에노시마〔江之島〕	568
쿠레〔吳軍港〕	568
쇼부다〔菖蒲田海水浴場〕	569
고베〔神戶埠頭〕	569
코끼리	580
낙타(駱駝)	583
잉코	586
유리창	589
봄	591

4

주피터 추방(追放) … 597

5

세계(世界)에 외치노라 … 607

4부 『새노래』 … 619
(雅文閣, 1948)

I

나의 노래	623
우리들 모두의 꿈이 아니냐	626
새나라 송(頌)	630
부풀어 오른 오월(五月)달 아스팔트는	637
다시 팔월(八月)에	641
바람에 불리는 수천 깃발은	645
인민공장(人民工場)에 부치는 노래	648
우리들의 악수(握手)	653

눈짓으로 이해(理解)하는 전선(戰線)	657
만세(萬歲) 소리	659
어렵고 험하기 이를 데 없으나	663
데모크라시에 부치는 노래	665
파도(波濤)	668
벽(壁)을 헐자	674
파도 소리 헤치고	676
아메리카	684

II

연가(戀歌)	695
육체 예찬(肉體禮讚)	697
구절(句節)도 아닌 두서너 마디	699
오늘도 고향(故鄕)은	702
다가앉아 가장 그윽한 얘기……	704
동화(童話)	708
사슴의 노래	712
희망(希望)	714
뜻 없이 달이 밝아	718
정녕 떠나신다는 말씀	722
길 잃은 노루처럼	724
코스모스는	726
오늘은 악마(惡魔)의 것이나	730
시(詩)와 문화(文化)에 부치는 노래	734
센토오르	737
새해의 노래	743
새노래에 대하여	746

5부 미수록 시 작품　　　　　　　　　　　749

　저녁별은 푸른 날개를 흔들며　　　　　　　　751
　서반아(西班牙)의 노래　　　　　　　　　　　753
　가거라 새로운 생활(生活)로　　　　　　　　755
　쉬르레알리스트　　　　　　　　　　　　　　759
　시체(屍體)의 흐름　　　　　　　　　　　　　761
　시론(詩論)　　　　　　　　　　　　　　　　769
　목마(木馬)를 타고 온다던 새해가　　　　　　777
　살수차(撒水車)　　　　　　　　　　　　　　783
　고대(苦待)　　　　　　　　　　　　　　　　788
　날개만 돋치면　　　　　　　　　　　　　　　790
　어머니 어서 일어나요　　　　　　　　　　　792
　오— 어머니여　　　　　　　　　　　　　　　796
　잠은 나의 배를 밀고　　　　　　　　　　　　800
　오— 기차(汽車)여　　　　　　　　　　　　　802
　폭풍경보(暴風警報)　　　　　　　　　　　　805
　아롱진 기억(記憶)의 옛 바다를 건너　　　　809
　구두　　　　　　　　　　　　　　　　　　　813
　가등(街燈)　　　　　　　　　　　　　　　　815
　고전적(古典的)인 처녀(處女)가 있는 풍경(風景)　817
　분수(噴水)　　　　　　　　　　　　　　　　819
　유람(遊覽) 버스　　　　　　　　　　　　　　823
　　동물원(動物園)　　　　　　　　　　　　　823
　　광화문(光化門)(1)　　　　　　　　　　　　823
　　경회루(慶會樓)　　　　　　　　　　　　　824
　　광화문(光化門)(2)　　　　　　　　　　　　824
　　파고다공원(公園)　　　　　　　　　　　　825

남대문(南大門)	825
한강인도교	826
한여름	831
능금(林檎)밭	833
전율(戰慄)하는 세기(世紀)	837
편집국(編輯局)의 오후(午後) 한 시(時) 반(半)	842
새벽	848
산보로(散步路)	850
나의 성서(聖書)의 일절(一節)	852
소아성서(小兒聖書)	854
거지들의 크리스마스 송(頌)	858
악마(惡魔)	862
시(詩)(1)	864
시(詩)(2)	866
제야시(除夜詩)	868
항구(港口)	870
님을 기다림	872
관념 결별(觀念訣別)	876
장식(裝飾)	881
광화문통(光化門通)	885
희화(戲畵)	889
마음	891
밤	893
창(窓)	895
층층계	898
배우(俳優)	900
선물(膳物)	902
연애(戀愛)	904
나	906

생활(生活)	908
습관(習慣)	910
바다의 향수(鄕愁)	912
기적(奇蹟)	916
연애(戀愛)와 탄석기(彈石機)	920
제야(除夜)	924
관북 기행 단장(關北紀行斷章)	930
1 야행열차(夜行列車)	930
2 기관차(機關車)	930
3 산역(山驛)	931
4 마을(가)	931
5 마을(나)	932
6 마을(다)	932
7 고향(故鄕)(가)	933
8 고향(故鄕)(나)	933
9 고향(故鄕)(다)	934
10 두만강(豆滿江)	934
11 국경(國境)	935
12 국경(國境)(가)	935
13 국경(國境)(나)	936
14 국경(國境)(다)	936
15 밤중	936
16 동해(東海)의 아침	937
18 육친(肉親)(가)	938
19 육친(肉親)(나)	938
20 출정(出程)	939
전별(餞別)	950
연륜(年輪)	952
청동(靑銅)	954

울어라 인경아	956
영광(榮光)스러운 삼월(三月)	960
진달래 피는 나라	964
한 깃발 받들고	966
말과 피스톨	970
백만(百萬)의 편을 잃고	972
통일(統一)에 부침	977
재산(財産)	981
창(窓)머리의 아침	983
새해 앞에 잔을 들고	985
곡(哭) 백범 선생(白凡先生)	989
조국(祖國)의 노래	993

부록   999

해설: 김기림의 시와 시적 모더니티   1001

『태양(太陽)의 풍속(風俗)』
(學藝社, 1939)

1

어떤 친한 '시의 벗'에게

드디어 이 책은 완성(完成)된 질서(秩序)를 갖추지 못하였다. 방황(彷徨) 돌진(突進) 충돌(衝突) 그러한 것들로만 어쩌면 이렇게도 야만(野蠻)한 토인(土人)의 지대(地帶)이냐?

그러면서도 내가 권(勸)하고 싶은 것은 의연(依然)히 상봉(相逢)이나 귀의(歸依)나 원만(圓滿)이나 사사(師事)나 타협(妥協)의 미덕(美德)이 아니다. 차라리 결별(訣別)을 — 저 동양적(東洋的) 적멸(寂滅)로부터 무절제(無節制)한 감상(感傷)의 배설(排泄)로부터 너는 이 즉각(卽刻)으로 떠나지 않아서는 아니 된다.

탄식(嘆息). 그것은 신사(紳士)와 숙녀(淑女)들의 오후(午後)의 예의(禮儀)가 아니고 무엇이냐? 비밀(秘密). 어쩌면 그렇게도 분(粉) 바른 할머니인 19세기적(十九世紀的)「비 — 너스」냐? 너는 그것들에게서 지금도 곰팡이의 냄새를 맡지 못하느냐?

그 비만(肥滿)하고 노둔(魯鈍)한 오후(午後)의 예의(禮儀) 대신에 놀라운 오전(午前)의 생리(生理)에 대하여 경탄(驚嘆)한 일은 없느냐? 그 건장한 아침의 체격(體格)을 부러워해 본 일은 없느냐?

까닭 모르는 울음소리, 과거(過去)에의 구원할 수 없는 애착(愛着)과 정돈(停頓). 그것들 음침한 밤의 미혹(迷惑)과 현훈(眩暈)에 너는 아직도 피로(疲勞)하지 않았느냐?

그러면 너는 나와 함께 어족(魚族)과 같이 신선(新鮮)하고 깃발〔旗〕과 같이 활발(活潑)하고 표범과 같이 대담(大膽)하고 바다와 같이 명랑(明朗)하고 선인장(仙人掌)과 같이 건강(健康)한 '태양의 풍속'을 배우자.

나도 이 책에서 완전히 버리지 못하였다마는 너는 저 운문(韻文)이라고 하는 예복(禮服)을 너무나 낡았다고 생각해 본 일은 없느냐? 아무래도 그것은 벌써 우리들의 의상(衣裳)이 아닌 것 같다.

나는 물론 네가 이 책(冊)을 사랑하기를 바란다. 그러나 영구히 너의 사랑을 받기를 두려워한다. 혹은 네가 이 책만 두고두고 사랑하는 사이에 너의 정신(精神)이 한곳에 멈춰 설까 보아 두려워하는 까닭이다.

네가 아다시피 이 책은 1930년 가을로부터 1934년 가을까지의 동안 나의 총망한 숙박부(宿泊簿)에 불과하다. 그러니까 내일(來日)은 이 주막에서 나를 찾지 말아라. 나는 벌써 거기를 떠나고 없을 것이다.

어디로 가느냐고? 그것은 내 발길도 모르는 일이다. 다만 어디로든지 가고 있을 것만은 사실일 게다.

1934년 10월 15일 저자

마음의 의상(衣裳)

태양의 풍속

태양아

다만 한 번만이라도 좋다. 너를 부르기 위하여 나는 두루미의 목통을 빌려 오마. 나의 마음의 무너진 터를 닦고 나는 그 우에 너를 위한 작은 궁전을 세우련다. 그러면 너는 그 속에 와서 살아라. 나는 너를 나의 어머니 나의 고향 나의 사랑 나의 희망이라고 부르마. 그리고 너의 사나운 풍속을 쫓아서 이 어둠을 깨물어 죽이련다.

태양아

너는 나의 가슴속 작은 우주의 호수와 산과 푸른 잔디밭과 흰 방천에서 불결한 간밤의 서리를 핥아 버려라. 나의 시냇물을 쓰다듬어 주며 나의 바다의 요람을 흔들어 주어라. 너는 나의 병실을 어족들의 아침을 데리고 유쾌한 손님처럼 찾아오너라.

태양보다도 이쁘지 못한 시. 태양일 수가 없는 서러운 나의 시를 어두운 병실에 켜 놓고 태양아 네가 오기를 나는 이 밤을 새워 가며 기다린다.

太陽의 風俗　　원문 1

太陽아

다만한번만이라도좋다. 너를부르기 위하야 나는두루미의 목통을비러오마. 나의마음의문허진터를 닦고 나는 그우에 너를위한 작은宮殿을 세우련다 그러면 너는 그속에와서 살어라. 나는 너를 나의어머니 나의故鄕 나의사랑 나의希望이라고 부르마. 그리고 너의사나운 風俗을 쫏아서 이어둠을 깨물어죽이련다.

太陽아

너는 나의가슴속 작은宇宙의 湖水와 山과 푸른잔디밭과 힌 防川에서 不潔한 간밤의서리를 핥어버려라. 나의시내물을 쓰다듬어주며 나의바다의搖籃을 흔들어주어라. 너는 나의病室을 魚族들의 아침을 다리고 유쾌한손님처럼 찾어오너라.

太陽보다도 이쁘지못한詩. 太陽일수가없는 설어운나의詩를 어두운病室에 켜놓고 太陽아 네가 오기를 나는 이밤을새여가며 기다린다.

――『태양의 풍속』, 19~20쪽

기차

레일을 쫓아가는 기차는 풍경에 대하여도 파랑빛의 로맨티시즘에 대하여도 지극히 냉담하도록 가르쳤나 보다. 그의 끝없는 여수를 감추기 위하여 그는 그 붉은 정열의 가마 위에 검은 강철의 조끼를 입는다.

내가 식당의 메뉴 뒷등에

(나로 하여금 저 바닷가에서 죽음과 납세와 초대장과 그 수없는 결혼식 청첩과 부고들을 잊어버리고

저 섬들과 바위의 틈에 섞여서 물결의 사랑을 받게 하여 주옵소서)

하고 시를 쓰면 기관차란 놈은 그 둔탁한 검은 갑옷 밑에서 커다란 웃음소리로써 그것을 지워 버린다.

나는 그만 화가 나서 나도 그놈처럼 검은 조끼를 입을까 보다 하고 생각해 본다.

汽車

원문 1

「레일」을 쫓아가는 汽車는 風景에대하야도 파랑빛의「로맨티시즘」에 대하야도 지극히 冷淡하도록 가르쳤나보다. 그의 끝없는 旅愁를 감추기위하야 그는 그붉은 情熱의가마우에 검은 鋼鐵의조끼를입는다.

내가 食堂의「메뉴」뒷등에

(나로하여곰 저바다까에서 죽음과 納稅와 招待狀과 그수없는 結婚式請牒과 訃告들을잊어버리고

저 섬들과 바위의틈에 섞여서 물결의 사랑을 받게하여주옵소서)

하고 詩를쓰면 機關車란놈은 그 鈍탁한 검은 갑옷밑에서 커 — 다란웃음소리로써 그것을지여버린다.

나는 그만 화가나서 나도 그놈처럼 검은 조끼를 입을가보다하고 생각해본다.

— 『태양의 풍속』, 21~22쪽

오후의 꿈은 날 줄을 모른다

날아갈 줄을 모르는 나의 날개.

나의 꿈은
오후의 피곤한 그늘에서 고양이처럼 졸리웁다.

도무지 아름답지 못한 오후는 꾸겨서 휴지통에나 집어넣을까?

그래도 지문학의 선생님은 오늘도 지구는 원만하다고 가르쳤다나. 갈릴레오의 거짓말쟁이.

흥, 창조자를 교수대에 보내라.

하느님 단 한 번이라도 내게 성한 날개를 다오. 나는 화성에 걸터앉아서 나의 살림의 깨어진 지상을 껄 껄 껄 웃어 주고 싶다.

하느님은 원 그런 재주를 부릴 수 있을까?

午後의꿈은 날줄을모른다

원문 1

날어갈줄을 모르는 나의날개.

나의꿈은
午後의 疲困한그늘에서 고양이처럼 조려웁다.[1]

도무지 아름답지못한午後는 꾸겨서 휴지통에나 집어넣을가?

그래도 地文學[2]의先生님은 오늘도 地球는 圓滿하다고 가르쳤다나. 「갈릴레오」의 거짓말쟁이.

흥 創造者를 絞首臺에보내라.

하누님 단한번이라도 내게 성한날개를다고. 나는 火星에 걸터앉어서 나의살림의깨여진地上을 껄 껄 껄 웃어주고싶다.

하누님은 원 그런재주를 부릴수있을가?

——『태양의 풍속』, 23~24쪽

---

1 졸리다.
2 지구와 다른 천체와의 관계나 지구상에 일어나는 여러 가지 현상을 연구 대상으로 하는 학문.

午後의 꿈은 날줄을 모른다

1

날러갈줄을 모르는 나의날개여.

2

나의 꿈은 졸고잇다.
午後의 疲困한그늘에서 ─ .

3

創造者를 絞首臺에 보내라.

4

그러나 한우님 내게날개를다고. 나는 火星에걸어안저서 나의살림의 깨여진 地上을 우서주고십다.
한우님은 그런 재주를 부릴 수 잇을가? 원 ─ .

5

午後는 아름답지안타. 來日은 오겟지.

─《신동아(新東亞)》, 1933. 4, 132~133쪽

연애의 단면

애인이여
당신이 나를 가지고 있다고 안심할 때 나는 당신의 밖에 있습니다.
만약에 당신의 속에 내가 있다고 하면 나는 한 덩어리 목탄에 불과할 것입니다.

당신이 나를 놓아 보내는 때 당신은 가장 많이 나를 붙잡고 있습니다.

애인이여
나는 어린 제비인데 당신의 의지는 끝이 없는 밤입니다.

戀愛의 斷面

원문 1

愛人이여
당신이 나를 가지고있다고 安心할때 나는 당신의밖에 있습니다.
萬若에 당신의속에 내가있다고하면 나는 한덩어리 木炭에 不過할것입니다.

당신이 나를 놓아보내는때 당신은 가장 많이 나를 붙잡고있습니다.

愛人이여
나는 어린제비인데 당신의意志는 끝이없는 밤입니다.

―『태양의 풍속』, 25쪽

戀愛의 斷面

愛人이여 ─
당신이 나를가지고잇다고생각할째 나는당신의밧게잇슴니다

萬若에 당신의속에 내가잇다면 나는木炭에 不過할것임니다

당신이 나를노아보내는째 당신은 가장만히 나를붓잡을것임니다

愛人이여 ─
나는제비인데 당신의意志는밤임니다

─《조선일보(朝鮮日報)》(1931. 6. 2)

화물자동차

작은 등불을 달고 굴러가는 자동차의 작은 등불을 믿는 충실한 행복을 배우고 싶다.

만약에 내가 길거리에 쓰러진 깨어진 자전거라면 나는 나의 노트에서 장래라는 페이지를 벌써 지워 버렸을 텐데……

대체 자정이 넘었는데 이 미운 시를 쓰노라고 베개로 가슴을 고인 동물은 하느님의 눈동자에는 어떻게 가엾은 모양으로 비칠까? 화물자동차보다도 이쁘지 못한 사족수.

차라리 화물자동차라면 꿈들의 파편을 걷어 싣고 저 먼 항구로 밤을 피하여 가기나 할 터인데…….

貨物自働車

원문 1

작은 등불을달고 굴러가는 自轉車의 작은등불을믿는 忠實한 幸福을 배우고싶다.

萬若에 내가 길거리에 쓸어진 깨여진自轉車라면 나는 나의「노 ― 트」에서 將來라는「페이지」를 벌 ― 서 지여버렸을텐데……

대체 子正이넘었는데 이 미운詩를 쓰노라고 벼개로 가슴을 고인 動物은 하누님의 눈동자에는 어떻게 가엾은모양으로비칠가? 貨物自働車보다도 이쁘지못한四足獸.

차라리 貨物自働車라면 꿈들의破片을 걷어실고 저먼 ― 港口로 밤을피하야 가기나할터인데…….

―『태양의 풍속』, 26~27쪽

貨物自動車

엘진 룬진 모 —— 리쓰 모바도
발칸 날단 시레 —— 나 오매가
쥬베니아 헬벳티아 스탄다 —— 드 하우아 —— 드 하 —— 피쓰 포 —— 티쓰 올림피쓰
월탐 뷰 —— 렐 크로노미 —— 터 ——
타버ㄴ시마 타버 —— ㄴ놀데 타버ㄴ풀레아 타버 —— ㄴ템푸……
           時 計 들 의
長針들은 12 혹은 XII 우흘 一列縱隊로 行進하고잇다.
등불을 켜든 琉璃窓들이 二層 혹은 三層으로부터 거리를 구버보고잇스나
大體 이큰 어둠을 밝힐수잇슬가

音樂家가아닌 男學生의 짧은 노래도 『레코 —— 드』소리도
이상하게 나의슬푼 마음과 並行하는밤
작은 燈불을달고 굴러가는 自轉車의 작은 燈불을 밋는 忠實한 信仰은
강아지처름 幸福하다
내가 萬若에 길거리에서 잡바저 깨여진 自轉車라면 나는 나의『노트뽁』에서
『將來』라는『페이지』는 지여버렷슬터인데 ——

대체 子正 이넘엇는데 미운詩를 쏜노라고 벼개로 가슴을 고인 動物은
한우님의 눈동자에는 엇더케 가엽슨 모양으로 비췰가 貨物自動車보다도 더미운動物
커다란 몸둥아리면서도 (시골 面長의 자격은 充分하다) 가난한 소리를 중얼거리면서 꿈들의 깨여진 조각을실고
 郊外로 나가는 貨物 自動車
 어둠을 피해가는 貨物 自動車
 날이밝기 前 港口로가는 貨物自動車

        ——《중앙(中央)》1권 2호(1933. 12), 127쪽

해상

SOS

오후 여섯 시 삼십 분.

돌연

어둠의 바다의 암초에 걸려
지구는 파선했다.

"살려라"

나는 그만 그를 건지려는 유혹을 단념한다.

海 上

원문 1

SOS

午後여섯시三十分.

突然

어둠의바다의暗礁에걸려
地球는破船했다.

「살려라」

나는 그만 그를 건지려는 誘惑을 斷念한다.

───『태양의 풍속』, 28~29쪽

海上

SOS

S—O—S

午後여섯時三十五分—
突然

어둠의바다의 暗礁에걸려地球가破船햇다
『살려라』
나는그를건지려는誘惑을斷念하리라

—《조선일보》(1931. 6. 2)

대중화민국 행진곡

대중화민국의 장군들은
75종의 훈장과 청룡도를
같은 풀무에서 빚고 있습니다.

"예끼, 군사들은 무덤의 방향을 물어서는 못써. 다만 죽기만 해. 그때까지는 아편이 여기 있어. 대장의 명령이야……
 엇둘……둘……둘"

"대중화민국의 병졸 귀하
부디 이 빛나는 훈장을 귀하의 해골의 늑골에 거시고
쉽사리 천국의 문을 통하옵소서. 아멘.
엇둘
엇둘"

大中華民國行進曲

원문 1

大中華民國의 將軍들은
七十五種의 勳章과 靑龍刀를
같은 풀무에서 빚고있습니다.

『엑 軍士들은 무덤의方向을 물어서는못써. 다만죽기만해. 그때까지는 鴉片이 여기있어. 大將의命令이야……
 엇둘……둘……둘』

『大中華民國의兵卒貴下
부디 이 빛나는勳章을 貴下의骸骨의肋骨에거시고
쉽사리 天國의門을 通하옵소서. 아 — 멘.
엇둘
엇둘』

—『태양의 풍속』, 30~31쪽

航海의 一秒前

잠을 어르만지던
저근바람과가튼 추근한 어둠의 愛撫는갓다

눈포래가 빠저간뒤의 寂寞속에 남겨진 나의皮膚에기여드는 虛無한 느낌

거리.
工場들의 붉은 벽돌집(『이스라엘』의牧者들의 最後의種族)들은
잠깨지안흔 한울에 향하야
그들의 角笛을 분다(그들은 또한 새벽의 使節의 一行인가)
어둠이 구비처 흐르는 거리의 江邊에서는
羊떼들의 우름이 우지안는가

健康한山脈들 사히에는 꾹여진 힌 들이
傳說을 배고 누어잇고

風信機의 方向은
西
北

大中華民國의將軍들은 勳章과 軍刀를 가튼 풀무에서 빗고잇다
아마 兵士들의 骸骨들이肋骨에걸고
天國의門을 쉽사리 通하기위해선가보다

太陽에 食傷한 患者의寢室에는『國聯』의 衛生部長『라잇히만』君이 往診을갓고
太陽에 營養不良이된『그린윗취』마을에는 府의慈善團이向하엿다 놀라운

『뉴―쓰』의 洪水, 行列. 洪水……
　파랑帽子를 기우려쓴 佛蘭西 領事舘의 꼭댁이에는 三角形의 旗빨이 불근金붕어의꼬리처럼 떳다 地中海에서印度洋에서 太平洋에서모―든 바다에서 陸地에서
펄
펄펄
旗빨은 바로
航海의一秒前을 보인다

기빨속에서는
來日의얼골이 웃는다
來日의 우슴속에는
海草의옷을입은 나의『希望』이 잇다

褪色한藍色의 寢室인바다에서는 오래인 悲劇의 看守인
아츰해가 긴기지게를 켯다

日記冊을 펴럼으나
그러고 아직畢하지아니한悲劇의 다른幕을 읽어라

아츰해가 黃金빗의 기름을
기우려 부어노은 象牙의海岸에서는
푸른한울에 向하야 날지안는 나의비닭이의 붉은다리를 싸매는 나는늙은水夫다

―《조선일보》(1934. 1. 3)

해도에 대하여

　산봉우리들의 나직한 틈과 틈을 새어 남빛 잔으로 흘러 들어오는 어둠의 조수. 사람들은 마치 지난밤 끝나지 아니한 약속의 계속인 것처럼 그 칠흑의 술잔을 들이켠다. 그러면 해는 하릴없이 그의 희망을 던져 버리고 그만 산모롱이로 돌아선다.

　고양이는 산기슭에서 어둠을 입고 쪼그리고 앉아서 밀회를 기다리나 보다. 우리들이 버리고 온 행복처럼……. 석간신문의 대영제국의 지도 위를 도마뱀처럼 기어가는 별들의 그림자의 발자국들. 미스터 볼드윈의 연설은 암만해도 빛나지 않는 전혀 가엾은 황혼이다.

　집 이층집 강 웃는 얼굴 교통순사의 모자 그대와의 약속…… 무엇이고 차별할 줄 모르는 무지한 검은 액체의 범람 속에 녹여 버리려는 이 목적이 없는 실험실 속에서 나의 작은 탐험선인 지구가 갑자기 그 항해를 잊어버린다면 나는 대체 어느 구석에서 나의 해도를 편단 말이냐?

海圖에대하야

원문 1

　　山봉오리들의 나즉한 틈과틈을새여 籃빛잔으로 흘러들어오는 어둠의潮水. 사람들은 마치 지난밤끝나지아니한 約束의계속인것처럼 그漆黑의술잔을 드리켠다. 그러면 해는 할일없이 그의 希望을 던저버리고 그만 山모록[1]으로 돌아선다.

　　고양이는 山기슭에서 어둠을입고 쪼그리고앉어서 密會를기다리나보다. 우리들이 버리고온 幸福처럼……. 夕刊新聞의 大英帝國의地圖우를 도마배암이처럼 기여가는 별들의 그림자의발자국들.「미스터·뽈드윈」[2]의 演說은 암만해도 빛나지않는 全혀 가엾은 黃昏이다.

　　집 이층집 江 웃는얼굴 交通巡査의모자 그대와의 約束……무엇이고 差別할줄모르는 無知한 검은液體의汎濫속에 녹여버리려는 이 目的이없는實驗室속에서 나의작은探險船인地球가 갑자기 그航海를잊어버린다면 나는대체 어느구석에서 나의海圖를편단말이냐?

—『태양의 풍속』, 32~33쪽

1　산모롱이.
2　스탠리 볼드윈(Stanly Baldwin, 1867~1947), 영국의 수상. 무역부 장관, 재무부 장관 등을 역임했고, 제55대(1923~1924), 제57대(1024~1929), 제59대(1935~1937) 수상을 지냈다.

나의 探險船

　산봉오리들의 틈과 틈을 새여 藍色의 잔으로 흘러드러오는 어둠 —— 이윽고 사람들은 이 漆黑의 술을 마실것이다
　그러면 해는 淫奔한 그의잔을 던지고 山 모록으로 도라서겟지
　密會를 기다리는 고양이는 山기슭의 어둠을 입고 쭈그리고안젓다
　夕刊新聞面의 大英帝國의 地圖우헤 별들의 발자곡인 그림자들이 기여든다
　그러니까 『미스터 뽈드윈』의 演說은 도모지 빛나지안는다
　나는 걱정한다
　나의작은 探險船인 地球가 갑작이 그의 航路의 軌道를 니저버린다면 ——
　나는대체 어느구석에서 나의 海圖를 편단말인가
　집 이층집 삼층집 江 웃는얼골 交通巡査의 모자 히망 그대와의 약속 ——
　모 —— 든것을 差別없이
　검은 液體의 汎濫속에 녹여 버리는 貪慾한 化學者의 目的없는 實驗室속에서

―《신동아》(1933. 9)

비

굳은 어둠의 장벽을 시름없이 노크하는 비들의 가벼운 손과 손과 손과 손……
그는 아스팔트의 가슴속에 오색의 감정을 기르며 온다.

대낮에 우리는 아스팔트에게 향하여
"예끼, 둔한 자식 너도 또한 바위의 종류구나." 하고 비웃었다.
그렇지만 지금 우두커니 하늘을 쳐다보는
눈물에 어린 그 자식의 얼굴을 보렴.

루비 에메랄드 사파이어 호박 비취 야광주……
아스팔트의 호수 면에 녹아내리는 네온사인의 음악.
고양이의 눈을 가진 전차들은 (대서양을 건너는 타이타닉호처럼)
구원할 수 없는 희망을 파묻기 위하여 검은 추억의 바다를 건너간다.

그들의 구조선인 듯이
종이우산에 맥없이 매달려
밤에게 이끌려 헤엄쳐 가는 어족들
여자 —
사나이 —
아무도 구원을 찾지 않는다.

밤은 심해의 돌단에 좌초했다.
SOSOS
신호는 해상에서 지랄하나
어느 무전대도 문을 닫았다.

비

원문 1

굳은 어둠의장벽을 시름없이 「녹크」하는 비들의 가벼운손과 손과 손과 손……
그는「아스팔트」의 가슴속에 五色의感情을 기르며온다.

대낮에 우리는「아스팔트」에게 향하야
『엑 둔한자식 너도또한 바위의종류고나』하고 비웃었다.
그렇지만 지금 우둑허니 하눌을처다보는
눈물에어린 그자식의 얼굴을보렴.

루비 에메랄드 싸빠이어 琥珀 翡翠 夜光珠……
「아스팔트」의 湖水面에 녹아나리는 네온싸인의音樂.
고양이의 눈을가진 電車들은(大西洋을 건너는 타이타닉號처럼)
구원할수없는希望을 파묻기위하야 검은追憶의바다를 건너간다.

그들의 救助船인듯이
종이雨傘에 맥없이 매달려
밤에게 이끌려 헤염처가는 魚族들
女子 ―
사나히 ―
아무도 救援을 찾지않는다.

밤은 深海의突端¹에 坐礁했다.
S O S O S
信號는 海上에서 지랄하나

---

1 돌단. 불쑥 솟아오른 부분.

어느 無電臺도 문을닫었다.

—『태양의 풍속』, 34~36쪽

밤의 SOS

원문 2

구든 어둠의 장벽을 시름업시 『녹크』하는 비들의 가벼운 손과 손과 손과 손—그는—『아스빨트』의 가슴속에 五色의感情을 기르면서—

대낫에 우리는 『아스빨트』에게 향하야 『넉 둔한자식
너도 또한 바위의 종류고나』하고 비우섯다
그러치만 지금 우둑허니 한울을처다보는 電線柱아래서 눈물에 어린 그자식의 얼골을 보렴

『루비』—『에메랄드』—『싸빠이어』— 비취 — 호박 — 夜光珠 —
『아스빨트』의 湖水面에 녹아나리는 『네온싸인』의 音樂
고양이의 눈을 가진 電車들은 (大西洋을건너는 『타이타닉』처름) 구원할수업는 希望을 파뭇기위하야 검은 追憶의 바다를 거러간다

그들의 救助船인드시
조히雨傘에 맥업시 매달려
밤에게 이쓸려 헤염처가는
魚族들
　　녀자 —
　　사나히 —
아모도 救援을 찻지안는다
밤은 深海의 突端에 坐礁햇다
S O S O S
信號는 海上에서 지랄하나

어느 無電臺도 문을 다덧다

——《가톨릭청년(青年)》 2권 1호(1934. 1), 71쪽

방

땅 위에 남은 빛의 최후의 한 줄기조차 삼켜 버리려는 검은 의지에 타는 검은 욕망이여
나의 작은 방은 등불을 켜 들고 그 속에서 술 취한 윤선과 같이 흔들리고 있다.
유리창 넘어서 흘기는 어둠의 검은 눈짓에조차 소름치는 겁 많은 방아

문틈을 새어 흐르는 거리 위의 옅은 빛의 물결에 적시며
흘러가는 발자국들의 포석을 따리는 작은 음향조차도 어둠은 기르려 하지 않는다.
아름다운 푸른 그림자마저 빼앗긴
거리의 시인 포플러의 졸아든 몸뚱어리가 거리가 구부러진 곳에서 떨고 있다.

아담과 이브들은
"우리는 도시 어둠을 믿지 않는다"고 입과 입으로 중얼거리며 층층계를 내려간 뒤
지하실에서는 떨리는 웃음소리 잔과 잔이 마주치는 참담한 소리……

높은 성벽 꼭대기에서는
꿈들을 내려보내는 것조차 잊어버린 별들이 절망을 안고 졸고들 있다.
나는 불시에 나의 방의 작은 속삭임 소리에 놀라서 귀를 송긋인다.

― 어서 밤이 새는 것을 보고 싶다 ―
― 어서 새날이 오는 것을 보고 싶다 ―

房¹   원문 1

땅우에 남은빛의 最後의한줄기조차 삼켜버리려는 검은意志에 타는 검은慾望이여
나의작은房은 등불을켜들고 그속에서 술취한輪船과같이 흔들리우고있다.
유리창넘어서 흘기는 어둠의 검은눈짓에조차 소름치는 怯많은房아.

문틈을 새여흐르는 거리우의 옅은빛의 물결에 적시우며
흘러가는 발자국들의 鋪石²을 따리는 작은音響조차도 어둠은 기르려하지않는다.
아름다운 푸른그림자마저빼앗긴
거리의詩人「포풀라」의 졸아든 몸둥아리가 거리가 꾸부러진곳에서 떨고있다.

「아담」과 「이쁘」들은
『우리는 도시 어둠을믿지않는다』고 입과입으로 중얼거리며 층층계를나려간뒤
地下室에서는 떨리는웃음소리 잔과잔이마조치는 참담한소리……

높은 城壁꼭댁이에서는
꿈들을내려보내는것조차 잊어버린별들이 絶望을안고 졸고들있다. 나는 불시에
나의방의 작은속삭임소리에 놀라서 귀를 송굿인다.³
— 어서 밤이 새는것을 보고싶다 —
— 어서 새날이오는것을 보고싶다 —

—『태양의 풍속』, 37~38쪽

1   이 작품은 1933년 11월《조선문학(朝鮮文學)》에 발표 당시 원제가 '밤'이었다. 시집에 수록하면서 '방(房)'으로 개제했다.
2   도로를 포장한 돌.
3   '솔깃하다'의 방언.

밤

원문 2

짱우에남은 빗의 最後의 한줄기조차 삼켜버리려는 검은 意志에타는 검은 慾望이여 —
나의 자근房은 燈불을켜들고 그속에서 눈보라속의 배와가치 흔들리고잇다.
유리窓넘에서 흘기는 어둠의 검은눈짓에 소름치는 슬푼 나의房아 —

문틈을 새여 흐르는 거리우의 여튼빗의 물결을적시며 흘러가는 발자곡들의 박石을짜리는 자근音響조차도 어둠은 기르려고 하지안는다.
아름다운 푸른 그림자마저 내쌔앗긴 거리의 詩人 『포풀라』의 怯을낸몸둥아리가 거리가 쑤부려진곳에서 썰고잇다

『아담』과『이브』들은
『우리는도시 어둠을밋지안는가』고 입과입으로 중얼거리며 억개를것고 층층대를 나려간뒤
地下室에서는 썰리는 우숨소리 잔과잔이 마조치는소리 —

노푼城壁 쪽댁이에서는
쑴들을 내려보내는것조차 니저버린별들이 絶望을안고 조을고잇다
나는 불시에 나의방의 작은 속삭임소리에 귀를기우렷다
………『밤이 새는것을 보고십다』
………『새날이 오는것을 보고십다』

—《조선문학》1권 4호(1933. 11), 70~71쪽

가을의 과수원

어린 곡예사인 별들은 끝이 없는 암흑의 그물 속으로 수없이 꼬리를 물고 떨어집니다. 포플러의 나체는 푸른 저고리를 벗기우고서 방천 위에서 느껴 웁니다. 과수원 속에서는 능금나무들이 젊은 환자와 같이 몸을 부르르 떱니다. 무덤을 찾아다니는 잎 잎 잎……

서 남 서

바람은 아마 이 방향에 있나 봅니다. 그는 진둥나무의 검은 머리채를 찢으며 아킬레스의 다리를 가지고 쫓겨 가는 별들 속을 달려갑니다. 바다에서는 구원을 찾는 광란한 기적 소리가 지구의 모든 凸凹면을 굴러갑니다. SOS · SOS. 검은 바다여 너는 당돌한 한 방울의 기선마저 녹여 버리려는 의지를 버리지 못하느냐? 이윽고 아침이 되면 농부들은 수없이 떨어진 별들의 슬픈 시체를 주우러 과일밭으로 나갑니다. 그리고 그 기적적인 과일들을 수레에 싣고는 저 오래인 동방의 시장 바그다드로 끌고 갑니다.

가을의 果樹園

원문 1

　어린 曲藝師인 별들은 끝이없는 暗黑의그물속으로 수없이 꼬리를물고 떨어집니다.「포풀라」의 裸體는 푸른저고리를벗기우고서 방천우에서 느껴웁니다. 果樹園속에서는 林檎나무들이 젊은患者와같이 몸을부르르떱니다. 무덤을찾어댕기는 닙 닙 닙……
　　西 南 西
　바람은 아마 이方向에 있나봅니다. 그는 진둥나무의 검은 머리채를 찢으며「아킬러쓰」의 다리를가지고 쫓겨가는 별들속을달려갑니다. 바다에서는 구원을찾는 광란한기적소리가 지구의모―든 凸凹面을 굴러갑니다. SOS・SOS. 검은바다여 너는 당돌한 한방울의 기선마저 녹여버리려는 意志를 버리지못하느냐? 이윽고 아침이되면 農夫들은 수없이떠러진 별들의 슬픈屍體를주으려 과일밭으로 나갑니다. 그러고 그 奇蹟的인 과일들을 수레에실고는 저 오래인東方의市場「바그다드」로끌고갑니다.

─『태양의 풍속』, 39~40쪽

가을의 果樹園에서

원문 2

어린 曲藝師인 별들은 끗이업는 暗黑의 그물속으로 수업시 쇠리를 물고써러짐니다.

『포푸라』의 石膏의 裸體는 푸른 外套를 벗기우고 防川우헤서 늣겨움니다.

果樹園속에서는 林檎나무들이 브르르몸을떱니다 무덤을차저단니는 닙, 닙, 닙

西南 西—

바람은 아마 이方向에 잇는 모양임니다.

그는 진둥나무들의 검은 머리채를씨즈며『아키러쓰』의 다리를가지고 쏘겨가는 별들속을 달려감니다

바다에서는 救援을 찻는 狂亂한 汽笛소리가 地球의 모—든 凸凹面을 굴러옴니다

s·o·s—

검은바다여— 너는 唐突한 한방울의 汽船을 너의 惡魔의 가슴속에 녹여버리려는 野心을 버리지아니하려느냐?

아츰이되면 農夫들이여 수업시써러진 별들을 주으려 果일밧으로 나가자 수레를 가추어라 오래인 東方의『바그닷드』의 市場으로 이奇蹟的인 과일들을 실고가자

—《삼천리(三千里)》(1931. 12), 97쪽

옥상정원

　백화점의 옥상정원의 우리 속의 날개를 드리운 카나리아는 니힐리스트처럼 눈을 감는다. 그는 사람들의 부르짖음과 그러고 그들의 일기에 대한 주석에 대한 서반아의 혁명에 대한 온갖 지껄임에서 귀를 틀어막고 잠 속으로 피난하는 것이 좋다고 생각한다. 그렇지만 그의 꿈이 대체 어데 가 방황하고 있는가에 대하여는 아무도 생각해 보려고 한 일이 없다.
　기둥 시계의 시침은 바로 12시를 출발했는데 농 안의 호닭은 돌연 삼림의 습관을 생각해 내고 홰를 치면서 울어 보았다. 노랗고 가는 울음이 햇볕이 풀어져 빽빽한 공기의 주위에 길게 그어졌다. 어둠의 밑층에서 바다의 저편에서 땅의 한끝에서 새벽의 날개의 떨림을 누구보다도 먼저 느끼던 흰 털에 감긴 붉은 심장은 이제는 '때의 전령'의 명예를 잊어버렸다. 사람들은 무슈 루소의 유언은 서랍 속에 구겨서 넣어 두고 옥상의 분수에 메말라 버린 심장을 축이러 온다.
　건물 회사는 병아리와 같이 민첩하고 튤립과 같이 신선한 공기를 방어하기 위하여 대도시의 골목골목에 75센티의 벽돌을 쌓는다. 놀라운 전쟁의 때다. 사람의 선조는 맨 처음에 별들과 구름을 거절하였고 다음에 대지를 그러고 최후로 그 자손들은 공기에 향하여 선전한다.
　거리에서는 티끌이 소리친다. "도시계획국장 각하 무슨 까닭에 당신은 우리들을 콘크리트와 포석의 네모진 옥사 속에서 질식시키고 푸른 네온사인으로 표백하려 합니까? 이렇게 호기적인 세탁의 실험에는 아주 진저리가 났습니다. 당신은 무슨 까닭에 우리들의 비약과 성장과 연애를 질투하십니까?" 그러나 부의 살수차는 때없이 태양에게 선동되어 아스팔트 위에서 반란하는 티끌의 밀물을 잠재우기 위하여 오늘도 쉴 새 없이 네거리를 기어다닌다. 사람들은 이윽고 익사한 그들의 혼을 분수지 속에서 건져 가지고 분주히 분주히 승강기를 타고 제비와 같이 떨어질 게다. 여안내인은 그의 빵을 낳는 시를 암탉처럼 수없이 낳겠지.
"여기는 지하실이올시다."
"여기는 지하실이올시다."

屋上庭園

百貨店의 屋上庭園의 우리속의 날개를드리운「카나리아」는「니히리스트」처럼 눈을감는다. 그는 사람들의 부르짖음과 그리고 그들의 日氣에대한 株式에대한 西班牙의革命에대한 온갓 지꺼림에서 귀를 틀어막고 잠속으로 피난하는것이좋다고 생각한다. 그렇지만 그의꿈이 대체 어데가 彷徨하고있는가에 대하야는아무도 생각해보려고한일이없다.

기둥시계의 時針은 바로 12시를 출발했는데 籠안의 胡닭은 突然 森林의習慣을 생각해내고 홰를치면서 울어보았다. 노 — 랗고가 — 는울음이 햇볕이풀어저 빽빽한 空氣의周圍에 길게 그어졌다. 어둠의밑층에서 바다의저편에서 땅의한끝에서 새벽의 날개의떨림을 누구보다도 먼저느끼던 헌털에감긴 붉은心臟은 인제는「때의傳令」의名譽를 잊어버렸다. 사람들은「무슈·루쏘 — 」[1]의 遺言은 설합속에 꾸겨서넣어두고 屋上의噴水에 메말러버린心臟을 축이려온다.

建物會社는 병아리와같이 敏捷하고「튜 — 립」과같이 新鮮한 공기를 방어하기 위하야 大都市의골목골목에 75쎈티의 벽돌을 쌓는다. 놀라운 戰爭의때다 사람의 先祖는 맨첨에 별들과구름을거절하였고 다음에大地를 그리고 최후로 그자손들은 공기에향하야 宣戰한다.

거리에서는 띠끌이 소리친다.『都市計劃局長閣下 무슨까닭에 당신은 우리들을「콩크리 — 트」와 鋪石의 네모진獄舍속에서 질식시키고 푸른「네온싸인」으로 漂泊하려합니까? 이렇게 好奇的인洗濯의實驗에는 아주 진저리가났습니다. 당신은 무슨까닭에 우리들의飛躍과 成長과 戀愛를 질투하십니까?』그러나府의 撒水車는 때없이 太陽에게 선동되어「아스빨트」우에서 叛亂하는 띠끌의 밑물을 잠재우기위하야 오늘도 쉬일새없이 네거리를 기여댕긴다. 사람들은 이윽고 溺死한 그들의魂을 噴水池속에서 건저가지고 분주히 분주히 乘降機를타고 제비와같이 떨어질게다. 女案內

---

[1] 장 자크 루소(Jean Jacques Rousseau, 1712~1778). 18세기 프랑스의 사상가·소설가. 작품으로 『신 엘로이즈』,『에밀』,『고백록』 등이 있다. 그의 자유 민권 사상은 프랑스혁명 지도자들의 사상적 지주가 되었다.

人은 그의 팡² 을낳는詩를 암닭처럼 수없이낳겠지.

　『여기는 地下室이올시다』

　『여기는 地下室이올시다』

——『태양의 풍속』, 41~43쪽

2 　빵.

屋上庭園……散文詩

百貨店의 屋上庭園의 우리속의 『카나리아』는 『니히리스트』다

그는 사람들의부르는소리와그러고그들의 日氣에對한 『스튜리 ─ 트샐』에對한 西班牙의革命에對한 온갖짓거림의 濁流를避하야빗나는 나래를드리우고 잠속으로 避難한다 그러치만아모도 『그의꿈이 어대로彷徨하고잇는가?』에對하야는말하는氣色이업다

기둥時計의바눌은 바로12를出發하엿는데 롱안의 胡닭은부츨[1]을치며 노 ─ 라케파리한우름을 햇볏회 푸러저 갓득찬空中에 길게긋는다 ─ 어둠의밋층에서 바다의 저편에서 짱의한끗에서 새벽의 나래의썰림을 누구보다도 먼저늣기든 너의心臟이여 ─ 그러나 사람들은 너에게서 『째의傳令』의職務를 쌔아섯다 그들은 얼마나 『새로운째』의到着에對하야 몸을썰고잇는가?

새여 너는이러케말하고십지 사람은 엇던種類의 無理든지 惡이든지 치를수 잇나보다고 ─ 웨그러냐 하면 그들은 『미스터룻쏘』의 遺言은 『포켓』 속에 니저버리고 屋上의噴水에 메마른感情들을 적시려오니짜 ─

建物會社는 병아리와가티敏捷하고 『튜립프』와가티 新鮮한空氣를 防禦하기위하야 都市의 『메인스튜리 ─ 트』에75『쎈치』의벽돌을 쌋는다

놀라운戰爭의째다 사람의祖先은 最初에 별들과 구룸을拒絕하엿고 다음에大地를 最後로그子孫은 空氣에向하야 宣戰하고잇다

거리에서는 씩쓸이 소리친다 『都市計劃 局長閣下 무슨짜닭에 당신은 우리들을 『콩크리 ─ 트』와 磚石의 四角의獄舍속에 窒息식히고 푸른 『네온싸인』으로 漂白하려고하니짜 이러케 好奇的인 實驗에는 아주실증이낫습니다

당신은 무슨짜닭에 우리들의飛躍과 成長과 戀愛를 嫉妬하심니짜』 ─

그러나 府의撒水車는 째업시 太陽에게 煽動되여 『아스팔트』 우헤서 叛亂라는씩쓸의밀물을 잠재우기爲하야 네거리를 기여다닌다

---

[1] '날개'의 함경도 방언.

그러고 사람들은 이윽고 戰死한그들의魂을 噴水池속에서 건저 가지고 분주히 분주히 『엘레베이터』를타고 제비와가티 墜落한다 女案內人은 그의팡을낫는詩를 反覆한다 『여긔는 地下室이올시다』

— 《조선일보》(1931. 5. 31)

화술(話術)

1 오후(午後)의 예의(禮儀)

향수

나의 고향은
저 산 너머 또 저 구름 밖
아라사의 소문이 자주 들리는 곳.

나는 문득
가로수 스치는 저녁 바람 소리 속에서
여엄염 송아지 부르는 소리를 듣고 멈춰 선다.

鄉 愁 원문 1

나의 故鄕은
저山넘어 또 저구름밖
아라사의 소문이 자조들리는곳.

나는 문득
街路樹스치는 저녁바람 소리속에서
여엄 —— 염 송아지부르는 소리를듣고 멈춰선다.

—『태양의 풍속』, 47쪽

鄕愁

원문 2

나의 故鄕은
저山넘어 또 저구름박
아라사의 소문이 자조 들리는곳.

나는 문득
街路樹 스치는 저녁바람소리 속에서
여어 ── ㅁ염 송아지 부르는 소리를
듯고 멈춰선다.

──《조선일보》(1934. 10. 16)

첫사랑

네모진 책상.
헌 벽 위에 삐뚤어진 세잔 한 폭.

낡은 페이지를 뒤적이는 흰 손가락에 부딪쳐 갑자기 숨을 쉬는
시든 해당화.
증발한 향기의 호수.
(바닷가에서)
붉은 웃음은 두 사람의 장난을 바라보았다.

흰 희망의 흰 화석 흰 동경의 흰 해골 흰 고대의 흰 미라
쏜 바닷바람에 빨리우는 산상의 등대를 비웃던 두 눈과 두 눈은
둥근 바다를 미끄러져 가는 기선들의 출항을 전송했다.

오늘
어두운 나의 마음의 바다에
흰 등대를 남기고 간
―불을 켠 손아
―불을 끈 입김아

갑자기 창살을 흔드는 벌떼와 기적.
배를 태워 바다로 흘려보낸 꿈이 또 돌아오나 보다.

나는 그를 맞이할 준비를 해야지.
속삭임이 발려 있는 시계 딱지
다변에 지치인 만년필
때 묻은 지도들을
나는 나의 기억의 흰 테이블크로스 위에 펴놓는다.
흥
이제는 도망해야지.

란아 ──
내가 돌아올 때까지
방을 좀 치워 놓아라.

첫 사 랑

원문 1

네모진 冊床.
힌壁우에 삐뚜러진 「쎄잔느」한幅.

낡은 「페 ― 지」를 뒤적이는 힌손가락에 부대처갑자기 숨을쉬는
시드른 海棠花.
蒸發한 香氣의湖水.
(바다까에서)
붉은웃음은 두사람의작난을 바라보았다.

힌希望의 힌化石 힌憧憬의 힌骸骨 힌苦待의 힌「미이라」
쓴 바다바람에 빨리우는 山上의燈臺를 비웃던 두눈과두눈은
둥근바다를 미끄러저가는 汽船들의出航을 전송했다.

오늘
어두운 나의마음의바다에
힌 燈臺를 남기고간
── 불을켠손아
── 불을끈입김아

갑자기 窓살을 흔드는 버리떼[1]의汽笛.
배를태여 바다로 흘려보낸 꿈이 또 돌아오나보다.

나는 그를 맞이할 준비를해야지.

---

1   벌떼.

속삭임이 발려있는[2] 時計딱지
多辯에지치인萬年筆
때묻은 地圖들을
나는 나의記憶의 힌「테불크로쓰」우에 펴놓는다.
흥
인제는 도망해야지.

란아 ─
내가 돌아올때까지
房을 좀 치어놓아라.

─ 『태양의 풍속』, 48~50쪽

[2] 발라져 있다.

첫사랑

네모진 冊床.
힌壁우헤 삐뚜러진 『세잔느』한幅.

낡은 『페—지』를 뒤적이는 힌손가락에 부대치어
갑작이 숨을쉬는 시드른 海棠花.
蒸發한 香氣의 湖水.
(바다ㅅ가에서)
붉은 우숨은 두사람의 작난을 바라보앗다.

힌希望의 힌化石 힌憧憬의 힌骸骨 힌苦待의 힌『미이라』
쓴바다ㅅ바람에 빨리는 山上의燈台를 비웃든 두눈과 두눈은
둥근바다를 미끄러저가는 汽船들의出航을 전송햇다

오늘
어두운 나의마음의 바다에
힌燈台를 남기고간
— 불을 켠손아
— 불을 끈입김아

갑작이 窓살을 흔드는 버리떼의 汽笛.
배를태여 바다에 흘려보낸 꿈이 또도라오나보다.

나는 그를마지할 準備를해야지.
속삭임이 발려잇든 時計딱지
多辨에 지치인 萬年筆

때무든 地圖
들을
나는 나의 記憶의 힌 『테 ― 불크로트』우헤 펴놋는다.

홍
인제는 도망해야지
란아 ―
내가 도라오기까지
房을 좀 치어노아라.

　　　　　　　　　　　―《개벽(開闢)》재간 1호(1934. 11), 30~31쪽

램프

밤과 함께 나의 침실의 천정으로부터
쇠줄을 붙잡고 내려오는 램프여
꿈이 우리를 마중 올 때까지
우리는 서로 말을 피해 가며 이 고독의 잔을 마시고 또 마시자.

람 푸

원문 1

밤과함께 나의침실의 천정으로부터
쇠줄을 붙잡고 나려오는 람푸여
꿈이우리를 마중올때까지
우리는 서로 말을 피해가며 이 孤獨의잔을 마시고 또 마시자.

——『태양의 풍속』, 51쪽

람 푸

원문 2

밤과함께 나의 침실의 天井으로부터 쇠줄을 보잡고 니러오는 『람푸』여
꿈이 우리를 마중올때까지 우리는 서로말을 피하며 이 孤獨의 잔을 마시고마실가?

―《신동아》(1933. 3), 164쪽

꿈꾸는 진주여 바다로 가자

마네킹의 목에 걸려서 까물치는
진주 목도리의 새파란 눈동자는
남양의 물결에 젖어 있고나.
바다의 안개에 흐려 있는 파란 향수를 감추기 위하여 너는
일부러 벙어리를 꾸미는 줄 나는 안다나.

너의 말없는 눈동자 속에서는
열대의 태양 아래 과일은 붉을 게다.
키다리 야자수는
하늘의 구름을 붙잡으려고
네 활개를 저으며 춤을 추겠지.

바다에는 달이 빠져 피를 흘려서
미쳐서 날뛰며 몸부림치는 물결 위에
오늘도 네가 듣고 싶어 하는 독목주의 노 젓는 소리는
삐걱삐걱
유랑할 게다.

영원의 성장을 숨 쉬는 해초의 자줏빛 산림 속에서
너에게 키스하던 상어의 딸들이 그립다지.

탄식하는 벙어리의 눈동자여
너와 나 바다로 아니 가려니?
녹슨 두 마음을 잠그러 가자.
토인의 여자의 진흙빛 손가락에서
모래와 함께 새어 버린
너의 행복의 조약돌들을 집으러 가자.
바다의 인어와 같이 나는
푸른 하늘이 마시고 싶다.

페이브먼트를 때리는 수없는 구두 소리.
진주와 나의 귀는 우리들의 꿈의 육지에 부딪치는
물결의 속삭임에 기울여진다.

오, 어린 바다여. 나는 네게로 날아가는 날개를 기르고 있다.

꿈꾸는 眞珠여 바다로가자

「마네킹」의목에 걸려서까물치는
眞珠목도리의 새파란눈동자는
南洋의물결에 저저있고나.
바다의안개에 흐려있는 파 — 란鄕愁를 감추기위하야 너는
일부러벙어리를 꾸미는줄 나는안다나.

너의말없는 눈동자속에서는
熱帶의 太陽아래 과일은붉을게다.
키다리 椰子樹는
하눌의구름을 붙잡을려고
네활개를 저으며 춤을추겠지.

바다에는 달이빠저 피를흘려서
미처서 날뛰며 몸부림치는 물결우에
오늘도 네가듣고싶어하는 獨木舟의 노젔는소리는
삐 — 걱 삐 — 걱
유랑할게다.

永遠의成長을 숨쉬는 海草의 자지빛山林속에서
너에게 키쓰하던 鰊漁의 딸들이 그립다지.

嘆息하는 벙어리의눈동자여
너와나 바다로 아니가려니?
녹쓰른 두마음을 잠그려가자
土人의女子의 진흙빛 손가락에서

모래와함께 새여버린
너의幸福의 조악돌들을 집으러가자.
바다의 人魚와같이 나는
푸른하눌이 마시고싶다.

「페이얶멘트」를따리는 수없는구두소리.
眞珠와 나의귀는 우리들의꿈의 陸地에부대치는
물결의 속삭임에 기우려진다.

오 ── 어린 바다여. 나는네게로 날어가는 날개를 기르고있다.

―『태양의 풍속』, 52~54쪽

숨쉬는 眞珠여바다로가자

쩽 ―
쩽 ― 쩽
쩽 ― 쩽 ― 쩽
에이부즈런한『코코수』劇場의時計가黃昏의『마 ― 취』를부네

虐待바든正初의눈을위하야슬퍼하는마음은업슴니까?
十字路의『아스팔트』우헤
『아베뉴』의街路樹미테서
輕薄한戀人들의총총한발길에말업시짓밟혀사라짐니다그는 ―

이건서리마즌나물닙임니다
노 ― 란한숨에메마를漂白된살림의陳列을보세요

靑春婦의얼골은 百貨店의『엘레베 ― 타』의『쿳숀』우헤시드럿슴니다 月給쟁이의蒼白한쌤에는눈송이가 부대처싸라짐니다
　(오늘도地文學의先生님은 地球는 圓滿하다고 가르첫대요)

咸鏡道물장사의억개우헤물통이 캄캄한三丁目뒷골목에서요란하게달랑거림니다
너는퍽ㅇ나 배가곱흐게구나 ―

『마네킹』의목에걸려싸물치는眞珠목도리의 샛파란눈동자 ―
南洋의물결에저저잇는너여
너는엇재서말이업늬? 나는안다나
일부러벙어리를쑴이는너의
바다의안개에흐려잇는파 ― 란鄕愁를 ―

너의말업는눈동자에서
熱帶의太陽아래과일은붉다
키다리椰子樹는
한울의구름을붓잡으려고
네활개를내저으며춤을춘다

바다에는달이쌔저피를흘려
밋치여날쮜며몸부림치는물결우헤
오늘도네가듯고십허가는獨木舟의노젓는소리는유량하리라
『쎄 — 썩쌔 — 걱』

永遠의成長을숨쉬는海草의자짓빗산림속에서
너에『키쓰』하던鱌魚의健康한쌀들이그립다지 —
그러면土人의女子의진흙빗손가락에서모래와함쎄새여버린너의
幸福의조악돌을도루집으러가자

嘆息하는벙어리의눈동자여
너와나 —
바다로아니가려늬 녹쓰른두마음을잠그러가자
바다의人魚와가티나는
푸른한울이마시고십다

『페이부멘트』를짜리는수업는발자곡의反響 — 그소리
眞球와나의귀는우리의꿈의陸地에부대치는물질의속삭임에기우럼니다

오— 어린바다여 나는너에게로
나러가는 날개를기르고잇다

―《조선일보》(1931. 1. 23)

감상 풍경

순아 이 들이 너를 기쁘게 하지 못한다는 말을 차마 이 들의 귀에 들려주지 말아라. 네 눈을 즐겁게 못 하는 슬픈 벗 포플러의 호릿한 몸짓은 오늘도 방천에서 떨고 있다. 가느다란 탄식처럼……

아침의 정적을 싸고 있는 무거운 안개 속에서
그날
너의 노래는 시냇물을 비웃으며 조롱하였다.
소들이 마을 쪽으로 머리를 돌리고
음매음매 울던 저녁에
너는 나물 캐던 바구니를 옆에 끼고서
푸른 보리밭 사이 오솔길을 뱀처럼 걸어오더라.

기차 소리가 죽어 버린 뒤의 검은 들 위에서
오늘
나는 삐죽한 괭이 끝으로 두터운 안개 발을 함부로 찢어 준다.
이윽고 흰 뱀처럼 적막하게 나는 돌아갈 게다.

感傷風景

원문 1

순아 이 들이 너를 기쁘게하지못한다는말을 참아 이 들의 귀에 들려주지말어라.
네눈을 즐겁게못하는 슬픈벗「포풀라」의 호릿한[1]몸짓은 오늘도 防川에서 떨고있다.
가느다란歎息처럼……

아침의靜寂을 싸고있는 무거운안개속에서
그날
너의노래는 시내물을 비웃으며 조롱하였다.
소들이 마을쪽으로 머리를돌리고
음메 — 음메 — 우든저녁에
너는 나물캐든 바구니를 옆에끼고서
푸른보리밭사이 오슬길을 배아미처럼 걸어오더라.

汽車소리가 죽어버린뒤의 검은들우에서
오늘
나는 뻬죽한 괭이 끝으로 두터운안개빨을 함부로 찢어준다.
이윽고 흰배암이처럼 寂寞하게 나는돌아갈게다.

———『태양의 풍속』, 55~56쪽

[1] 호릿하다. 몸이 가늘고 키가 커서 날씬하다.

이별

때늦은 튤립의 화분이
시든 창머리에서
여자의 얼굴이 돌아서 느껴 운다.

나의 마음의 설움 위에 쌓이는 물방울.
나의 마음의 쟁반을 넘쳐흐르는 물방울.

이윽고 내가 파리에 도착하면
네 눈물이 남긴 그 따뜻한 반점은
나의 외투 자락에서 응당 말라 버릴 테지?

離別

원문 1

때늦은「튜 — 립」의花盆이
시드른 窓머리에서
女子의얼굴이 돌아서 느껴운다.

나의마음의 설음우에 쌓이는 물방울.
나의마음의 쟁반을 넘쳐흐르는 물방울.

이윽고 내가 巴里에 도착하면
네 눈물이남긴 그따뜻한斑點은
나의外套짜락에서 응당말러버릴테지?

—『태양의 풍속』, 57쪽

離 別

원문 2

시드러진 『튜 — 립프』의 花盆.窓머리.
女子의얼골은 늣겨운다.

나의마음의 서름 우헤 떠러지는 물방울이여.
나의마음의 淨盤을 넘처흐르는 물방울이여.

이윽고 내가 巴里에 도착하면
그따뜻한 班點은 나의 外套자락에서 말러버리겟지.

―《신동아》(1933. 3), 165〜166쪽

가거라 새로운 생활로

바빌론으로
바빌론으로
적은 여자의 마음이 움직인다.
개나리의 얼굴이 여린 볕을 향할 때…….

바빌론으로 간 미미에게서
복숭아꽃 봉투가 날아왔다.
그날부터 안해의 마음은 시들어져
썼다가 찢어 버린 편지만 쌓여 간다.
안해여, 작은 마음이여

너의 날아가는 자유의 날개를 나는 막지 않는다.
호올로 쌓아 놓은 좁은 성벽의 문을 닫고 돌아서는
나의 외로움은 돌아봄 없이 너는 가거라.

안해여 나는 안다.
너의 작은 마음이 병들어 있음을…….
동트지도 않은 내일의 창머리에 매달리는 너의 얼굴 위에
새벽을 기다리는 작은 불안을 나는 본다.

가거라. 새로운 생활로 가거라.

너는 내일을 가져라.
밝아 가는 새벽을 가져라.

가거라 새로운 生活로

「바빌론」으로
「바빌론」으로
적은 女子의 마음이 움직인다.
개나리의 얼굴이
여린볕을 향할때…….

「바빌론」으로간 「미미」에게서
복숭아꽃봉투가 날러왔다.
그날부터 안해의마음은 시들어저
썼다가 찢어버린 편지만쌓여간다.
안해여, 작은마음이여

너의날어가는 自由의날개를 나는막지않는다.
호올로 쌓아놓은 좁은 城壁의문을닫고 돌아서는
나의외로움은 돌아봄없이 너는가거라.

안해여 나는안다.
너의작은마음이 병들어있음을…….
동트지도않은 來日의 窓머리에매달리는 너의얼굴우에
새벽을 기다리는 작은 不安을 나는 본다.

가거라 새로운 生活로 가거라.
너는 來日을 가저라.
밝어가는 새벽을 가저라.

——『태양의 풍속』, 58~59쪽

가거라 새로운生活로 　　　　　　　　원문 2

— 로
— 로
적은녀자의마음이 움직인다
개나리의얼골이
여린볏흘향할때 —

— 로 —
새로운生活로 —
복송아꼿봉투가 날어왓다
— 에간 작은『미미』에게서
그날부터 안해의마음은 시들어
썻다가 찌저버린편지만 싸혀간다

안해여 작은마음이여
너의날러가는 自由의나래를
나는막지안는다

호을로 싸허노흔 좁은城壁
의문을닷고 돌아서는
나의 외로움을 돌아봄업시 너는 가거라

안해여 나는안다
너의작은마음이 병들엇슴을 —

동트지도안흔 來日의 窓머리에 매달리는
그대의얼골우헤 새벽을기다리는 적은不安을나는본다

가라 — 새로운生活로가라
너는『來日』을가저라 밝다
가는運命을 가지여라

—《조선일보》(1930. 9. 6)

먼 들에서는

뱀처럼 굼틀거리는 수평선 그 너머서는
계절이 봄을 준비하고 있다고
바람이 물결을 타고 지나가면서
항용 중얼거리는 그 들에서는……

산맥의 파랑 치맛자락에
알롱달롱한 오색의 레이스를 수놓는 꽃 사이에서
순이와 나도 붉게 피는 꽃떨기 한 쌍이었다.

산발을 넘어오는 계절의 발밑에 깔리는 것을
두리지 않는 당돌한 두 얼굴은
처음으로 금빛 웃음을 배웠다. 그 들에서…….
유리의 단면을 녹아내리는
햇볕의 이슬을 담뿍 둘러쓰고서…….

먼 들 에 서 는

원문 1

배아미처럼 굼틀거리는 水平線그넘어서는
季節이 봄을 준비하고있다고
바람이물결을 타고 지나가면서
항용중얼거리는 그 들에서는……

山脈의 파랑치마짜락에
알롱 달롱한 五色의「레 ― 쓰」를 수놓는꽃사이에서
순이와나도 붉게피는 꽃떨기 한쌍이였다.

山빨[1]을 넘어오는 季節의발밑에 깔리는것을
두리지[2]않는 당돌한 두얼굴은
처음으로 금빛웃음을 배웠다. 그 들에서…….
유리의斷面을 녹아나리는
해볕의 이슬을 담북둘러쓰고서…….

―『태양의 풍속』, 60~61쪽

---

1 산발. '산기슭'의 평안도 방언.
2 두리다. 두려워하다.

우울한 천사

푸른 하늘에 향하여
날지 않는 나의 비둘기. 나의 절름발이.

아침 해가 금빛 기름을 부어 놓는
상아의 해안에서
비둘기의 상한 날개를 싸매는
나는 오늘도
우울한 어린 천사다.

憂鬱한 天使

원문 1

푸른 하늘에 向하야
날지않는 나의비닭이. 나의절름바리.

아침해가
金빛기름을 부어놓는
象牙의海岸에서
비닭이의 傷한날개를싸매는
나는 오늘도
憂鬱한 어린天使다.

——『태양의 풍속』, 62쪽

航海의 一秒前

잠을 어르만지던
저근바람과가튼 추근한 어둠의 愛撫는갓다

눈포래가 빠저간뒤의 寂寞속에 남겨진 나의皮膚에기여드는 虛無한 느낌

거리.
工場들의 붉은 벽돌집(『이스라엘』의牧者 들의 最後의種族)들은
잠깨지안흔 한울에 향하야
그들의 角笛을 분다(그들은 또한 새벽의 使節의一行인가)
어둠이 구비처 흐르는 거리의 江邊에서는
羊떼들의 우름이 우지안는가

健康한山脈들 사히에는 꾹여진 힌 들이
傳說을 배고 누어잇고

風信機의 方向은
西
北

大中華民國의將軍들은 勳章과 軍刀를 가튼 풀무에서 빗고잇다
아마 兵士들의 骸骨들이肋骨에걸고
天國의門을 쉽사리 通하기위해선가보다

太陽에 食傷한 患者의寢室에는『國聯』의 衛生部長『라잇히만』君이 往診을갓고
太陽에 營養不良이된『그린윗취』마을에는 府의慈善團이向하엿다 놀라운

『뉴—쓰』의 洪水, 行列. 洪水……
　파랑帽子를 기우려쓴 佛蘭西領事舘의 꼭댁이에는 三角形의 旗빨이 불근金붕어의꼬리처럼떳다 地中海에서印度洋에서 太平洋에서모—든바다에서 陸地에서
　펄
　펄펄
　旗빨은 바로
　航海의一秒前을 보인다

　기빨속에서는
　來日의얼골이 웃는다
　來日의 우슴속에는
　海草의옷을입은 나의『希望』이 잇다

　褪色한藍色의 寢室인바다에서는 오래인 悲劇의 看守인
　아츰해가 긴기지게를 켯다

　日記冊을 펴럼으나
　그러고 아직畢하지아니한悲劇의 다른幕을 읽어라

　아츰해가 黃金빗의 기름을
　기우려 부어노은 象牙의海岸에서는
　푸른 한울에 向하야 날지안는 나의비닭이의 붉은 다리를 싸매는 나는늙은水夫다

—《조선일보》(1934. 1. 3)

봄은 전보도 안 치고

아득한 황혼의 찬 안개를 마시며
긴 말 없는 산허리를 기어오는
차 소리
우루루루
오늘도 철교는 운다. 무엇을 우누.

글쎄 봄은 언제 온다는 전보도 없이 저 차를 타고 도적과 같이 왔구려.
어머니와 같은 부드러운 목소리로
골짝에서 코 고는 시냇물들을 불러일으키면서…….
해는 지금 붉은 얼굴을 벙글거리며
사라지는 엷은 눈 위에 이별의 키스를 뿌리노라고
바쁘게 돌아다니오.

포플러들은 파란 연기를 뿜으면서
빨래와 같은 하얀 오후의 방천에 늘어서서
실업쟁이처럼 담배를 피우오.

봄아
너는 언제 강가에서라도 만나서
나에게 이렇다는 약속을 한 일도 없건만
어쩐지 무엇을 — 굉장히 훌륭한 무엇을 가져다줄 것만 같아서

나는 오늘도 괭이를 멘 채 돌아서서
아득한 황혼의 찬 안개를 마시며
긴 말이 없는 산기슭을 기어오는 기차를 바라본다.

봄은 電報도안치고

아득한 黃昏의 찬안개를마시며
긴 — 말없는 山허리를 기여오는
車소리
우루루루
오늘도 鐵橋는운다. 무엇을 우누.

글세 봄은 언제온다는 電報도없이 저車를타고 도적과같이 왔구려
어머니와같은 부드러운 목소리로
골짝에서코고는 시내물들을 불러일으키면서…….
해는 지금 붉은얼굴을 벙글거리며
살아지는 엷은눈우에 이별의 키쓰를 뿌리노라고
바쁘게돌아댕기오.

「포풀라」들은 파 — 란 연기를 뿜으면서
빨래와같은 하 — 얀 午後의방천에 느러서서
실업쟁이처럼 담배를 피우오.

봄아
너는 언제 江가에서라도 만나서
나에게 이렇다는 約束을 한일도없건만
어쩐지 무엇을 — 굉장히 훌륭한 무엇을 가저다줄것만같애서

나는 오늘도 광이[1]를 멘채 돌아서서

---

[1] 괭이.

아득한 황혼의 찬안개를 마시며
긴 — 말이없는 山기슭을 기여오는 汽車를 바라본다.

—『태양의 풍속』, 63~65쪽

봄은 電報 도 안 치고

원문 2

아득한 黃昏의 찬안개를 마시며
기 — ㄴ 말없는 山허리를 기여오는
車ㅅ소리 —
우루루르 —
오늘도 鐵橋는 웁니다. 무엇을 우누?

봄은 언제온다는 電報도 안치고 저車를 타고 글세 도적과 같이
슬그머니 왓슴니다.
어머니와 가튼 부드러운 목소리로
골작에서 코고는 시내물들을 부르면서 —
太陽은 지금 붉은 얼골을 벙글거리며 분주하게 싸라저 가는 엷은 눈우헤 離別의 키쓰를 뿌리며 도라단님니다.

『포푸라』들은 파 — 란 煙氣를 뿜으면서
빨래와가튼 그인 防川우헤모혀서서
失業쟁이처름 하욤없이 담배를 피우는
午後 —
봄이여

당신은 언제 江가에서라도 맛나서
나에게 아모러한 約束도 준일이 없엇건만
엇전지 당신은 무엇을 — 굉장히 훌륭한
무엇을 가저다줄것 가타서
나는 來日도 汽車가
아득한 黃昏의 찬안개를 마시며

기 — ㄴ 말없는 山기슭을 기여오는 것을
바라보렴니다.

—《신동아》(1932. 4), 108~109쪽

기원

나의 노래는 기름과 같은 동해의 푸른 물결이고 싶다.
나의 노래로 하여금 당신의 상처에 엉클인 피를 씻기를 허락하옵소서, 님이여.

나의 노래는 다람쥐 같은 민첩한 손의 임자인 젊은 간호부고 싶다.
나로 하여금 낮과 밤으로 그대의 병상 머리를 지키는 즐거운 의무에 얽매어 두옵소서, 님이여.

나의 노래는 늙은 뱃사공 — 나루를 지키는 오래인 희망이고 싶다.
바다가 노해서 끓는 날도 바람이 미쳐서 날뛰는 날도
나의 노래는 바다를 건너는 그대의 뱃머리를 밝히는
꺼질 줄 모르는 등불이고 싶다. 님이여.

祈 願

원문 1

나의노래는 기름과같은 東海의푸른물결이고싶다.
나의노래로하여곰 당신의 상처에 엉크린피를씻기를 허락하옵소서, 님이여.

나의노래는 다람쥐같은 민첩한손의임자인 젊은 看護婦고싶다.
나로하여곰 낮과밤으로 그대의 병상머리를 지키는 즐거운 義務에 억매여두옵소서, 님이여.

나의노래는 늙은 뱃사공 — 나루를 지키는 오래인 히망이고 싶다.
바다가 노해서 끓는날도 바람이 미처서 날뛰는날도
나의노래는 바다를건너는 그대의뱃머리를 밝히는
꺼질줄모르는 등불이고싶다. 님이여

— 『태양의 풍속』, 66~67쪽

祈 願

나의노래는 기름과가튼 東海의푸른물결이고십다
나의노래로하여곰 당신의傷處에 엉키고있는
피를씻세를허락하옵소서 님이여 —
나의노래는 다람쥐가튼 민첩한손의임자인 젊은看護婦고십다.
나로하여곰 낫과밤으로 그대의病床머리를직히는 즐거운
義務에 억매여 주옵소서 님이여 —
나의노래는 늙은배ㅅ사공(나루를 지키는오래인希望)이고십다.
바다가노해서 끌른날도 바람이 미처서날뛰는날도 바다를건너는 그대의 배ㅅ머리를 밝히십다. 님이여 —

—《신동아》(1933. 1), 137쪽

커피잔을 들고

오 나의 연인이여
너는 한 개의 슈크림이다.
너는 한 잔의 커피다.

너는 어쩌면 지구에서 알지 못하는 나라로
나를 끌고 가는 무지개와 같은 김의 날개를 가지고 있느냐?

나의 어깨에서 하루 동안의 모든 시끄러운 의무를
내려 주는 짐 푸는 인부의 일을
너는 캘리포니아의 어느 부두에서 배웠느냐?

『커피』盞을들고

오— 나의 戀人이여
너는 한개의「슈—크림」이다.
너는 한잔의「커피」다.

너는어쩌면 地球에서 아지못하는 나라로
나를 끌고가는 무지개와같은 김[1]의날개를 가지고있느냐?

나의어깨에서 하로동안의 모— 든 시끄러운義務를
나려주는 짐푸는 人夫의일을
너는「칼리또—니아」의 어느埠頭에서 배웠느냐?

—『태양의 풍속』, 68쪽

[1] 김. 입김.

「카피」盞을 들고

오— 나의 戀人이여
너는 한개의「슈—크림」이다.
너는 한잔의「커피」다.

너는 엇지면 地球에서 아지못하는나라로
나를 쓸고가는 무지개와가튼 김의날개를 가지고잇느냐?

나의억개에서 하로동안의 모— 든싯그러운 義務들을
나려주는 짐푸는 人夫의일을
너는「칼리쏘—니아」의 어느 埠頭에서 배워왓느냐?

—《신여성(新女性)》(1933. 6), 32쪽

2 길에서(濟物浦風景)[1]

---

[1] 이 연작시는 잡지에 발표 당시 "海邊詩集"이라는 표제에 "八月二十五日밤 仁川바다까에서 주은 조개껍질들"이라는 부제를 붙였다.

기차

모닥불의 붉음을
죽음보다도 더 사랑하는 금벌레처럼
기차는
노을이 타는 서쪽 하늘 밑으로 빨려갑니다.

汽 車

원문 1

모닥불의 붉음을
죽음보다도 더사랑하는 금벌레처럼
汽車는
노을이타는 서쪽하눌밑으로 빨려갑니다.

———『태양의 풍속』, 69쪽

1. 汽 車

모닥불의 붉음을
죽엄보다도 더사랑하는 金벌레처럼
汽車는
노을이 타는 西쪽한울밑으로 빨려감니다

——《중앙(中央)》 2권 10호(1934. 10), 120쪽

인천역

메이드 인 아메리카의
성냥개비나
사공의 포켓에 있는 까닭에
바다의 비린내를 다물었습니다.

仁 川 驛

원문 1

「메이드·인·아메——리카」의
성냥개비나
사공의「포케트」에 있는까닭에
바다의 비린내를 다물었습니다.

——『태양의 풍속』, 70쪽

2. 停車場

원문 2

『메이드·인·아메—리카』의
성냥개비나
沙工의『팍켓트』에 잇는까닭에
바다의 비린내를 다무럿슴니다

―《중앙》 2권 10호(1934. 10), 120쪽

조수

오후 두 시……
머언 바다의 잔디밭에서
바람은 갑자기 잠을 깨어서는
쉬파람을 불며 불며
검은 조수의 떼를 몰아 가지고
항구로 돌아옵니다.

潮水

원문 1

오후두時……
머언바다의 잔디밭에서
바람은 갑자기 잠을깨여서는
쉬파람[1]을 불며 불며
검은潮水의 떼를 몰아가지고
港口로 돌아옵니다.

——『태양의 풍속』, 71쪽

[1] '휘파람'의 방언.

3. 潮 水

원문 2

午後두時 —
먼바다의 잔디밭에서
바람은 갑작이 잠을 깨여서는
쉬파람을 불며불며
거문潮水의떼를 모라가지고 港口로 도라옵니다

―《중앙》 2권 10호(1934. 10), 120쪽

고독

푸른 모래밭에 자빠져서
나는 물개와 같이 완전히 외롭다.
이마를 어루만지는 찬 달빛의 은혜조차
오히려 화가 난다.

孤 獨

원문 1

푸른 모래밭에 자빠저서
나는 물개와같이 完全히 외롭다.
이마를 어르만지는 찬달빛의 恩惠조차
오히려 화가난다.

—『태양의 풍속』, 72쪽

4. 孤 獨

원문 2

푸른 모래밭에 잡바저서
나는물개와같이 完全히 외롭다
이마를 어르만지는 찬달빛의 恩惠조차
오히려성가시다

《중앙》 2권 10호(1934. 10), 120쪽

이방인

낯익은 강아지처럼
발등을 핥는 바닷바람의 혓바닥이
말할 수 없이 사롭건만
나는 이 항구에 한 벗도 한 친척도 불룩한 지갑도 호적도 없는
거북이와 같이 징글한 한 이방인이다.

異 邦 人

원문 1

낯익은 강아지처럼
발등을핥는 바다바람의 혀빠닥이
말할수없이 사롭건만[1]
나는 이港口에 한벗도 한親戚도 불룩한지갑도 戶籍도없는
거북이와같이 징글한 한異邦人이다.

— 『태양의 풍속』, 73쪽

1　새롭다. 지나간 일이 다시 생각되어 마음에 새삼스럽다. 매우 절실하게 필요하다.

5. 에트란제(異邦人)

원문 2

낯익은 강아지와같이
발등을 핥는 바다바람의 혀빠닥이
말할수없이사롭건만
나는 이 港口에 한벗도 한親戚도 불룩한 지갑도 戶籍도없는
거북이와같이 징글한 한『에트란제』

——《중앙》 2권 10호(1934. 10), 120쪽

밤 항구

부끄럼 많은 보석 장사 아가씨
어둠 속에 숨어서야
루비 사파이어 에메랄드……
그의 보석 바구니를 살그머니 뒤집니다.

밤 港口

원문 1

부끄럼많은 寶石장사아가씨
어둠속에 숨어서야
루비 싸액이어 에메랄드……
그의寶石바구니를 살그머니뒤집니다.

―『태양의 풍속』, 74쪽

6. 밤 港 口

원문 2

부끄럼많은 寶石장사아아씨
어둠 속에 숨어서야
『루비』『싸빠이어』『에메랄드』의
그의寶石바구니를 살그머니뒤집니다

—《중앙》2권 10호(1934. 10), 120쪽

파선

달이 있고 항구에 불빛이 멀고
축대 허리에 물결 소리 점잖건만
나는 도무지 시인의 흉내를 낼 수도 없고
바이런과 같이 짖을 수도 없고
갈매기와 같이 슬퍼질 수는 더욱 없어
상한 바위틈에 파선과 같이 참담하다.
차라리 노점에서 능금을 사서
와락와락 껍질을 벗긴다.

破 船

원문 1

달이있고 港口에 불빛이멀고
築臺허리에 물결소리 점잖건만
나는도무지 詩人의흉내를 낼수도없고
「빠이론」과같이 짖을수도없고
갈메기와같이 슬퍼질수는 더욱없어
傷한바위틈에 破船과같이 慘憺하다
차라리 露店에서 林檎을 사서
와락와락 껍질을 벗긴다.

―『태양의 풍속』, 75쪽

7. 破船

원문 2

달이잇고 港口에 불빛이멀고
築臺허리에 물결소리 점잔컨만
나는 도모지 詩人의 흉내를 낼수도없고
『빠이론』과같이 지슬수도없고
갈마기와같이 슬퍼질수는 더욱없이
傷한 바위틈에 破船과같이 慘憺하다
차라리 露店에서 林檎을사서
와락와락 껍질을 벡긴다

─《중앙》2권 10호(1934. 10), 120쪽

대합실

인천역 대합실의 졸리운 벤취에서
막차를 기다리는 손님은 저마다
해오라비와 같이 깨끗하오.
거리에 돌아가서 또다시 인간의 때가 묻을 때까지
너는 물고기처럼 순결하게 이 밤을 자거라.

待合室

원문 1

仁川驛待合室의 조려운[1] 「뻰취」에서
막차를 기다리는 손님은저마다
해오라비[2]와같이 깨끗하오.
거리에 돌아가서 또다시 人間의때가뭇을때까지
너는 물고기처럼 純潔하게 이밤을자거라.

─『태양의 풍속』, 76쪽

1 조렵다. '졸리다'의 방언. 졸음이 오다.
2 '해오라기'의 경상 방언.

8. 待合室

원문 2

仁川驛 待合室의 조려운 『뻰취』에서
막車를 기다리는 손님은 저마다
해오라비와 같이 깨끗하오
거리에 돌아가서 또다시 人間의때가 무들때까지
너는 물고기처럼 純潔하게 이밤을 자거라

―《중앙》 2권 10호(1934. 10), 120쪽

함경선(咸鏡線) 오백(五百) 킬로 여행 풍경(旅行風景)[1]

---

1 《조선일보》에 1934년 9월 19일부터 21일까지 3회에 걸쳐 연재한 기행 연작시. 원작의 제목은 "旅行風景", 부제가 "咸鏡線五百킬로卽興詩行脚"으로 표시되어 있으며, 「서시」를 포함해 전체 22수의 작품이 이어져 있다. 시집에는 마지막 작품 「바다의 여자」가 빠졌다.

서시

세계는
나의 학교.
여행이라는 과정에서
나는 수없는 신기로운 일을 배우는
유쾌한 소학생이다.

序 詩　　　　　　　　　　　　　　　　　　　원문 1

世界는
나의 學校.
旅行이라는 課程에서
나는 수없는 신기로운 일을 배우는
유쾌한 小學生이다.

———『태양의 풍속』, 77쪽

序詩

世界는
나의學校
旅行이라는課程에서
나는수업는 神奇로운일을배흐는
愉快한 小學生이다

―《조선일보》(1934. 9. 19)

대합실

대합실은 언제든지 튤립처럼 밝고나.
누구나 거기서는 깃발처럼
출발의 희망을 가지고 있다.

待合室

원문 1

待合室은 언제든지 「튜 ― 립」처럼 밝고나.
누구나 거기서는 旗빨처럼
出發의 히망을 가지고 있다.

― 『태양의 풍속』, 78쪽

1. 待合室

원문 2

待合室은 언제든지 「튜 — 립」처럼 밝다.
누구나거기서는 旗빨처럼
出發의希望을가진다.

— 《조선일보》(1934. 9. 19)

식당

흰 테이블 보자기.
건강치 못한 화분 곁에 나란히 선
주둥아리 빼어 든 알루미늄 주전자는
고개를 꺼덕꺼덕 흔들 적마다
폐마와 같이 월각절각 소리를 낸다.
나는 철도의 마크를 붙인 찻잔의 두터운 입술기에서
함경선 오백 킬로의 살진 풍경을 마신다.

食 堂

원문 1

힌 테 ─ 불보작이.
健康치못한 花盆곁에 나란히선
주둥아리빼여든「알미늄」주전자는
고개를 꺼덕꺼덕흔들적마다
廢馬와같이 월각절각¹ 소리를낸다.
나는鐵道의「마 ─ 크」를부친 茶盞의두터운입술기²에서
咸鏡線五百킬로의 살진風景을마신다.

─『태양의 풍속』, 79쪽

1 월걱덜걱. 월걱덜걱거리는 소리를 시늉한 말.
2 입술기. '입술'의 함경도 지방 방언.

3. 咸鏡線[1]

원문 2

헌『테 —— 불』보자기위
健康치못한 花盆겨테 나란히선
주둥아리추어든『알미늄』의주전자가
고개를 꺼떡꺼떡 흔들적마다
魔鬼와가티 월각절각 소리를낸다
나는鐵道의『마 —— 크』를부친茶盞의두터운입슬기에서
咸鏡線五百『킬로』의살진風景을마신다

──《조선일보》(1934. 9. 19)

---

1 시집에서 '식당'이라는 제목으로 바꾸었다.

마을

수수밭 속에 머리 수그린
겸손한 오막살이 잿빛 지붕 위를
푸른 박 덩굴이 기어 올라갔고
엉클인 박 덩굴을 내리밟고서
허연 박꽃들이 거만하게
아침을 웃는 마을.

마을

원문 1

수수밭 속에 머리숙으린
겸손한오막사리 재빛집웅우를
푸른박덩쿨이 기여올라갔고
엉크린박덩쿨을 나리밟고서
허 — 연박꽃들이 거만하게
아침을웃는마을.

—『태양의 풍속』, 80쪽

6. 마을   원문 2

수수밧속에 머리수그린 겸손한오막사리의 잿빗집웅우흘
푸른 박 덩굴이 기여올라갓고
엉크린 박 덩굴을 밟고
힌박꼿들이 거만하게 아츰을 웃는마을

—《조선일보》(1934. 9. 19)

풍속

해변에서는 여자들은 될 수 있는 대로
고향의 냄새를 잊어버리려 한다.
먼 외국에서 온 것처럼 모두
동뜬 몸짓을 꾸며 보인다.

風俗

원문 1

海邊에서는 女子들은 될수있는대로
故鄕의냄새를 잊어버리려한다.
먼 —— 外國에서온것처럼 모다
동딴¹몸짓을 꾸며보인다.

—『태양의 풍속』, 81쪽

1 동뜨다. 다른 것보다 훨씬 뛰어나다.

7. 風俗

원문 2

海邊에서는
女子들은될수잇는대로
故鄕의냄새를니저버리려 한다.
먼 外國에서온 것처럼 모다
동딴몸짓을 꾸며보인다.

―《조선일보》(1934. 9. 19)

함흥평야

밤마다
서울서 듣던 기적 소리는
사자의 울음소리 같더니
아득한 들이 푸른 깃을
흰 구름의 품속에 감추는 곳에서는
기차는
기러기와 같이 조고마한
나그네고나.

咸興平野

원문 1

밤마다
서울서듣던汽笛소리는
獅子의울음소리같드니
아득한들이 푸른깃을
힌구름의 품속에 감추는곳에서는
汽車는
기러기와같이 조고마한
나그내고나.

―『태양의 풍속』, 82쪽

8. 咸興平野

원문 2

밤마다 서울서듯는汽笛소리는
獅子의우름소리갓드니
아득한들이 푸른깃을
힌구름의 품속에 감추는곳에서는
汽車는
기러기와가티
조고마한나그내고나.

──《조선일보》(1934. 9. 19)

목장

뿔이 한 치만 한 산양의 새끼
흰 수염은 붙였으나
아기네처럼 부끄러워서
옴쑥한 풀포기 밑에 달려가 숨습니다.

牧 場 　　　　　　　　　　　　　　　　　원문 1

뿔이한치만한 山羊의새끼
흰수염은 붙였으나
아기네처럼 부끄러워서
옴쑥한 풀포기밑에 달려가숨습니다.

─『태양의 풍속』, 83쪽

11. 숨박곱질[1]

원문 2

뿔이 한치만한 山羊의 색기
힌수염은 부촛스나
아기네처름 부끄러워서
옴숙한 풀포기밋헤숨습니다

——《조선일보》(1934. 9. 20)

---

[1] 시집에서 '목장'이라는 제목으로 바꾸었다.

동해

울룩불룩 기운찬 검은 산맥이 팔을 벌려
한 아름 둥근 바다를 안아 들인 곳.
섬들은 햇볕에 검은 등을 쪼이고 있고
고깃배들은 돛을 거두고
푸른 침상에서 항해를 잊어버리고 조을고 있구료.

부디 달리는 기차여 숨소리를 죽이려무나.
조으는 바위를 건드리는 수줍은 흰 물결이
놀라서 달아나면 어떻거니?

먹을 따는 아가씨 제발 이 밝은 물에 손을 적시지 말아요.
행여나 어린 소라들이 코를 찡기고
모래를 파고 숨어 버릴까 보오.

오늘 밤은 차에서 내려 저 숲에 숨어서
별들이 내려와서 목욕하는 것을
가만히 도적해 볼까.

東 海

원문 1

울룩 불룩 기운찬 검은 山脈이 팔을버려
한아름 둥근 바다를 안어드린곳.
섬들은 햇볕에 검은등을 쪼이고있고
고깃배들은 돛을걷우고
푸른寢床에서 航海를 잊어버리고조을고있구료.

부디 달리는汽車여 숨소리를 죽이렴으나.
조으는 바위를 건드리는 수접은[1] 힌물결이
놀라서 다라나면 어떻거니?

먹[2]을따는아가씨 제발 이맑은물에 손을적시지말어요.
행여나 어린소라들이 코를찡기고[3]
모래를파고 숨어버릴가보오.

오늘밤은 車에서나려 저숲에숨어서
별들이나려와서 목욕하는것을
가만히 도적해볼가.

——『태양의 풍속』, 84~85쪽

1 수줍다.
2 미역.
3 '끼이다'의 방언.

13. 東海

원문 2

울룩 불룩 기운찬 검은 山脈이팔을버려
한아름 둥근바다를안어드린곳

섬들은 햇볏헤 검은등을쪼이고잇고
고기떼들은 돗을거두고 푸른
寢床에서 航海를 니저버리고 조을고잇구료

부듸 이맑은물에 손을 적시지 마러요
행여나 작은소라들이 코를 찡기고 다라날가보오

당신의 숨소리를 제발 죽일수는업습니까
조으는 바위를 건드리는 수접은힌물결이놀라서 다라날가보오

오늘 밤은 車에서나려 풀숩에 숨어서
별들이 나려와서 沐浴하는것을 엿봅시다그려

　　　　　　　　　　　　　　—《조선일보》(1934. 9. 20)

동해수

순이……
우리들의 흰 손수건을
저 푸른 물에 새파랗게 물들입시다.
돌아가서 설합에 접어 두고서
순결이라 부릅시다.

東 海 水

원문 1

순이······
우리들의 힌손수건을
저푸른물에 새파랗게 물드립시다.
돌아가서 설합에 접어두고서
純潔이라 부릅시다.

———『태양의 풍속』, 86쪽

15. 東海水

원문 2

순이
우리들의힌손수건을
저푸른물에새파랏케물드립시다
도라가서 설합에 겨버두고서
幸福이라부릅시다

—《조선일보》(1934. 9. 20)

벼룩

너는 진정 호랑이의 가죽을 썼구나.
나의 침상을 사자와 같이 넘노는 너의 다리는
광야의 위풍을 닮았고나.

어둠 속에서 짓는 사람의 죄 위에 너털웃음을 웃는 너.
너는 사람의 고집은 심장에서
더러운 피를 주저없이 빨아먹으려무나.

벼록이

원문 1

너는 진정 호랑이의 가죽을썼고나.
나의寢床을 獅子와같이 넘노는너의다리는
曠野의威風을 닮었고나.

어둠속에서짓는 사람의죄우에 너털웃음을웃는너.
너는 사람의 고집은[1]心臟에서
더러운피를 주저없이 빨어먹으렴으나.

—『태양의 풍속』, 87쪽

---

1 고집스럽다.

17. 벼록이

원문 2

너는 진정 호랑이의 가죽을썻고나.
나의寢床을獅子와가티 넘노는
너의다리는 曠野의威風을 가젓고나.

어둠속에서 짓는사람의 罪 우헤 너털우슴을 웃는너.
너는 사람의고집은 心臟에서
더러운피를 주저업시 빨미조타.

——《조선일보》(1934. 9. 21)

바위

육지로 향하여 엎드려져서
물결의 흰 채찍에
말없이 등을 얻어맞는
늙은 바위.

바위

원문 1

陸地로 향하야 업드려저서
물결의 힌채찍에
말없이 등을얻어맞는
늙은바위.

———『태양의 풍속』, 88쪽

16. 바위

원문 2

陸地로 향하야 업드려저서
물결의 힌채쯕에
말없이 등을 어더맛는
늙은 바위.

―《조선일보》(1934. 9. 21)

물

물은 될 수 있는 대로
흰 돌이 펴져 있는 곳을 가려서 걸어 다닙니다.
조밭 속에서 그 소리를 엿듣는
팔이 부러진 허수아비는
여기서는 오직 한 사람의 시인이외다.

물

원문 1

물은 될수있는대로
흰돌이 펴저있는곳을 가려서 걸어댕깁니다.
조이밭[1]속에서 그소리를엿듣는
팔이 부러진 허수아비는
여기서는 오직한사람의 詩人이외다.

— 『태양의 풍속』, 89쪽

1 조밭. 조를 심어 놓은 밭.

18. 물

원문 2

물은될수잇는대로
힌돌이 펴저있는곳을 가려서 거러댕긴다.
조이밧속에서 그소리를엿듯는
팔이부러진 허수아비는
여기서는 오직 한사람의詩人이다.

―《조선일보》(1934. 9. 21)

달리아

진홍빛 꽃을 심어서
남으로 타는 향수를 기르는
국경 가까운 정거장들.

따리아

원문 1

眞紅빛 꽃을심거서
南으로타는 鄕愁를 길으는
國境가까운 停車場들.

———『태양의 풍속』, 90쪽

19. 따리아

원문 2

眞紅꽃을 심거서
南으로 타는 鄕愁를 기르는
國境갓가운 停車場들

—《조선일보》(1934. 9. 21)

산촌

모든 것이 마을을 사랑한담네.
차마 영을 넘지 못하고
산허리에서 망설이는
흰
아침 연기.

山 村

원문 1

모 — 든것이마을을 사랑한담네.
참아 嶺을 넘지못하고
山허리에서 멍서리는[1]
힌
아침연기.

　　　　　　　　　　　　　　　　　　　　—『태양의 풍속』, 90쪽

---

[1] 망설이다.

20. 山村

원문 2

모 —— 든 것이 마을을 사랑한담네.
차마 嶺을넘지못하고
山허리에서 멈춰서는
힌
아츰연기

―《조선일보》(1934. 9. 21)

3 오전(午前)의 생리(生理)

깃발

파랑 모자를 기울여 쓴 불란서 영사관 꼭대기에서는
삼각형의 깃발이 붉은 금붕어처럼 꼬리를 떤다.

지중해에서 인도양에서 태평양에서
모든 바다에서 육지에서
펄 펄 펄
깃발은 바로 항해의 일 초 전을 보인다

깃발 속에서는
내일의 얼굴이 웃는다.
내일의 웃음 속에서는
해초의 옷을 입은 나의 '희망'이 잔다.

旗 빨

파랑帽子를 기우려쓴 佛蘭西領事館꼭댁이에서는
三角形의 旗빨이 붉은金붕어처럼 꼬리를떤다.

地中海에서 印度洋에서 太平洋에서
모 — 든바다에서 陸地에서
펄 펄 펄
기빨은 바로 航海의 一秒前을보인다

旗빨속에서는
來日의얼굴이웃는다.
來日의웃음속에서는
海草의옷을입은 나의「希望」이잔다.

　　　　　　　　　　　　　　——『태양의 풍속』, 92~93쪽

航海의 一秒前

잠을 어르만지던
저근바람과가튼 추근한 어둠의 愛撫는갓다

눈포래가 빠저간뒤의 寂寞속에 남겨진 나의皮膚에기여드는 虛無한 느낌

거리.
工場들의 붉은 벽돌집(『이스라엘』의牧者 들의最後의種族)들은
잠깨지안흔 한울에 향하야
그들의 角笛을 분다(그들은 또한 새벽의 使節의一行인가)
어둠이 구비처 흐르는 거리의 江邊에서는
羊떼들의 우름이 우지안는가

健康한山脈들 사히에는 꾹여진 힌 들이
傳說을 배고 누어잇고

風信機의 方向은
西
北

大中華民國의將軍들은 勳章과 軍刀를 가튼 풀무에서 빗고잇다
아마 兵士들의 骸骨들이肋骨에걸고
天國의門을 쉽사리 通하기위해선가보다

太陽에 食傷한 患者의寢室에는 『國聯』의 衛生部長 『라잇히만』君이 往診을갓고
太陽에 營養不良이된 『그린윗취』마을에는 府의慈善團이向하엿다 놀라운

『뉴—쓰』의 洪水, 行列. 洪水……
　　파랑帽子를 기우려쓴 佛蘭西領事舘의 꼭댁이에는 三角形의 旗빨이 불근金붕어의꼬리처럼 떳다 地中海에서 印度洋에서 太平洋에서모— 든바다에서 陸地에서
　　펄
　　펄펄
　　旗빨은 바로
　　航海의一秒 前을 보인다

기빨속에서는
來日의얼골이 웃는다
來日의 우숨속에는
海草의옷을입은 나의『希望』이 잇다

褪色한藍色의 寢室인바다에서는 오래인 悲劇의 看守인
아츰해가 긴기지게를 켯다

日記冊을 펴럼으나
그러고 아직畢하지아니한悲劇의 다른幕을 읽어라

아츰해가 黃金빗의 기름을
기우려 부어노은 象牙의海岸에서는
푸른한울에 向하야 날지안는 나의비닭이의 붉은다리를 싸매는 나는늙은水夫다

—《조선일보》(1934. 1. 3)

분수

태양의 무수한 손들이
칠흑의 비로드 휘장을 분주하게 걷어 간 뒤 창머리에는
햇볕의 분수에 목욕하는
(어린 마돈나) 수선화의 나체상 하나.

순아.
지난밤 나는 어둠 속에서 남몰래
휴지와 같이 꾸겨진 나의 일 년을 살그머니 펴 보았다.

나의 가슴의 무덤 속에서 자는
죽지가 부러진 희망의 시체의 찬 등을 어루만지며
일어나 보라고 속삭여 보았다.

나의 꿈은 한 끝이 없는 초록빛 잔디밭
지난밤 그 위에서 나의 식욕은 태양에로 끌었단다.

그러나 지금은 아침.
순아 어서 나의 병실의 문을 열어 다오.
푸른 천막 꼭대기에서는
흰 구름이 매아지처럼 닫지 않니?

우리는 뜰에 내려가서 거기서 우리의 병든 날개를 햇볕의 분수에 씻자.
그러고 표범과 같이 독수리와 같이 몸을 송기고
우리의 발꿈치에 쭈그린 미운 계절을 바람처럼 꾸짖자.

噴 水

太陽의무수한손들이
漆黑의 비로 ─ 도[1] 휘장을 분주하게 걷워간뒤 창머리에는
햇볕의噴水에 목욕하는
(어린마돈나)水仙花의 裸體像하나.

순아.
지난밤 나는 어둠속에서 남몰래
休紙와같이 꾸겨진 나의一年을 살그머니 펴보았다.

나의가슴의 무덤속에서자는
죽지가 부러진 希望의屍體의 찬등을 어루만지며
일어나보라고 속삭여보았다.

나의꿈은 한 끝이없는 草綠빛잔디밭
지난밤 그우에서 나의食慾은 太陽에로 끌었단다.

그러나 지금은아침.
순아 어서 나의病室의문을 열어다고.
푸른天幕 꼭댁이에서는
힌구름이 매아지[2]처럼달치[3]안니?

우리는 뜰에 나려가서 거기서 우리의病든날개를 햇볕의 噴水에 씻자.

1 비로드(veludo). 벨벳. 우단.
2 '망아지'의 방언.
3 닫지. 닫다. 달리다.

그리고 표범과같이 독수리와같이 몸을송그리고[4]
우리의 발굼치에 쭈그린 미운 季節을 바람처럼 꾸짖자.

—『태양의 풍속』, 94~95쪽

4 몸을 작게 오그리다.

날개를펴렴으나
— 새해첫 아츰에드리는詩

잔
듸
밧
별
들의
寢室의

漆黑의『벨벳트』휘장을 분주하게 거두는 太陽의 무수한 손들

窓머리에는
햇볏의噴水에 沐浴하는
水仙花의(마돈나의)裸體 하나

우리들의 금순아
너는 너의잇는모 —— 든곳에서
工場에서 學校에서 골방에서 『카페』에서 부억에서
病室에서 들창을 열렴으나

너는 그늘속의고사리가튼女子다

標本室의眞空甁속에서 웃는
힌꼿이다

지난밤 너는 어두운속에서
수지와가치 꾸겨진 너의『一年』을 펴보앗지

그러고그속에서 窒息해버린
너의『캐나리아』의 葬式에대하야 너는생각하고 잇슨것을나는안다

너의番地는
樂園洞 또는國境의東쪽거리
二丁目의 一百八十九番地라고도하엿다

지금 푸른天幕의 기둥끄테는 흰구룸이 걸려잇다
금순이의 가슴속에는 죽지가 부러진『希望』의 屍體가 잔다

그러나 한울은 그의머리우헤
한 끗이업는 푸른돗
그우헤 달린 한 개의『빵』인 太陽

금순아
너의꿈은 끗이업는 綠色의잔듸밧이고 지난밤거기서 太陽에의 食慾이 움직인 것을
나는안다
지금 잠자는噴水들은
너의어린풀들을 추겨주려 黃金빗의 비빨을 뿌리고잇다

너는 뜰에나와서 거기서
식어버린『카나리아』의 心臟을시처라

그리고 너의날개를 펴라

季節을 輕蔑하는너는 날개도친 水仙花가 아니냐

—《조선일보》(1934. 1. 1)

바다의 아침

작은 어족의 무리들은 일요일 아침의 처녀들처럼 꼬리를 내저으면서 돌아다닙니다.

어린 물결들이 조약돌 사이를 기어다니는 발자취 소리도 어느새 소란해졌습니다.

그러면 그의 배는 이윽고 햇볕을 둘러쓰고 물새와 같이 두 놀을 펴고서 바다의 비단 폭을 쪼개며 돌아오겠지요.

오— 먼 섬의 저편으로부터 기어 오는 안개여
너의 양털의 냅킨을 가지고 바다의 거울 판을 닦아 놓아서
그의 놀대를 저해하는 작은 파도들을 잠재워 다오.

바다의아츰

원문 1

작은 魚族의무리들은 日曜日아침의 處女들처럼 꼬리를 내저으면서 돌아댕깁니다.
어린물결들이 조악돌사이를 기여댕기는 발자취소리도 어느새 소란해졌습니다.
그러면 그의배는 이윽고 햇볕을 둘러쓰고 물새와같이 두놀[1]을 펴고서 바다의 비단폭을 쪼개며 돌아오겠지요.

오 — 먼섬의저편으로부터 기여오는안개여
너의 羊털의「납킨」을가지고 바다의거울판을 닦어놓아서
그의놀대[2]를 저해하는 작은파도들을 잠재워다고.

─『태양의 풍속』, 96쪽

---

1 '노(櫓)'의 방언.
2 놋대. 노(櫓).

바닷가의아츰

원문 2

　자근魚族의무리들은 고요한바다 미테서 日曜日아츰의處女들처럼 꼬리를내저으면서 다라댕김니다.
　고요한 물결들이, 조약돌사이를 기여댕기는 발자취소리가 자못요란함니다.
　갑작이 먼곳에서 淫奔한별들의오좀에 저즌鐵橋우를 색각만機關車가 뽕뽕울면서 뛰여감니다.
　그러면 나는문득 투닥거리는 가슴을붓잡슴니다. 나의바구미에는 人魚의머리칼가튼 푸르고기름진 먹(昆布)이절반도 안찬까닭이외다.
　이윽고 해ㅅ벼틀 둘러쓰고 그의배는물새와가티 두놀을펴고 물결의비단폭우을 밋그러저올터인데 —
　먼섬의저편으로부터 오는안개여 너의羊털의『냅킨』을 가지고 밋그러웁게 바다의 거울을 닥거라. 그의놀대를 저해하는 파도들을 잠재워다고.

—《신동아》(1933. 1), 137쪽

제비의 가족

새하얀 조끼를 입은 공중의 곡예사인 제비의 가족들은 어느새 그들의 긴 여행에서 돌아왔고나.
길가의 전선줄에서 부리는 너의 재주를 우리들은 퍽 좋아한단다.

그리고 너는 적도에서 들은 수 없는 이야기를 가지고 왔니
거기서는 끓는 물결이 태양에로 향하여 가슴을 헤치고 미쳐서 뛰논다고 하였지?
그늘이 깊은 곳에 무화과 열매가 익어서 아가씨의 젖가슴보다도 더 붉다고 하였지?
우리들은 처마 끝에 모아 서련다.
그러면 너는 너의 연단에 올라서서 긴 이야기를 재잘거려라.
밤이 되어도 너의 이야기가 끝이 없으면 은하수 아래 우리들은 모닥불을 피우련다.

제 비 의 家 族

원문 1

샛하얀 쪼끼를입은 空中의曲藝師인 제비의 家族들은 어느새 그들의 긴旅行에서 돌아왔고나.
길가의電線줄에서 부리는 너의재조를 우리들은 퍽좋아한다나.

그러고 너는 赤道에서 들은 수없는이야기를 가지고왔니.
거기서는 끓는물결이 太陽에로향하야 가슴을헤치고 미처서뛰논다고하였지?
그늘이 깊은곳에 無花果열매가 익어서 아가씨의 젖가슴보다도더붉다고하였지?
우리들은 첨하끝에 모아서련다.
그러면 너는너의演壇에 올라서서 긴이야기를 재젤거려라.
밤이되어도 너의이야기가 끝이없으면 銀河水아래 우리들은 모닥불을 피우련다.

——『태양의 풍속』, 97~98쪽

나의 소제부

오늘 밤도 초승달은
산호로 판 나막신을 끌고서
구름의 층층계를 밟고 내려옵니다.

어서 와요 정다운 소제부.
그래서 왼종일 깔앉은 티끌을
내 가슴의 하상에서 말쑥하게 쓸어 줘요.
그러고는 당신과 나 손을 잡고서
물결의 노래를 들으려 바닷가로 내려가요.
바다는 우리들의 유랑한 손풍금.

나의 掃除夫

원문 1

오늘밤도 초생달은
珊瑚로판 나막신을 끌고서
구름의 층층계를 밟고나려옵니다.

어서와요 정다운 掃除夫.
그래서 왼종일 깔앉은 띠끌을
내가슴의 河床에서 말쑥하게 쓸어줘요.
그러고는 당신과나 손을잡고서
물결의노래를 들으려 바다까로 나려가요.
바다는 우리들의 유랑한 손風琴.

─『태양의 풍속』, 99쪽

초승달은 掃除夫

오늘밤도 초승달은
珊瑚로짠 신을 끌고
노을의『키―』를밟고 나려옵니다
구름의 層層대는 바다와가티
유랑한 손風琴 이라오

어서오시오 정다운 掃除夫 ―

그래서 그는 왼종일 내가슴의河床에 깔안즌
文明의『엔진』에서 부스러진티끌들을
말숙하게 쓰러주오

그러고는 나에게 命令하오
그가조와하는 詩를 써보라고 ―
(요곤 주제넘게 詩를 꽤안다)

그러면 그와나 손을 마조잡고
바다ㅅ가로 나려갑니다
疲困할줄 모르는 舞蹈狂인 地球에게
우리의 詩를 들려주려

鍍金칠한 팔둑時計 대신에
薔薇의 이야기를 파러버린 철모르는 말광양이 에게
故鄕의 노래를 들려주려 ―

―《문학(文學)》1권 1호(1934. 1), 13~14쪽

들은 우리를 부르오

경박한 참새들은 푸른 포플러의 지붕 밑에서 눈을 떠서 분주히 노래하오.
바다의 붉은 가슴이 타는 해를 튀겨 올리오.
별들은 구름을 타고 날아가오.

아침의 전령인 강바람이 숲속의 어린 새들의 꿈을 흔들어 깨우치오.
나는 나의 팔에 껴안긴 밤의 피 흐르는 찢어진 시체를 방바닥에 던지고 무한한 야심과 같은 우리들의 대낮으로 향하여 뛰어나가오.

(나는 안해의 방문을 두드리오.)
여보 어서 일어나요.
우리는 가축을 몰고 숲으로 가지 않겠소?
우리들의 즐거운 벗 — 태양은 강가에서 오죽이나 섭섭해서 기다리고 있겠소?
(나의 팔은 담 너머 언덕 너머 강을 가리켰소.)

이윽고 새들은 높은 하늘의 중간에 떠서 음악회를 열 것이오.
늙은 바람은 언덕 우의 송아지의 털을 쓰다듬으면서 송아지의 슬픈 노래를 사랑하겠지요.

작은 꽃들은 태양을 향하여 키스를 조르겠지요?

(나는 하늘을 쳐다보며 두 팔을 벌렸소.)
그리고 여보
우리들은 그 넓은 하늘과 땅 사이에서 얼마나 작은 꽃이겠소?
얼마나 갸륵한 새들이겠소?

들은 우리를불으오

원문 1

輕薄한 참새들은 푸른「포풀라」의집웅밑에서 눈을떠서 분주히 노래하오
바다의 붉은가슴이 타는해를 투겨올리오
별들은 구름을타고 날어가오.

아침의傳令인 江바람이 숲속의 어린새들의 꿈을 흔들어깨우치오.
나는 나의팔에 껴안긴「밤」의 피흐르는 찢어진屍體를 방바닥에 던지고
無限한野心과같은 우리들의대낮으로향하야 뛰여나가오.

(나는 안해의 방문을 두다리오)
여보 어서일어나요
우리는 家畜을몰고 숲으로가지않겠소?
우리들의 즐거운벗 ── 太陽은 江가에서 오직이나 섭섭해서 기다리고 있겠소?
(나의팔은 담넘어 언덕넘어 江을가르켰소)

이윽고 새들은 높은하눌의 中間에떠서 音樂會를 열것이오.
늙은바람은 언덕우의 송아지의 털을 쓰다듬으면서 송아지의 슬픈노래를 사랑하겠지요.

작은꽃들은 太陽을향하야「키쓰」를 조르겠지요 ──
나는하눌을 쳐다보며 두팔을 버렸소
그러고 여보
우리들은 그넓은 하눌과 땅사이에서 얼마나 작은꽃이겠소?
얼마나 갸륵한 새들이겠소?

──『태양의 풍속』, 100~102쪽

들은 우리를 부르오

원문 2

경박한참새들은『포푸라』의 푸른집웅미테서
눈을떠서 분주히 노래하오.
바다의 붉은가슴이 타는해를 투겨올리오.
별들은 구룸을타고 나러가오.

아츰의 傳令인 江바람이 숩속의어린새들의 꿈을흔드러 깨우치오.
나는 나의팔에 껴안긴『밤』의 피흐르는 찌여진屍體를 방바닥에 던지고
無限한 野心과가튼 우리들의 대낮으로 향하야 뛰여나왓소.

(나는안해의 방문을 두다리오)
『여보 어서이러나요.
우리도 家畜을몰고 숲으로 가지안켓소.
우리들의 조흔벗—太陽은 江가에서 오직이나 섭섭해서 기다리고잇겟소.』
(나의 팔은 담넘어 언덕넘어 江을가르켯소)

이윽고 새들은 노푼한울의 中間에서떠서 音樂會를 열것이오.
늙은바람은 언덕우헤 송아지의털을 쓰다듬으면서 송아지의노래를 사랑하겟지요.
작은 꽃들은 太陽을향하야『키쓰』를 苦待하겟지요.—

(나는 한울을처다보며 두팔을버렷소)
『그리고 여보—
우리들은 그넓은 한울과 땅사히에서 얼마나 작은꽃이겟소.
얼마나 갸륵한 새들이겟소.』

—《신동아》(1933. 4), 132쪽

새날이 밝는다

굳게 잠근 어둠의 문 저쪽에서 골짝들은 새벽을 음모합니다.
비로드의 금잔디 위에서는 침묵이 잡니다.

밤하늘을 아름답게 꾸미던 무수한 별들은
지금 눈물에 젖어 하나씩 둘씩
강물 속에 빠져서는 구을러갑니다.
어서 일어나요……
푸른 안개의 휘장 속에서는
마르스의 늙은이가 분주하게 지구의 요람을 흔들어 깨웁니다.

거리거리의 들창들이
수박빛 하늘로 향하여 입을 벌립니다.
집들은 새벽을 함뿍 들이켭니다.

어느새 검은 차고의 쇠문을 박차고
병아리와 같은 전차들이 뛰어나옵니다

옷자락에서 부스러 떨어지는 간밤의 꿈 조각들은 돌보지도 않으면서 그는
고함을 치면서 거리거리를 미끄러져 가는
난폭한 스케이트 선수올시다

오 — 전 조선의 시민 제군
고무공과 같이 부풀어 오른 탄력성의 대지의 가슴으로 뛰어나오렴.
우리들의 경주를 위하여 이렇게도 훌륭하고 큰 아침이 준비되었다.

새날이 밝는다

원문 1

굳게잠근 어둠의문 저쪽에서 골작들은 새벽을 陰謀합니다.
비로 — 도¹의 금잔디우에서는 침묵이잡니다.

밤하눌을 아름답게꾸미던 무수한별들은
지금 눈물에젖어 하나씩둘씩
江물속에 빠저서는 구을러갑니다.
어서 일어나요……
푸른안개의 휘장속에서는
「마르쓰」²의 늙은이가 분주하게 地球의搖籃을 흔들어 깨웁니다.

거리거리의 들창들이
수박빛하눌로항하야 입을버립니다.
집들은 새벽을 함뿍 드리켭니다.

어느새 검은車庫의 쇠문을 박차고
병아리와같은 電車들이 뛰여나옵니다

옷자락에서 부스러떠러지는 간밤의 꿈쪼각들은 돌보지도않으면서 그는
고함을치면서 거리거리를 미끄러저가는
亂暴한「스케 — 트」選手올시다

오 — 全朝鮮의 市民諸君

---

1   비로드. 벨벳. 우단.
2   Mars. 화성.

고무공과같이 부프러오른 彈力性의 大地의가슴으로 뛰여나오렴.
우리들의 競走를위하야 이렇게도 훌륭하고 큰아침이 準備되었다.

——『태양의 풍속』, 103~105쪽

새날이 밝는다

굿게잠근 어둠의문 저쪽에서 골작들은
새벽을 陰謀하고 잇슴니다.
『비로 — 도』의금잔디우에서는 沈黙이잠니다.

밤한울을 아름답게 꾸미던 무수한별들은 지금
눈물에 저저 하나식 둘식
江물속에 빠저서는 구을러감니다.

『어서이러나요』
푸른안개의 그휘장의 저편에서는
『마르쓰』의늙은이가 분주하게 地球의搖籃을 흔드러깨움니다.

거리거리의 들창들이
수박빛 한울로 향하야『파락파락파락』열여짐니다.
집들은 새벽을 함북呼吸함니다.

검은車庫의 쇠문을박차고
병아리와가튼 電車들이
뛰여나옴니다.

옷자락에서 부스러떠러지는 간밤의꿈조각들은 돌보지도
안으면서 그는
고함을치면서 거리거리를 밋그러저가는
亂暴한『스케 — 트』選手올시다.

오— 全朝鮮의 市民諸君 —
『고무공』과가티 부푸러오는 彈力性의 大地의 가슴위로 뛰여나오렴 그러고 이러케 훌륭하고 큰아츰을 춤추지안으려는가.

—《신동아》(1933. 1), 136~137쪽

출발

오월의 바다와 같이 빛나는 창이
아침 해에게 웃음을 보내며
무한히 깊은 회화를 두 사람은 바꾸고 있다.
하늘은 얼굴에서 어둠을 씻고
지중해를 굽어본다. 푸른 밑 없는 거울…….

창을 열려무나 누나
푸른 하늘, 써늘한 대기

어린 새들은 너희의 삼월을 잊어버렸니?
너희들의 훌륭한 파라슈트 목욕한 날개를 타고
날래게 푸른 하늘로 떨어지려무나.

그래서 세계에 아침을 일러 주어라.
빛인……
푸름인……
생성인……

태평양 횡단의 기선 임프레스 오브 아시아호가
금방 커다란 희망과 같은 깃발을 흔들며 부두를 떠났다.
바로 오전 8시 30분……

出 發

원문 1

五月의바다와같이 빛나는窓이
아침해에게 웃음을보내며
無限히 깊은會話를 두사람은 바꾸고있다.
하눌은 얼굴에서 어둠을씻고
地中海를 굽어본다. 푸른 밑없는거울…….

窓을열렴으나 누나
푸른하눌, 써늘한大氣

어린새들은 너희의三月을 잊어버렸니?
너희들의 훌륭한「파라슈 ─ 트」沐浴한 날개를타고
날래게 푸른하눌로 떠러지렴으나.

그래서 世界에 아침을일러주어라.
빛인……
푸름인……
生成인……

太平洋橫斷의汽船「엠프레쓰・어쁘・에이샤」號[1]가
금방 커다란希望과같은 旗빨을 흔들며 埠頭를떠났다.
바로 午前八時 三十分…….

─『태양의 풍속』, 106~107쪽

1 Empress of Asia호. 스코틀랜드에서 1912년에 건조한 선박으로 1914년 태평양을 9일 만에 횡단한 기록을 세움.

出 發

五月의바다와가티 빗나는窓이
아츰해에게 우슴을보내며 無限히깁흔會話를 두사람은밧구고잇나

한울은 얼골에서 어둠을썻고
地中海를 구버본다 푸른 밋치업는거울 ─
窓을 열렴으나 『누나』 ─
푸른한울 ─ 써늘한大氣 ─ 太陽은별들의『쎈티멘탈』한 눈물에저저
그러치만 그는幸福한記憶때문에웃는다
어둠속에서의 무수한그의女子엿든별들때문에

아츰이다
希望이다
溫暖이다
喜悅이다
그래서 世界는 아주새롭다

어린새들은 너희의三月을 니저버렷느냐?
너희들의 훌륭한『파라슈 ─ 트』
─ 沐浴한날개를 타고날래게
푸른한울로 써러지렴으나

그래서 世界에 아츰을 告해라
빗친 ─
푸름인 ─
生長인 ─

太平洋橫斷의汽船『엠푸레쓰・오앺・에이샤』號가금방 크다란希望과가튼 긔쌜을흔들며『쏙크』를 써낫다 午前八時三十分 ─

─《조선일보》(1931. 3. 27)

아침 비행기

파랑 날개를 팔락이는 어린 비행기는
일요일날 아침의 유쾌한 악사올시다.
새벽이 새어간 뒤의 아침 하늘은 플라티나의 줄을 늘인 하프
그 줄을 때리면서 훌륭한 음악을 타는 프로펠러는 사포의 손보다도 더 이쁜
오월의 바람보다도 더 가벼운
새벽하늘을 수놓는 눈송이보다도 더 흰 손의 임자.
나의 가슴의 둔한 성벽에 물결쳐 넘지는 음악의 호수.
구름 밖으로 나를 싣고 가는 흰 날개를 가진 너의 음악이여.

아츰飛行機

원문 1

파랑날개를 팔락이는 어린飛行機는
日曜日날아침의 유쾌한樂土올시다.
새벽이 새여간뒤의 아침하눌은「풀라티나」[1]의줄을느린「하——프」
그줄을 따리면서 훌륭한 音樂을타는「푸로펠라」는「싸포——」[2]의 손보다도 더이쁜
五月의바람보다도 더가벼운
새벽하눌을 수놓는눈숭이보다도 더힌손의임자.
나의가슴의 鈍한城壁에 물결처넘지는 音樂의湖水.
구름밖으로 나를실고가는 힌날개를가진 너의音樂이여.

—『태양의 풍속』, 108쪽

---

1   platinum. 백금.
2   사포(Sappo). 고대 그리스의 대표적 서정시인.

飛 行 機

파랑날개를 팔락이는 어린飛行機는 日曜日날아츰의 유쾌한樂土라오
　새벽이 새여간뒤의 아츰 한울은『풀라티나』의 줄을느린『하르프』— 그줄을 짜리면서 훌륭한 音樂을하는『푸로페라』는『싸포—』의 손보다도 입분손 五月의 바람보다도 더 가벼운손 새벽한울을 수놋는눈송이보다도 더힌손을 가지고잇소
　나의 가슴의 鈍한城壁에 물결처넘치는 音樂의 湖水 — 구름박그로 나를실고 가는 힌날개를 가진音樂을 타는그대의힌손이여

　　　　　　　　　　　—《조선문학》1권 4호(1933. 11), 71쪽

일요일 행진곡

월
　화
　　수
　　　목
　　　　금
　　　　　토
하낫 둘
　하낫 둘
일요일로 나가는 '엇둘' 소리……

자연의 학대에서
너를 놓아라
역사의 여백……
영혼의 위생 데이……
일요일의 들로
바다로……

우리들의
유쾌한
하늘과 하루
일요일
　일요일

日 曜 日 行 進 曲

원문 1

　　月
　　　火
　　　　水
　　　　　木
　　　　　　金
　　　　　　　土
하낫 둘
　하낫 둘
일요일로 나가는 『엇둘』소리……

자연의 虐待에서
너를 놓아라
역사의 餘白……
영혼의 위생「데이」……
일요일의들로
바다로……

우리들의
유쾌한
하눌과하로
일요일
　일요일

—『태양의 풍속』, 109~110쪽

日曜日 行進曲

月
火
水
木
金
土
하낫 둘
하낫 둘
일요일로 나가는 『엇둘』소리.

자연의 虐待에서
너를 아노라
력사의 여백
령혼의 위생 「데이」—
일요일의 들로
바다로.

우리들의
유쾌한
하눌과 하로—
일요일
일요일.

———《신가정(新家庭)》 1권 11호(1933. 11), 139쪽

속도(速度)의 시(詩)

스케이팅

일월의 대기는
투명한 프리즘

나의 가슴을 막는
햇볕은 칠색의 테이프

파리의 바다는
푸른 옷 입은 계절의 화석이다.

감을 줄 모르는
진주의 눈들이 쳐다보는

어족들의 원천 극장에서
내가
한 개의 환상 아웃커브를 그리면
구름 속에서는 천사들의 박수 소리가 불시에 인다.

한강은 전연 손을 댄 일이 없는
생생한 한 폭의 원고지.

나는 나의 관중 ─ 구름들을 위하여

그 위에 나의 시를 쓴다.

희롱하는 교착선의 모든 각도와 곡선에서 피어나는 예술
기호 위를 규칙에 얽매어 걸어가는
시계의 충실을 나는 모른다.

시간의 궤도 위를 미끄러져 달리는 차라리
방탕한 운명이다. 나는……

나의 발바닥 밑의
태양의 느림을 비웃는 두 칼날……

나는 얼음판 위에서
전혀 분방한 한 속도의 기사다.

스케이팅

一月의 大氣는
透明한「푸리즘」

나의가슴을 막는
햇볕은 七色의「테 — 프」

玻璃[1]의바다는
푸른옷입은 季節의化石이다.

감을줄모르는
眞珠의눈들이 쳐다보는

魚族들의 圓天劇場에서
내가
한개의幻想「아웃 커 — 쁘」를그리면
구름속에서는 天使들의拍手소리가 불시에인다.

漢江은 全然 손을 댄일이없는
生生한 한幅의原稿紙.

나는 나의觀衆 — 구름들을위하야
그우에 나의詩를쓴다.

---

1   유리. 수정.

히롱하는 交錯線의 모 ─ 든 角度와 曲線에서 피여나는 藝術
記號우를 規則에억매여걸어가는
時計의 忠實을 나는모른다.

時間의 軌道우를 미끄러저달리는 차라리
放蕩한 運命이다. 나는……

나의발바닥밑의
太陽의느림을비웃는 두칼날² ……

나는얼음판우에서
全혀奔放한 한速度의 騎士다.

　　　　　　　　　　　　　　──『태양의 풍속』, 113~115쪽

2　스케이트의 날.

「스케이팅」

一月의 大氣는
透明한『푸리즘』

나의 가슴을 막는
太陽의 七色의『테―쁘.』

琉璃의 바다는
푸른옷 입은 季節의 化石이다.

감을줄 몰으는
眞珠의 눈들이 처다보는

魚族들의
圓天劇場에서
내가

한 개의 幻想『아웃커―브』를 그리면
구름 속에서는 天使의 拍手소리가 騷亂하다.
漢江은 全然 손을 댄일이없는
生生한 한幅의 原稿紙………

나는 구름들을 위하야
그우에 나의 詩를 쓴다

히롱하는 交錯線의 모―든 角度에서 피여나는 藝術.

記號우를 規則的으로 걸른
時計針의 忠實이 아니다 나는

時間우를 미끄러저 달리는 차라리
放蕩한 運命이다.

나의 발바닥에서
太陽을 비웃는 두칼날…………
나는 어름 판우에서
速度의 騎士다

—《신동아》(1934. 3), 168~169쪽

여행

칠월은
모험을 즐기는 아이들로부터
고향을 빼앗았다.

우리는 세계의 시민
세계는 우리들의 올림피아드

시커먼 철교의 엉클린 질투를 비웃으며 달리는 장애물경주 선수들
기차가 달린다. 국제열차가 달린다. 전망차가 달린다……

해양 횡단의 정기선들은 항구마다
푸른 깃발을 물고 마라톤을 떠난다……

럭키. 히말라야. 알프스.
산맥을 날아 넘은 여객기들은 어린 전서구

말레이군도는
토인들의 경주용 독목주(카누)다.

새끼를 호주머니에 감추고
기적을 피해 가는 캥거루는

오스트레일리아의 수줍은 가족주의자.
흥 너희들은 양모를 팔아서
영국제 식기의 이름을 부르기 위하여
비싼 영어를 샀구나.

자 — 아메리카도 시끄럽다.
여자의 웃음소리와 주머니의 돈 소리가 귀를 부순다.

어느새 사막과 요새들 사이에 씹히는
어질러진 푸른 진주 — 가련한 지중해다.

런던. 뉴욕. 파리. 프라하. 부다페스트.
동방의 거리 콘스탄티노플
회교도
아메리카 영사관
성베드로의 뾰죽집은 구름을 찌른다.
(마리아는 높은 데 계시단다 아멘)

자 — 짐은 호텔에……
사랑은 바닷가에……

계절의 애무에 살진 섬들은
푸른 바다에서 머리 감는 선녀들.

요트의 돛은 영란은행의 지배인의 배다.
맥고모자를 붙잡는 손. 차 던지는 저고리.

에이 시온은 멀지 않다.
예루살렘은 찬미를 타는 커다란 손풍금.

시온으로 가자.
그리고 시온을 떠나자.
우리에게는 영구한 시온은 없다.

旅 行

七月은
冒險을즐기는 아이들로부터
故鄕을 빼았었다.

우리는世界의市民
世界는 우리들의「올리피아 ― 드」

시컴언 鐵橋의 엉크린 嫉妬를 비웃으며 달리는 障害物競走選手들
汽車가달린다. 國際列車가 달린다. 展望車가달린다……

海洋橫斷의 定期船들은 港口마다
푸른旗빨을 물고「마라톤」을떠난다……

럭키. 히말라야. 알프스.
山脈을 날어넘은 旅客機들은 어린傳書鳩

馬來群島[1]는
土人들의 競走用獨木舟(캐누 ―)다.

새끼를 호주머니에 감추고
汽笛을 피해가는「캥가루」는
「오 ― 스튜레일리아」의 수접은家族主義者.
흥 너희들은 羊毛를팔어서

---

1   말레이군도.

英國製食器의이름을 부르기위하야
비싼英語를 삿고나.
자 — 아메리카도 시끄럽다
女子의웃음소리와 주머니의돈소리가 귀를부신다.

어느새 沙漠과要塞들사이에 씨피는
여즈러진 푸른眞珠 — 可憐한地中海다.

런돈. 뉴욕. 파리. 푸라 — 그. 뿌다페스트.
東方의거리 콘스탄티노 — 풀
回敎徒
亞米利加領事館
聖페이트로의 뾰죽집은 구름을 찌른다.
(마리아는 높은데게시단. 아 — 멘)

자 — 짐은 호텔에……
사랑은 바다까에……

季節의愛撫에 살진섬들은
푸른바다에서 머리감는 仙女들.

요 — 트의 돗은 英蘭銀行의 支配人의배다.
麥藁帽子를 붙잡는손. 차던지는저고리.

에이 시온² 은 멀지않다.

239   1부 『태양의 풍속』

예루살렘은 讚美를타는 커 — 다란손風琴.

시온으로가자.
그리고 시온을떠나자
우리에게는 永久한시온은없다.

———『태양의 풍속』, 116~120쪽

2 예루살렘 성지의 언덕.

旅 行

　　「우리는 恒常 地圖속의 住民이엿다
　　날마다 두손가락이
　　愉快한 旅行을
　　地圖우헤서 陰謀햇다. 깨트렷다. 게속햇다.」
　　　　　○
七月은
冒險을 즐기는아히들로부터 故鄕을빼아섯다.
우리는 世界의 市民
넓은世界는 우리의 『올림피아』
　　　　　○
　　식검은 鐵橋의 엉크린 嫉妬를 비웃으며
　　障碍物選手가 달린다. 汽車가 달린다.
　　國際列車가 달린다. 展望車가 달린다.
　　　　　○
海洋橫斷의 定期船들은 港口마다
푸른 旗빨을들고 『마라손』을 떠난다.
　　　　　○
　　럭키 — 히말라야 — 알프스
　　山脈을 뛰여넘는 旅客機들.
　　　　　○
馬來群島는
土人들의 競走用『카누 —』다.
　　　　　○
　　색기들을 주머니에너코
　　汽笛을 避해가는 『캉가루』는

『오 — 스튜렐리아』의 부끄럽만흔 家族主義者.
 홍 그러나 너히들의 羊毛를팔어서 英國製食器를 부르기위하야 비싼英語를 삿고나.

　　　　○

자 —『아메리카』도 시끄럽다.
주머니속의 돈소리가 귀를부신다.

　　　　○

　어느새
　沙漠과 要塞 들 사히에 씨피는
　어즈러진 푸른 眞珠 — 가련한地中海다.

　　　　○

『런던』『뉴욕』『파리』『푸라 — 그』『뿌다페스트』
東方의 거리『콘스탄티노 — 풀』
圓敎徒.
亞米利加領事舘.
傳書鳩.
聖『페이트로』의 뾰족집. 은 구룸을 찌른다.
(마리아는 노푼데 게시단다. 아 — 멘)

　　　　○

　季節의 愛撫에 살진섬들은
　푸른바다에서 목욕하는仙女들

　　　　○

자 —
짐은『호텔』에 —
사랑은 바닷가에 —

　　　　○
『요―트』의 돗은 英蘭銀行의 支配人의배다.
麥藁帽子를 붓잡는손. 차던지는저고리.
　　　　○
『시온』은 멀지안타.
『예루살렘』은 讚美를 하는 커―다란 손風琴.
　　　　○
『시온』으로 가자
그러고『시온』을 떠나자.
우리에게는 永久한『시온』은없다.
　　　　(一九三四, 五, 三〇)

―《중앙》 2권 7호(1934. 7), 130~131쪽

시네마 풍경(風景)

호텔

토요일의 오후면은……

사람들은
수없는 나라의 이야기들을 담뿍 꾸겨 넣은 가방을 드리우고 달려듭니다.
태양을 튀겨 올리는 인도양의 고래의 등이며
선장을 잡아먹은 식인종의 이야기며
라마교의 부처님의 찡그린 얼굴이며……

삼층으로 달려진
흑단의 층층계는
두께를 제쳐 놓은 그랜드 오르간
아프리카의 헝가리의 스페인의 노래를 타며 올라가는
니그로의 발꿈치 무슈의 발꿈치 카르멘의 발꿈치……

단어의 거품을 배앝으며
조명의 노을 속을 헤엄쳐 가는
여자의 치맛자락에서는
바다의 냄새가 납니다.

식당……

샹들리에의 분수 밑에
사람들은 제각기
수없는 나라의 기억으로 짠
향수의 비단 폭을 펴 놓습니다.

테이블 위에 늘어놓는
국어와 국어와 국어와 국어의
전람회

수염이 없는 입들이
브라질의 커피잔에서
푸른 수증기에 젖은
지중해의 하늘빛을 마십니다.

흰옷을 입은 한 뽀이는
국적의 빛깔을 보여서는 아니 되는
표박된 흰 뽀이가 아니면 아니 됩니다.

여기서는 가방들이
때때로는 시장보다도 훨씬
환대를 받는 풍속이 있습니다.

오후 아홉 시면……

이층과 삼층의 덧문들은
바깥의 물결 소리가 시끄럽다는 듯이
발깍발깍 닫혀집니다.
그러면 호텔은 검은 연기를 토하면서 움직이기 시작합니다.

밤의 항해의 출발 신호……
흰 꿈의 비둘기들은 침실로부터
세계의 모든 구석으로 향하여 날아갑니다.
배가 아침의 부두에 또다시 닿기까지……

호 텔

원문 1

土曜日의 午後면은……

사람들은
수없는나라의 이야기들을 담뿍꾸겨넣은「가방」을 드리우고 달려듭니다.
太陽을 투겨올리는 印度洋의 고래의등이며
船長을 잡아먹은 食人種의이야기며
喇嘛敎의 부처님의 찡그린얼굴이며……

三層으로 탈려진
黑檀의 층층계는
두께를 젝겨놓은「그란드·오르간」
「아쯔리카」의「헝가리아」의「스페인」의 노래를 타며올라가는
「니그로」의발굼치「무슈」의 발굼치「칼멘」의 발굼치……

單語의 거품을 비앗으며
照明의 노을속을 헤염처가는
女子의치마 짜락에서는
바다의 냄새가 납니다.

食堂……
「샨데리아」의 噴水밑에
사람들은 제각기
수없는 나라의 記憶으로짠
鄕愁의 비단폭을 펴놓습니다.

「테불」우에 늘어놓는
國語와 國語와 國語와 國語의
展覽會

수염이없는 입들이
「뿌라질」의 「커예」잔에서
푸른 水蒸氣에젖은
地中海의 하눌빛을 마십니다.

힌옷을입은 힌「뽀이」는
國籍의 빛갈을 보여서는 아니되는
漂泊된 힌「뽀이」가 아니면아니됩니다.

여기서는 「가방」들이
때때로는 市長보다도 훨신
歡待를받는 風俗이 있습니다.

午後아홉時면……

二層과 三層의 덧문들은
밖앗의 물결소리가 시끄럽다는듯이
발깍 발깍 닫겨집니다.
그러면「호텔」은 검은 煙氣를 吐하면서 움직이기시작합니다.

밤의 航海의 出發信號……

흰꿈의 비닭이들은 寢室로부터
世界의 모 ─ 든구석으로 向하야 날어갑니다.
배가 아침의埠頭에 또다시닿기까지……

─『태양의 풍속』, 123~127쪽

호텔

　　　　　　　　　　　　　　　　　원문 2

土曜日의 午後면은

사람들은
수없는 나라의 이야기들을 담뿍 꾸겨넣은『튜렁크』들을 드리우고 달려듭니다.
太陽을 투기는 印度洋의 고래등이며 船長을 잡아먹었다는 食人種의이야기며
喇嘛敎의 부처님의 얼골이며…….

三層으로 다라진
黑檀의 층층게 는
두께를 젝혀놓은『오르간』―
『아프리카』의『헝가리아』의『스페인』의 노래를 하며올라가는
『니그로』의 발굼치
『뭇슈』의 발굼치
『칼멘』의 발굼치
單語의 거품을 비웃으며
照明의 노을속을 헤염처가는
女子들의
치마깃의 지느러미에서는
바다의 냄새가 남니다

食堂
『산데리아』의 噴水밑에
사람은 제각기
수없는나라의 記憶으로 짠

鄕愁의 비단폭을 펴놓습니다

『테불』웅에 널어놓ㅅ는
國語와 國語와 國語의
展覽會

수염이없는 입들이
『뿌라질』의 『커피』잔에서
푸른 水蒸氣에젖은
地中海의 하눌빛을 마십니다

힌옷을 입은 한 『뽀이』는
國籍의 빛갈을 보여서는 아니되는 漂白된
힌 『뽀이』가 아니면 아니 됩니다

여기서는 『튜렁크』들이
때로는 市場보다도 훨신
歡待를 받는 風俗이 있읍니다

午後 아홉시면

二層과 三層의 거적문들은
밖앝의 물결소리가 시끄럽다는드시

발각발각 날개를 걷읍니다

그러면『호텔』은
검은연기를 吐하면서
어둠속에서 움직이기 시작합니다

밤의航海의 出發 —

힌꿈의 비아리들은 寢室로부터
世界의모 — 든구석을 向하야 날러갑니다
배가『아츰』의 埠頭에 닿기까지…………

—《신동아》(1934. 5), 176~177쪽

三月의 시네마[1]
아침 해

별들은 지구 위에서 날개를 거두어 가지고 날아갑니다. 변하기 쉬운 연인들이여. 푸른 하늘에는 구름의 층층대가 걸려 있습니다. 부지런한 사무가인 태양군은 아침 여섯 시인데도 벌써 침상에서 일어나서 별의 잠옷을 벗습니다. 그리고 총총히 층층대를 올라가는 것이 안개가 찢어진 틈틈으로 보입니다.
── 헬로우 바다와 육지
── 그의 걸음걸이는 전설 속의 임금답지도 않게 고무 볼처럼 가볍습니다.

---

1 이 작품은 "三月의『푸리즘』"이라는 제목으로 《조선일보》(1931. 4. 23)에 발표한 연작시다. 이 연작시에는 '적'(赤), '황'(黃), '청'(靑), '녹'(綠), '자'(紫), '홍'(紅), '흑'(黑) 등 모두 7편의 시가 이어져 있다. 시집『태양의 풍속』에 수록하면서 연작시의 제목을 '三月의 씨네마'로 바꾸었고, 연작으로 이어진 작품도 그 제목을 고치고 내용을 개작했다.

三月의 씨네마
아츰해

원문 1

  별들은 地球우에서 날개를걷우어가지고 날어갑니다. 變하기쉬운戀人들이여. 푸른하늘에는 구름의 층층대가 걸려있습니다. 부즈런한事務家인 太陽君은 아침여섯時인데도 벌서 寢床에서 일어나서 별의잠옷을 벗습니다. 그러고 총총히 층층대를 올러가는것이 안개가 찢어진틈틈으로 보입니다.
— 할로[2] 바다와 陸地
— 그의걸음거리는 傳說속의 임금답지도않게 고무뽈처럼가볍습니다.

—『태양의 풍속』, 128쪽

---

[2] 헬로(hello).

三月의『푸리즘』

赤

별들은 地球우혜서 나래를거두어가지고 나려감니다 (變하기쉬운 戀人들이여) 푸른한울에는 구름의칭칭대가 걸려잇슴니다 이상한일은 이『쎌딍』에는 窓이하나도 업는일입니다 수업는가슴들은 窒息압혜서 戰慄함니다

『할로 ─ 陸地와바다 ─ 』

부즈런한 事務家인太陽君은아츰여섯時인데 벌서『쌔드』에서이러나서 별의잠옷을 벗슴니다

썩어나는 안개의 저쪽에서 ─

썩어나는 안개의 저쪽에서 ─

그러고 총총히 층층대를 올러갑니다 마치고무風船과가튼거름으로 ─

그러치만 우리들의傳說처름타는불이나 톡기가 그는아니니까 그는타지안코 그 대신웃슴니다.

─《조선일보》(1931. 4. 23)

三月의 시네마
물레방앗간

　물레방앗간 문턱 아래는 어느 때의 불하인지도 모르는 낡은 군대의 구두 한 켤레, 일찍이 그는 군마의 부르짖음과 생명의 마지막 불꽃과 외침을 짓밟으며 용감한 상등병 슈미트 베이커의 물에 튄 발을 보호하는 임무에 있었는데 지금은 카이저와 니콜라이 2세의 무덤과 노후한 개선문처럼 버리운 자의 운명과 함께 있습니다. 전쟁이 끝나면 그들은 모두 행주처럼 잊어버리웁니다.

三月의 씨네마
물 레 방 아 깐[1]

원문 1

　　물레방아깐 문턱아래는 어느때의 拂下인지도모르는 낡은 軍隊의 구두 한켜레, 일찌기 그는 軍馬의부르짖음과 生命의 마지막불꽃과웨침을 짓밟으며 勇敢한上等兵「슈밋트·베이커」의 물에튐발을 보호하는임무에있었는데 지금은「카이자 ─ 」와「니코라이」二世의무덤과 老朽한凱旋門처럼 버리운者의運命과 함께있습니다. 戰爭이끝나면 그들은모다행주처럼잊어버리웁니다.

─『태양의 풍속』, 129쪽

---

1 「三月의 푸리즘 ─ 黃」의 전반부만 떼 내어 「물레방아깐」으로 고침.

三月의 『푸리즘』
黃

　물레방아간 문턱아래는 어느때의 拂下인지모르는 낡은軍隊의 구두한켜레가일직이 그는軍馬의 號哭과生命의 最後의瞬間의 悲鳴을짓밟고勇敢한上等兵『슈밋트쎄이커』의물에뛴발을 保護하는任務에잇섯는데 지금은『카이자』처럼버리운者의 運命과함쎄잇습니다『니꼬라이』二世의무덤도 — 老朽한凱旋門도 —
　太陽의 어린아들인 무수한光線들이두텁게 잠간겨으른 문창을분주히 짜립니다
　(쌔 — 드大佐의 制御할수업는 精神 가진冒險性의작은새들이여)
　『컹 — 컹 — 컹』
　안개의 海底에 沈沒한마을에서는개가 卽興詩人처럼 혼자서 짓습니다
　『오 — 오늣잠자기 물레방아쟁이—
　지금쯤은 地上으로 도라와도조흔 째가 아닙니싸 벌서아츰인데 — 당신의꿈을 쓰러안고잇는 일에서 自由로워 질수는 업슴니싸』

—《조선일보》, 1931. 4. 23

# 三月의 시네마
분광기

태양의 어린 아들인 무수한 광선들이 두텁게 잠긴 게으른 문창을 분주히 때립니다. 빠드 대좌의 제어할 수 없는 정신을 가진 모험성의 작은 새들입니다.

三月의 씨네마[1]
分 光 器

　太陽의 어린아들인 무수한光線들이 두텁게잠긴 겨으른문창을 분주히따립니다.
「빠――드」大佐의 제어할수없는 정신을가진 冒險性의작은새들입니다.

―『태양의 풍속』, 130쪽

---

1 「三月의 푸리즘――黃」의 중반부만 떼 내어 「分光器」로 고침.

三月의『푸리즘』
黃

　물레방아간 문턱아래는 어느째의 拂下인지모르는 낡은軍隊의 구두한켜레가일직이 그는軍馬의 號哭과生命의 最後의瞬間의 悲鳴을짓밟고勇敢한上等兵『슈밋트쌔이커』의물에뛴발을 保護하는任務에잇섯는데 지금은『카이자』처럼버리운者의 運命과함쎄잇슴니다『니쪼라이』二世의무덤도 ── 老朽한凱旋門도 ──
　太陽의 어린아들인 무수한光線들이두텁게 잠간겨으른 문창을분주히 짜립니다 (쌔 ── 드大佐의 制御할수업는 精神 가진冒險性의작은새들이여)
　『컹 ── 컹 ── 컹』
　안개의 海底에 沈沒한마을에서는개가 卽興詩人처럼 혼자서 짓슴니다
　『오 ── 오늣잠자기 물레방아쟁이──
　지금씀은 地上으로 도라와도조흔 째가 아님니싸 벌서아츰인데 ── 당신의꿈을 쓰러안고잇는 일에서 自由로워 질수는 업슴니싸』

──《조선일보》, 1931. 4. 23

三月의 시네마
개

컹…… 컹…… 컹……
안개의 해저에 침몰한 마을에서는 개가 즉흥시인처럼 혼자서 짖습니다.

三月의 씨네마
개¹

원문 1

컹…… 컹…… 컹……
안개의 海底에 沈沒한 마을에서는 개가 卽興詩人처럼 혼자서 짖습니다.

——『태양의 풍속』, 131쪽

---

1 「三月의 푸리즘——黃」의 중반부만 떼 내어 「개」로 고침.

三月의『푸리즘』
黃

　물레방아간 문턱아래는 어느째의 拂下인지모르는 낡은軍隊의 구두한켜레가일 직이 그는軍馬의 號哭과生命의 最後의瞬間의 悲鳴을짓밟고勇敢한上等兵『슈밋트 쩨이커』의물에뛴발을 保護하는任務에잇섯는데 지금은『카이자』처럼버리운者의 運命과함쎄잇습니다『니꼬라이』二世의무덤도 ― 老朽한凱旋門도 ―
　太陽의 어린아들인 무수한光線들이두텁게 잠간겨으른 문창을분주히 싸랍니다 (째 ― 드大佐의 制御할수업는 精神가진冒險性의작은새들이여)
　『컹 ― 컹 ― 컹』
　안개의 海底에 沈沒한마을에서는개가 卽興詩人처럼 혼자서 짓습니다
　『오 ― 오늣잠자기 물레방아쟁이 ―
　지금쯤은 地上으로 도라와도조흔 째가 아닙니쌰 벌서아츰인데 ― 당신의쑴을 쓰러안고잇는 일에서 自由로워 질수는 업습니쌰』

―《조선일보》, 1931. 4. 23

三月의 시네마
강

 강은 그의 모든 종족과 함께 대지의 영원한 하수도입니다. 아마존, 다뉴브, 센, 라인, 한강, 두만강, 미시시피…… 최후로 저 위대한 땅을 흐르는 양자강
 그렇지만 시민들은 한 번도 수도료를 낸 일이라고는 없습니다. 그렇다고 사용을 거절당한 일도 없습니다. 지금 그는 아침의 들을 따르며 물레방아를 굴리며 느껴 울며 노래하며 깊은 안개 속을 굴러떨어집니다.

三月의 씨네마
江[1]

江은 그의모―든 種族과함께 大地의 永遠한 下水道입니다. 아마존, 따뉴, 쎄―느, 라인, 漢江, 豆滿江 미시시피⋯⋯최후로 저 偉大한땅을 흐르는 揚子江

그렇지만 市民들은 한번도 水道料를 낸일이라고는 없습니다. 그렇다고 使用을 거절당한일도 없습니다. 지금그는 아침의들을 따리며 물레방아를 굴리며 느껴울며 노래하며 깊은안개속을 굴러떨어집니다.

―『태양의 풍속』, 132쪽

---

1 「三月의 푸리즘―靑」의 전반부만을 떼 내어「江」으로 고침.

三月의『푸리즘』

青

江은그의 모든 種族과함쎄大地의永遠한 下水道입니다『아마존』『싸늄』『쎄—느』『라인』鴨綠江,豆滿江,『미시십피』等等等 마지막으로 偉大한그땅을 흐르는楊子江—

그러치만 市民들은 한번도水道料를 낸일이업슴니다

그러타고 그使用을拒絶當한사람도업슴니다 지금 그는아츰의 들을짜리며 물레방아를굴리며 노래하며깁흔안개속으로부터 써러짐니다

바다를차저—(그것은『너의집이냐』하지만나는 갈수가업고나 도시업고나)

어린魚族들은 벌거벗은힌등을해ㅅ볏헤쏘이며 헤염침니다그속에 푸른가슴을 헤우는집오리들이 잇섯슴니다 마을의안악네들은 나물과或은쌜래가담긴바구미를 씨고 오솔길을밧부게참니다 그러치만 다만思想家인『쏘크라테쓰』만은그의낡은 보작이를들고 江으로오지안슴니다

—《조선일보》(1931. 4. 23)

三月의 시네마
어족

어린 어족들은 벌거벗은 등을 햇볕에 쪼이며 헤엄칩니다. 그 속에서 집오리들이 정직한 세례교도처럼 푸른 가슴을 헤웁니다. 가까운 마을의 아낙네들은 나물이나 빨래나 혹은 근심을 담은 바구니를 끼고 오솔길을 바쁘게 차며 내려옵니다. 사실 그 온갖 찌꺼기들을 말없이 삼켜 버리는 강과 같은 점잖은 하마가 어디 있겠습니까?

三月의 씨네마
魚 族[1]

　　어린魚族들은 벌거벗은등을 햇볕에쪼이며 헤염칩니다. 그속에서 집오리들이 正直한洗禮敎徒처럼 푸른가슴을 헤움니다. 가까운마을의안악네들은 나물이나 빨래나 혹은 근심을담은 바구니를끼고 오슬길을 바쁘게차며 나려옵니다. 사실 그온갓 찍걱지[2]들을 말없이삼켜버리는 江과같은 점잖은 河馬가어디있겠습니까?

—『태양의 풍속』, 133쪽

---

1 「三月의 푸리즘―靑」의 후반부만 떼 내어 「魚族」으로 고침.
2 찌꺼기.

三月의 『푸리즘』

靑

江은그의 모든 種族과함쎄大地의永遠한 下水道입니다 『아마존』『싸늄』『쎄 ― 느』『라인』鴨綠江, 豆滿江, 『미시십피』等等等 마지막으로 偉大한그땅을 흐르는楊子江 ―

그러치만 市民들은 한번도水道料를 낸일이업습니다

그러타고 그使用을拒絶當한사람도업습니다 지금 그는아츰의 들을싸리며 물레방아를굴리며 노래하며깁흔안개속으로부터 쩌러짐니다

바다를차저 ― (그것은『너의집이냐』하지만나는 갈수가업고나 도시업고나)

어린魚族들은 벌거벗은힌등을해ㅅ볏헤쏘이며 헤염침니다그속에 푸른가슴을 헤우는집오리들이 잇섯습니다 마을의안악네들은 나물과或은쌜래가담긴바구미를 씨고 오솔길을밧부게참니다 그러치만 다만思想家인『쏘크라테쓰』만은그의낡은 보작이를들고 江으로오지안슴니다

―《조선일보》(1931. 4. 23)

三月의 시네마
비행기

　금방 날개가 겨우 돋힌 비행기의 병아리는 재봉사가 지원인가 봅니다. 그러기에 할닥할닥 숨이 차서도 이슬에 젖은 포도주의 하늘을 분주히 돌아다니며 도망하는 구름의 치맛자락을 주름잡습니다.
　아이 어느새 저 녀석이 물속에 뛰어 들어가서 고기 떼를 몰고 다니네.

三月의 씨네마
飛 行 機

원문 1

  금방날개가 겨우돋힌 飛行機의병아리는 裁縫師가 志願인가봅니다. 그러기에 할닥할닥 숨이차서도 이슬에젖은 葡萄酒의하눌을 분주히 돌아댕기며 도망하는 구름의 치마짜락을주름잡습니다.
  아이 어느새저녀석이 물속에 뛰여들어가서 고기떼를 몰고댕기네.

―『태양의 풍속』, 134쪽

三月의『푸리즘』

綠

　금방날개가 겨우도친飛行機의병아리가(무서운時期입니다)할닥할닥숨이차서 이슬에저즌葡萄酒의한울에 샛하얀오좀을쌉니다 그러고그는 도망하는구름들을 분주히쪼차다닙니다그의작은 戀人들인 밤의별들을위하야 구름의『스카―트』를주름잡나봅니다오늘밤 銀河水가에 모히는 假裝舞蹈會에 그의戀人들의 虛榮心은 구름의『스카―트』가 애타게그립답니다
　어느새 저연석이 물속에쒸여드러가서 고기쩨를몰고다니네

―《조선일보》(1931. 4. 23)

三月의 시네마
북행열차

    이민들을 태운 시커먼 기차가 갑자기 뛰어들었으므로 명상을 주무르고 있던 강철의 철학자인 철교가 깜짝 놀라서 투덜거립니다. 다음 역에서도 기차는 그의 수수낀 로맨티시즘인 기적을 불 테지. 그렇지만 이민들의 얼굴은 차창에서 웃지 않습니다. 기관차에게 버리운 연기가 사냥개처럼 검은 철길을 핥으며 기차의 뒤를 따라갑니다.

三月의 씨네마
北 行 列 車

원문 1

    移民들을 태운 시컴언汽車가 갑자기 뛰여들었음으로 瞑想을 주물르고있든 鋼鐵의哲學者인 鐵橋가 깜짝놀라서 투덜거립니다. 다음驛에서도 汽車는 그의수수낀[1] 로맨티시즘인 汽笛을불테지. 그렇지만 移民들의얼굴은 車窓에서웃지않습니다. 機關車에게버리운 연기가 산냥개처럼 검은철길을핥으며 汽車의뒤를따라갑니다.

——『태양의 풍속』, 135쪽

---

1   수수끼다. '수수꾸다'의 방언. 실없는 소리로 남을 부끄럽게 만들다.

三月의 『푸리즘』

紫

移民들을태운 식컴언汽車가갑작이쒸여들엇슴으로 瞑想을주물르고잇던 鋼鐵의 哲學者인鐵橋가 갑작이 놀라서 투덜투덜소리친다

다음驛에서도汽車는 그의수수낀『로맨티시씀』인號角을불리라

그러치만 移民들의 家族의얼골들은 車窓에서 웃지안는다汽車에게서 버리운 煙氣가 空中에멈춰서서 먼하니 제그림자를 구버본다

—《조선일보》(1931. 4. 23)

앨범

오월

늙은 성벽의 검은 뺨을 후려갈기는 흰 똥.

비둘기는 날아갔다.

푸른 수증기의 수풀의 유혹을
드디어 이기지 못하는 작은 기관차.

五 月

원문 1

늙은 城壁의 검은빰을 후려갈기는 힌똥.

비닭이는 날어갔다.

푸른 水蒸氣의수풀의 誘惑을
드디여 이기지못하는 작은 機關車.

──『태양의 풍속』, 139쪽

五 月

늙은 城壁의 거문 뺨을 갈기는 힌 똥.
　　　○
비닭이
　　　○
는 나러갓다
　　　○
푸른 水蒸氣의수풀의 속삭임을
드듸여 이기지못하는
작은 機關車.

―《조선일보》(1934. 5. 16)

풍속

바다에게 쫓겨 가는 거리.
바람이 빨고 간 거칠은 풍경 속에 늘어서는
아무 일도 생각지 않는 게으른 흰 벽.

신비로운 한대의 계명을
드디어 깨트리고
창들은 음분한 입을 벌리고 말았다.
오월의 바다로 향하여……

붉은 머릿수건을 두른
백계노인의 여자의 다리가
놀란 파수병의 시야를 함부로 가로 건넌다.

바다는 끝없는 푸른 벌판
멀리 그저 멀리 떠나가려는 번뇌 때문에
진정치 못하는 기선들을 붙잡고 있는
부두의 윤리를 슬퍼하는 듯이
우뚝 솟은 흰 세관의 건물이
바다의 물결 소리에 귀를 기울인다.

風俗

원문 1

바다에게 쫓겨가는거리.
바람이 빨고간 거츠른 風景속에 느러서는
아무일도 생각지않는 겨으른 힌壁.

神秘로운 寒帶의 戒命을
드디여 깨트리고
窓들은 淫奔한입을 버리고말았다.
五月의바다로 향하야……

붉은 머리수건을 둘른
白系露人의 女子의다리가
놀랜 派守兵의 視野를 함부로 가로건넌다.

바다는 끝없는 푸른벌판
멀리 그저 멀리 떠나가려는 煩惱때문에
진정치못하는 汽船들을 붙잡고있는
埠頭의 倫理를 슬퍼하는듯이
우뚝솟은 힌 稅關의建物이
바다의물결소리에 귀를 기우린다.

——『태양의 풍속』, 140~141쪽

風 俗

바다에게 쪼껴가는거리.
바람이 빨고간
거츠른 風景속에 느러서는
아모일도 생각지 않는 겨으른힌壁.

神秘로운 寒帶의戒命을 깨트리고
드듸여 窓들은
五月의 바다에 향하야
淫奔한입들을
버리고마럿다.

붉은 머리수건을 쓴
白系露人의女子의다리가
놀랜 派守ㅅ군의 視野를
함부로 짓밟부면서
埠頭를 건너간다.

힌모래몰에담긴
살진 바닷물의 푸른가슴에
억매인섬 두어개
西편으로기우러저
山脈에의 意志를 버리지안는
鄕愁의 化石
두어개

굼틀거리는
水平線의 그너머서는
季節이
봄을 준비하고잇다고
바람이 물결을 타고오면서
항용 중얼거리는
　　　그들에서는 —

山脈의 파랑치마 자락에
알롱다롱 한 五色의 『레 — 쓰』를 수놋는 꼿사히에
순이와 나도 붉게 피는 곳이엿다

山빨을
달려오는
季節의 발미테
깔리는것을 두리지안는
두얼골은
琉璃의 斷層을 녹아나리는
햇볏의 비를 담뿍쓰고서
金빗의우슴을 배웟다.
　　　　　처음으로 —

—《조선일보》(1934. 5. 13)

굴뚝

건방진 자식이다.
그래도 고독을 이해한다나.

구름 속에 목을 빼 들고
푸른 하늘에 검은 우울을 그리는 그 자식.

나는 본 일이 없다.
거리를 기어가는 전차 개비와 우그러진 지붕들을
그 자식의 눈이 내려다보는 것을……

건방진 자식이다.
그 자식의 가슴은 구름을 즐겨 마신다나.

굴 뚝

원문 1

건방진자식이다.
그래도 孤獨을 理解한다나.

구름속에 목을빼들고
푸른하눌에 검은 憂鬱을 그리는그자식

나는 본일이없다.
거리를 기여가는 電車개비와 욱으러진집웅들을
그자식의눈이 나려다보는것을……

건방진자식이다.
그자식의가슴은 구름을즐겨마신다나.

―『태양의 풍속』, 142쪽

煙 突

건방진 자식이다
그래도 『孤獨』을 理解한다나

구름 속에 목을 빼어들고
푸른 하늘에 검은 憂鬱을 그리는 그 자식

나는 본 일이 없다
거리를 기여가는 성양개비 電車와 우그러진 지붕들을

그 자신의 눈이 나려다 보는것을············
건방진 자식이다
그 자식의 가슴은 구룸을 즐겨 마신다나

─《학등(學燈)》 2권 2호(1934. 3), 38쪽

식료품점
초콜릿

사랑엔 패했을망정
은빛 갑주 떨쳐입은 초콜릿 병정 각하.

사랑은 여리다고
아가씨의 입에서도 눈처럼 녹습니다.
서방님의 입에서도 얼음처럼 녹습니다.

食 料 品 店[1]

1. 쵸코레—트

원문 1

사랑엔 敗햇을망정
銀빛甲冑 떨처입은 쵸코레—트兵丁閣下.

사랑은 여리다고
아가씨의입에서도 눈처럼녹습니다.
서방님의입에서도 얼음처럼녹습니다.

─『태양의 풍속』, 143쪽

---

[1] 「食料品店」은《신여성》에 발표한 원전의 각 연을 나누어 「쵸코레—트」, 「林檎」, 「모과」, 「밤」이라는 작품으로 고쳤다.

食料品店

원문 2

쵸코레 ― 트……
사랑엔 패햇슬망정
銀빗甲冑 쩔처입은 쵸코레 ― 트 兵丁閣下

사랑은 여리다고
아가씨의 입에서도 눈처럼 녹습니다.
서방님의 입에서도 어름처럼 녹습니다.

林檎……
心臟을 일허버린 톡기는 지금 어디가서 마른풀을 베고 낫잠을잘가

모과=파인애풀……
여보 칼을 대지마러요 부듸
피 무든 土人의노래가 흘를가보오

밤……
武裝解除를 당한 中央軍의 行列입니다.
天津으로 가는겐가 南京으로 가는겐가 大將의 通電을 기다립니다.

―《신여성》(1934. 1), 12~13쪽

식료품점
능금

심장을 잃어버린 토끼는
지금은 어디 가서 마른풀을 베고 낮잠을 잘까?

食 料 品 店
2. 林檎

心臟을잃어 버린토끼는
지금은어디가서 마른풀을베고 낮잠을잘가?

———『태양의 풍속』, 144쪽

食料品店

쵸코레 ─ 트……
사랑엔 패햇슬망정
銀빗甲冑 떨처입은 쵸코레 ─ 트 兵丁閣下

사랑은 여리다고
아가씨의 입에서도 눈처럼 녹습니다.
서방님의 입에서도 어름처럼 녹습니다.

林檎……
心臟을 일허버린 톡기는 지금 어디가서 마른풀을베고 낫잠을잘가

모과＝파인애풀……
여보 칼을 대지마러요 부듸
피 무든 土人의노래가 흘를가보오

밤……
武裝解除를 당한 中央軍의 行列입니다.
天津으로 가는겐가 南京으로 가는겐가 大將의 通電을 기다립니다.

―《신여성》(1934. 1), 12~13쪽

식료품점
모과(파인애플)

여보 칼을 대지 말아요. 부디……
피 묻은 토인의 노래가 흐를까 보오.

食 料 品 店   원문 1
3. 모과(파인애풀)

여보 칼을대지 말어요 부디……
피묻은土人의노래가 흐를가보오.

— 『태양의 풍속』, 145쪽

食料品店

원문 2

쵸코레 ― 트……
사랑엔 패햇슬망정
銀빗甲胄 떨처입은 쵸코레 ― 트 兵丁閣下

사랑은 여리다고
아가씨의 입에서도 눈처럼 녹습니다.
서방님의 입에서도 어름처럼 녹습니다.

林檎……
心臟을 일허버린 톡기는 지금 어디가서 마른풀을 베고 낫잠을잘가

모과＝파인애풀……
여보 칼을 대지마러요 부듸
피 무든 土人의노래가 흘를가보오

밤……
武裝解除를 당한 中央軍의 行列입니다.
天津으로 가는겐가 南京으로 가는겐가 大將의 通電을 기다립니다.

―《신여성》(1934. 1), 12~13쪽

식료품점
밤

무장해제를 당한 중앙군의 행렬입니다.
천진으로 가는 겐가? 남경으로 가는 겐가?
대장의 통전을 기다립니다.

食料品店　　　　　　　　　　　　　　　　　　　　원문 1
4. 밤(栗)

武裝解除를 당한 中央軍의 行列입니다.
天津으로가는겐가? 南京으로 가는겐가?
大將의 通電을 기다립니다.

——『태양의 풍속』, 146쪽

食料品店

원문 2

쵸코레 — 트……
사랑엔 패햇슬망정
銀빗甲冑 떨처입은 쵸코레 — 트 兵丁閣下

사랑은 여리다고
아가씨의 입에서도 눈처럼 녹습니다.
서방님의 입에서도 어름처럼 녹습니다.

林檎……
心臟을 일허버린 톡기는 지금 어디가서 마른풀을 베고 낫잠을잘가

모과＝파인애풀……
여보 칼을 대지마러요 부듸
피 무든 土人의노래가 흘를가보오

밤……
武裝解除를 당한 中央軍의 行列입니다.
天津으로 가는겐가 南京으로 가는겐가 大將의 通電을 기다립니다.

—《신여성》(1934. 1), 12~13쪽

파고다 공원

쓰레기통의 설비가 없는 까닭에
마나님들은 때때로 쓰레받기를 들고 이곳으로 나옵니다.
오후가 되면 하느님은
절대로 필요치 않은 제6일의 남조물들을
이 쓰레기통에 모아 놓고는
탄식을 되풀이하는 습관이 있습니다.

파고다公園

원문 1

쓰레기통의 설비가없는까닭에
마나님들은 때때로 쓰레박기를들고 이곳으로 나옵니다.
午後가되면 하누님은
절대로 필요치않은 第六日의 濫造物들을
이 쓰레기통에 모아놓고는
嘆息을되푸리하는 習慣이있습니다.

——『태양의 풍속』, 147쪽

『파코다』公園[1]

『스토—ㅂ』

쓰렉이통의 설비가업는싸닭에 마나님들은 째째로 쓰레백기를 들고 이곳으로 나옴니다

午後가되면 한우님은 절대로 必要치안은 第六日의 濫造物들을 이 쓰럭이통에 모아노코는 嘆息하는 習慣이잇습니다

『오라—잇』

―《조선일보》(1933. 6. 23)

---

1 김기림이《조선일보》에 발표한 연작시『遊覽쌔쓰』에 포함된 작품.

한강 인도교

스톱……
항구의 종점이올시다.
때때로 임자 없는 모자들이 난간에 걸려서는
'인생도 잘 있거라'고 바람에 펄럭입니다.
그러므로 기둥 밑에는 아가씨들을 위하여
커다란 눈물받이가 놓여 있습니다.

漢江人道橋

원문 1

「스토 ― ㅂ」……
港口의 終點이올시다.
때때로 임자없는모자들이 난간에걸려서는
『人生도 잘있거라』고 바람에 펄럭입니다.
그러므로 기둥밑에는 아가씨들을위하야
커 ― 다란 눈물박기가 놓여있습니다.

―『태양의 풍속』, 148쪽

漢 江 人 道 橋

원문 2

『스토—ㅂ』—
港口의 終點이올시다.
쨋대로 임자업는모자들이 란간에걸려서는『人生도잘잇거라』고 바람에펄럭거립니다.
그럼으로 기둥미테에는아가씨들을위하야커—다란 눈물밧기가 노혀잇습니다.
박귀탈이는어서타서요
그러나 孔子님의 最後의弟子인 木牌는말합니다『잠간만기다리시요』
아마도 戶籍調査나 遺物處分에대한이야기겟지요
水夫들이 타고와서는내버린낡은배엔구둣작들이 도라오지안는 船長님을기다리고잇기에忠實합니다
船長님은도라오려누?

—《조선일보》(1933. 6. 23)

해수욕장

캐비지와 같이 아침 이슬에 젖어 쓰러진
비치파라솔.

오색의 인어들은 어린 어족들의 종족.
지느러미와 같은 치맛자락이
함뿍 바닷바람을 물고 볼을 타더니……

9월이 거리에서 분주히 그들을 불러 간 뒤
허연 호텔은 줄이 끊어진 기타 ―.
게으른 흰 구름이 빨간 지붕 위로 낮잠을 자러 온다.

지금 바다는 오래간만에 그의 정적을 회복하여
오늘은 갈매기의 날개를 어루만지는 오래인 늙은이다.

海 水 浴 場

캐베지와같이 아침이슬에 젖어쏠어진
삐 — 취 파라쏠.

五色의 人魚들은 어린魚族들의 種族.
지느러미와같은 치마짜락이
함뿍 바다바람을물고 볼을타더니……

九月이 거리에서 분주히 그들을 불러간뒤
허 — 연 호텔은 줄이끊어진 기타 — .
겨으른힌구름이 빨간지붕우으로 낮잠을 자러온다.

지금 바다는 오래간만에 그의 靜寂을 回復하야
오늘은 갈매기의날개를 어루만지는 오래인늙은이다.

—『태양의 풍속』, 149~150쪽

海水浴場[1]

『캐베지』와가티
아츰이슬에 저저쓰러진 『삐 ― 취파라솔』

五色의 人魚들은 어린魚族의 種族
지느러미와가튼 치마자락이
함뿍바다바람을 몰고 볼을타드라

九月이 거리에서 분주히 그물을불러간뒤
허 ― 연 『호텔』은 줄이끈어진 『기타 ― 』
빨간집웅우흐로 겨으른 힌구름이 낫잠을자려온다

지금 바다는 오래간만에 그의
오늘은 갑짜기 靜寂을 回復하야
오늘은 갈매기의날새를 어르만지는 오래인늙은이다

―《조선일보》(1934. 9. 19)

---

[1] 이 작품은 《조선일보》에 발표한 연작시 「여행풍경(旅行風景)」의 둘째 작품이다. 시집에서는 한 작품으로 독립시켜 놓고 있다.

칠월의 아가씨섬

아가씨들이 갑자기 어족의 일가인 것을 느끼는 칠월.

초록 문장의 해저에서 아가씨의 꿈은
붉은 미역 흰 물결의 테이프에 감기오.

어족들의 고향에서는 푸른 유리창의 단면을 가르고
뛰어나오는 물결의 흰 이빨이 갈매기의 비춧빛 날개를 깨무오.

떨리는 철로는 바다로 끌리는 아가씨의 향수의 방향.
역부의 가위는 오늘도 '원산'을 수없이 잘랐소.

아가씨의 등에서 지느러미가 자라나는 칠월.
아가씨들은 갑자기 지도의 충실한 독자가 되오.

七月의아가씨섬

원문 1

아가씨들이 갑자기 魚族의一家인 것을 느끼는七月.

초록문장의海底에서 아가씨의꿈은
붉은미역 흰물결의 테 ── 프에 감기오.

魚族들의 고향에서는 푸른유리창의 斷面을갈르고
뛰여나오는 물결의 흰이빨이 갈매기의 翡翠빛 날개를 깨무오.

떨리는 鐵路는 바다로끌리는 아가씨의 鄕愁의方向.
驛夫의가위는 오늘도「元山」을수없이 잘렀소.

아가씨의등에서 지느러미가 자라나는七月.
아가씨들은 갑자기 地圖의 忠實한讀者가되오.

─『태양의 풍속』, 151~152쪽

섬

흰 모랫벌에 담긴
살진 바다의 푸른 가슴에
얽매인 섬 두어 개.

서편으로 기울어져
산맥에의 의지를 드디어 버리지 못하는
향수의 화석
두어 개.

나라가 먼 사공들이 배를 끌고
때때로 쌓인 한숨을 버리러 옵니다.

섬[1]

원문 1

흰모래불에 담긴
살진바다의 푸른가슴에
억매인 섬 두어개.

西편으로 기우러저
山脈에의意志를 드디여버리지못하는
鄕愁의化石
두어개.

나라가 먼 沙工들이 배를끌고
때때로 쌓인한숨을 버리려옵니다.

——『태양의 풍속』, 153쪽

---

[1] 이 작품은 1934년 5월 13일《조선일보》에 발표한 시「풍속(風俗)」의 4연과 5연을 고쳐 놓고 있다.

風俗

바다에게 쪼껴가는거리.
바람이 빨고간
거츠른 風景속에 느러서는
아모일도 생각지안는 겨으른힌壁.

神秘로운 寒帶의戒命을 깨트리고
드듸여 窓들은
五月의바다에 향하야
淫奔한 입들을
버리고마럿다.

붉은 머리수건을 쓴
白系露人의女子의다리가
놀랜 派守ㅅ군의 視野를
함부로 짓발부면서
埠頭를 건너간다.

힌모래불에담긴
살진 바다물의 푸른가슴에
억매인섬 두어개.
西편으로 기우러저
山脈에의 意志를 버리지안는
鄕愁의 化石
두어개

굼틀거리는
水平線의 그너머서는
季節이
봄을 준비하고잇다고
바람이 물결을 타고오면서
항용 중얼거리는
　　　　그들에서는 ―

山脈의 파랑치마 자락에
알롱달롱 한 五色의『레 ― 쓰』를 수놋는 꼿사히에
순이와 나도 붉게 피는꼿이엿다

山빨을
달려오는
季節의 발미테
깔리는것을 두리지안는
두얼골은
琉璃의 斷層을 녹아나리는
햇볏의 비를 담뿍쓰고서
金빗의우숨을 배윗다
　　　　　　처음으로 ―

―《조선일보》(1934. 5. 13)

십오야

산홋빛 갑옷을 입은 달은
푸른 하늘의 얼음판을 지쳐서
에메랄드의 군도를 휘두르며 바람을 몰고 간다.

강들은 두터운 유리창을 굳게 잠그고
오늘 밤은 일절 면회 사절이다.
시인과 아가씨의 눈물이 성가신가 봐.

새벽을 꾸짖는 사형수인 늙은 세계는
밤이 붓는 침묵의 술잔을 기울이며
찢어진 하느님의 심장에서 새는 희푸른 액체를 마시며 비청거린다.

술 취한 달빛이
오후 열한 시의 개천가의 얼음판에 미끄러져 자빠진다.
와르르 터지는 바람의 웃음소리.

十 五 夜

珊瑚빛갑옷을 입은달은
푸른하눌의 얼음판을 지쳐서
에메랄드의 軍刀를 휘둘르며 바람을몰고간다.

江들은 두터운 유리창을 굳게잠그고
오늘밤은 一切 面會謝絶이다.
詩人과 아가씨의 눈물이 성가신가봐.

새벽을 꾸짖는 死刑囚인 늙은세계는
밤이붓는 침묵의술잔을 기우리며
찢어진 하누님의心臟에서새는 히푸른液體를 마시며 비청거린다.

술취한 달빛이
오후열한시의 개천가의 얼음판에 미끄러저자빠진다.
와르르 터지는 바람의 웃음소리.

──『태양의 풍속』, 154~155쪽

十 五 夜

珊瑚빛갑옷을 입은달은
푸른한울의 어름장판을 지처서
『에메랄드』의『싸벨』을 휘둘루며 바람을 몰고감니다
月給도없는 夜警軍의 동무올시다.

江들은 두려운 瑠璃문울굿게잠그고
기픈 河床아래에누어서 오늘밤은一切의 面會謝絶임니다. 詩人이 성가신 게지요
술취한달빛이 午後열한시의 개천가의 어름에 밋그러저 잡바짐니다.

싸악 — 싸악 — 싸악 —
눈 부스러지는 애처러운悲鳴을
신바닥아래 눌러죽이는 발자곡소리 —.
거리우헤 —.

새벽을 咀呪하는死刑囚인
世界는밤이붓는 沈黙의술을 기우리며
龜裂된 한우님의 心臟인 달에서새는
히푸른 液體속에서 神經病者와가티 히푸르고

—《신동아》(1933. 3), 165쪽

새벽

싸악…… 싸악…… 싸악
부스러지는 애처로운 눈의 비명을
신 바닥 아래 눌러 죽이며
거리를 쓸고 가는 바쁜 발자취 소리 소리 소리
창 밑을 굴러가는 수레바퀴의 이빨 갈리는 소리
소리 소리(그 자식은 언제든 군소리뿐이야)

낡은 절의 게으른 북이 갑자기 울어야 할 그의 의무를 기억했나 보다.
자 — 나는 어서 들창을 열어야지.
아침 해를 마시고 싶어서 밤이 새도록 말라서 탄 탐욕한 입을……

새 벽[1]

원문 1

싸악……싸악……싸악
부스러지는 애처로운 눈의 悲鳴을
신바닥아래 눌러죽이며
거리를 쓸고가는 바쁜 발자취소리 소리 소리
窓밑을 굴러가는 수레바퀴의 이빨갈리는소리
소리 소리(그자식은 언제든 군소리뿐이야)

낡은절의 겨으른 북이 갑자기 울어야할 그의 義務를 기억했나보다.
자 ― 나는 어서 들창을 열어야지.
아침해를 마시고 싶어서 밤이새도록 말러서탄 貪慾한입을……

―『태양의 풍속』, 156쪽

---

[1] 이 작품은 시「십오야(十五夜)」(《신동아》, 1933. 3)의 후반부의 2연을 고쳐 썼다.

十 五 夜

원문 2

珊瑚빛갑옷을 입은달은
푸른한울의 어름장판을 지처서
『에메랄드』의『싸벨』을 휘둘루며 바람을 몰고감니다
月給도없는 夜警軍의 동무올시다.

江들은 두려운 瑠璃문을굿게잠그고
기푼 河床아래에누어서 오늘밤은一切의 面會謝絶임니다. 詩人이 성가신 게지요
술취한달빛이 午後열한시의 개천가의 어름에 밋그러저 잡바짐니다.

싸악 — 싸악 — 싸악 —
눈 부스러지는 애처러운悲鳴을
신바닥아래 눌러죽이는 발자곡소리 —.
거리우헤 —.

새벽을 咀呪하는死刑囚인
世界는밤이붓는 沈默의술을 기우리며
龜裂된 한우님의 心臟인 달에서새는
히푸른 液體속에서 神經病者와가티 히푸르고

—《신동아》(1933. 3), 165쪽

아스팔트

아스팔트 위에는
사월의 석양이 졸립고

잎사귀를 붙이지 아니한 가로수 밑에서는
오후가 손질한다.

소리 없는 고무바퀴를 신은 자동차의 아기들이
분주히 지나간 뒤

너의 마음은
우울한 해저

너의 가슴은
구름들의 피곤한 그림자들이 때때로 쉬러 오는 회색의 잔디밭

바다를 꿈꾸는 바람의 탄식을 들으러 나오는 침묵한 행인들을 위하여
작은 아스팔트의 거리는
지평선의 흉내를 낸다.

아스팔트

원문 1

「아스팔트」우에는
四月의 夕陽이 조렵고[1]

잎사귀를 붙이지 아니한 街路樹밑에서는
午後가 손질한다.

소리없는 고무바퀴를신은 自動車의아기들이
분주히 지나간뒤

너의마음은
憂鬱한 海底

너의가슴은
구름들의 疲困한그림자들이 때때로 쉬려오는 灰色의잔디밭.

바다를꿈꾸는 바람의嘆息을 들으려나오는 沈默한 行人들을위하야
작은「아스팔트」의거리는
地平線의 숭내[2]를낸다.

——『태양의 풍속』, 157~158쪽

---

[1] '졸리다'의 방언.
[2] 흉내.

아스팔트

『아스팔트』웅에는
四月의 夕陽이 조렵고

넢사귀를 붙이지 아니한 街路樹 밑에서는
午後가 손질한다.

소리없는 고무바퀴를신은 自働車의 아기들이
분주히 지나간뒤에

너의 마음은
憂鬱한 海底.

너의 가슴은
구름들의 疲困한 그림자가 때때로 쉬러오는
灰色의 잔디밭

바다를 꿈꾸는 바람들의 嘆息을 드르려 나오는 沈黙한 行人들을 위하야
작은『아스팔트』의거리는
地平線의 숭내를 낸다.

—《중앙》 2권 5호(1934. 5), 130쪽

해수욕장의 석양

해발 1000피트의 고대의 단면에
피곤한 태양이 게으른 자화상을 그린다.
산허리에 사라지는 애처로운 포물선의 자취인
해오라비 한 마리……
고적.

아낌없이 바닷가에 비 오는 침묵.
헐떡이는 물결의 등을 어루만지는 늙은 달은 모랫벌 위에서
경박한 사람들이 잊어버리고 간 발자국들을 짚기에 분주하다.
탈의장의 모래 위에 구겨져 젖어 있는
러브레터 한 장.
밤은 벌써 호텔의 환락에 불을 켰다.

海水浴場의 夕陽

원문 1

海拔1000呎 ── 트의 高臺의 斷面에
疲困한 太陽이 겨으른 自畵像을 그린다.
山허리에 살아지는 애처로운 抛物線의 자최인
해오라비 한마리……
孤寂.

아낌없이 바다까에 비오는 沈默.
헐덕이는 물결의등을 어루만지는 늙은달은모래불우에서
경박한사람들이 잊어버리고간 발자국들을 집기에 분주하다.
脫衣場의 모래우에 꾸겨저 젖어있는
「러쏘레터 ── 」한장.
밤은 벌서 호텔의 歡樂에 불을 켰다.

──『태양의 풍속』, 159~160쪽

海水浴場의 夕陽

원문 2

海拔 一○○○㍍ ― 트의高臺의 斷面에
疲困한太陽이 겨으른 自畵像을 그린다.
山허리에 사라지는 애처러운 抛物線의 자최인 해오라비한마리 ―
孤寂.

앗김업시 바다ㅅ가에 비오는 沈默.
헐덕이는물결들의 등을어르만지는 늙은달은 모래불우에서
輕薄한사람들이 니저버리고간 발자곡들을 집기에 奮走하다.
脫衣場의모래우에 꾸겨저 저저잇는 러쎡레터한장.
밤은 벌서 호텔의歡樂에 불을켯다.

―《가톨닉청년》1권 3호(1933. 8), 56쪽

상아의 해안

해만은 수평선의 아침에 향하여 분주하게 창을 연다.
주름 잡히는 은빛 휘장에서 부스러 떨어지는 금박은
바다의 검은 장판에 비 오는 별들의 실망

어둠이 갑자기 버리고 간 까닭에 눈을 부비는 늙은 향수 장사인 태양은 잠 깨지 않은 물결의 딸들의 머리칼 우에 백금빛의 향수를 뿌려 준다.
멀구나무 잎사귀들은 총총히 떠난 천사들의 잊어버리고 간 진주 목도리들을 안고 있다.

붉은 치맛자락을 나팔거리는 가시나무 꽃들은 방수포처럼 추근한 해안에 향하여 누른 향내를 키질한다.
푸른 공기의 퇴적 속에 가로서서 팔락거리는 여자의 바둑판 케이프는 대서양을 건너는 무적함대의 돛발처럼 무적하다.

에메랄드의 정열을 녹이는 상아의 해안은 해방된 어족 해방된 제비들 해방된 마음들을 기르는 유리의 목장이다.
법전을 무시하는 대담한 혈관들이 푸른 하늘의 캔버스에 그들의 선언 — 분홍빛 꿈을 그린다.

하나 — 둘 — 셋
충혈된 백어의 무리들은 어린 곡예사처럼 바다의 탄력성의 허리에 몸을 맡긴다.
 상아의 해안을 씻는 투명한 칠월의 거친 살결.

 바람은 신선한 해초의 입김으로 짠 무의를 입고
 부풀어 오른 바다의 가슴을 차며 달린다.

象牙의 海岸

海灣은 水平線의아침에향하야 분주하게窓을연다.
주름잡히는 銀빛휘장에서 부스러떨어지는 金箔은
바다의 검은장판에 비오는 별들의 失望

어둠이 갑자기 버리고간까닭에 눈을부비는 늙은香水장사인太陽은
잠깨지않은 물결의딸들의 머리칼우에 白金빛의 香水를 뿌려준다.
멀구나무[1]잎사귀들은 총총히떠난 天使들의 잊어버리고간 眞珠 목도리들을 안고있다.

붉은치마짜락을 나팔거리는 가시나무꽃들은 防水布처럼 추근한海岸에향하야 누른香내를 키질한다.
푸른 空氣의 堆積속에 가로서서 팔락거리는 女子의바둑「케ㅡ프」는
大西洋을 건너는 無敵艦隊의돛발처럼 無敵하다.

「에메랄드」의情熱을 녹이는 象牙의海岸은 解放된魚族 解放된제비들 解放된마음들을기르는 琉璃의牧場이다.
法典을 無視하는 大膽한 血管들이 푸른하눌의「칸바쓰」에 그들의宣言 ― 분홍빛꿈을 그린다.

하나 ― 둘 ― 셋
充血된 白魚의무리들은 어린曲藝師처럼바다의 彈力性의허리에 몸을맡긴다.
象牙의海岸을씻는 透明한七月의거친살갈.[2]

1 '머루나무'의 방언.
2 살결.

바람은 新鮮한海草의입김으로짠 舞衣를입고
부푸러오른바다의 가슴을차며달린다.

— 『태양의 풍속』, 161~163쪽

항해

팔월의 햇볕은 백금의 비눗방울.
수평에 넘쳐 흐느끼는 황해의 등덜미에서 그것을 튀겨 올리는 푸른 비늘 조각, 흰 비늘 조각.
젖빛 구름의 스커트가 음분한 바다의 허리를 둘렀다.

오만한 해양의 가슴을 가르는 뱃머리는
바다를 질투하는 나의 칼날이다.
제껴지는 물결의 흰 살덩이. 쏟아지는 흰 피의 분류.

내 눈초리보다도 높지 못한 먼 돛
그 돛보다도 더 높지 못한 수평선
검은 섬이 달려온다. 누른 섬이 달려간다.
함뿍 바람을 들이켠 붉은 돛이 미끄러진다.

나의 가슴에 감겼다 풀리는 바람의 테이프.
저기압은 벌써 북한산의 저편에 ─
열대의 심술쟁이 태풍은 적도에서 코 고나 보다.

마스트에 춤추는 빨간 깃발은 일직선.
우리들의 항해의 방향.
항구도 벌써 부풀어 오르는 호수의 저편에 꺼져 버렸다.

바람은 나사와 같이 빛나고
햇볕은 부스러 떨어지는 운모 가루.

키를 돌리지 말아라.
해도는 옹색한 휴가 증명서.
뱃머리는 언제든지 서남의 중간에 들어라.

航 海

원문 1

八月의햇볕은 白金의비누방울.
水平에넘처 흐늑이는 黃海의등덜미에서 그것을 투겨올리는 푸른비눌쪼각, 힌비눌쪼각.
젖빛 구름의 「스카 — 트」가 淫奔한 바다의허리를 둘렀다.

傲慢한海洋의 가슴을 갈르는 뱃머리는
바다를 嫉妬하는 나의칼날이다.
제껴지는 물결의힌살덩이. 쏟아지는 힌피의 奔流.

내눈초리보다도 높지못한먼돛
그돛보다도 더높지못한水平線
검은섬이 달려온다. 누른섬이 달려간다.
함뿍 바람을 리켠 붉은돛이 미끄러진다.

나의가슴에 감겼다 풀리는 바람의「테 — 프」.
低氣壓은 벌서 北漢山의 저편에 —
熱帶의심술쟁이 颱風은 赤道에서 코고나보다.

「마스트」에 춤추는 빨간旗빨은 一直線.
우리들의 航海의方向.
港口도벌서 부푸러오르는潮水의 저편에꺼저버렸다.

바람은 羅紗와같이 빛나고
햇볕은 부스러떨어지는 雲母[1]가루.

키를 돌리지말어라.
海圖는 옹색한 休暇證明書.
뱃머리는 언제든지 西南의中間에 들어라.

———『태양의 풍속』, 164~166쪽

1 운모. 화강암 중에 많이 들어 있는 얇은 판상의 규산 광물이며, 얇게 분리되는 성질이 있음. 백색의 운모는 유리의 대용으로도 쓰이고 전기 절연체로도 사용됨.

航 海

八月의 햇볕 ―『폴라티나』의 비누방울을투겨올리는 힌비눌쪼각. 푸른비눌쪼각 水平에넘처 흐늑이는 黃海이등덜미.
그것을 가돈 젓빗구룸의『레 ― 쓰』.
　　　　×
傲慢한 바다의 가슴을 갈르는 뱃머리는
바다를嫉妬하는 나의칼날이다.
제꺼지는물결의 힌살덩이. 쏘다지는힌피의奔流.
　　　　×
거문섬이 달려온다 누른섬이달려간다 함뿍 바람을드리켠붉은돗이도망한다.
　　　　×
나의가슴에감겻다 풀리는 바람의『테 ― 프』.
두볼을 씻는氣流는 어느새 가을의싸늘한 살갈이다.
　　　　×
低氣壓은벌서 北漢山의저편에 ― . 熱帶의 심술쟁이颱風은赤道에서코고나보아. 바람은 羅紗와가치빗나고 해빗은 부스러저떠러지는 雲母가루.
　　　　×
내눈초리보다도 놉지못한먼돗
그돗보다도 더나즌 水平線.
　　　　×
『마스트』에춤추는 빨간旗빨은―直線이다
우리들의航海의方向.
港口도벌서 부푸러오르는潮水의 저편에꺼젓다
　　　　×
키를 돌리지마러라
海圖는 옹색한休暇證明書.

배머리는 언제든지 西南의 中間에드더라.
(八月十三日 仁川海上에서)

—《조선일보》(1934. 8. 15)

가을의 태양은 플라티나의 연미복을 입고

가을의
태양은 게으른 화가입니다.

거리거리에 머리 숙이고 마주 선 벽돌집 사이에
창백한 꿈의 그림자를 그리며 다니는……

쇼윈도의 마네킹 인형은 홑옷을 벗기우고서
셀룰로이드의 눈동자가 이슬과 같이 슬픕니다.

실업자의 그림자는 공원의 연못가의 갈대에 의지하여
살진 금붕어를 호리고 있습니다.

가을의 태양은 플라티나의 연미복을 입고서
피 빠진 하늘의 얼굴을 산보하는
침묵한 화가입니다.

가을의太陽은『풀라티나』의燕尾服을입고

원문 1

가을의
太陽은 겨으른 畵家입니다.

거리 거리에 머리숙이고 마주 선 벽돌집사이에
蒼白한꿈의그림자를 그리며댕기는……

「쇼 — 윈도우」의 마네킹 人形은 홋옷[1]을벗기우고서
「셀룰로이드」의 눈동자가 이슬과같이 슬픔니다.

失業者의그림자는 公園의蓮못가의 갈대에의지하야
살진 금붕어를 호리고[2]있습니다.

가을의太陽은 「풀라티나」의 燕尾服을입고서
피빠진[3]하눌의 얼굴을 散步하는
沈默한畵家입니다.

———『태양의 풍속』, 167~168쪽

---

1 홋옷. 한 겹으로 지은 옷.
2 호리다. 남을 유혹하여 정신을 흐리게 하다.
3 피가 빠지다. 핏기가 없어지다.

가을의 太陽은 『푸라티나』의 燕尾服을 입고[1]

가을이되면
太陽은 겨으른 畵家입니다.

거리 거리에 머리숙이고 마조선 벽돌집사이에
蒼白한꿈의 그림자를 그리며단니는 —

그것은 大地만이 알고잇습니다
『빗나는지나간날』의 骸骨임을 —

『쇼윈도 — 』의 『마네킹』 人形은 홋옷을 벗기우고서
『쎄투로이드』의 눈이 이슬과가티 悲觀합니다
失業者의 그림자는 公園의 蓮못가의 갈대를 붓잡고
살진 金붕어를 誘惑합니다

가을의 太陽은 『푸라티나』의 燕尾服을 입고서
쎄쌔진한울의 얼골을 散步하는
沈黙한 畵家입니다

—《조선일보》(1930. 10. 1)

---

1   이 작품은 발표 당시 'GW'라는 약호로 작가를 표시했다.

하루 일이 끝났을 때

수박빛 하늘에 매달려 지구는 어둠 속으로 꺼져 내려가오. 검은 누런 혹은 회색의 지붕들이 대지의 가슴속으로 파 들어갈 듯이 산모록에 가엾이 몸을 옴크리고 있소.

수양버들들은 마을 밖 강가에 머리를 풀어헤치고 우두커니 서서 무엇을 기다리누? 안달뱅이 굴뚝들은 기적도 없이 흰 깃발을 날리고 있소. 마을은 또 다른 하룻밤의 항해를 떠나오.

비로드처럼 눈을 부시는 새까만 밤 프록코트를 입은 하느님의 옷섶에서는 금단추들이 반짝이오. 울란어미인 바람이 또 골짝에서 훌쩍훌쩍 우는 소리가 들려오오.

그러면 나는 언덕 위의 내 집으로 총총히 돌아가기 위하여 호미를 둘러메오. 천사 미카엘이 두 개의 통통한 포켓을 불룩이 채워 가지고 오는 커 — 다란 꿈을 기다리기 위하여······

하로일이 끝났을때

원문 1

　수박빛하눌에 매달려 地球는 어둠속으로 꺼저나려가오, 검은누 — 런 혹은 회색의집웅들이 大地의가슴속으로 파들어갈듯이 山모록[1]에가엾이 몸을옴크리고 있소.

　수양버들들은 마을밖 江가에 머리를풀어헤치고 우둑허 — 니서서 무엇을기다리누? 안달뱅이[2] 굴뚝들은 汽笛도없이 힌旗빨을날리고있소. 마을은 또다른 하로밤의航海를 떠나오.

　비로 — 도처럼 눈을부시는 새깜안밤「푸록코 — 트[3]」를입은 하누님의 옷섶[4]에서는 金단추들이반짝이오. 울란어미[5]인 바람이 또 골작에서 훌적훌적 우는소리가 들려오오.

　그러면 나는 언덕우의내집으로 총총히 돌아가기위하야 호미를둘러메오. 天使「미카엘」[6]이 두개의퉁퉁한「포케트」를 불룩이 채워가지고오는 커 — 다란꿈을 기다리기위하야……

—『태양의 풍속』, 169~170쪽

1　산모록. '산모퉁이'의 방언.
2　안달뱅이. 걸핏하면 안달하는 사람. 소견이 좁고 인색한 사람.
3　프록코트 (frock coat). 18세기 말에서 19세기에 걸쳐 서양에서 유행했던 남성용 예복의 하나. 보통 검정색인데 상의 길이가 무릎까지 길게 내려옴.
4　옷섶. 저고리나 두루마기 따위의 깃 아래쪽에 달린 길쭉한 헝겊.
5　원문 2에는 '우는 어미'로 표기됨. '곡비(哭婢)'를 뜻함.
6　천사 미카엘. 수호천사.

하롯길이 씃낫슬째

수박빗 한울에 매달녀
地球는 어둠속으로 써저나려가오
껌은 누 ― 런 혹은 灰色의 지붕들이
大地의가슴속으로 파드러갈드시
　　　　　山모롱에 가엽시 몸을 옴크리고잇소.

수양버들들은 마을박 江가에 머리를푸러헤치고
우둑허 ― 니서서 무엇을 기다리누
안달뱅이 굴둑들은 汽笛도업시 흰旗ㅅ발을날리고잇소
마을은 쏘다른 하로밤의 航海를 써나나보오.

『비로 ― 도』처럼 눈을부시는 색감안밤
『프록코 ― 트』를입은 한우님의 가슴우헤서는 쌀간 금단추들이 반작이오
　　　　우는어미인 바람이 쏘골작에서 훌적훌적 우는소리가들리오.

그러면 나는 언덕우의 내집으로 총총히 도라가기위하야 호미를둘러메오
天使『미카엘』이 두개의 통통한 『포켓트』에
　　　　불룩이 채워가지고오는 크 ― 다란꿈을 기다리기위하야 ―

―《신여성》(1933. 6), 196~197쪽

황혼

검은 다리(橋)는 어째서 지금도 물도 없는 개천에서 찬 바람결에 허리를 씻기우면서 빼빼 마른 다리(脚)를 훨씬 거두고만 서 있을까요?

포플러들은 지금 개천가에서 새하얀 허리를 들추어 내놓고 벌벌 떨고 있습니다. 그의 어깨에서 포근한 푸른 외투를 벗겨 간 것은 누구의 잔인한 손입니까? 참새들은 이제는 그의 옷자락 밑에 기어들어서 수없는 그날의 이야기를 재잴거리며 오지 않겠지요.

해가 떨어졌으므로 집 없는 바람이 또 다리 밑에 엎드려서 앙앙 느껴 웁니다. 집들은 회색의 대기 밑으로 소라와 같이 몸을 옴크리고 기어듭니다. 그러고는 커다란 굴뚝을 거꾸로 물고서 퍽퍽 담배를 피지요. 어쩌면 그렇게도 건방진 굴뚝일까요?

너무나 엄청나게 큰 꿈이 마을에 떨어지면 아니 된다고 해서 검은 산들이 총총히 걸어와서는 마치 코사크의 보초병처럼 표정이 없이 우두커니 서서 마을을 굽어봅니다. 그러면 작은 등불들이 갑자기 집집의 창문에 매달려서 밖을 내다보지요. 아마도 날아다니는 별들과 이야기하려는 게지요.

黃 昏

원문 1

　검은다리(橋)는 어째서 지금도 물도없는개천에서 찬바람결에 허리를 씻기우면서 빼빼마른다리(脚)를 훨신거두고만 서있을가요?

　「포풀라」들은 지금개천가에서 새하얀허리를 들추어내놓고 벌벌벌 떨고있습니다. 그의어깨에서 포근한푸른외투를 벗겨간것은 누구의 잔인한손임니까? 참새들은 인제는 그의옷자락밑에기여들어서 수없는 그날의이야기를 재잴거리며 오지않겠지요.

　해가떨어졌음으로 집없는 바람이 또 다리밑에업듸여서 앙앙 느껴웁니다. 집들은 회색의 大氣밑으로 소라와같이 몸을옴크리고기여듭니다. 그러고는 커ー다란 굴뚝을 거꾸로물고서 퍽ー퍽담배를피지요. 어쩌면그렇게도 건방진굴뚝일까요?

　너무나엄청나게 큰꿈이 마을에 떨어지면아니된다고해서 검은山들이 총총히 걸어와서는 마치「코삭크」의步哨兵처럼 表情이 없이 우둑허니서서 마을을 구버봅니다. 그러면 작은등불들이 갑자기 집집의창문에 매달려서 밖을 내다보지요. 아마도 날어댕기는 별들과 이야기하려는게지요.

—『태양의 풍속』, 171~172쪽

黃 昏

원문 2

　검은다리 (橋) 는 엇재서 지금도 물도없는개천에서 찬바람결에 허리를씻기우면서 빼빼마른 다리(脚)를 훨신거두고만 서잇슬가요.

　「포푸라」들은 지금 개천가에서 새하얀 허리를 들춰내노코 벌벌떨고잇슴니다.
　그의억개에서 포근한푸른外套를 벗긴것은 누구의잔인한손입니까. 참새들은 인제는 그의 옷자락미테 기여드러서 수없는그날의이애기를 재젤거리려오지안켓요.
　해가떠러젓슴으로 집없는바람이 또 다리(橋) 미테엄디어서 앙앙늣겨웁니다. 집들은회색의大氣미트로 소라와가티 몸을옴크리고 기여듭니다. 그러고는 크다란굴둑을 걱구로물고서 퍼 ─ ㄱ퍽 담배를피우지요. 엇지면그러케도건방진굴둑일가요.

　너무나엄청나게큰꿈이 마음에떨어지면아니된다고해서 검은山들이 총총이거러와서는 마치「코삭크」의步哨兵처름 表情이없이 웃둑이서서 마을을구버봅니다. 그리면 작은등불들이 갑작이 집집의창문에 매달려 밖을내다보지요. 아마도 나러댕기는 별들과 이애기하려는게지요.

─《제일선(第一線)》(1932. 12), 76~77쪽

이동건축(移動建築)

훌륭한 아침이 아니냐?

창백한 하늘 아래
전야는 회색이다.
독와사의 화끈한 입김이 휩쓸고 간다.
해골과 같이 메마른 공기가 질식한다.

바람에 휘날려
하수도의 물 위에 떠내려가는 카렌다 한 장 잘 가거라
말괄량이 1930년.

강변의 도살장
날카로운 채찍이 빽빽한 공기를 찢는다.
동물들은 그 아래서 자기의 번을 기다리는 짧은 동안을 뼈다귀를 다투며 소일한다.
(오 — 영광이 있어라. 인류에게)

어느새 밤이 가고
먼 회색의 지평선을
붉은 웃음으로써 채우며 오는 것은 누구냐?

오 — 새벽이다. 새해다.
그는 비둘기와 장미와 푸른 날개와

그러한 선물을 한 수레 가득히 실은 마차를 끌고
산마루턱을 넘어온다.

보기 싫은 실망과 비관 아름다운 고양이들
너희들은 내 품에서 떠나거라. 미지근한 잠자리에나 박혀 있어라.

기름과 먼지와 피투성인
아름답다는 지나간 날은
붙잡아 목을 비틀어
차라리 페치카에 집어넣자.

존……
총 끝의 볼미를 닦는 일에 싫증이 난다고 하였지.
너의 참호는 너무나 어둡다.
어서 뛰어나와서 폴의 손을 잡아 주어라.

프랭크
저 자식은 산고모를 둘러쓰고 조개의 무덤 우에서 춤을 추겠지.
이 후버의 팬
어서 너의 유리 진주의 바구닐랑 바다에 집어던지고 들로 나오렴.

순이
너는 훌륭히 빛나는 살결을 가지고 있고나.
벗어 버리려무나 그런 인조견 양말은……

방금 그랜드 오르간인 푸른 바다가
뿡뿡을 시작했다.
들로 나와서 너희들은 손을 잡어라.
초하룻날은 수정의 바다다.
새벽의 별들이 주책없이 흘리고 간
흰 눈의 벨벳 위에
아침 별이 분수와 같이 퍼붓는다.

훌륭한 아침이 아니냐?
쿵 — 쿵 — 쿵
나는 저 자식의 발자취 소리가
아주 듣기 좋아……

훌륭한 아침이 아니냐?

원문 1

蒼白한 하눌아래
戰野는 灰色이다.
毒瓦斯¹의 화끈한입김이 휩쓸고간다.
骸骨과같이 메마른空氣가 窒息한다.

바람에 휘날려
下水道의물우에 떠나려가는「칼렌더」한장 잘가거라
말광양이² 一九三〇年.

江邊의屠殺場
날카로운채찍이 빽빽한空氣를 찟는다.
動物들은 그아래서 自己의번³을 기다리는짧은동안을 뼈다귀를다토며 소일한다.
(오 — 榮光이 있어라. 人類에게)

어느새밤이가고
먼灰色의 地平線을
붉은웃음으로써 채우며 오는것은누구냐?
오 — 새벽이다. 새해다.
그는 비닭이와 장미와 푸른날개와
그러한선물을 한수레 가득이실은 馬車를끌고
山마루턱을 넘어온다.

1 독와사. 독가스.
2 말괄량이.
3 번(番). 순번.

보기싫은 失望과 悲觀 아름다운고양이들
너희들은 내품에서떠나거라. 미지근한 잠자리에나 박혀있어라.

기름과먼지와피투성인
아름답다는 지나간날은
붙잡어 목을비틀어
차라리「페치카」에 집어넣자.

「쨘」……
총끝의 볼미4를닦는일에 싫증이난다고하였지.
너의塹壕는 너무나어둡다.
어서 뛰여나와서「폴」의손을잡아주어라.

「쯔랭크」
저자식은 山高帽5를 둘러쓰고 조개의무덤우에서 춤을추겠지.
이「후 — 버」의「팬」
어서 너의 유리眞珠의 바구밀랑6 바다에집어던지고 들로나오렴

순이
너는 훌륭히빛나는 살갈을 가지고있고나.
벗어버리렴으나 그런人造絹양말은……

---

4   볼미. 원문에서는 '녹'으로 표기됨.
5   산고모. 중산모(中山帽). 의식용으로 쓰는 꼭대기가 높은 서양 모자.
6   바구미. '바구니'의 방언.

방금「그란드오르간」인푸른바다가
뿡뿡을 시작했다.
들로나와서 너희들은 손을잡어라.
초하룻날은 水晶의바다다.
새벽의별들이 주착없이 흘리고간
힌눈의「벨벳트」우에
아침볕이 噴水와같이 퍼붓는다.

훌륭한 아침이아니냐?
쿵 ― 쿵 ― 쿵
나는저자식의 발자취소리가
아주듣기좋아……

―『태양의 풍속』, 175~179쪽

훌륭한아즘이아니냐?

원문 2

蒼白한한울아래
戰野는灰色이다 ―
毒瓦斯의 훗근한입김이휩쓸고간다
骸骨과가티메마른空氣가窒息한다

바람에 휘날려
下水道에 물우헤떠나려가는『카렌다』한장 ―
『잘가거라괄양이一九三〇년 ― 』

江邊의屠殺場 ―
날카로운챗직이쌕쌕한공긔를찟는다
動物들은그아래서自己의번이도라올째까지 쌕닥위를다톤다

먼灰色의地平線을
붉은우숨으로 채우며오는자는누구냐?
오새벽이다 새해다
그는비닭이와장미와 푸른날개와 ―
선물을한수레 가득이실은馬車를쓸고
山마루턱을넘어온다

失望과悲觀 ― 아름다운고양이들 ―
너히들은나의품에서 써나라 미지근한잠자리에나박혀잇서라

아름답다는지나간날은붓잡아
『페치카』에집어넛차

『싼』—
×쓰테녹을닥는일에실증이난다고하엿지너의塹壕는너무어둡다
어서뛰여나와 나의손을마조잡자

『폴』—
(3행 삭제됨)
어서 너의眞珠의바구미를바다에집어던지고들로나오렴

금순이 — 너는 훌륭한빗나는
살결을가지고잇고나
버서버리렴으나 그런人造絹은
— 방금『그란드올간』인푸른바다가『쏭 — 쏭』을 시작햇다
들로나와서동무들아 손을잡어라

초하로날아츰은 水晶의바다다
새벽의별들이 주착업시흘리고간 눈의『벨벳트』우헤
아츰햇볏이噴水와가티퍼붓는다

훌륭한아츰이아니냐?
쿵 — 쿵 — 쿵
나는저자식의발자곡소리가
아주조와 —

—《조선일보》(1931. 1. 8)

어둠 속의 노래

책상과 나와
카렌다의 막장과
등불과……

회색의 전야에서는
내가 잊어버리고 온
수없는 전사자와 부상자의 무리가
하나씩 둘씩 무덤의 먼지를 떨치며 일어난다.

오줄없이 바짝 마른 이리 한 마리(그 이름은 생활)
오늘도 내 발꿈치에서 떨어지지 않는다.

어둠의 홍수 — 굼틀거리는 검은 물바퀴의 얼굴에 떴다 꺼졌다 떠오르는
춤추는 한 팔……
파란 부르짖음……
찢어진 심장……

엑……
이런 독수리가 파먹다 남은
생활은

하수도에나 집어던져라.

열두 시 넘어서
별과 등불을 띄우고
방천 아래
꿈을 앓는 하수도에……
무한히 티끌을 생산하는 이 도시의 모든 배설물을 운반하도록
명령받은 충실한 검은 노예.

똥
먼지
타고 남은 석탄재
기아 때때로 사아
찢어진 유서 조각

경찰의가 오토바이에서 내렸다.
거리의 거지가 종각에 기댄 채 꿋꿋해 버렸다.
교당에서는 목사님이
최후의 기도 끝에 아멘을 불렀다.
다음 날 아침 조간에는 그 전날 밤의 추위는 16년래의 일이라고
거짓말했다.

내일은 신사와 숙녀들은
안심하고 네거리로 나올 게다.

극장에서는
학생과 회사원들이 사이좋게
같은 잔에서 탄산가스를 배앝았다 들이켠다……
지부종의 무와 같은 스크린의 아메리카 여자의 다리에 식욕을 삼킨다.

어둠의 홍수
거리에 굽이치는 어둠의 흐름
태양이 어디 갔느냐?
어디 갔느냐?
내 가슴은 태양이 안고 싶다.

어둠속의노래

원문 1

책상과 나와
「칼렌다ー」의 막장과
燈불과……

灰色의戰野에서는
내가 잊어버리고온
수없는戰死者와 負傷者의무리가
하나씩 둘씩 무덤의먼지를 떨치며 일어난다.

어줄없이[1] 바짝마른 이리한마리(그이름은生活)
오늘도 내발굼치에서 떠러지지 않는다.

어둠의洪水 ─ 굼틀거리는 검은물바퀴의 얼굴에 떴다 꺼졌다 떠오르는
춤추는 한팔……
파 ─ 란부르짖음……
찢어진心臟……

엑……
이런
독수리가 파먹다남은
生活은
下水道에나 집어던저라.

---

1 오줄없다. 하는 일이나 태도가 야무지거나 칠칠하지 못하다.

열두時넘어서
별과 燈불을 띠우고
防川아래
꿈을알른 下水道에……
無限히 띠끌을生産하는 이都市의 모 ― 든排泄物을 運搬하도록
命令받은忠實한 검은奴隷.

똥
먼지
타고남은 石炭재
棄兒 때때로死兒
찢어진遺書쪼각

警察醫가「오 ― 토바이」에서나렸다.
거리의거지가 鐘閣에 기댄채 꼿꼿해버렸다.
教堂에서는 牧師님이
最後의 祈禱끝에「아 ― 멘」을불렀다.
다음날아침 朝刊에는 그전날밤의 추위는 十六年來의일이라고
거짓말했다.
來日은 紳士와 淑女들은
安心하고 네거리로 나올게다.

劇場에서는
學生과 會社員들이 사이좋게
같은盞에서 炭酸「가쓰」를 비았었다드리켠다……

芝罘種² 의 무우와같은 「스크린」의 「아메리카」女子의다리에 食慾을삼킨다.

어둠의洪水
거리에구비치는 어둠의흘음
太陽이 어대갔느냐?
어대갔느냐?
내가슴은 太陽이안고싶다.

——『태양의 풍속』, 180~184쪽

2 지부종. 芝罘(지부)는 중국 산동성의 지명이다. 이곳에서 널리 재배하던 무, 배추가 1930년대에 우리나라
에 보급된 적이 있는데, 이를 '지부종'(芝罘種)이라고 했다.

상공 운동회

유쾌한 주악을 앞세우고
서슬 좋은 가장행렬이 떨며 간다……

시저의 투구를 쓴 상회
분칠한 환약의 여신
붉게
푸르게
변하는 행렬의 표정

경의를 표하기 위하여 멈춰 서는 푸른 전차의 예의.
포도를 휘덮는 시들은 얼굴들을 물리치면서
건방진 행렬이
개선장군을 뽐낸다.

무솔리니, 뷔지니, 쇠바니, 제르미니,
루스벨트, 벨트, 벨탕, 슈베르트,
힐트, 힘멘스, 히스트, 히틀러,
그게 모두 다
우리의 무리의
동무다 동무다 동무다 동무다……

쉿

조용해라

누가 배금종성서의 제일장을 낭독한다

— 돈을 좋아한다는 것은 원래 부도덕하고는 관계가 없느니라. 우리의 세계에는 그림자라는 것이 없는 법이니라. 우리는 슬픔이라는 우울한 여자를 본 일이 없노라. 그러니까 기쁨까지가 희박한 투명체에 지나지 않느니라 —

주부들은 그들의 집을

자물쇠나 좀도적이나 늙은이나 어멈이나 고양이나 패종에 맡기고는 장충단으로 뛰어나온다. 기어 나온다. 밀려 나온다.

이윽고 호각 소리……

자전차가 달린다. 선수가 달린다. 그러나 나중에는 상표만 달린다.

움직이는 상업전의 회장 위에서

압도된 머리가 늘어선다. 주저한다. 결심한다.

"이 회사가 좀 더 가속도적인걸."

"아니 저 상회가 더 빠른걸."

"요담의 광목은 저 집에 가 사야겠군."

살아 있는 자라투스트라의

산상의 탄식

— 그들은 사람의 심장에서 피를 몰아내고 그 자리에

아침 호수의 자랑과 밤의 한숨을 모르는 회색 건축을 세우는 데 성공
했다 —

브라보 — 브라보 —

공장과 상점의 굳은 악수

브라보 — 브라보 —

핫 핫 핫 핫……

商工運動會

원문 1

愉快한 奏樂을 앞세우고
서슬좋은 假裝行列이 떨며간다……

「씨 — 자」의 투구를쓴商會
粉칠한 丸藥의女神
붉게
푸르게
變하는 行列의表情

敬意를 表하기위하야 멈춰서는 푸른電車의禮儀.
鋪道를 휘덮는 시드른얼굴들을 물리치면서
건방진 行列이
凱旋將軍을뽑낸다.

뭇솔리니, 뷔지니, 솨바니, 제르미니,
루 — 즈벨트, 벨트, 벨탕, 슈 — 베르트
힐트, 힘멘쓰, 히스트, 히틀러
그게 모도다
우리의무리의
동무다 동무다 동무다 동무다……

쉬 — ㅅ
종용해라
누가 拜金宗聖書의 第一章을朗讀한다
　— 돈을좋아한다는것은 元來不道德하고는 關係가없느니라. 우리의世界에는 그림자라는것이 없는法이니라. 우리는 슬픔이라는 憂鬱 女子를 본일이

없노라. 그러닉까 기쁨까지가 稀薄한 透明體에 지나지않느니라 ―

主婦들은 그들의집을
잠을쇠나 좀도적이나 늙은이나 어멈이나 고양이나 掛鐘에 맡기고는
獎忠壇으로 뛰여나온다. 기여나온다. 밀려나온다.

이윽고 號角소리……
自轉車가 달린다. 選手가달린다. 그러나 나종에는 商標만달린다.

움직이는 商業展의 會場우에서
壓倒된 머리가 느러선다. 주저한다. 決心한다.
『이會社가좀더 加速度的인걸』
『아니 저商會가 더빨은걸』
『요담의 廣木은 저집에가 사야겠군』

살어있는「짜라투 ― 스트라」의
山上의嘆息
― 그들은 사람의心臟에서 피를몰아내고 그자리에
아침湖水의 자랑과 밤의한숨을 모르는灰色建築을 세우는데 성공했다 ―

뿌라보 ― 뿌라보 ―
工場과 商店의 굳은握手
뿌라보 ― 뿌라보 ―
핫 핫 핫 핫……

―『태양의 풍속』, 185~189쪽

商工運動會

유쾌한 奏樂을 압세우고
서슬조흔 假裝行列이 떨며간다………
　　　○
『씨―자』의 투구를쓴 商會
粉을 바른 工場
丸藥의 女神
붉게
푸르게
變하는
行列의
表情
　　　○
敬意를 表하기위하야 멈춰서는
푸른 電車들의 禮儀………
鋪道를 더럽히는 시드른 얼골을 물리치면서
×××行列이
凱旋將軍을 뽐낸다
　　　○
『뭇솔리니・뷔지니・쇄바니・제르미니………
루―즈벨트・슈―벨트・벨트・벨탕………
힘맨쓰・힐트・히스트・히틀러・히포―타마쓰………
모다 그게다
우리의 무리의
동무다 동무다 동무다…』
　　　○

○
쉿
종용해라
누가 拜金宗聖書의 第一章을朗讀한다
『돈을 조와한다는것은 決코不道德은 아니다 우리의世界에는 그림자가 업다 우
리는 슬픔이라고하는 憂鬱한 녀자를본일이업다 그러니까 기쁨까지가 稀薄
한 透明體를이룬다………』
　　　　○
市民 들은 집들을
자물쇠나 좀도적이나 늙은이나 어멈이나 고양이나 時計에게 마끼고는
運動場으로 뛰여간다…………
　　　　○
이윽고
號角소리…………
自轉車가 달린다
選手가 달린다
그러나 나종엔商標만 달린다
　　　　○
움직이는 商業展의 이마우에
整列하는思考의行列……
顚倒된머리가
주저한다
決心한다 주저한다
『이商店이 더 加速度的인걸』
『아니저會社가좀더 빠른걸』

			○
『짜라투 ─ 스트라』의 山上의 嘆息………
『그들은 사람의 心臟에서 피를모라내고 그우헤
아츰의 潮水와 밤의 嘆息을 모르는 灰色建築을 세우는데成功햇다』
			○
『뿌라보 ─ 』
핫 핫 핫……

─《조선일보》(1934. 5. 16)

『기상도(氣象圖)』
(彰文社, 1936)

2

기상도

세계의 아침

비늘
돋친
해협은
배암의 잔등
처럼 살아났고
아롱진 아라비아의 의상을 두른 젊은 산맥들.

바람은 바닷가에 사라센의 비단 폭처럼 미끄러웁고
오만한 풍경은 바로 오전 일곱 시의 절정에 가로누웠다.

헐떡이는 들 위에
늙은 향수를 뿌리는
교당의 녹슨 종소리
송아지들은 들로 돌아가려무나.
아가씨는 바다에 밀려가는 윤선을 오늘도 바래보냈다.

국경 가까운 정거장.
차장의 신호를 재촉하며

발을 구르는 국제 열차.
차창마다
'잘 있거라'를 삼키고 느껴서 우는
마님들의 이즈러진 얼굴들.
여객기들은 대륙의 공중에서 티끌처럼 흩어졌다.

본국에서 오는 장거리 라디오의 효과를 실험하기 위하여
주네브로 여행하는 신사의 가족들.
샴판 갑판. "안녕히 가세요." "다녀오리다."
선부들은 그들의 탄식을 기적에게 맡기고
자리로 돌아간다.

부두에 달려 팔락이는 오색의 테이프.
그 여자의 머리의 오색의 리본.

전서구들은
선실의 지붕에서
수도로 향하여 떠난다.
······스마트라의 동쪽. ······ 5킬로의 해상······ 일행 감기도 없다.
적도 가까웁다. ······ 20일 오전 열 시. ······

시민 행렬

넥타이를 한 흰 식인종은
니그로의 요리가 칠면조보다도 좋답니다.
살결을 희게 하는 검은 고기의 위력
의사 콜베르 씨의 처방입니다.
헬멧을 쓴 피서객들은
난잡한 전쟁 경기에 열중했습니다.
슬픈 독창가인 심판의 호각 소리.
너무 흥분하였으므로
내복만 입은 파시스트.
그러나 이태리에서는
설사제는 일체 금물이랍니다.
필경 양복 입는 법을 배워 낸 송미령 여사.
아메리카에서는
여자들은 모두 해수욕을 갔으므로
빈집에서는 망향가를 부르는 니그로와 생쥐가 둘도 없는 동무가 되었습니다.
파리의 남편들은 차라리 오늘도 자살의 위생에 대하여 생각하여야 하고

옆집의 수만이는 석 달 만에야
아침부터 지배인 영감의 자동차를 부르는 지리한 직업에 취직하였고
독재자는 책상을 때리며 오직
'단연히 — 단연히' 한 개의 부사만 발음하면 그만입니다.
동양의 아내들은 사철을 불만이니까
배추 장수가 그들의 군소리를 담아 가려 오기를 어떻게 기다리는지 모릅니다.
공원은 수상 맥도널드 씨가 세계에 자랑하는
여전히 실업자를 위한 국가적 시설이 되었습니다.
교도들은 언제든지 치울 수 있도록
가장 간편한 곳에 성경을 얹어 두었습니다.
기도는 죄를 지을 수 있는 구실이 되었습니다.
"감사합니다.
아 — 멘"
"감사합니다. 마님 한 푼만 적선하세요.
내 얼굴이 요렇게 이즈러진 것도
내 팔이 이렇게 부러진 것도
마님과 말이지 내 어머니의 죄는 아니랍니다."
"쉿! 무명전사의 기념제 행렬이다."
뚜걱 뚜걱 뚜걱……

태풍의 기침 시간

바기오의 동쪽
북위 15도.

푸른 바다의 침상에서
흰 물결의 이불을 차 던지고
내리쏘는 태양의 금빛 화살에 얼굴을 얻어맞아서
남해의 늦잠재기 적도의 심술쟁이
태풍이 눈을 떴다.
악어의 싸움 동무.
돌아올 줄 모르는 장거리 선수.
화란 선장의 붉은 수염이 아무래도 싫다는
따곱쟁이.
휘두르는 검은 모락에
찢기어 흩어지는 구름발.
거치른 숨소리에 소름 치는
어족들.
해만을 찾아 숨어드는 물결의 떼.
황망히 바다의 장판을 구르며 닫는

빗발의 굵은 다리.

바시의 어구에서 그는 문득
바위에 걸터앉아 머리 수그린
헐벗고 늙은 한 사공과 마주쳤다.
흥 '옛날에 옛날에 파선한 사공'인가 봐.
결혼식 손님이 없어서 저런 게지.
"오 파우스트."
"어디를 덤비고 가나."
"응 북으로."
"또 성이 났나?"
"난 잠자코 있을 수가 없어. 자넨 또 무엇 땜에 예까지 왔나?"
"괴테를 찾아다니네."
"괴테는 자네를 내버리지 않았나."
"하지만 그는 내게 생각하라고만 가르쳐 주었지
행동할 줄은 가르쳐 주지 않았다네.
나는 지금 그게 가지고 싶으네."
흠 망나니 파우스트.
흠 망나니 파우스트.

중앙기상대의 기사의 손은

세계의 1500여 구석의 지소에서 오는
전파를 번역하기에 분주하다.

(제1보)

저기압의 중심은
발칸의 동북
또는
남미의 고원에 있어
690밀리
때때로
적은 비 뒤에
큰 비.
바람은
서북의 방향으로
35미터.

(제2보=폭풍경보)

맹렬한 태풍이
남태평양상에서

일어나
바야흐로
북진 중이다.
풍우 강할 것이다.
아세아의 연안을 경계한다.

　한 사명에로 편성된 단파·단파·장파·단파·장파·초단파·모든·전파의·동원·

　(부의 게시판)

"신사들은 우기와 현금을 휴대함이 좋을 것이다."

자취

"대중화민국의 번영을 위하여 ─ "
슬프게 떨리는 유리컵의 쇳소리.
거룩한 테이블 보자기 위에

펴놓은 환담의 물굽이 속에서
늙은 왕국의 운명은 흔들리운다.
솔로몬의 사자처럼
빨간 술을 빠는 자못 점잖은 입술들
새까만 옷깃에서
쌩긋이 웃는 흰 장미
"대중화민국의 분열을 위하여 ― "

찢어지는 휘장 저편에서
갑자기 유리창이 투덜거린다.……

"자려무나 자려무나
꽃 속에 누워서 별에게 안겨서 ― "
만국공원의 라우드 스피커는
브람스처럼 매우 슬픕니다.
꽃은커녕 별도 없는 벤치에서는
꿈들이 바람에 흔들려 소스라쳐 깨었습니다.
하이칼라한 샌드위치의 꿈

탐욕한 비프스테이크의 꿈
건방진 햄샐러드의 꿈

비겁한 강낭죽의 꿈
"나리사 내게는 꿈꾼 죄밖에는 없습니다.
식당의 문전에는
천만에 천만에 간 일이라곤 없습니다."
"……"
"나리 저건 묵시록의 기삽니까."

산빨이 소름친다.
바다가 몸부림친다.
휘청거리는 빌딩의 긴 허리.
비틀거리는 전주의 미끈한 다리.
여객기는 태풍의 깃을 피하여
성층권으로 소스라쳐 올라갔다.
경련하는 아세아의 머리 위에 흩어지는 전파의 분수. 분수.
고국으로 몰려가는 충실한 에텔의 아들들.
국무경 양키 씨는 수화기를 내던지고
창고의 층층계를 굴러떨어진다.
실로 한 모금의 소다수.
혹은 아무렇지도 아니한 '이놈' 소리와 바꾼 증권들 위에서
붉은 수염이 쓰게 웃었다.
(워싱턴은 가르치기를 '정직하여라.')

십자가를 높이 들고
동란에 향하여 귀를 틀어막던
교회당에서는
"하느님이여 가나안으로 이르는 길은
어느 불길 속으로 뚫렸습니까?"
기도의 중품에서 예배는 멈춰 섰다.
아무도 아 — 멘을 채 말하기 전에
문으로 문으로 쏟아진다.……

도서관에서는
사람들은 거꾸로 서는 소크라테스를 박수합니다.
생도들은 헤겔의 서투른 산술에 아주 탄복합니다.
어저께의 동지를 강변으로 보내기 위하여
자못 변화 자재한 형법상의 조건이 조사됩니다.
교수는 지전 위에 인쇄된 박사 논문을 낭독합니다.

"노크도 없는 손님은 누구냐?"
"……"

"대답이 없는 놈은 누구냐?"
"……"

"예의는 지켜야 할 것이다."

떨리는 조계선에서
하도 심심한 보초는 한 불란서 부인을 멈춰 세웠으나
어느새 그는 그 여자의 스커트 밑에 있었습니다.
베레 그늘에서 취한 입술이 박애주의자의 웃음을 웃었습니다.

붕산 냄새에 얼빠진 화류가에는
매약 회사의 광고지들.
이지러진 알루미늄 대야.
담뱃집 창고에서
썩은 고무 냄새가 분향을 피운다.
지붕을 벗기운 골목 어귀에서
쫓겨난 공자님이 잉잉 울고 섰다.
자동차가 돌을 차고 넘어진다.
전차가 개울에 쓰러진다.
빌딩의 숲속
네거리의 골짝에 몰려든 검은 대가리들의 하수도.
먹처럼 허우적이는 가느다란 팔들.
구원 대신에 허공을 붙잡은 지치인 노력.
흔들리우는 어깨의 물결.

불자동차의
날랜 사이렌의 날이
선뜻 무딘 동란을 가르고 지나갔다.
입마다 불길을 뿜는
마천루의 턱을 어루만지는 분수의 바알.

어깨가 떨어진 마르코 폴로의 동상이 혼자
네거리의 복판에 가로 서서
군중을 호령하고 싶으나
모가지가 없습니다.

라디오 비컨에 걸린
비행기의 부러진 죽지.
골짝을 거꾸로 자빠져 흐르는 비석의 폭포.
"소집령도 끝나기 전에 호적부를 어쩐담."
"그보다도 필요한 납세부."
"그보다도 봉급표를."
"그렇지만 출근부는 없어지는 게 좋아."
날마다 갈리는 공사의 행렬
승마 구락부의 말발굽 소리
홀에서 돌아오는 마지막 자동차의 고무바퀴들

묵서가행의 쿨리들의 투레기
자못 가벼운 두 쌍의 키드와 하이힐
몇 개의 세대가 뒤섞여 밟고 간 해안의 가도는
깨어진 벽돌 조각과
부서진 유리 조각에 얻어맞아서
꼬부라져 자빠져 있다.

날마다 황혼이 채워 주는
전등의 훈장을 번쩍이며
세기의 밤중에 버티고 일어섰던
오만한 도시를 함부로 뒤져 놓고
태풍은 휘파람을 높이 불며
황하의 강변으로 비꼬며 간다……

병든 풍경

보랏빛 구름으로 선을 두른
회색의 캔버스를 등지고

꾸겨진 빨래처럼
바다는
산맥의 돌단에 걸려 퍼덕인다.

삐뚤어진 성벽 위에
부러진 소나무 하나……

지치인 바람은 지금
표백된 풍경 속을
썩은 탄식처럼
부두를 넘어서
찢어진 바다의 치맛자락을 거두면서
화석된 벼래의 뺨을 어루만지며
주린 강아지처럼 비틀거리며 지나간다.

바위틈에 엎디어
죽지를 드리운 물새 한 마리 ―
물결을 베고 자는
꺼질 줄 모르는 향수.
짓밟혀 느러진 백사장 위에
매 맞아 검푸른 바나나 껍질 하나

부풀어 오른 구두 한 짝을
물결이 차 던지고 돌아갔다.
해만은 또 하나
슬픈 전설을 삼켰나 보다.

황혼이 입혀 주는
회색의 수의를 감고
물결은 바다가 타는 장송곡에 맞추어
병든 하루의 임종을 춘다……
섬을 부둥켜안는
안타까운 팔.
바위를 차는 날랜 발길.
모래를 스치는 조심스런 발가락.
부두에 엎드려서
축대를 어루만지는
가냘픈 손길.

붉은 향기를 떨어 버린
해당화의 섬에서는
참새들의 이야기도 꺼져 버렸고
먼 — 등대 부근에는

등불도 별들도 피지 않았다……

올빼미의 주문

태풍은 네거리와 공원과 시장에서
먼지와 휴지와 캐비지와 연지와
연애의 유행을 쫓아 버렸다.

헝클어진 거리를 이 구석 저 구석
혓바닥으로 뒤지며 다니는 밤바람.
어둠에게 벌거벗은 등을 씻기우면서
말없이 우두커니 서 있는 전선주.
엎드린 모래펄의 허리에서는
물결이 가끔 흰 머리채를 추어든다.

요란스럽게 마시고 지껄이고 떠들고 돌아간 뒤에
테이블 위에는 깨어진 잔들과
함부로 찢겨진 방명록과……

아마도 서명만 하기 위하여 온 것처럼
총총히 펜을 던지고 객들은 돌아갔다.
이윽고 기억들도 그 이름들을
마치 때와 같이 총총히 빨아 버릴 게다.

나는 갑자기 신발을 찾아 신고
도망할 자세를 갖춘다. 길이 없다.
돌아서 등불을 비틀어 죽인다.
그는 비둘기처럼 거짓말쟁이였다.
황홀한 불빛의 영화의 그늘에는
몸을 조려 없애는 십자가가 있음을
등불도 비둘기도 말한 일이 없다.

나는 신자의 흉내를 내서 무릎을 꿇어 본다.
믿을 수 있는 신이나 모신 것처럼
다음에는 깃발처럼 호화롭게 웃어 버린다.
대체 이 피곤을 피할 하룻밤 주막은
아라비아의 알래스카의 어느 가시밭에도 없느냐?
연애와 같이 싱겁게 나를 떠난 희망은
지금 또 어디서 복수를 준비하고 있느냐?

나의 머리에 별의 꽃다발을 두었다가
거두어 간 것은 누구의 변덕이냐?
밤이 간 뒤엔 새벽이 온다는 우주의 법칙은
누구의 실없는 장난이냐?
동방의 전설처럼 믿을 수 없는
아마도 실패한 실험이냐?

너는 애급에서 돌아온 시저냐?
너의 주둥아리는 진정 독수리냐?
너는 날개 돋친 흰 구름의 종족이냐?
너는 도야지처럼 기름지냐?
너의 숨소리는 바다와 같이 너그러우냐?
너는 과연 천사의 가족이냐?

귀먹은 어둠의 철문 저편에서
바람이 터덜터덜 웃나 보다.
어느 헝클어진 수풀에서
부엉이가 목 쉰 소리로 껄껄 웃나 보다.

내일이 없는 카렌다를 쳐다보는
너의 눈동자는 어쩐지 별보다 이쁘지 못하고나.

도시 19세기처럼 흥분할 수 없는 너.
어둠이 잠긴 지평선 너머는
다른 하늘이 보이지 않는다.
음악은 바다 밑에 파묻힌 오래인 옛말처럼 춤추지 않고
수풀 속에서는 전설이 도무지 슬프지 않다.
페이지를 번지건만 너멋장에는 결론이 없다.
모롱이에 혼자 남은 가로등은
마음은 슬퍼서 느껴서 우나
부릅뜬 눈에 눈물이 없다.

거치른 발자취들이 구르고 지나갈 때에
담벼락에 달라붙는 나의 숨소리는
생쥐보다도 커 본 일이 없다.
강아지처럼 거리를 기웃거리다가도
강아지처럼 얻어맞고 발길에 채어 돌아왔다.

나는 참말이지 선량하려는 악마다.
될 수만 있으면 신이고 싶은 짐승이다.
그렇건만 밤아, 너의 썩은 밧줄은
왜 이다지도 내 몸에 깊이 친절하냐.

무너진 축대의 근방에서는
바다가 또 아름다운 소리를 치나 보다.

그믐밤 물결의 노래에 취할 수 있는
타고르의 귀는 응당 소라처럼 행복스러울 게다.

어머니, 어머니의 무덤에 마이크를 가져갈까요.
사랑스러운 해골, 옛날의 자장가를 기억해 내서
병신 된 나의 귀에 불러 주려우?
자장가도 부를 줄 모르는 바보인 바다.

바다는 다만
어둠에 반란하는
영원한 불평가다.

바다는 자꾸만
흰 이빨로 밤을 깨문다.

쇠바퀴의 노래

허나
이윽고
태풍이 짓밟고 간 깨어진 메트로폴리스에
어린 태양이 병아리처럼
홰를 치며 일어날 게다.
하룻밤 그 꿈을 건너다니던
수없는 놀램과 소름을 떨어 버리고
이슬에 젖은 날개를 하늘로 펼 게다.
탄탄한 대로가 희망처럼
저 머언 지평선에 뻗히면
우리도 사륜마차에 내일을 싣고
유량한 말발굽 소리를 울리면서
처음 맞는 새길을 떠나갈 게다.
밤인 까닭에 더욱 마음 달리는
저 머언 태양의 고향.

끝없는 들 언덕 위에서
나는 데모스테네스보다도 더 수다스러울 게다.

나는 거기서 채찍을 꺾어 버리고
망아지처럼 사랑하고 망아지처럼 뛰놀 게다.
미움에 타는 일이 없을 나의 눈동자는
진주보다도 더 맑은 샛별
나는 내 속에 엎드린 산양을 몰아내고
여우와 같이 깨끗하게
누이들과 친할 게다.

나의 생활은 나의 장미.
어디서 시작한 줄도
언제 끝날 줄도 모르는 나는
꺼질 줄이 없이 불타는 태양.
대지의 뿌리에서 지열을 마시고
떨치고 일어날 나는 불사조.
예지의 날개를 등에 붙인 나의 날음은
태양처럼 우주를 덮을 게다.
아름다운 행동에서 빛처럼 스스로
피어나는 법칙에 인도되어
나의 날음은 즐거운 궤도 위에
끝없이 달리는 쇠바퀴 게다.

벗아
태양처럼 우리는 사나웁고
태양처럼 제 빛 속에 그늘을 감추고
태양처럼 슬픔을 삼켜 버리자.
태양처럼 어둠을 살워 버리자.

다음 날
기상대의 마스트엔
구름 조각 같은 흰 기폭이 휘날릴 게다.

(폭풍 경보 해제)

쾌청.
저기압은 저 머언
시베리아의 근방에 사라졌고
태평양의 연안서도
고기압은 흩어졌다.
흐림도 소낙비도
폭풍도 장마도 지나갔고
내일도 모레도
날씨는 좋을 게다.

(부의 게시판)

시민은
우울과 질투와 분노와
끝없는 탄식과
원한의 장마에 곰팡이 낀
추근한 우기일랑 벗어 버리고
날개와 같이 가벼운
태양의 옷을 갈아입어도 좋을 게다.

氣象圖

世界의아츰

비눌
돛인
海峽은
배암의잔등
처럼 살아낫고
아롱진『아라비아』의 衣裳을 둘른 젊은 山脈들.

바람은 바다ㅅ가에『사라센』¹의 비단幅처럼 미끄러움고
傲慢한風景은 바로 午前七時의絶頂에 가로누엇다.

헐덕이는 들우에
늙은香水를 뿌리는
敎堂의 녹쓰른 鍾소리.
송아지들은 들로 돌아가렴으나.
아가씨는 바다에밀려가는 輪船을 오늘도바래보냇다.

國境가까운 停車場.
車掌의 信號를 재촉하며

---

1 사라센(Saracen). 중세 유럽인이 서아시아의 이슬람교도를 부르던 호칭. 그리스·로마에 살던 라틴 문화권 사람들이 시리아 초원의 유목민을 사라세니(Saraceni)라고 부른 데서 연유했고, 7세기 이슬람의 발흥 이후로는 이슬람교도 전반을 가리키는 용어로 이 말이 사용됨.

발을 굴르는 國際列車.
車窓마다
『잘있거라』를 삼키고느껴서우는
마님들의 이즈러진 얼골들.
旅客機들은 大陸의空中에서 띠끌처럼흐터젓다.

本國에서오는 長距離『라디오』의 效果를 實驗하기위하야
『쥬네브』² 로 旅行하는 紳士의家族들.
『샴판』.³ 甲板.『安寧히가세요』.『단여오리다』.
船夫들은 그들의嘆息을 汽笛에게맛기고
자리로 돌아간다.

埠頭에달려 팔락이는 五色의『테잎』.
그女子의 머리의 五色의『리본』.

傳書鳩⁴들은
船室의집웅에서
首都로 향하야 떠낫다.

2 제네바. 원명은 주네브(Genève). 스위스의 제3도시. 전쟁으로 인한 부상자, 병자, 포로 등을 보호하여 참화를 경감하기 위해 체결된 국제조약 '제네바 협약'이 유명함.
3 삼판(舢板). 삼판선(三板船). 항구 안에서 사람이나 짐을 실어 나르는 중국식의 작은 돛단배.
4 전서구(傳書鳩). 통신에 이용하기 위해 훈련시킨 비둘기. 방향감각과 귀소본능 등이 뛰어나고 장거리 비행 능력이 높아서 통신수단이 발달하지 않았던 예전에는 통신용으로 사용되었고 전쟁 때 군용비둘기로 사용되기도 했음.

……『스마트라』의 東쪽. …… 5『킬로』의 海上 …… 一行 感氣도없다.
赤道 가까웁다. ……20日午前열時. ……

市 民 行 列

『넥타이』를한 힌食人種은
『니그로』⁵의料理가 七面鳥보다도 좋답니다.
살갈을 히게하는 검은고기의 偉力.
醫師『콜베 ── 르』⁶氏의處方입니다.
『헬메트』를쓴 避暑客들은
亂雜한 戰爭競技에 熱中햇습니다.
슲은獨唱家인 審判의號角소리.
너무 興奮하엿슴으로
內腹만입은『빠씨스트』.
그러나 伊太利에서는
泄瀉劑는 일체 禁物이랍니다.

5   니그로(Negro). 사하라 사막 이남의 중남부 아프리카에서 형성되어 15세기 노예무역과 함께 아메리카로 퍼져 나간 흑인종.
6   콜베르(Jean-Baptiste Colbert, 1619~1683). 17세기 프랑스 중상주의를 대표하는 정치가. 루이 14세 치하에서 재상으로 해외 식민지 개척으로 프랑스의 국력을 키우고 무역 진흥을 통한 경제력 강화에 노력함.

필경 洋服입는法을 배워낸 宋美齡女史.⁷
『아메리카』에서는
女子들은 모두 海水浴을 갓스므로
빈집에서는 望鄕歌를 불으는『니그로』와 생쥐가 둘도없는동무가 되엇습니다.
巴里의 男便들은 오늘도 차라리 自殺의衛生에 對하야 생각하여야하고
옆집의 수만이는 석달만에야
아침부터 支配人영감의 自動車를 불으는 지리한職業에 就職하엿고
獨裁者는 冊床을 따리며 오직
『斷然히— 斷然히』한개의副詞만發音하면 그만입니다.
東洋의안해들은 사철을 不滿이니까
배추장사가 그들의 군소리를 담어가려오기를 어떻게 기다리는지 몰릅니다.
公園은 首相『막도날드』⁸가 世界에자랑하는
如前히 失業者를위한 國家的施設이되엇습니다.
教徒들은 언제던지 치일⁹수잇도록
가장簡便한 곳에 聖經을 언저두엇습니다.
祈禱는 罪를지을수잇는 口實이 되엇습니다.
『감사합니다.
아 — 멘』
『감사합니다. 마님 한푼만 적선하세요.
내얼골이 요로케 이즈러진것도

---

7 쑹메이링(宋美齡, 1897~2003). 중국의 여성 정치인. 미국 웨슬리 대학교를 졸업하고 1927년 장제스(藏介石)의 후처가 된 후 장제스의 영어 통역으로 활약했고, 특히 대미 관계 조정에 수완을 발휘했다.
8 맥도널드(James Ramsay MacDonald, 1866~1937). 20세기 초 영국의 정치가. 영국 최초의 노동당 출신 수상.
9 치우다.

내팔이이렇게부러진것도
마님과니말이지 내어머니의죄는 아니랍니다』
『쉿! 無名戰士의 紀念祭 行列이다』
뚜걱 뚜걱 뚜걱……

颱風의起寢時間

『바기오』[10]의東쪽
北緯十五度.

푸른바다의 寢床에서
힌물결의 이불을 차덮이고
내리쏘는 太陽의 金빛화살에 얼골을 어더맞어서
南海의 늦잠재기 赤道의 심술쟁이
颱風이 눈을 떳다.
鰐魚의 싸홈동무.
돌아올줄 몰르는 長距離選手.
和蘭船長의 붉은수염이 아무래도 싫다는
따곱쟁이.[11]

10 바기오(Baguio). 필리핀 북부 벵게트주에 있는 도시. 미국령 시대 필리핀의 하계 수도로서 휴양지로 유명함.
11 '깍쟁이'의 함경도 방언.

휘둘르는 검은모락[12]에
찢기어 흐터지는 구름빨.[13]
거츠른 숨소리에 소름치는
魚族들.
海灣을찾어숨어드는 물결의떼.
황망히 바다의장판을 구르며달른[14]
비ㅅ발의 굵은다리.
『바시』[15]의 어구에서 그는문득
바위에 걸터앉어 머리수그린
헐벗고 늙은 한 沙工과 마주첫다.
흥『옛날에 옛날에 破船한沙工』인가봐.
結婚式손님이 없어서 저런게지.
『오 빠우스트』
『어디를덤비고가나』
『응 北으로』
『또 성이낫나?』
『난 잠잠고 잇슬수가없어. 자낸 또 무엇땜에 예까지왓나?』
『괴테를 찾어단이네』
『괴테는 자네를 내버리지않엇나?』
『하지만 그는 내게 생각하라고 ■■만 가르켜주엇지
行動할줄은 가르켜주지않엇다네.

12   '갈기'의 방언. 말이나 사자 따위의 목덜미에 난 긴 털.
13   구름발. 길게 퍼져 있거나 벋어 있는 구름의 덩어리.
14   닫다. 달리다.
15   바시(Bashi)해협. 대만의 남단과 필리핀의 최북단 바탄(Batan) 제도 사이에 있는 해협.

나는 지금 그게 가지고싶으네』
흠 막난이 빠우스트.
흠 막난이 빠우스트.

中央氣象臺의 技師의손은
世界의 一千五百餘구석의 支所에서오는
電波를 번역하기에 분주하다.

(第一報)

低氣壓의 中心은
『발칸』의 東北
또는
南米의 高原에 있어서
690밀리
때때로
적은 비 뒤에
큰 비.
바람은
西北의 方向으로
35米突.

(第二報 = 暴風警報)

猛烈한 颱風이

南太平洋上에서
일어나서
바야흐로
北進中이다.
風雨强할것이다.
亞細亞의 沿岸을 警戒한다.

한使命에로 編成된 短波・短波・長波・短波・長波・超短波・모—든・電波의・動員・

(府의揭示板)

『紳士들은 雨備와 現金을 携帶함이좋을것이다』

자 최

『大中華民國의 繁榮을 위하야—』
슲으게 떨리는 유리『컵』의 쇠ㅅ소리.
거룩한『테—불』보재기우에
펴놓는 歡談의물구비속에서
늙은王國의 運命은 흔들리운다.
『솔로몬』의 使者처럼

빨간술을 빠는 자못 점잔은 입술들
색깜안 옷깃에서
쌩그시 웃는 힌薔薇
『大中華民國의 分裂을위하야 —』
찢어지는 휘장의 저편에서
갑짝이 유리窓이 투덜거린다……

『자려므나 자려므나
꽃속에누어서 별에게 안겨서 —』
萬國公園의『라우드·스피 — 커』¹⁶는
『쁘람 — 쓰』¹⁷처럼 매우슲읍니다.
꽃은커녕 별도 없는『뻰취』에서는
꿈들이 바람에 흔들려 소스라처깨엇습니다.
『하이칼라』한『쌘드윗취』의 꿈.
貪慾한『삐 — 프스테잌』의 꿈
건방진『햄·살라드』의 꿈.
비겁한 강낭죽의 꿈.
『나리사 나게는 꿈꾼죄밖에는 없읍니다.
食堂의 門前에는
천만에 천만에 갈일이라곤 없읍니다』
『……』

16 라우드 스피커. 확성기.
17 요하네스 브람스(Johannes Brahms, 1833~1897). 독일의 음악가. 19세기 후반의 신고전파의 중심 인물.

『나리 저건 默示錄의 騎士ㅂ니까?』

산빨이 소름 친다.
바다가 몸부림 친다.
휘청거리는 삘딩의 긴 허리.
비틀거리는 電柱의 미끈한다리.
旅客機는 颱風의 깃을피하야
成層圈으로 소스라처 올라갓다.
痙攣하는 亞細亞의 머리우에 흐터지는 電波의 噴水. 噴水.
故國으로 몰려가는 忠實한『에 ─ 텔』의 아들들.
國務卿『양키 ─ 』씨는 受話器를내덩이고
倉庫의 층층계를 굴러떨어진다.
실로 한목음의 『쏘 ─ 다』水.
혹은 아모러치도 아니한 『이늠』소리와 바꾼 證券들우에서
붉은 수염이 쓰게 웃엇다.
(『워싱톤』은 가르치기를 『正直하여라』)

十字架를 높이 들고
動亂에 향하야 귀를 틀어막든
敎會堂에서는
『하느님이여 카나안으로 이르는길은
어느 불ㅅ길속으로 뚤렷습니까?』
祈禱의 중품[18]에서 禮拜는 멈춰섯다.

[18] 중간.

아모도『아 — 멘』을 채 말하기전에
門으로 門으로 쏟아진다……

圖書館에서는
사람들은 거꾸로서는『소크라테쓰』를 拍手합니다.
生徒들은『헤 — 겔』의 서투른 算術에 아주歎服합니다.
어저께의同志를 江邊으로 보내기위하야
자못變化自在한 刑法上의條件이 調査됩니다.
敎授는 紙錢우에 印刷된 博士論文을 朗讀합니다.

『녹크도 없는 손님은 누구냐?』
『……』
『대답이없는 놈은 누구냐?』
『……』
『禮儀는 지켜야 할것이다』

떨리는 租界線에서
하도심심한 步哨는 한 佛蘭西婦人을 멈춰세웟으나
어느새 그는 그女子의『스카 — 트』밑에 있었습니다.

『베레』그늘에서 취한입술이 博愛主義者의
우슴을 웃엇습니다.

硼酸냄새에 얼빠진 花柳街에는
賣藥會社의 廣告紙들.

이지러진 『알미늄』대야.
담배집 倉庫에서
썩은 고무냄새가 焚香을 피운다.
집웅을 베끼운[19] 골목 ■어구에서
쫓겨난 孔子님이 잉잉 울고섯다.
自動車가 돌을차고 너머진다.
電車가 개울에 쓸어진다.
『삘딩』의 숲속
네거리의 골짝에 몰켜든[20] 검은 대가리들의 下水道.
먹[21]처럼 허우적이는 가 — 느다란팔들.
救援대신에 虛空을 부짭는 지치인努力.
흔들리우는 억개의 물결.

불自動車의
날랜『싸이랜』의날이
선듯 무딘 動亂을 갈르고 지나갓다.
입마다 불낄을 뽑는
摩天樓의 턱을 어르맞이는 噴水의 바알.[22]

19 벗기다.
20 몰려들다.
21 헤엄.
22 바알(Baal). 고대 동방의 최고신. 히브리어로는 '소유자'라는 의미를 가짐.

억깨가 떨어진『말코보로』²³의 銅像이 혼자
네거리의 복판에 가로 서서
群衆을 號令하고 싶으나
목아지가 없읍니다.

『라디오·삐— 큰²⁴』에 걸린
飛行機의 부러진 죽지.²⁵
골작을 거꾸로 자빠저 흘으는 碑石의 瀑布.
『召集令도 끝나기전에 戶籍簿를 어쩐담』
『그보다도 必要한 納稅簿』
『그보다도 俸給表를』
『그러치만 出勤簿는 없어지는게좋아』

날마다 갈리는 公使의 行列
乘馬俱樂部의 말발굽소리
『홀』에서 돌아오는 마지막 自動車의 고무바퀴들
墨西哥²⁶行의『쿠리』²⁷들의『투레기』²⁸

23 마르코 폴로(Marco Polo, 1254~1324). 이탈리아 베네치아의 상인. 동방 여행을 떠나 중국 각지를 여행하고 원나라의 관직에 올라 17년을 살았다. 동방에서 보고 들은 것을 이야기해 녹취한『동방견문록』이 있다. 이 동상은 마카오에 있다.
24 라디오 비콘(radio beacon). 어떤 고정된 장소에 설치한 무지향성 무선 송신국. 특정 신호를 발사하면 항공기 또는 선박이 자신의 방향 탐지기로 그 신호를 수신함으로써 방위 정보를 얻을 수 있다.
25 날갯죽지.
26 멕시코의 한자 음차 표기.
27 쿠리(coolie). 중국과 인도에서 19~20세기 초 미국으로 넘어온 노동자들을 비하하여 부르는 용어.
28 입으로 투루루 소리를 내는 짓.

자못가벼운 두쌍의 『키드』와 『하이힐』
몇개의 世代가 뒤섞기어 밟고간 海岸의 街道는
깨여진 벽돌쪼각과
부서진 유리쪼각에 어더맞어서
꼬부라저 자빠저 있다.

날마다 黃昏이 채여주는
電燈의 勳章을 번쩍이며
世紀의 밤중에 버티고 일어섯든
傲慢한 都市를 함부로 뒤저놓고
颱風은 휘파람을 높이불며
黃河의 江邊으로 비꼬며간다……

病 든 風 景

보라빛 구름으로 선을 둘른
灰色의 『칸바쓰』를 등지고
꾸겨진 빨래처럼
바다는
山脈의 突端에 걸려 퍼덕인다.

삐뚤어진 城壁우에

부러진 소나무하나……

지치인 바람은 지금
漂白된 風景속을
썩은 嘆息처럼
埠頭를 넘어서
찢어진바다의 치마자락을 걷우면서
化石된벼래²⁹의 뺨을 어르만지며
주린강아지처럼 비틀거리며 지나간다.

바위틈에 엎디어
죽지를 들이운 물새한마리 ─
물결을 베고자는
꺼질줄 모르는 너의鄕愁.

짓밟혀 느러진 白沙場우에
매맞어 검푸른 『빠나나』껍질하나
부프러올은 구두한짝을
물결이 차덮이고 도라갓다.
海灣은 또하나
슬은傳說을 삼켯나보다.

黃昏이 잎여주는

29 '벼루'의 방언. 강가나 바닷가에 있는 벼랑.

灰色의 襚衣를 감고
물결은 바다가 타는 葬送曲에 마추어
病든 하로의 臨終을 춘다……
섬을 부둥켜안는
안타까운 팔.
바위를 차는 날랜 발길.
모래를 스치는 조심스런 발꼬락.
埠頭에 엎드려서
築臺를 어르맞이는
간엷힌[30] 손길.

붉은 香氣를 떨어버린
海棠花의 섬에서는
참새들의 이야기도 꺼저 버렷고
먼 ── 燈臺 부근에는
등불도 별들도 피지 않엇다……

올 배 미 의 呪 文

颱風은 네거리와 公園과 市場에서

30 가냘프다.

몬지와 休紙와 『캐베지』³¹와 臙脂와
戀愛의 流行을 쪼차버렷다.

헝크러진 거리를 이구석 저구석
혀바닥으로 뒤지며 단이는 밤바람.
어둠에게 벌거버슨 등을 씨끼우면서
말없이 우두커니 서있는 電線柱.
엎드린 모래불의 허리에서는
물결이 가끔 흰머리채를 추어든다.³²

요란스럽게 마시고 지꺼리고 떠들고 도라간뒤에
『테불』우에는 깨여진 盞들과
함부로 지꾸어진³³ 芳名錄과……
아마도 署名만하기위하야 온것처럼
총총히 펜을덮이고 客들은도라갓다.
이윽고 記憶들도 그 일흠들을
마치 때와 같이 총총히 빨아버릴게다.

나는 갑작이 신발을 찾어신고
도망할자세를 갖인다. 길이없다.
도라서 등불을 비틀어죽인다.

31 캐비지(cabbage). 양배추.
32 추어들다. 추켜들다.
33 찢겨지다.

그는 비들기처럼 거짓말쟁이엿다.
황홀한불빛의 榮華의그늘에는
몸을 조려34없애는 기름의 十字架가있음을
등불도 비닭이도 말한일이없다.

나는 信者의 숭내를내서 무릅을 꿀어본다.
믿을수잇는 神이나 모신것처럼
다음에는 旗빨처럼 호화롭게 웃어버린다.
대체 이疲困을 피할 하로밤 酒幕은
『아라비아』의『아라스카』의 어느가시밭에도 없느냐?
戀愛와같이 싱겁게 나를 떠난希望은
지금 또 어대서 復讐를 준비하고있느냐?

나의머리에 별의꼿따발을 두엇다가
거두어간것은 누구의 변덕이냐?
밤이간뒤엔 새벽이온다는 宇宙의法則은
누구의 실없은 작난이냐?
東方의傳說처럼 믿을수없는
아마도 失敗한 實驗이냐?

너는 埃及에서 도라온 씨—자 냐?
너의주둥아리는 진정독수리냐?
너는 날개도친 흰구름의種族이냐?

34 졸이다.

너는 도야지처럼 기름지냐?
너의숨소리는 바다와 같이 너그러우냐?
너는果然 天使의家族이냐?

귀먹은 어둠의 鐵門 저편에서
바람이 터덜터덜 웃나보다.
어느 헝크러진 수풀에서
부엉이가 목쉰소리로 껄껄웃나보다

來日이없는『칼렌다』를 처다보는
너의눈동자는 어쩐지 별보다 이뿌지못하고나.
도시十九世紀처럼 興奮할수없는너.
어둠이 잠긴 地平線너머는
다른한울이 보이지않는다.
音樂은 바다밑에 파묻긴 오래인 옛말처럼 춤추지않고
수풀속에서는 傳說이 도모지 숨으지않다.
『페이지』를 번지건만 너머ㅅ장³⁵에는 結論이없다.
모퉁이에 혼차남은 街路燈은
마음은 슲어서 느껴서우나
부릅뜬 눈에 눈물이없다.

거츠른 발자취들이 구르고지나갈때에
담벼락에 달러붙는 나의숨소리는

---

35 다음 장.

생쥐보다도 커본일이없다.
강아지처럼 거리를 기웃거리다가도
강아지처럼 어더맞고 발길에채여 도라왓다.

나는참말이지 善良하려는惡魔다.
될수만잇스면 神이고싶은 즘생이다.
그렇건만은 밤아, 너의썩은바줄은
웨 이다지도 내몸에 깊이 親切하냐?

문허진 築臺의근방에서는
바다가 또 아름다운소리를 치나보다.

금음밤36 물결의노래에 취할수잇는
『타골』의귀는 응당 소라처름 幸福스러울게다.

어머니, 어머니의무덤에 『마이크』를 갖어갈가요?
사랑스러운骸骨, 옛날의자장가를 기억해내서
병신된 나의귀에 불러주려우?

자장가도 불을줄모르는 바보인바다.

바다는 다만
어둠에 叛亂하는

36 그믐밤.

421   2부『기상도』

永遠한 不平家다.

바다는 작구만
힌 이빨로 밤을 깨문다.

쇠바퀴의노래

허나
이윽고
颱風이 짓밟고간 깨여진 『메트로폴리스』에
어린太陽이 병아리처럼
홰를치며 일어날게다.
하로밤 그꿈을 건너단이든
수없는 놀램과 소름을 떨어버리고
이슬에 젖은날개를 한울로펼게다.
탄탄한大路가 希望처럼
저머언 地平線에 뻗이면
우리도 四輪馬車에 來日을실고
유량한말발굽소리를 울리면서
처음맞는 새길을 떠나갈게다.
밤인까닭에 더욱 마음달리는
저머언 太陽의故鄕.

끝없는 들 언덕 위 에서
나는 『데모스테네스』보다도 더수다스러울게다.
나는거기서 채찍을 꺾어버리고
망아지처럼 사랑하고 망아지처럼 뛰놀게다.
미움에 타는일이없을 나의눈동자는
眞珠보다도 더맑은샛별
나는 내속에 엎드린山羊을 몰아내고
여호와같이 깨끗하게
누의들과 親할게다.
나의生活은 나의薔薇.
어디서 시작한줄도
언제 끝날줄도 모르는나는
꺼질줄이없이 불타는太陽
大地의 뿌리에서 地熱을마시고
떨치고 이러날 나는不死鳥.
叡智의날개를 등에붙인 나의날음은
太陽처럼 宇宙를 덮을게다.
아름다운行動에서 빛처럼 스스로
피여나는 法則에 引導되여
나의날음은 즐거운軌道웅에
끝없이 달리는 쇠바퀴ㄹ게다.

벗 아—
太陽처럼 우리는 사나웁고
太陽처럼 제빛속에 그늘을 감추고

太陽처럼 슬음을 삼켜버리자.
太陽처럼 어둠을 살워버리자.

다음날
氣象臺의 『마스트』엔
구름조각같은 흰旗폭이 휘날릴게다.

(暴風警報解除)

快晴.
低氣壓은 저 머언
『시베리아』의 근방에 사라젓고
太平洋의 沿岸서도
高氣壓은 흩어젓다.
흐림도 소낙비도
暴風도 장마도 지나갓고
來日도 모레도
날세는 좋을게다.

(府의 揭示板)

市民은
우울과 질투와 분노와
끝없는 탄식과
원한의 장마에 곰팽이낀

추근한37 雨器일랑벗어버리고
날개와같이 가벼운
太陽의옷을 갈아입어도 좋을게다.
(t・t・)

———『기상도』, 1~27쪽

---

37 추근하다. 물기가 조금 있어 축축하다.

氣 象 圖 I

한개의 現代의 交響樂을 計劃한다. 現代文明의 모 —— 든 面과 稜角은 여기서 發言의 權利와 機會를 拒絶당하는일이없을것이다. 無謀대신에 다만그러한 寬大만을 準備하엿다.

金 起 林

一

아 침 의 表 情

비늘
도친
海峽은
배암의잔등
처럼 살아낫고
아롱진『아라비아』의 衣裳을 둘른
젊은 山脈들.

바람은 바다까에『사라센』의 비단幅처럼 미끄러웁고
傲慢한 風景은 바로 午前七時의 絶頂에 가로누엇다.

헐덕이는들우에
늙은香水를 뿌리는
敎堂의 녹쓰른 鍾소리.

송아지들은 들로 돌아가렴으나.
아가씨는 바다에밀려가는 輪船을 오늘도바래보냇다.
國境가까운 停車場.

車掌의 信號를 재촉하며
발을 굴르는 國際列車.
車窓마다
『잘잇거라』를 삼키고느끼는
『마담』의 이즈러진얼골들.
旅客機들은 大陸의空中에서 띠끌처럼흐터젓다.

本國에서오는 長距離『라디오』의 效果를 實驗하기위하야
『쥬네브』로 旅行하는紳士의家族들.
『샴판』甲板.『安寧히 가세요』.『댕겨오리다』.
船夫들은 그들의嘆息을 汽笛에게맡기고
자리로 돌아간다.
埠頭에날러 팔락이는 五色의『테 ─ 프』.
그女子의 머리의 五色의『리본』.

傳書鳩들은
船室의집웅에서

首都로 向하야 떠낫다.
……『스마트라』의 東쪽. ……5・『킬로』의 海上……—行感氣도없다.
赤道가 가까웁다. ……20日 午前열時. ……

市 民 行 列

『넥타이』를한 힌食人種은
『니그로』의料理가 七面鳥보다도 좋답니다.
살갈을 히게하는 검은고기의 偉力.
醫師『콜베 ― 르』氏의 處方입니다.
『헬메트』를쓴 避暑客들은
亂雜한 戰爭競技에 熱中햇습니다.
슬픈 獨唱家인 審判의 號角소리.
너무 興奮하엿슴으로
內服만입은 『파씨스트』.
그러나 伊太利에서는
泄瀉劑는 일체 禁物이랍니다.
畢竟 洋服입는法을 배워낸 宋美齡女史.
마님 한푼만 적선하세요.
내얼골이 요로케 어즈러진것도
내팔이 이러케 부러진것도
『마님과니말이지 내어머니의죄는 아니랍니다.』

『쉿 無名戰士의 紀念祭行列이다.』
뚜걱뚜걱뚜걱……
『아메리카』에서는
女子들은 모두 海水浴을 갓슴으로
빈집에서는 望鄕歌를 부르는『니그로』와 생쥐가 둘도없는동무가 되엇습니다.
巴里의 男便들은 오늘도 차라리 自殺의 衛生에 對하야 생각하여야하고
옆집의 수만이는 석달만에야
아침부터 支配人영감의 自動車를 부리는 지리한 職業에 就職하엿고
獨裁者는 冊床을 따리며오직
『斷然히 ― 斷然히』한개의 副詞만 發音하면그만입니다.
東洋의안해들은 사철을 不滿이니까
배추장사가 그들의 군소리를 담아가려오기를 어떠케 기다리는지몰릅니다.
公園은 首相『막도날드』가 世界에자랑하는
如前히 失業者를위한 國家的 施設이되엇습니다.
敎徒들은 언제던지 치일수잇도록
가장簡便한곳에 聖經을 언저두엇습니다.
祈禱는 罪를지을수잇는 口實이 되엇습니다.
감사합니다.
『아 ― 멘』

二

颱風의起寢

『바기오』의東쪽
北緯十五度.

푸른바다의寢床에서
힌물결의이불을 차던지고
내리쏘는 太陽의 金빛화살에 얼골을 어더맞어서
南海의 늦잠재기 赤道의 심술쟁이
颱風이 눈을떳다.
鰐魚의 싸홈동무.
돌아올줄 몰르는 長距離選手.
和蘭船長의 붉은수염이 아무래도 싫다는
따꼽쟁이.

휘둘르는 검은모락에
찢기어 흐터지는 구름빨.
거츠른 숨소리에 소름 치는
魚族들.
海灣을 찾어숨어드는 물결의떼.

황망히 바다의장판을 구르며날른
비빨의 굵은다리.

『바시』의 어구에서 그는문득
바위에 걸터앉어 머리수그린
헐벗고 늙은沙工과 마주첫다.
흥『옛날에 옛날에 破船한沙工』인가봐.
結婚式손님이 없어서 저런게지.
『오 파우스트』
『어디를덤비고가나?』
『응 北으로』
『또 성이낫나?』
『난잠자코 잇슬수가없어. 자녠또무엇땜에 예까지왓나?』
『괴테를 찾어댕기네』
『괴테는 자네를 내버리지않엇나?』
『그러치. 하지만 그는 내게 생각하는일만 가르켜주엇다네!
行動하는일은 가르켜주지않엇네.
나는지금 그것이 가지고싶네』
『흥 파우스트의 파울
파우스트의 풀』

손

中央氣象臺의 技師의손은
世界의 一千五百구석의 支所에서오는
電波를 번역하기에 분주하다.

（第 一 報）

　低氣壓의 中心은
　『발칸』의東北
　또는
　南米의 高原에 잇서서
　六九〇粍.
　때때로
　적은비뒤에
　큰비.
　바람은
　西北의方向으로
　三五米突.

（第二報＝暴風警報）

　猛烈한 颱風이
　南太平洋上에서

일어나서
　　바야흐로
　　北進中
　　風雨强할것이다.
　　亞細亞의 沿岸을 警戒한다.
한使命에로 編成된 短波・短波・長波・短波・超短波・모――든・電波의・動員・

　　(府의 揭示板)

『紳士들은 雨器와 現金을 携帶함이좋을것이다』(第一篇終)

——《중앙》 3권 5호(1935. 5), 104~107쪽

氣 象 圖 Ⅱ

三

滿潮로向하야

『大中華民國의 繁榮을 위하야 ─ 』
슬프게 떨리는 유리『컵』의 쇠ㅅ소리.
거룩한『테 ─ 불』보자기우에
펴놓는 歡談의 물구비속에서
늙은國王의 運命은 흔들리운다.
『솔로몬』의 使者처럼
빨간술을 빠는 자못점잔은 입술들
색깜안 옷깃에서
쌩그시웃는 힌薔薇
『大中華民國의 分裂을위하야 ─ 』

찢어지는 휘장의 저편에서
갑짝이 유리窓이 투덜거린다……

『자려므나 자려므나
꽃속에누어서 별에게 앉겨서 ─ 』
萬國公園의『라우드·스피 ─ 커』는

『쁘라 ― ㅁ쓰』처럼 매우슬픔니다.
꽃은커녕 별도 없는 『뺀취』에서는
꿈들이 바람에 흔들려 소소라처깨엿습니다.
『하이칼라』한 『싼드윗취』의 꿈.

貪慾한 『삐 ― 프스텍』의 꿈.
건방진 『함·사라다』의 꿈.
비겁한 강낭죽의 꿈.
『나리사 내게는 꿈 꾼죄바께는 없읍니다.
食堂의 以前에는
천만에 천만에 간일이라곤 없읍니다』
『……』
『나리 저건 黙示錄의 騎삽니까?』

산빨이 소름 친다.
바다가 몸부림 친다.
휘청거리는 삘딍의 긴허리.
비틀거리는 電線柱의 미끈한다리.
旅客機는 颱風의 깃을피하야
成層圈으로 소스라처 올라갓다.
痙攣하는 亞細亞의 머리우에 흐터지는 電波의 噴水. 噴水.
故國으로 몰래가는 忠實한 『에 ― 텔』의 아들들.

國務卿 『양키 ― 』씨는 受話器를내던지고
倉庫의 층층계를 굴러떨어진다.

실로 한목음의『쏘 — 다』水.
혹은 아모러치도 아니한『이늠』소리와 바꾼 證券들우에서
붉은 수염이 쓰게 웃엇다.
(『워싱톤』은 가르치기를『正直하여라』)

十字架를 높이 들고
動亂에 향하야 귀를 틀어막든
敎會堂에서는
『하느님이여 카나안으로 이르는길은
어느 불낄속으로 뚤렷습니까?』
祈禱의 중품에서 禮拜는 멈춰ㅅ섯다.
아모도『아 — 멘』을 채 말하기전에
門으로 門으로 쏟아진다………

圖書舘에서는
사람들은 걱꾸로서는『쏘크라테쓰』를 拍手합니다
生徒들은『헤 — 켈』의 서투른 算術에 아주歎服합니다.
어적게의同志를 江邊으로 보내기위하야
자못變化自在한 刑法上의條件이 調査됩니다.
敎授는 紙錢우에 印刷된 博士論文을 朗讀합니다.

『녹크도 없는 손님은 누구냐?』
『……』
『대답이없는 者는 누구냐?』
『……』

『禮儀는 지켜야 할것이다』

떨리는 租界線에서
하도심심한 步哨는 佛蘭西 婦人을 멈춰세웟스나
어느새 그는 그女子의『스카 — 트』밑에 잇섯습니다.
『베레』그늘에서 취한입술이 博愛主義者의
웃음을 웃엇습니다.

硼酸냄새에 얼빠진 花柳街에서는
賣藥 會社의 廣告紙들
이지러진『알미늄』대야.
담배집 倉庫에서는
썩은 고무냄새가 焚香을 피운다.
집웅을 베끼운 골목의어구에서
쫓겨난 孔子님이 잉잉 울고섯다.

自動車가 돌을차고 너머진다.
電車가 개울에 쏠어진다.
『삘딩』의 숲속
네거리의 골작에 몰켜든 검은 대가리들의 下水道.
먹처럼 허우적이는 가 — 느다란팔들.
救援대신에 虛空을 부짭는 지치인努力.
흔들리우는 억개의 물결.

불自動車의

날랜『싸이랜』의날이
선듯 무딘 騷亂을 갈르고 지나갓다.
입마다 불낄을 뽑는
摩天樓의 턱을 어르 만지는 噴水의 바알.

억깨가 떨어진『말코보로』의 銅像이 혼자
네거리의 복판에 가로 서서
群衆을 號令하고 싶으나
목아지가 없읍니다.
『라디오・뻬 ― 큰』에 걸린
飛行機의 부러진 죽지.
골작을 거꾸로 자빠저 흘으는 碑石의 瀑布.

『召集令도 끝나기전에
戶籍簿를 어쩐담』
『그보다도 必要한 納稅簿』
『그보다도 俸給表를』
『그러치만 出勤簿는 없어지는게좋아』

날마다 갈리는 公使의 行列
乘馬 俱樂部의 말발굽소리
『홀』에서 돌아오는 마지막 自働車의 고무바퀴들

墨西哥行의『쿠리』들의『투레기』
자못가벼운 두쌍의『키드』와『하이힐』

몇개의 世代가 황망히 밟고간 海岸의 街道는
깨여진 벽돌 쪼각과
부서진 유리쪼각에 어더맞어서
꼬부라저 자빠저 잇다.

날마다 黃昏이 채여주는
電燈의 勳章을 번쩍이며
世紀의 밤중에 버리고 일어섯던
傲慢한 都市를 함부로 뒤저놓고
颱風은 휘파람을 높이불며
黃河의 江邊으로 비꼬며간다……

四

病 든 風 景

보라빛 구름으로 선을둘른
灰色의 『칸바쓰』를 등지고
꾸겨진 빨래처럼
바다는

山脈의 突端에 걸려 퍼덕인다.

삐뚤어진 城壁우헤
부러진 소나무하나……

지치인 바람은 지금
漂白된 風景속을
썩은 嘆息처럼
埠頭를 넘어서
찌저진바다의 치마자락을 걷우면서
化石된벼래의 빰을 어르만지며
주린강아지 처럼 비틀거리고 지나간다.

바위틈에 엎디여
죽지를 들이운 물새한마리 —
물결을 베고자는
꺼질 줄 모르는 너의鄕愁.
그도
故鄕은 언제던지
바다의 저편에 잇다고 생각한
미련한 放浪者의 種族이엇다.

짓밟혀 느러진 白沙場우에
매맞어 검푸른『빠나나』껍질하나
부프러올은 구두한짝을

물결이 차던지고 갓다 —
海灣은 또하나
슲은 傳說을 삼켯나보다.

黃昏이 입혀주는
灰色의 䄻衣를 감고
물결은 바다가 타는 葬送曲에 마추어
病든이하로의 臨終을 춘다 —
섬을 부등켜안는
안타까운 너의팔.
바다를 차는 날랜 발길
모래를 스치는 조심스런 발꼬락.
埠頭에 엎드려서
築臺를 어르만지는
간엷힌 손길.

붉은 香氣를 떨어버린
海棠花의 섬에서는
참새들의 이야기도 꺼저 버렷고
머 — ㄴ 燈臺의 부근에는
등불도 별들고 피지 않엇다……

—《중앙》 3권 7호(1935. 7), 122~125쪽

氣象圖(終篇)

五

올 배 미 의 노 래

颱風은 네거리와 公園과 市場에서 몬지와 休紙와 『캐베지』와 臙脂와 戀愛의 流行을 쪼차버렷다.

헝크러진 거리를 이구석저구석
혀바닥으로 뒤지며 댕기는밤바람.
어둠에게 벌거버슨 등을 씨끼우면서
말없이 우두커니 서잇는 電信柱.
업드린 모래불의 허리에서는
물결이 가금 힌머리채를 추어든다.

요란스럽게 마시고 지꺼리고 떠들고 도라간뒤에
『테불』우에는 깨여진 盞들과
함부로 지꾸어진 芳名錄과

아마도 署名만하기위하야 온것처름
총총히 펜을던지고 客들은도라갓다.
이윽고 記憶들도 그일홈들을

마치 때와같이 총총히 빨아버릴게다.

나는 갑작이 신발을 찾어신고
도망할 자세를 갓인다. 길이없다.
도라서 등불을 비틀어죽인다.

그는 비달기처름 거짓말쟁이엿다.
황홀한불빛의 榮華의그늘에는
몸을 조려없애는 기름의 十字架가잇슴을
등불도 비달기도 말한일이없다.

나는 信者의 숭내를내서 무릅을꿀어본다.
믿을수잇는 神이나 모신것처름.
다음에는 旗빨처름 호화롭게 웃어버린다.

대체 이疲困을 피할 하로밤酒幕은
『아라비아』의 『아라스카』의 어느가시밭에도 없느냐?
戀愛와같이 싱겁게 나를 떠난希望은
지금 또 어듸서 復讐를 준비하고잇느냐?
나의머리에 별의꽃따발을 두엇다가
거두어간것은 누구의 변덕이냐?
밤이간뒤엔 새벽이온다는 宇宙의法則은
누구의 실없은 작난이냐?
東方의傳說처름 믿을수없는
아마도 失敗한 實驗이냐?

귀먹은 어둠의 鐵門저편에서
바람이 터덜터덜 웃나 보다.
어느 헝크러진 수풀에서
부엉이가 목쉰소리로 껄껄웃나보다.

來日이없는『칼렌다』를 처다보는
너의눈동자는 엇재서 별보다 이쁘지못하냐?
도시十九世紀처름 興奮할수없는너.
어둠이 잠긴 地平線너머는
다른한울이 보이지않는다.
音樂은 바다 밑에 파묻은 오래인 옛날처름 춤추지않고
수풀 속에서는 傳說이도모지 슬프지않다.
『페이지』를 번지건만 너머장에는 結論이없다.

모퉁이에 혼차남은 街路燈은
마음은 슬퍼서 느껴 우나
부른뜬눈에 눈물이없다.

너는 埃及에서 도라온『씨 ― 자』냐?
너의주둥아리는 진정독수리냐?
너는 날개도친 힌구름의種族이냐?
너는도야지처름 기름지냐?
너의숨소리는 바다와 같이 너그러우냐?
너는果然 天使의家族이냐?

거츠른 발잣취들이 구르고지나갈때에
담벼락에 달려붓는 나의숨소리는
생쥐보다도 커본일없다.
강아지처름 거리를 기웃거리다가도
강아지처름 어더맞고 발길에채여 도라왓다.

나는참말이지 善良하려는 惡魔다,
될수만잇스면 神이고싶은 즘생이다.
그렇건만은 밤아 너의썩은바줄은
웨이다지도 내몸에 깊이 親切하냐?

문허진 築臺의근방에서는
바다가 또 아름소리를 치나 보다.

금음밤 물결의노래에 취할수잇는
『타골』의귀는 응당 물고기처럼 幸福스러울게다

어머니 어머니의무덤에 『마이크』를 갖어갈가요?
사랑스러운骸骨, 옛날의자장가를 기역해내서,
병신된 나의귀에 불러주려우?
자장가도 부를줄모르는 바보인바다.
허나 바다는
어둠에 반란하는
永遠한 不平家다.

바다는 작구만
흰이빨로 밤을 깨문다.

─《삼천리》(1935. 11), 268~273쪽

車輪은듯는다

이윽고
颱風이 지밟고간 쌔여진『메트로폴리쓰』에
어린太陽이 병아리처름
홰를치며 일어날게다.
하로밤 그꿈을 건너댕기든
수없는 놀램과 소름을 떨어 버리고
이슬에 젖은날개를 한울로펼게다.

탄탄한大路가 希望처름
저머언 地平線에 뻗이면
우리의來日은 四輪馬車를타고
유랑한말발굽소리를 울리면서
처음맞는 새길을 떠나갈게다.

밤인까닭에 더욱마음달리는
저머언 太陽의故鄕.

끗없는들 푸른 언덕우에서
나는『데모스테네쓰』보다도 더수다할게다.
나는거기서 채찍을 꺽거버리고
망아지처름 사랑하고
망아지처름 뛰놀게다.

미움에 타는일이없을 나의눈동자는
眞珠보다도 맑을게다.

나는 내속에 업드린 山羊을 몰아내고
여호와같이 깨끗하게
누의들과 親할것이다.

나의 生活은 나의 薔薇.
어디서 시작한줄도
언제 끗날줄도 모르는나는
꺼질줄이없이 불타는 太陽.

大地의 쑤리에서 地熱을마시고
떨치고 이러날 나는 不死鳥.
叡智의날개를 등에붗인 나의날음은
太陽처름 宇宙를 덮을 게다.

아름다운 行動에서 빛처름피여나는
스스로의 法則에 引導되여
나의날음은 즐거운 軌道우에
끗없이 달리는 쇠바퀼게다.

벗 아 —
太陽처름 우리는 사나웁고
太陽처름 스스로의빛속에 그늘을 감추고
太陽처름슲음을 삼켜버리자.
太陽처름 어둠을 살워버리자.

다음날
氣象臺의『마스트』엔
구름쪼각같은 흰旗폭을올리자.

    快晴.
    低氣壓은 저먼
    『시베리아』의근방에 사라젓고
    太平洋의 沿岸에도
    高氣壓은 흩어젓다.
    흐림도 소낙비도
    暴風도 장마도 지나갓고
    來日도 모레도
    날세는 좋을게다.

「府의 揭示板」
    市民은
    우울과 질투와 분노와
    끗없는 탄식과 원한의
        장마에 곰팡이낀
    추근한 雨器일랑벗어버리고
    날개와같이 가벼운
    太陽의옷을 갈아입어도 좋을게다.

                    (끗)

―《삼천리》7권 11호(1935. 12), 286~290쪽

『바다와 나비』
(新文化研究所, 1946)

3

머리말

1930년대를 통해서 나는 우리 시의 조류(潮流) 속에서 두 갈래의 흐름을 물리치고 나와야 했다. 그 하나는 지나친 감상주의요 다른 하나는 봉건적 요소였다. 더 바로 말한다면 이 두 흐름의 결혼이었다. 그것이 합쳐서 빚어낸 시단(詩壇) '비'(非) 근대적 '반'(反) 근대적인 분위기와 작시상(作詩上)의 풍속을 휩쓸어 버리지 않고는 '근대'라는 것에조차 우리는 눈을 뜨지 못한 시골뜨기요 반도(半島)의 개고리가 되고 말 것을 두려워했다. 이 두 가지의 저기압과 불연속성을 휩쓸어 버리기 위한 가장 힘 있는 무기로서는 다름 아닌 지서(知性)의 태양이 필요하였던 것이다.

1939년 제2차 세계대전의 발발은 벌써 피할 수 없는 '근대' 그것의 파산의 예고로 들렸으며 이 위기에선 '근대'의 초극(超克)이라는 말하자면 세계사적 번민에 우리들 젊은 시인들은 마주치고 말았던 것이다. 이러한 일들이 일본 제국주의의 조선에 대한 점점 고조(高潮)로 향하는 정치적 문화적 침략의 급한 '템포'와 집중사격과 함께 다닥쳤으며 따라서 생활의 체험을 통해서 실감(實感)되어 왔던 것은 물론이다. 1945년 8월 15일까지 약 5, 6년 동안의 중단과 침묵은 다름 아닌 우리 시단의 세계와 자신에 대한 이중의 커다란 고민을 품은 침통한 표정이었다.

8월 15일은 분명 우리 앞에 위대한 '낭만'(로망틱)의 시대를 펼쳐 놓았다. 그러나 또다시 감상적(感傷的)으로 이 속에 탐닉하기에는 우리는 너무나 큰 통찰과 투시를 준비해야 할 것이다. 한 고전주의도 아니다. 한 상징주의도 아니다. 한 초현실주의도 아니다. 우리는 모든 그런 것을 지나왔다. 이제야 우리 앞에는 대전(大戰) 이전에 좀처럼 상상할 수 없었던 새로운 세계가 탄생하려 하고 있다. 조선은 문을 열고 이 세계와 마주 서게 되었다. 이 새로운 세계 — 올더스 헉슬리가 빈정댄 그런 의미가 아니고 진정한 한 새로운 찬란한 세계 — 가 완전히 인류의 것이 되기까지에는 아직도 여러 가지 진통이 있을는지 모른다. 그러나 먼저 여명(黎明) 전초(前哨)에 눈을 뜬 사람 또 먼저 먼 기이한 발자취에 귀가 밝은 사람들의 꾸준하고도 끈직한 노력만이 참말로 이 새로운 세계의 문을 열어젖힐 수 있을 것이다.

시의 문제도 실상은 이러한 인류의 문제 속에 묻혀 있는 것이다. 시의 문제만을 동따로 찾아다닌다든지 해결해 나가는 것 그 길밖에는 없을 성싶다.

8월 15일 이후 많은 벗들이 나에게 새로운 시론을 보이기를 청했다. 지금 말한 것이 나의 친절한 벗들에게 보내는 나의 생각의 요점(要點)이다. 그러나 자신은 아직도 한 문제도 완전한 답안을 꺼내지는 못하였다. 다만 끊임없이 연필을 가지고 지웠다 살렸다 하면서 운산(運算)하고 있는 것만은 사실이다. 불행한 계산가는 아마도 일생을 두고 끝없는 운산을 계속해 갈 것 같다. 그때그때의 작품은 늘 끝나지 않은 긴 계산의 한 토막일 것이다. 그런 것으로서 읽어 주기 바란다.

1은 8월 15일 뒤에 쓴 것이다.

2와 3에 모은 것은 시집 『태양의 풍속』과 『기상도』 이후 1939년 대전(大戰) 발발까지 《조광》, 《여성》, 《문장》, 《인문평론》, 혹은 그 뒤의 《춘추》 등 각 잡지에 실렸던 것들이다.

4는 우리들이 가졌던 황홀한 천재 이상(李箱)의 애도시(哀悼詩)여서 그의 사후(死後)에 발표되었던 것이다.

5는 지난해 연말 저 정치적 선풍(旋風) 속에서 쓴 것이다.

1946년 3월 3일 저자

〔서시〕 모두들 돌아와 있구나

오래 눌렸던 소리 뭉쳐
동포와 세계에 외치노니
민족의 소리고저 등불이고저
역사의 별이고저
여기 다시 우리들 모두 돌아와 있노라.
눈부시는 월계관은 우리들 본시 바라지도 않은 것
찬란한 자유의 새 나라
첩첩한 가시덤불 저편에 아직도 머니
우리들 가시관 달게 쓰고
새벽 서릿길 즐거이 걸어가리.

〔序時〕 모다들 도라와 있고나

원문 1

오래 눌렸던 소리 뭉처
同胞와 世界에 웨치노니
民族의소리고저 등불이고저
歷史의별이고저
여기 다시 우리들 모다 도라 있노라.
눈부시는 月桂冠은 우리들 본시 바라지도않은것
찬란한 自由의 새나라
첩첩한 가시덤불 저편에 아직도 머니
우리들 가시冠 달게 쓰고
새벽 서릿ㅅ길 즐거히 거러가리.

(一九四六・二・八・全國文學者大會場에서)

——『바다와 나비』, 7쪽

모다들 도라와 잇고나

오래 눌럿던소리 뭉처
同胞와 世界에 웨치노니
民族의소리고저 등불이고서
歷史의 별이고저
여기 다시 우리들 모다 도라와 잇고나
눈부시는 月桂冠은우리들 본시바라지안는바
찬란한 自由의 새 나라
첩첩한 가시덤불 저편에 아직도머니
우리들 가시冠 달게쓰고
새벽 서리ㅅ길 즐거히 걸어가리라.

(全國文學者大會場에서)

―《서울신문》(1946. 2. 10)

1

우리들의 팔월로 돌아가자

들과 거리 바다와 기업도
모두 다 바치어 새 나라 세워 가리라 ─
한낱 벌거숭이로 돌아가 이 나라 주춧돌 고이는
다만 조약돌이고저 원하던
   오 ─ 우리들의 팔월로 돌아가자.

명예도 지위도 호사스런 살림 다 버리고
구름같이 휘날리는 조국의 깃발 아래
다만 헐벗고 정성스런 종이고저 맹세하던
   오 ─ 우리들의 팔월로 돌아가자.

어찌 닭 울기 전 세 번뿐이랴
다섯 번 일곱 번 그들 모른다 하던 욕된 그날이 아파
땅에 쓰러져 얼굴 부비며 끓는 눈물
   눈부리 태우던 우리들의 팔월

먼 나라와 옥중과 총칼 사이를
뚫고 헤치며 피 흘린 열렬한 이들마저
한갓 겸손한 심부름꾼이고저 빌던
   오 ─ 우리들의 팔월로 돌아가자.

끝없는 노염 통분 속에서 빚어진
우리들의 꿈 이빨로 물어뜯어 아로새긴 조각
아무도 따를 이 없는 아름다운 땅 만들리라
　　하늘 우러러 외치던 우리들의 팔월

부리는 이 부리우는 이 하나 없이
지혜와 의리와 착한 마음이 꽃처럼 피어
천사들 모두 부러워 귀순하는 나라
　　내 팔월의 꿈은 영롱한 보석 바구니.

오— 팔월로 돌아가자
나의 창세기 에워싸던 향기론 계절로—
썩은 연기 벽돌 더미 먼지 속에서
연꽃처럼 홀란히 피어나던 팔월
　　오— 우리들의 팔월로 돌아가자.

우리들의 八月로 도라가자

원문 1

들과거리 바다와 企業도
모도다 바치어 새나라 세웨가리라 ─
한낱 벌거숭이로 도라가 이나라 지추돌 고이는
다만 쪼악돌이고저 원하던
      오 ─ 우리들의 八月로 도라가자.

명예도 지위도 호사스런살림 다버리고
구룸같이 휘날리는 祖國의 기빨아래
다만 헐벗고 정성스런 종이고저 맹세하던
      오 ─ 우리들의 八月로도라가자.

어찌 닭울기 전 세번뿐이랴
다섯번 일곱번 그들 모른다하던 辱된그날이아퍼
땅에쓸어저 얼골부비며 끌른눈물
      눈뿌리¹ 태우던 우리들의 八月

먼나라와 옥중과 총칼사이를
뚫고 헤치며 피흘린 열렬한이들 마저
한갓 겸손한 심부름꾼이고저 빌던
      오 ─ 우리들의 八月로 도라가자.

끝없는노염 통분속에서 빚어진
우리들의꿈 이빨로 물어뜯어 아로색인 影刻

---

1 눈부리. '눈초리'를 비유적으로 이르는 말.

아모도 따룰이없는 아름다운땅 맨들리라
　　　하늘우르러 외우치던 우리들의八月

부리는이 부리우는이 하나없이
知慧와 義理와 착한마음이 꽃처럼피어
天使들 모다 부러워 歸順하는나라
　　　내八月의꿈은 영롱한 보석바구니.

오 — 八月로 도라가자
나의創世記 에워싸던 香기론 季節로 —
썩은연기 벽돌데미 몬지속에서
蓮꽃처럼 홀란히[2] 피어나던八月
　　　오 — 우리들의八月로 도라가자.

— 『바다와 나비』, 11~13쪽

2 　혼란(焜爛)하다. 어른어른하는 빛이 눈부시게 아름답다.

우리들의 八月로도라가자

들과 거리 바다와 企業도
모도 다 바치어 새나라 세워가리라 ─
한낫 벌거숭이로 도라가 이나라 지추돌고이는
다만 쪼악돌이고저원 하던
    오 ─ 우리들의 八月로 도라가자.

명예도 지위도 호사스런살림도 다버리고
구룸같이 휘날리는 祖國의 기빨아래
다만 헐벗고 정성스런 종이고저 맹세하던
    오 ─ 우리들의 八月로 도라가자.

어찌 닭울기전 세번뿐이랴.
다섯번 일곱번 그를 모른다하던 辱된날이뼈 앞어
땅에 쓸어저 얼골부비며 끌른눈물
    눈뿌리태우던 우리들의 八月

먼나라와 옥중과 총칼사이를
뚤코 헤치며 피 흘린 열열한이들마저
한갓 겸손한 심부름꾼이고저 빌던
    오 ─ 우리들의 八月로 도라가자.

끗없는 노염 통분 원한속에서 비저진
우리들의꿈 이빨로 뜨더 아로색인 彫刻.
아모도 따틀리업는 아름다운땅 맨들리라 ─

　　　　한울 우러러외우치던 우리들의 八月.

부리는이 부리우는이 하나없이
知慧와 義理와 착한마음 꽃처럼피어
天使들 모다 부러워 歸順하는나라
　　　　내八月의꿈은 영롱한 보석바구니.

오— 八月로 도라가자.
나의創世記에워싸던 香기론 節期로—
썩은연기 벽돌데미 몬지속에서
연꽃처럼 홀란히 피어나던 八月
　　　　오— 우리들의 八月로 도라가자.

　　　　　　　　　　　—《자유신문(自由新聞)》(1945. 12. 10)

전날 밤

땅을 흔드는 은은한 대포 소리와
피 찔린 연기와 불길 소름 끼치는 소문들을 뒤로
비 뿌리는 밤길에 울리는 구두 소리 말발굽 소리를 거슬러
길 잃은 백성들은 가슴 튀기며 한길로 한길로만 흩어졌다.
이름 지을 수 없이 뒤볶는 무슨 커다란 새날을
저마다 어슴푸레 마음속에 그렸다 지웠다 다시 그리며
항구와 거리에서는 지금쯤 아마도
성낸 전쟁이 한창 불을 뿜으리라.
시달린 살림 헐벗은 마을 거친 터전쯤이야
모두다 불 속에 던져 버린들 무엇이랴.
소지처럼 피렴. 곱다랗게 피렴.
안타깝고 산란턴 온갖 사연도
거짓 많은 고약한 도시와 총칼로 쌓은 제단도
모조리 고이고이 핥아 버리렴.
전쟁아 네 불타는 날랜 혓바닥으로 ―
역사는 가장 총명한 예언자
그만은 속이지 않으리라 다 알고 있으리라 ―
언약보다도 굳게 오직 그대를 믿으며 살아왔다.
티끌과 구렁과 끝없는 지평선 ― 오 ― 초토도 좋다.
창세기처럼 그 위에 피어날 새로운 산과 들
꽃 피는 거리거리 노래하는 기계들

나의 불사조는 기어코 새벽과 함께
이제 덤불 속에서 떨치고 일어나리라.

전 날 밤

원문 1

땅을흔드는 은은한 대포소리와
피젤린연기와불낄 소름기치는 소문들을 뒤로
비뿌리는밤길에 울리는구두소리 말발굽소리를 거슬러
길잃은백성들은 가슴투기며 한길로한길로만흘어졌다
일홈지을수없이 뒤볶는 무슨 커다란새날을
저마다어슴푸레 마음속에그렸다 지웠다 다시그리며
항구와 거리에서는 지금쯤 아마도
성낸戰爭이 한창 불을뿜으리라
시달린살림 헐벗은마을 거츤터전쯤이야
모도다불속에 던저버린들 무엇이랴
소지¹처럼피렴 곱다랗게피렴
안타깝고 산란턴 온갖사연도
거짓많은 고약한都市와 총칼로쌓은祭壇도
모조리 고히고히 핥어버리렴
戰爭아 네 불타는 날랜 혀빠닥으로 —
歷史는 가장 총명한豫言者
그만은 속이지않으리라 다알고있으리라 —
언약보다도 굳게 오직 그대를 믿으며 살아왔다
띠끌과 구렁²과 끝없는 地平線 — 오 — 焦土도 좋다
創世記처럼 그우에 피어날 새로운山과들
꽃피는 거리거리 노래하는 機械들
나의 不死鳥는 기어코 새벽과함께

1 소지(燒紙). 신령 앞에서 비는 뜻으로 희고 얇은 종이를 불살라 공중으로 올리는 일, 또는 그 종이.
2 구렁. 움쑥하게 파인 땅.

이제 덤불 속에서 떨치고 일어나리라

— 『바다와 나비』, 14~16쪽

지혜에게 바치는 노래

검은 기관차 차머리마다
장미꽃 쏟아지게 피워서
쪽빛 바닷바람 함뿍 안겨
비단 폭 구름장 휘감아 보내마.
숨 쉬는 강철 꿈을 아는 동물아.

황량한 '근대'의 남은 터에 쓰러져
병들어 이즈러져 반신이 피에 젖은
헬라스의 오래인 후예 이 방탕한 세기의 아픔 소리 들으렴.
자못 길들이기 어려운 짐승이더니
지혜의 속삭임에 오늘은 점잖이 기죽였구나.

풀 냄새 싱싱한 산맥을 새어
흰 물결 선을 두른 뭇 대륙의 가장자리 돌아
간 데마다 암묵과 행복만이 사는 아롱진 도시
비췻빛 하늘 밑 꽃밭 속의 공장에서는
기계와 피대가 악기처럼 울려오리.

시간과 공간이 아득하게 맞대인 곳
거기서는 무한은 벌써 한낱 어휘가 아니고
주민들의 한이 시린 미각이리라.

얽히고설킨 태양계의 수식의 그물에 걸린
날랜 타원형 하나 — 새로운 별의 탄생이다.

문명과 자연의 아름다운 혼인
지혜와 승리 눈부시는 나라 나라는
말머리 무겁고 눈방울 영롱한 종족에게 주리라.
역사는 꿈 많은 시절의 일기처럼
하루하루 청신한 페이지만이 불어 가리라.

검은 기관차 차머리마다
장미꽃 쏟아지게 피워 보내마.
무지와 불행과 미련만이 군림하던
잿빛 신화는 사라졌다고 사람마다 일러 줘라.
숨 쉬는 강철 꿈을 아는 동물아.

知慧에게 바치는노래

원문 1

검은 機關車 車머리마다
장미꽃 쏟아지게 피워서
쪽빛 바다바람 함북안겨
비단폭 구룸장 휘감아보내마
숨쉬는 鋼鐵 꿈을아는 動物아

황량한 『近代』의 남은터에 쏠어져
병들어 이즈러저 半身이 피에젖은
「헬라쓰」[1]의 오래인 後裔·이 방탕한 世紀의 아름소리[2] 드르렴
자못 길드리기어려운 즘생이더니
知慧의 속삭임에 오늘은 점잔이 귀죽였고나[3]

풀냄새 싱싱한 山脈을 새어
힌물결 선을 두룬 뭇 大陸의 가장자리 도라
간데마다 暗默과 幸福만이 사는 아롱진 都市
비취빛 한울밑 꽃밭속의 工場에서는
機械와 皮帶[4]가 樂器처럼 울려오리

時間과 空間이 아득하게 맛대인곳
거기서는 無限은 벌써 한낱 語彙가아니고
住民들의 한 이시린 味覺이리라

---

1 헬라스(Hellas). 고대 그리스인이 자기 나라를 이르던 이름.
2 앓는 소리.
3 기죽이다. 기세가 꺾여 약해지다.
4 두 개의 바퀴에 걸어 동력을 전달하는 띠 모양의 물건.

얽히고설킨 太陽系의 數式의 그물에걸린
날랜楕圓形하나 — 새로운 별의 誕生이다

文明과自然의 아름다운婚姻
知慧와勝利 눈부시는 나라나라는
말머리무겁고 눈방울영롱한 種族에게주리라
歷史는 꿈많은시절의 日記처럼
하로하로 淸新한『페 — 지』만이 붇어가리라

검은機關車 車머리마다
장미꽃쏟아지게 피워보내마
無知와 不幸과 미련만이 君臨하던
재빛神話는 사라졌다고 사람마다 일러줘라
숨쉬는鋼鐵 꿈을아는動物아

——『바다와 나비』, 17~19쪽

智慧에게바치는노래

검은機關車 車머리마다
장미꽃 쏘다지게 피워서
쪽빛 바다바람 함북안겨
비단폭구름장 휘감아보내마
숨 쉬는鋼鐵 꿈을아는動物아

황량한 近代의 남은터에쓰러저
병들어이즈러저 半身이피에젖은
'헬라쓰'의오래인 後裔・이방탕한世紀의 아름소리들으렴
자못 길드리기어려운 즘생이더니
知慧의속삭임에 오늘은 점잔히 귀죽였고나

풀냄새싱싱한 山脈을새여
힌물결 선을두룬 뭇大陸의 가장자리를도라
간데마다 暗默과幸福만이사는 아롱진都市
비취빛한울밑 꽃밭속의工場에서는
機械와皮帶가 樂器처럼 울려오리라

時間과空間이 아득하게맛대인곳
거기서는 無限은 벌써 한낱 語彙가아니고
住民들의 한 이시린味覺이리라
얼키고설킨 太陽系의 數式의고물에걸린
날랜楕圓形하나 ── 새로운별의誕生이다

文明과自然의 아름다운婚姻

知慧의勝利눈부시는 나라나라는
말머리무겁고 눈방울영롱할種族에게주리라
歷史는 꿈많은시절의日記처럼
하로하로 淸新한'페이지'만이 불어가리라

검은機關車 車머리마다
장미꽃 쏘다지게 피워 보내마
無知와 不幸과 미련만이 君臨하던
재빛神話는 사라젓다고 사람마다 일러줘라
숨쉬는鋼鐵·꿈을아는動物아

——『해방 기념 시집(解放紀念詩集)』(1945. 12)

순교자

성 스테판
피와 땀으로 산 나라 오시니
수다스런 변명을 팔아 번영하던
오 — 분 바른 인생의 저자 물러가라.

둔한 살은 주린 이리에게 찢어 주며
뼈를 탐내는 무리에게는 뼈 갈아 던지시며
즐겨 눈보라와 벗하여 살아오신 이 —

낯익은 별조차 허공에 아득한 낮과 밤
떳떳지 못한 삶이라면 차라리
길들인 짐승처럼 주검을 더불고 다니신 이 오시다.

오직 그럴 리 없는 역사의 눈짓만 쳐다보며
여러 흐린 울과 침침한 하늘을 견디신
오 — 서러웁고도 꿈 많은 기상학이여.

성 스테판
피와 땀으로 산 나라 오시니
수다스런 변명을 팔아 번영하던
오 — 분 바른 인생의 저자 물러가라.

殉 敎 者

원문 1

聖스테팬[1]
피와 땀으로 산 나라 오시니
수다스런 辯明을 팔아 번영하던
오— 분바른 人生의저자 물러가라

둔한살은 주린이리에게 찢어주며
뼈를탐내는 무리에게는 뼈갈아던지시며
즐겨 눈포래와 벗하야 살아오신 이—

낯익은 별조차 虛空에 아득한 낮과 밤
떳떳지못한삶이라면 차라리
길드린즘생처럼 죽엄을 데불고 댕기신이 오시다

오직 그럴리없는 歷史의 눈짓만 처다보며
여러 흐린 울[2]과 침침한 하늘을 견디신
오— 서러움고도 꿈많은 氣象學이여

聖스테팬
피와 땀으로 산 나라 오시니
수다스런 辯明을 팔아 번영하던
오— 紛바른 人生의저자 물러가라

—『바다와 나비』, 20~21쪽

1 성 스테파노. 기독교 역사상 최초의 부제이자 순교자. 기독교의 성인.
2 울타리.

殉教者

인제 聖 스테빤
피와 짬으로 산 나라 오시니
수다스런 辯明 팔아 번영하던
오 ― 분바른 人生의 저자 물러가라.

둔한살은 주린이리에게 찌저주며
뼈를 탐내는 무리에게는 뼈 갈아 던지시며
즐겨 눈보라와 벗하여 살아오신이 오시도다.

낯익은 별조차 虛空에 아득한날 자젓건만[1]
떳떳지못한 삶이라면 차라리
길드린 즘생처럼 죽엄을 데불고 댕기시다.

오직 그럴리업슬 歷史의눈짓만 처다보며
여러 흐린하늘과 침침한날을 견디신
오 ― 서러웁고도 꿈 만은 氣象學이여.

인제 聖 스테빤
피와 짬으로 산 나라 오시니
수다스런 辯明 팔아 번영하던
오 ― 粉바른 人生의 저자여 물러가라.

―《신문예(新文藝)》1권 1호(1946. 4), 116~117쪽

1 잦다. 잇달아 자주 있다.

어린 공화국이여

식은 화산 밑바닥에서
희미하게 나부끼던 작은 불길
말발굽 구르는 땅 아래서
수은처럼 떨리던 샘물
이제는 목단같이 피어나라 어린 공화국이여.

그늘에 감춰 온 마음의 재산
우리들의 오래인 꿈 어린 공화국이여.
음산한 '근대'의 장례에서 빼앗은 기적
역사의 귀동자 어린 공화국이여.

오— 명예도 지위도 부귀도 다 싫소.
오직 그대 가는 길 멍에 밑 즐거운 노역에 얽매어 주오.
빛나는 공화국이여 그리고 안심하소서.
젊은이 어깨에 그대 얹히셨으니 —

어린 공화국
오— 우리들의 가슴에 차오는 꽃봉오리여.
저 대담한 새벽처럼 서슴지 말고
밤새워 기다리는 거리로 어서 다가오소서.

어린共和國이여

원문 1

식은火山 밑바닥에서
히미하게 나부끼던 작은불낄
말발굽구루는 땅아래서
水銀처럼 떨리던샘물
인제는 牧丹같이 피어나라 어린 共和國이어

그늘에 감춰 온 마음의財産
우리들의 오래인꿈 어린共和國이어
음산한 『近代』의 葬列에서 빼앗은奇蹟
歷史의 귀동자 어린共和國이여

오— 명예도 지위도 富貴도 다 싫소
오직그대가는길 멍에밑 즐거운勞役에 얽매어주오
빛나는 共和國이여 그러고 안심하소서
젊은이어깨에 그대 얹히셨으니—

어린共和國
오— 우리들의가슴에 차오는 꽃봉오리여
저 대담한새벽처럼 서슴치말고
밤새워기다리는거리로 어서닥아오소서

—『바다와 나비』, 22~23쪽

어린共和國이여

원문 2

식은 火山 밑바닥에서
히미하게 나부끼던 작은불낄
말발굽 구루는 땅아래서
水銀처럼 떨리던샘물
인제는 모란같이 피어나라 어린共和國이여.

어둠속에 감춰온 마음의財産
우리들의 오래인꿈 어린 共和國이여
음산한『近代』의 葬列에서 빼아슨奇蹟
歷史의 귀동자 어린共和國이여.

오 — 명에도 富貴도 지위도 다싫습니다
오직 그대가는길 명에밑 즐거운 勞役에 억매여주소서

빛나는 共和國이여 그리고 안심하소서
젊은이 어깨에 그대 언치셨으니 —

어린共和國이여
우리들의 가슴에 차오는 꽃봉오리여
저 대담한 새벽처럼 서슴지않고 어서
밤새우며 고대하는거리로 닥아오소서.

—《신문예》(1946. 7), 16~17쪽

무지개

신라 적 한 옛날부터
쳐다보는 금 없는 한 하늘
이슬 젖은 태고의 젖가슴

오늘도 티끌 하나 없이 햇볕에 녹아
남으로 기울어진 풍성한 쪽빛 나이아가라
황홀히 우러러보는 나의 자랑아.

여러 눈보라 구름 번개와 소낙비
우레와 세월이 구르며 휩쓸어 간 뒤에도
주름살 하나 없이 부풀은 한 폭 둥근 돛.

검소한 동리와 거리 쏟을 데 없는 분함
초라한 사람 쓴웃음 모조리 덮어 가리던
벽옥빛 침묵을 다문 말 없는 나의 하늘.

배신도 모반 시기 미운 다툼도
다 보아 알고 있는 무서운 청동거울
소름 지우는 '이브'와 '카인'의 하늘.

노려보는 묵묵한 푸른 눈초리 피하여

이제 우리 그늘로 가 아픈 데마다 쓴 눈물 쏟아
까신 마음 가득히 하늘빛 철철 받아 담자.

청자기 빼어 문 두루미 목에
휘감겨 흐르는 비췻빛 하늘
나의 무지개 나의 꿈 다사론 광채야.

무 지 개

원문 1

新羅적 한옛날부터
처다보는 금없는 한 한울
이슬젖은 太古의 젖가슴

오늘도 티끼[1] 하나없이 해ㅅ볕에 녹아
南으로 기우러진 풍성한 쪽빛『나야가라』
황홀히 우루러보는 나의자랑아.

여러눈포래 구름 번개와 소낙비
우뢰와 세월이 구루며 휩쓰러간뒤에도
주름살 하나없이 부푸른 한폭 둥근돗.

검소한 동리와거리 쏘들데 없는분함
초라한사람 쓴우숨 모조리 덮어가리던
碧玉빛沈默을 다문 말 없는 나의하늘.

背信도 謀叛 시기 미운다툼도
다보아 알고있는 무서운 靑銅거울
소름지우는『이브』와『카인』의 한울.

노려보는 묵묵한 푸른 눈초리 피하야
인제 우리 그늘로가 앞은데마다 쓴눈물 쏟아

---

1 '티끌'의 방언.

까신² 마음 가득히 하늘빛 철철 받어담자.
靑磁器 빼여문 두루미목에
휘감겨 흐르는 비취빛하늘
나의무지개 나의꿈 다사론 광채야.

―『바다와 나비』, 24~26쪽

2 까슬하다.

무 지 개

원문 2

新羅 적 한옛날부터
처다보는 금없는 한 한울
이슬젖은 太古의 젖가슴

오늘도 피끼하나없이 해ㅅ볕에 녹아
南으로 기우러진 풍성한 쪽빛 『나야가라』
황홀히 우르러보는 나의자랑아.

여러눈포래 구름 번개와 소낙비
우뢰와 세월이 구루며 휩쓰러간뒤에도
주룸살하나없이 부푸른 한폭 둥근돗.

검소한동리와거리 쏘들대업는 분함
초라한사랑 쓴우숨 모조리 덮어가리던
碧玉빛沈黙을 다문 말없는 나의한울.

背信도 謀叛 시기 미운다툼도
다 보아 알고있는 무서운 靑銅거울
소름지우는 『이쁔』와 『카인』의 한울아.

노려보는 묵묵한 눈초리 피하야
인제 우리 그늘로가 앞은 상채기마다 쓴눈물쏟은다음
까신 마음 가득히 한울빛 철철 받어담자.

靑磁器 빼여문 두루미목에

휘감겨 흐르는 비취빛 한울
나의 무지개 나의꿈 다사론광채야.

─《대조(大潮)》 1권 2호(1946. 7), 209~210쪽

두견새
― 세 학병의 영전에 드림

어머니와 누이들 모르는 아닌 밤중
역사와 세계의 눈을 가려 가면서
큰일을 저질렀느니라.
별과 천사들 굽어보며 소름 첬느니라.

뾰고 흰 손길을 끌려
송이송이 꽃봉오리 검은 화차에 실려
구름과 수풀과 바다를 돌아 몰려가던 날
아무도 말려 주는 이 없어 어머니만 발을 구르셨느니라.

눈사부랭이에 맺히는 이슬 방울방울
그 아래 몸 던질 떳떳한 깃발과
잃어버린 조국의 모습을 찾으며
이적의 방언으로 노래 부르며 떠났느니라.

분명 뜻하지 않은 기적이었느니라.
흩어져 쓰러지는 이리 떼 아구리와 불바다에서
겨우 빼앗아 돌아온 몇 아니 남은 목숨
아무럼 횡재이매 새 나라에 긴히 바치겠노라 하였느니라.

기다리시는 어머니에게로 진작 돌아 못 갔음은

이제 오실 듯 오실 듯만 싶은 새 나라 맞으려 함이라
아—진정 늦었느니라. 새 나라 오심이여
차라리 어머니에게로 가기만 못하였느니라.

젊은이는 나라의 꽃이요 보배어니
젊은이를 쏘지 말라 쏘아서는 못 쓰느니라.
어디서 어머니가 노려보시느니라.
새 나라는 정녕 꾸짖으리라.

그날 밤 어머니는 무서운 꿈 소스라쳐 깨셨으리라.
별과 천사들 꼴을 찡기며 고개 돌렸느니라.
오—젊은이들 모다 이렇게 괴로운데
새 나라 오심이 어찌 이리 더디시뇨.

두 견 새
(세 學兵의 靈前에드림)

원문 1

어머니와 누이들 모르는 아닌밤중
歷史와 世界의 눈을 가려가면서
큰일을 저즐렀느니라
별과 天使들 구버보며 소름쳤느니라

뾰고¹ 힌 손길을 끌려
송이송이 꽃봉오리 검은 貨車에실려
구름과 수풀과 바다를도라 몰려가던날
아모도 말려주는이없어 어머니만 발을 구르셨느니라

눈사부랭이²에 매치는 이슬 방울방울
그 아래 몸뎡일 떳떳한 旗빨과
잃어버린 祖國의 모습을 찾으며
夷狄의方言으로 노래부르며 떠났느니라

분명 뜻하지않은 奇蹟이었느니라
흐터저쓰러지는 이리떼아구리와 불바다에서
겨우 빼아서 도라온 몇아니남은 목숨
아모렴橫財이매 새나라에 긴히 바치겠노라하였느니라

기다리시는 어머니에게로 진작 도라못갔음은
인제오실듯오실듯만 싶은 새나라 맞으러함이라

1 뽀얗다.
2 '눈썹'의 방언. 눈수부리.

아 — 진정 늦었느니라 새 나라 오심이여
차라리 어머니에게로 가기만 못하였느니라

젊은이는 나라의꽃이오 보배어니
젊은이를 쏘지말라 쏘아서는 못 쓰느니라
어디서 어머니가 노려보시느니라
새 나라는 정영 꾸지즈리라

그날밤 어머니는 무서운 꿈 소스라처깨셨으리라
별과 天使들 꼴을찡기며³ 고개돌렸느니라
오 — 젊은이들 모다 이렇게 괴로운데
새나라 오심이 어찌 이리더디시뇨

—『바다와 나비』, 27~29쪽

3 찡그리다.

두 견 새
學兵의 故魂에 바침

어머니와 누이들 모르는 아닌밤중
歷史와 世界의눈을 가러가면서
큰일을 저즐렸느니라
별과 天使들 구버보며 소름첬느니라

뾰고 힌 손길을 끌려
송이송이 꽃봉오리 검은 貨車에 실려
구름과 수풀과 바다를도라 몰려가던날
아모도 말려주는이없이 어머니만 발을구르셨느니라

눈사부랭이 매치는 이슬 방울방울
그아래 몸던질 떳떳한 旗빨과
잃어버린 祖國의 모습을 차즈며
夷狄의 方言으로 노래부르며 떠났느니라

분명 뜻하지않은 奇蹟이 었느니라
흩어저 쓸어지는 이리에 아구리와 불바다에서
겨우뼈아서 도라온 몇아니남은목숨
아모렴 橫財이매 새 나라에 긴히 바치겠노라 하였느니라

기다리시는 어머니에게로 진작도라못갓슴은
인제 오실듯오실듯만싶은 새나라 맞으려 함이라
아 ─ 진정 늦었느니라 새나라 오심이여
차라리 어머니에게로 가기만 못하였으니라

젊은이는 나라의꽃이오 보배어니
젊은이를 쏘지말라 쏘아서는 못쓰느니라
어디서 어머니가 노려보고 게시느니라
새나라는 정녕 꾸지즈리라

그날 밤 어머니는 어느산꼴에서 무서운꿈 소스라처 깨셨으리라
별과 天使들 꿀을 징기며 고개돌렸느니라
오 ─ 젊은이들 모다 이렇게 괴로운데
새나라 오심이 어찌 이리 더디뇨

─《학병(學兵)》1권 2호(1946. 2), 44~45쪽

길가의 만장

네거리의 오고 가는 발길과 갑갑한 입김과
성낸 정당과 흐리는 이권과
그러고 눈 녹이는 양지 쪽 이 사온 첫날을 두고
그대 흙 묻은 거제기 뒤집어쓴 채
완전히 권외에 나누었네그려.

사품치는 삶의 소란에서 절연된
드디어 이룬 무관심의 절정 ─
아 ─ 파이프오르간도 할렐루야도
순경의 짜증 소리도 민법의 조문도
그대 곁을 흘러가는 한낱 무의미일 뿐

아마도 시청도 막부회의도 그대를 기억한 적 없고
다사론 품 안 김 나는 잔치에 불린 일도 없이
모두들 돌아가는 어슬막 그대 끌려갈 삶의 중심도 없이
헐벗고 때 묻고 발길에 채어 몇 번인가 꾸짖었으리.
인생은 고약한 곳 아예 올 데가 아니었다고 ─

그대 가는 곳 저 날랜 찬 회오리바람 속인가
미열과 정욕에 아 상기한 이 신기한 별에서 떨어져
엉클인 사정도 육친의 밧줄도 북극의 자력도

드디어 얽매지 못하는 항거할 수 없는 힘으로
그대는 오직 주저 없이 물러가는 방향일 뿐

아 — 나는 돌아서 화끈한 인생을 다시 부둥켜안으리라.
화톳불에 몰려드는 하루살이의 정열로
남은 세월을 기울여 마음껏 사랑하리라.
순수한 것과 높은 향기와 의로운 것들을 —
떠날 이마다 말하게 하리라 인생은 사시 꽃피는 다사론 곳이었다
고 —

길까의 輓 章

원문 1

네거리의 오고가는 발길과 갑갑한입김과
성낸政黨과 흐리는 利權과
그러고 눈노기는 양지쪽 이 四溫[1]첫날을두고
그대 흙묻은거제기[2] 뒤집어쓴체
완전히 圈外에 나누었네그려

사품치는[3] 삶의 騷亂에서 絶緣된
드디어이룬 無關心의 絶頂 —
아 —『파이푸오르간』도『할렐루야』도
巡警의 짜증소리도 民法의 條文도
그대 곁을 흘러가는 한낫 無意味일뿐

아마도 市廳도 莫府會議도 그대를 기억한적없고
다사론품안 김나는잔채에 불린일도없이
모다들 도라가는 어슬막[4] 그대 끌려갈 삶의中心도없이
헐벗고 때뭇고 발길에채어 몇번인가 꾸지졌으리
人生은 고약한곳 아에 올데가 아니었다고 —

그대가는곳 저 날랜 찬 희오리바람속인가
微熱과 情慾에 아 上氣한 이신기한 별에서 떨어저
엉크린사정도 肉親의바줄도 北極의磁力도

1 삼한사온(三寒四溫) 가운데 '사온'.
2 거적.
3 사품치다. 물살이 계속 부딪치며 세차게 흐르다. (비유적으로) 마음이 세차게 부딪쳐 움직이다.
4 황혼(黃昏). '해 질 무렵', '어스름'의 북한말.

3부『바다와 나비』

드디어얽매지못하는 항거할수없는 힘으로
그대는오직 주저없이 물러가는 方向일뿐

아 ― 나는 도라서 화끈한 人生을 다시 부둥켜안으리라
화토불에 몰려드는 하로사리의 정열로
남은 세월을 기우려 마음껏 사랑하리라
순수한것과 높은향기와 의로운것들을 ―
떠날이마다말케하리라[5] 人生은 사시 꽃피는 다사론곳이었다고 ―

― 『바다와 나비』, 30~32쪽

5 말하게 하리라.

여인도

가장 깊은 비밀 마음의 상처 지녔을 적에
당신의 가슴에 더운 머리 파묻고 거센 손에 만지워서
어머니 당신의
'자유로운 조선'은 핏줄이 굵어 왔습니다.

옥수수 낱낱이 밀고 담으신 흰밥
풋먹과 고사리 북어무침 송어찜
누님의 철 따른 사식으로
'자유로운 조선'은 모진 고비고비 넘겨 왔습니다.

부형회에서 세무서에서 어디어디서 보았다는 소식 —
몇 해만씩 바람에 흘러오는 소식에
안해여 마음 튼튼하여
'자유로운 조선'은 먼 나라의 방랑이 슬프지 않았습니다.

홍캐진 눈자위 날씬한 손맥 쉬어쉬어 바삐 짜서
감춰다 주신 속옷과 목도리 감고서
사랑하는 사람이여
'자유로운 조선'은 무서운 여러 겨울 견디어 왔습니다.

창살을 거쳐 쳐다보는 젖은 속눈썹

별 아래 지나가는 몇 마디 속삭임과 화끈한 입김
손등에 남기신 다사론 체온과 뜻으로
'자유로운 조선'은 힘이 나 싸워 왔습니다. 또 싸우겠습니다.

女 人 圖

원문 1

가장 깊은비밀 마음의상처 지녔을적에
당신의가슴에 더운머리 파묻고 거센손에 만지워서
어머니 당신의
『自由로운 朝鮮』은 피ㅅ줄이 굵어왔읍니다.

옥수수 낱낱이 밀고 담으신 힌밥
풋먹과 고사리 북어무침 송어찜
누님의 철따룬 私食으로
『自由로운朝鮮』은 모진 고비고비 넘겨왔읍니다.

父兄會에서 稅務署에서 어디어디서 보았다는소식 —
몇해만씩 바람에 흘러오는소식에
안해여 마음 튼튼하야
『自由로운朝鮮』은 먼나라의 放浪이 슳으지않었읍니다.

홍캐진¹ 눈자위 날씬한손맥 쉬어쉬어 바삐짜서
감춰다주신 속옷과 목도리 감고서
사랑하는 사람이여
『自由로운朝鮮』은 무서운 여러겨을 견디어왔읍니다.

창살을거처 처다보는 젖은 속눈섭
별아래 지나가는 몇마디속삭임과 화끈한입김
손등에 남기신 다사룬 體溫과 뜻으로

---

1 홍캐지다. 흥건해지다.

『自由로운朝鮮』은 힘이나 싸워 왔읍니다. 또 싸우겠읍니다.

―『바다와 나비』, 33~35쪽

2

바다와 나비

아무도 그에게 수심을 일러 준 일이 없기에
흰 나비는 도무지 바다가 무섭지 않다.

청무 밭인가 해서 내려갔다가는
어린 날개가 물결에 절어서
공주처럼 지쳐서 돌아온다.

삼월달 바다가 꽃이 피지 않아서 서거푼
나비 허리에 새파란 초생달이 시리다.

바다와나비

원문 1

아모도 그에게 水深을 일러 준일이 없기에
힌나비는 도모지 바다가 무섭지않다.

靑무우밭인가해서 나려갔다가는
어린날개가 물결에 저러서
公主처럼 지처서 도라온다.

三月달바다가 꽃이피지않어서 서거푼[1]
나비허리에 새파란초생달이 시리다.

——『바다와 나비』, 39쪽

1 서거푸다. 서글프다.

나 비 와 바 다

아모도 그에게 水深을일러준일이없기에
힌나비는 도모지 바다가무섭지않다.

靑무우밭인가해서 나러갔다가는
어린날개가 물결에 저러서
公主처럼 지쳐서 도라온다.

三月달바다가 꽃이피지않어서 서거푼
나비허리에 새파란초생달이 시리다.

―《여성(女性)》 4권 4호(1939. 4), 18쪽

요양원

저마다 가슴속에 암종을 기르면서
지리한 역사의 임종을 고대한다.

그날그날의 동물의 습성에도 아주 익어 버렸다.
표본실의 착한 유리에도 아담하게 고정한다.

인생아 나는 용맹한 포수인 체 숨차도록
너를 쫓아다녔다.

너는 오늘 간사한 메추라기처럼
내 발 앞에서 포도독 날아가 버리는구나.

療養院

원문 1

저마다 가슴속에 癌腫을 기르면서
지리한 歷史의 臨終을 苦待한다.

그날 그날의 動物의 習性에도 아주 익어 버럿다.
標本室의 착한 倫理에도 아담하게 固定한다.

人生아 나는 용맹한 포수인체 숨차도록
너를 쫓아 댕겼다.

너는 오늘 간사한 매초라기[1]처럼
내 발앞에서 포도독 날러가버리는구나.

———『바다와 나비』, 40쪽

---

[1] 메추라기.

療養院

저마다 가슴속에 癌腫을 기루면서
지리한 歷史의 臨終을 苦待한다.

그날그날의 動物의 習性에도 아주 익어버렸다.
標本室의 착한 倫理에도 아담하게 固定한다.

人生아 나는 용맹한 포수인채 숨차도록
너를 쫓아댕겼다.

너는 오늘 간사한 메초라기처럼
내발앞에서 포도독 날러가 버리는구나.

―《조광(朝光)》5권 9호(1939. 9), 196~197쪽

산양

홀로 자빠져

옛날에 옛날에 잊어버렸던 찬송가를 외워 보는 밤

산양과 같이 나는 갑자기 무엇이고 믿고 싶다.

山 羊

원문 1

홀로자빠저

옛날에 옛날에 잊어버렸던 찬송가를 외여보는 밤

山羊과 같이 나는 갑짜기 무엇이고 믿고싶다.

── 『바다와 나비』, 41쪽

山 羊

원문 2

홀로자뻐저
옛날에 옛날에 잊어버렸던 찬송가를 외여보는밤
山羊과같이 나는 갑자기 무엇이고 믿고싶어.

―《조광》 5권 9호(1939. 9), 197쪽

공동묘지

일요일 아침마다 양지 바닥에는
무덤들이 버섯처럼 일제히 돋아난다.

상여는 늘 거리를 돌아다보면서
언덕으로 끌려 올라가곤 하였다.

아무 무덤도 입을 벌리지 않도록 봉해 버렸건만
묵시록의 나팔 소리를 기다리는가 보아서
바람 소리에조차 모두들 귀를 쭝그린다.

호수가 우는 달밤에는
등을 일으키고 넋 없이 바다를 굽어본다.

共同墓地

원문 1

日曜日아츰마다 陽地바닥에는
무덤들이 버슷[1]처럼 일제히 돈아난다.

喪輿는 늘 거리를 도라다보면서
언덕으로 끌려올라가군 하였다.

아모무덤도 입을 버리지않도록 봉해버렸건만
默示錄의 나팔소리를 기다리는가보아서
바람소리에조차 모다들 귀를 쫑그린다.

湖水가우는 달밤에는
등을이르키고 넋 없이 바다를 구버본다.

―『바다와 나비』, 42쪽

1   버섯.

共同墓地

日曜日아츰마다 陽地바닥에는
무덤들이 버슷처럼 일제히 도다난다.

喪輿는 늘 거리를 돌아다보면서
언덕으로 가군 한다.

아모무덤도 입을 버리지않도록 봉해버렸건만
默示錄의 나팔소리를 기다리는가 보아서
바람소리에조차 모다귀를 쭝그린다.

湖水가우는 달밤에는
등을이르키고 넋없이 바다를 구버본다.

―《인문평론(人文評論)》1권 1호(1939. 10), 24~25쪽

파랑 항구

아무도 사랑할 수 있는 소녀처럼
파랑 치마를 두르고
사월을 고대하는 항구에는

국기에 향하여 그다지 경의를 표하지도 않는
게으른 윤선들이 지금쯤 바다로부터 돌아왔겠지.
그리고 무례하게도 퍼억퍼억 담배를 피우겠지.

나는 삼국 말을 함부로 지껄이는
해관 관리와 마주 서서
보로딘과 꼭 같은 한 로서아 사람과
항용 목례를 바꾸었다.

그 슬픈 기적에는 아무도 마음이 강하지 못한가 보아서
주민들은 항용 걸핏하면 가장이며 장사며 연애를 황망히 정리해 가지고
다음 날은 벌써 정기선 배표를 사곤 했다.

항구는 국적을 자랑하지 않았다.
항구는 범죄를 무서워하지 않았다.
항구는 바다의 국경을 믿지 않는다.
그러므로 아무도 오고 아무도 돌아갔다.

파랑港口

아무도사랑할수있는 少女처럼
파랑치마를 두루고
四月을 고대하는 港口에는

國旗에 향하야 그다지 敬意를 표하지두않는
겨으른輪船들이 지금쯤 바다로부터 도라왔겠지.
그리고 無禮하게두 퍼억퍼억 담배를 피우겠지.

나는 三國말을 함부루 지꺼리는
海關官吏와 마조서서
『보로딘』[1]과 꼭같은 한 로서아사람과
항용 目禮를 바꾸었다.

그 슲은汽笛에는 아무두 마음이 강하지못한가보아서
住民들은 항용 걸핏하면 가장이며 장사며 戀愛를 황망히 정리해가지고
다음날은 벌서 定期船 배표를 사군했다.

港口는 國籍을 자랑하지않었다.
港口는 犯罪를 무서워하지않었다.
港口는 바다의國境을 믿지않는다.
그러므로 아무도 오고 아무도 도라갔다.

—『바다와 나비』, 43~45쪽

---

[1] Aleksandr Portyrjevich Borodin(1834~1887). 러시아의 작곡가.

파랑港口

아무두 사랑할수있는少女처럼
파랑치마를 두르구
四月을 苦待하는 그港口에는 —

國旗에향하야 그다지 敬意를표하지두않는
겨으른汽船들이 지금쯤 바다로부터 도라왔겠지
그리고 無禮하게두 퍼억퍽 담배를 피우겠지

나는 三國말을함부루 지꺼리는
海關의官吏와 맞오서서
『보로딘』과 꼭같은 한『로서아』사람과
항용 目禮를 바꾸었다

그슲은汽笛에는 아모두 마음이强하지못한가보아서
住民들은 걸핏하면 家財며장사며 戀愛를 황망히 정리해가지구
다옴날은 버얼서 定期船배표를 사기두했다

港口는 國籍을 자랑하지않었다
港口는 犯罪를 무서워하지않었다
港口는 바다의國境을 믿지않었다
그러므로 아무두오고 아무두도라갔다

—《여성》1권 1호(1936. 4)

못

모든 빛나는 것 아롱진 것을 빨아 버리고
못은 아닌 밤중 지친 동자처럼 눈을 감았다.

못은 수풀 한복판에 뱀처럼 서렸다.
뭇 호화로운 것 찬란한 것을 녹여 삼키고

스스로 제 침묵에 놀라 소름 친다.
밑 모를 맑음에 저도 몰래 오슬거린다.

휩쓰는 어둠 속에서 날처럼 흘김은
빛과 빛깔이 녹아 엉키다 못해 식은 때문이다.

바람에 금이 가고 빗발에 뚫렸다가도
상한 곳 하나 없이 먼동을 바라본다.

못

원문 1

모 —— 든 빛나는것 아롱진것을 빨아버리고
못은 아닌밤중 지친瞳子처럼 눈을감았다

못은 수풀한복판에 뱀처럼 서렸다[1]
못 호화로운것 찬란한것을 녹여삼키고

스스로 제沈默에 놀라 소름친다
밑모를 맑음에 저도몰래 오슬거린다[2]

휩쓰는 어둠속에서 날(刃)처럼[3] 흘김은
빛과 빛갈이 녹아 엉키다 못해 식은 때문이다

바람에 금이가고 비빨에 뚫렸다가도
상한곳 하나없이 먼동을 바라본다

——『바다와 나비』, 46~47쪽

[1] 서리다. 뱀 따위가 몸을 똬리처럼 둥그렇게 감다.
[2] 오슬거리다. 소름이 끼칠 듯이 몸이 옴츠러지면서 추워지다. 오슬오슬.
[3] 칼날처럼.

못

모 —— 든빛나는것 아롱진것을 빨아버리고 ——
못은 아닌밤중 지친瞳子처럼 눈을감었다.

못은 수풀 한복판에 뱀처럼 서렸다.
뭇 호화로운것 찬란한것을 녹여삼키고 ——

스스로 제沈默에 놀라 소름친다.
밑모를 맑음에 저도몰래 오슬거린다.

휩쓰는 어둠에서 날(刃)처럼 흘김은
빛과 빛갈이 녹아엉키다못해 식은때문이다.

바람에 금이가고 비빨에 뚫렸다가도
상한곳하나없이 먼동을 바라본다.

—— 《춘추(春秋)》 2권 1호(1941. 2), 154~155쪽

3

바다

바다
너는 벙어리처럼 점잖기도 하다.
소낙비가 당황히 구르고 지나갈 적에도
너는 놀라서 서두르는 일이 없다.

사공들은 산처럼 큰 그들의 설움일랑
네 뻴합 속에 담아 두려 하여
해만을 열고 바삐 나가더라.

사람들은 너를 운명이라 부른다.
너를 울고 욕하고 꾸짖는다.

허나 너는 그러한 것들의 쓰레받기인 것처럼
한숨도 눈물도 욕설도 말 없이 받아 가지고 돌아서더라.

너는 그처럼 슬픔에 익숙하냐.

바다
지금 너는 잠이 들었나 보다. 꿈을 꾸나 보다.
배에 힘을 주나 보다. 꿈틀거린다.
너는 자꾸만 하늘을 담고저 애쓰나 보다.

그러나
네 마음은 아직 엉클어지지 않았다. 굳지 않았다.
그러기에 달밤에는 숨이 차서 헐떡인다.
시악씨처럼 햇빛이 부끄러워 섬 그늘에 숨는다.

바다
네 살결은 하늘을 닮았어도 하늘보다 푸르고나.
바위에 베이어 쪼개지는 네 살덩이는 그러나 희기가 눈이고나.
너는 옥 같은 마음을 푸른 가죽에 쌌고나.

바다
너는 노래 듣기를 퍽이나 좋아하더라.
기적만 울어도 너는 쫑기고 귀를 기우리더라.
너는 서투른 목청을 보고도 자꾸만 노래를 부르라 조르더라.

바다
너는 아무도 거둬 본 일이 없는 보료
때때로 바람이 그런 엉뚱한 생각을 하다도 말고
밤이면 별들이 떨어지나 어느새 아침 안개가 훔쳐 버린다.

바다

너는 언제 나더러 친하다고 한 일이 없건만
온 아침에도 잠옷 채로 창으로 달려가서
넋 없이 또 네 얼굴을 굽어본다.

바 다

바다
너는 벙어리처럼 점잖기도하다.
소낙비가 당황히 구루고 지나갈적에도
너는 놀라서 서둘르는 일이없다.

沙工들은 山처럼 큰 그들의 서름을랑
네 뺄합[1]속에 담어두려하야
海灣을열고 바삐나가더라.

사람들은 너를 運命이라부른다.
너를 울고 욕하고 꾸짖는다.

허나 너는 그러한것들의 쓰레배끼[2]인것처럼
한숨도 눈물도 辱說도 말없이 받어가지고 도라서드라.

너는 그처럼 슮음에 익숙하냐.

바다
지금 너는 잠이 들었나보다. 꿈을 꾸나보다.
배에 힘을 주나보다 꿈틀거린다.
너는 자꾸만 한울을 담고저 애쓰나보다.

1 '서랍'의 방언.
2 쓰레받기.

그러나
네 마음은 아직 엉크러지지 않었다. 굳지않었다.
그러기에 달밤에는 숨이차서 헐덕인다.
시악씨처럼 해빛이 부끄러워 섬그늘에 숨는다.

바다
네살결은 한울을 닮어서도 한울보다 푸르고나.
바위에 버이워[3] 쪼개지는 네살덩이는 그러나 히기가 눈이고나.
너는 玉같은 마음을 푸른가죽에 쌌고나.

바다
너는 노래듣기를 퍽으나 좋아하드라
汽笛만 울어도 너는 쭝기고[4] 귀를기우리더라.
너는 서투룬 목청을보고도 자꾸만 노래를 부르라 조르드라.

바다
너는 아무도 거둬본일이 없는 보료
때때로 바람이 그런 엉뚱한생각을 하다도말고
밤이면 별들이 떨어지나 어느새 아츰안개가 훔처버린다.

바다
너는 언제 나다려 親하다고 한일이없건만

---

3   베다.
4   쭝깃하다. 귀를 빳빳하게 세우다.

온아츰에도 잠옷채로 창으로 달려가서
넋 없이 또 네얼골을 구버본다.

— 『바다와 나비』, 51~55쪽

바 다

원문 2

바다 —
너는 벙어리처럼 점잖기도하다.

소낙비가 당황히 구르고 지나갈때에도
너는 놀라서 서둘르는일이없다.

沙工들은 山처럼큰 그들의 설음을랑
너의 뻴합속에 담어두려하야 海灣을 열고 바삐나간다.

사람들은 너를 運命이라부른다.
너를울고 욕하고 꾸짖는다.
허나 너는 그러한것들의 쓰레배끼인것처럼
한숨도 눈물도 욕설도 말 없이 받어가지고 돌아서드라.
너는 그처럼 슲븜에 익숙하냐?

바다 —
지금 너는 잠이들었다. 무서운 꿈을 꾸나보다.
배에 힘을준다. 괴로워 꿈틀거린다.
너는 하늘을 담고저 애쓰나보다.

그러나 —
너의마음은 아직도 엉크러지지않었다. 굳지 않었다.
그렇기에 달밤에는 숨이차서 헐덕인다.
시악씨처럼 해볓이 부끄러워서 검은섬의 그늘에 엎드린다.

바다 —
네살갈은 하늘을 닮어서도 한늘보다 푸르다.
바위에 갈라서 쪼개지는 네 살덩이는
그러나 히기가 눈이고나.
너는 玉같이 깨끗한 마음을 푸른가죽에 쌌구나.

바다 —
너는 노래를 듣기를 퍽으나 좋아하더라.
汽笛만 울어도 너는 쭈그리고 귀를기우리더라.
너는 서투른 목청에게 자꾸만 노래를 부르라고 조른다.

바다 —
너는 아무도 거두어본일이 없는 보료다.
때때로 바람이 그런 엉뚱한생각을 하다도말고
밤이면 별들이 굴러떠러지나 어느새 아침안개가 훔쳐버린다.

바다 —
너는 언제날다려 親하다고 한일도 없건만
온아침에도 잠옷채로 窓으로 달려가서
또 네얼굴을 구버본다.
　　　　(八月 十一日)

—《조광》1권 1호(1935. 11), 224～225쪽

추억

종다리 뜨는 아침 언덕 위에 구름을 쫓아 달리던
　너와 나는 그날 꿈 많은 소년이었다.
제비 같은 이야기는 바다 건너로만 날리었고
　가벼운 날개 밑에 멀리 수평선이 층계처럼 낮더라.

자주 튀기는 팔매는 바다의 가슴에 화살처럼 박히고
지칠 줄 모르는 마음은 단애의 허리에
　게으른 갈매기 울음소리를 비웃었다.

오늘 얼음처럼 싸늘한 노을이 뜨는 바다의 언덕을 오르는
　두 놈의 봉해진 입술에는 바다 건너 이야기가 없고.

곰팡이처럼 얼룩진 수염이 코밑에 미운 너와 나는
　또다시 가슴이 둥근 소년일 수 없구나.

追憶

원문 1

종다리 뜨는아츰 언덕우에 구름을쫓아 달리던
   너와나는 그날 꿈많은 少年이었다.
제비같은 이야기는 바다건너로만 날리었고
   가벼운 날개밑에 머 ─ 르리 水平線이 層階처럼 낮드라.

자조투기는[1] 팔매는 바다의가슴에 화살처럼 박히고
지칠줄모르는 마음은 斷崖의허리에
   겨으른 갈매기 우룸소리를 비우셨다

오늘 어름처럼 싸늘한 노을이뜨는 바다의언덕을 오르는
   두 놈의 봉해진입술에는 바다건너 이야기가없고.

곰팽이처럼 얼룩진 수염이 코밑에미운 너와나는
   또다시 가슴이둥근 少年일수없고나.

─『바다와 나비』, 56~57쪽

---

[1] 튀기다.

追 憶

종다리 뜨는아츰 언덕웋에 구룸을 쫓아 달리든
너와나는 그날 꿈많은 少年이었다.

제비같은 이야기는 바다 건너로만 날리었고
가벼운 날개밑에 머 — ㄹ리 水平線이 層階처럼낮드라.

자조투기는 팔매는 바다의가슴에 화살처럼박히고
지칠줄모르는 마음은 海岸의 허리에
겨으른 갈매기 우룸소리를 비웃었다.

오늘 어름처럼 싸늘한 노을이 뜨는 바다의 언덕을 오르는
두놈의 봉해진 입술에는 바다건너 이야기가없고

곰팡이처럼얼룩진 수염이 코밑에 미운 너와나는
또다시 가슴이 둥근 少年일수없고나.

―《여성》 1권 3호(1936. 6), 1쪽

아프리카 광상곡

숨 막히는 독와사에 썩은 티끌이 쓸려 간 뒤에
성도의 아침에 왕조의 역사는 간데없고
어느새 로마의 풍속을 단장한 추장의 따님의
흉내 내는 국가의 서투른 곡조가 웬일이냐.

급한 발길을 행여 막으려 다투어 던지는
진홍빛 장미의 언덕을 박차며
열사를 뿜으며 몰려오는
검은 쇠바퀴……… 검은 말발굽 소리………

테이블에 쏟아지는 샴페인의 폭포.
"소생하는 로마야 마셔라 기린의 피를………
정의도 상아도 문명도 석유도 우리 것이다."
법왕의 종들과 라디오가 마을 마을에 요란하다.

데젠 화산에 불이 꺼진 날
새로 엮인 페이지에 세기의 범행이 임리하고나.
입담은 증인인 청나일이 혼자
애사를 중얼거리며 애급으로 흐르더라.

오늘은 삼색기의 행진을 축복하는

사막의 태양.
차나호 푸른 거울에
오월의 얼굴이 태연하고나.

한니발도 짓밟고 카르타고도 불 지르고
오늘은 천년 묵은 사막의 정적을 부수고 가는
피 묻은 늙은 쇠바퀴야
너 달려가는 곳이 어디냐.

아**리카狂想曲

원문 1

숨막히는 毒瓦斯에 썩은띠끌이 쓸려간뒤에
聖都의아츰에 王朝의歷史는 간데없고
어느새 로 ─ 마의 風俗을 단장한 酋長의따님의
숭내내는 國歌의 서투룬곡조가 웬일이냐.

급한발길을 행여막으려 다투어던지는
眞紅빛 薔薇의 언덕을 박차며
熱沙를 뿜으며 몰려오는
검은쇠바퀴………검은 말발굽소리………

테 ─ 불에 쏟아지는 샴펜 의 瀑布.
『소생하는 로 ─ 마야 마서라 麒麟의피를………
正義도 象牙도 文明도 石油도 우리것이다』
法王의 鐘들과 라디오가 마을 마을에 요란하다.

다 ─ 산[1]火山에 불이꺼진날
새로 엮인 페 ─ 지에 世紀의犯行이 淋漓하고나.
입담은證人인 靑나일[2]이 혼자
哀史를 중얼거리며 埃及으로 흘으더라.

오늘은 三色旗의 行進을 祝福하는
沙漠의 太陽.

1 라스 데젠(Ras Dejen). 에티오피아 북부의 화산.
2 청나일강(Blue Nile River). 에티오피아의 타나호에서 발원하는 나일강의 지류이며 수단의 하르툼에서 백나일강과 합류한다.

차 — 나湖³ 푸른거울에
五月의 얼골이 태연하고나.

한니발⁴도 짓밟고 칼타고⁵도 불 지르고
오늘은 千年묵은 沙漠의 靜寂을 부시고가는
피묻은 늙은 쇠바퀴야
너 달려가는 곳이 어디냐

——『바다와 나비』, 58~59쪽

3 타나호(Tana Lake). 에티오피아 중북부의 호수. 청나일강의 수원임.
4 한니발(Hannibal, BC 247~BC 183). 카르타고의 장군. 제2차 포에니 전쟁(한니발 전쟁)을 일으켜 육로로 피레네산맥과 알프스를 넘어서 이탈리아로 침입, 각지에서 로마군을 격파했다.
5 카르타고(Carthago). 기원전 814년에 페니키아인이 세운 고대 도시. 아프리카 튀니지 해안의 돌출된 부분에 세워진 이 도시는 지중해의 중심 항구이자 무역 중심지였다.

아프리카 狂想曲

원문 2

숨 마키는 毒瓦斯에 썩은 띠끌이 쓸려간뒤에
聖都의아츰에 王朝의歷史는 간데없고
어느새『로 — 마』의 風俗을 단장한 酋長의따님의
숭내내는 國歌의 서투른곡조가 웬일이냐?

급한발길을 행여막으려 다트어덮이는
眞紅빛 薔薇의 언덕을 박차며
熱沙를 뿜으며 몰려오는
검은 쇠바퀴…… 검은 말발굽소리……

『테불』에 쏘다지는『샴판』의 瀑布.
『소생하는 로 — 마야 마셔라 麒麟의피를……
正義도 象牙도 文明도 石油도 우리것이다.』
法王의 鐘들과『라디오』가 마을마을에 요란하다.

『다 — 샨』火山에 불이꺼진날
새로 여긴『페 — 지』에 世紀의犯行이 淋漓하고나.
입담은證人인 靑『나일』이 혼자
哀史를 중얼거리며 埃及으로 흘으더라.

오늘은 三色旗의 行進을 祝福하는
沙漠의太陽.
『타 — 나』湖 푸른거울속에
五月의얼골이 태연하고나.

『한니발』도 지빨고 『칼타고』도 불지르고
오늘은 千年묵은 沙漠의 靜寂을 부시고가는
피묻은 늙은 쇠바퀴야
너 달려가는곳이 어디냐?

(五, 一○)

―《조광》 2권 7호(1936. 7), 34~35쪽

연도

내 신은
잠든 아기의 얼굴에서 웃음을 거두는
즐거우려는 자라려는 날뛰려는
망아지와 장미를 시들게 하는
이 사악한 비바람을 가장 미워하는 신이리라.

내 신은
내 마음속의 주책없는 방심과
간사한 충동과 친하려는 교태를
가장 노하시는 신이리라.

내 신은
사막에 꺼꾸러져 외치는 아라비아 사람들의
캄캄한 마음에 떠오르는 태양 ─
애굽의 채찍을 피해서 홍해에 막다른
이스라엘 사람들의 앞에 갑자기 길이던 신이리라.

내 신은
내 항구도 피난처도 안식도 아니요
내 싸움 속에서 나를 지키고 고무하는 소리리라.
연약하려는 낙망하려는 나를 노려보는 엄숙한 눈살이리라.

連禱[1]

내神은
잠든 아기의 얼골에서 우슴을 걷우는
즐거우려는 자라려는 날뛰려는
망아지와 薔薇를 시들게하는
이 邪惡한 비바람을 가장 미워하는 神이리라.

내神은
내마음속의 주착없는 放心과
간사한 衝動과 親하려는 嬌態를
가장 怒하시는 神이리라.

내神은
沙漠에 꺼꾸러저 웨치는 『아라비아』 사람들의
캄캄한 마음에 떠오르는 太陽 ―
埃及의 채찍을 피해서 紅海에 막다른
『이스라엘』 사람들의 앞에 갑자기 길이던 神이리라.

내神은
내港口도 避難處도 安息도 아니오
내싸움속에서 나를지키고 鼓舞하는 소리리라.
연약하려는 落望하려는 나를 노려보는 엄숙한눈쌀이리라.

― 『바다와 나비』, 61~62쪽

[1] 연도. 일련의 탄원 기도나 기원으로 되어 있는 기도 형식. 사제 또는 찬양대 등이 짧은 내용으로 간구하여 말하거나 선창하면, 신자들이 응답하는 방식이다. 이때 신자들은 "주님, 자비를 베풀어 주소서.", "주님, 저희를 긍휼히 여기소서." 등으로 응답한다.

連禱

내神은
잠든아기의얼굴에서 우슴을 걷우는
즐거우려는 자라려는 날뛰려는
망아지와 薔薇를 시들게하는
이 邪惡한 비빠람을 가장미워하는 神이리라.

내神은
내마음속의 주착없은 放心과
간사한慟動과 친하려는 嬌態를
가장怒하시는 神이리라.

내神은
沙漠에 꺼꾸러저워치든 '아라비아'사람들의
캄캄한마음에 떠오르든 太陽 —
埃及의 채찍을 피해서 紅海에 막다른
'이스라엘'사람들의앞에 갑자기 길이든 神이리라.

내神은
내港口또 避難處도 아니오
내싸홈속에서 나를 지키고 鼓舞하는 소리리라.
연약하려는 落望하려는나를 노려보는 엄숙한 눈쌀이리라.

─《조광》5권 4호(1939. 4), 118~119쪽

금붕어

금붕어는 어항 밖 대기를 오르려야 오를 수 없는 하늘이라 생각한다.
금붕어는 어느새 금빛 비늘을 입었다. 빨간 꽃이파리 같은
꼬랑지를 폈다. 눈이 가락지처럼 삐여져 나왔다.
이젠 금붕어의 엄마도 화장한 따님을 몰라볼 게다.

금붕어는 아침마다 말쑥한 찬물을 뒤집어쓴다. 떡가루를 뿌려 주는
흰 손을 천사의 날개라 생각한다. 금붕어의 행복은
어항 속에 있으리라는 전설과 같은 소문도 있다.

금붕어는 유리 벽에 부딪쳐 머리를 부수는 일이 없다.
얌전한 수염은 어느새 국경임을 느끼고는 아담하게
꼬리를 젓고 돌아선다. 지느러미는 칼날의 흉내를 내서도
항아리를 끊는 일이 없다.

아침에 책상 위에 옮겨 놓으면 창문으로 비스듬히 햇볕을 녹이는
붉은 바다를 흘겨본다. 꿈이라 가리켜진
그 바다는 넓기도 하다고 생각한다.

금붕어는 아롱진 거리를 지나 어항 밖 대기를 건너서 지난해의
한류를 끊고 헤엄쳐 가고 싶다. 쓴 마개를 와락와락
삼키고 싶다. 옥도빛 해초의 산림 속을 검푸른 비늘을 입고

상어에게 쫓겨 다녀 보고도 싶다.

금붕어는 그러나 작은 입으로 하늘보다도 더 큰 꿈을 오므려
죽여 버려야 한다. 배설물의 침전처럼 어항 밑에는
금붕어의 연령만 쌓여 간다.
금붕어는 오르려야 오를 수 없는 하늘보다도 더 먼 바다를
자꾸만 돌아가야만 할 고향이라 생각한다.

금붕어

원문 1

금붕어는 어항밖 大氣를 오를래야 오를수없는 하늘이라 생각한다.
금붕어는 어느새 금빛 비눌을 입었다 빨간 꽃잎파리 같은
꼬랑지를 폈다. 눈이 가락지처럼 삐여저 나왔다.
인젠 금붕어의 엄마도 화장한 따님을 몰라 볼게다.

금붕어는 아침마다 말숙한 찬물을 뒤집어 쓴다 떡가루를 뿌려 주는[1]
힌손을 天使의 날개라 생각한다. 금붕어의 항복은
어항속에 있으리라는 傳說과 같은 소문도 있다.

금붕어는 유리벽에 부대처 머리를 부시는 일이없다.
얌전한 수염은 어느새 國境임을 느끼고는 아담하게
꼬리를 젓고 돌아선다. 지느러미는 칼날의 흉내를 내서도
항아리를 끊는 일이없다.

아침에 책상우에 옴겨 놓으면 창문으로 비스듬이 햇볕을 녹이는
붉은 바다를 흘겨본다. 꿈이라 가르켜진
그 바다는 넓기도 하다고 생각한다.

금붕어는 아롱진 거리를 지나 어항밖 大氣를 건너서 支那海의
寒流를 끊고 헤염처 가고싶다. 쓴매개[2]를 와락와락
삼키고 싶다. 沃度빛[3] 海草의 산림속을 검푸른 비눌을 입고
鱣魚에게 쪼겨댕겨 보고도 싶다

1 '뿌려 주는'이라는 말이 시집에서는 누락되었다. 원문 2에 따라 바로잡는다.
2 마개.
3 옥도빛. 요오드빛. 상온에서는 보랏빛의 결정을 보인다.

금붕어는 그러나 작은 입으로 하늘보다도 더 큰 꿈을 오므려
죽여버려야한다. 排泄物의 沈澱처럼 어항밑에는
금붕어의 年齡만 쌓여간다.
금붕어는 오를래야 오를수없는 하늘보다도 더 먼 바다를
자꾸만 돌아가야만 할 故鄕이라 생각한다.

— 『바다와 나비』, 63~65쪽

금붕어

金붕어는 어항밖大氣를 오를래야 오를수없는 한울이라생각한다.

金붕어는 어느새 금빛비눌을 입었다. 빨간꽃잎파리같은꼬랑지를 폈다. 눈이 가락지처럼 삐여저나왔다.

인젠금붕어의엄마는 응당 化粧한 따님을몰라볼게다.

×

金붕어는 아츰마다 말쑥한 冷水를 뒤집어쓴다.

떡가루를 뿌려주는 힌손을 天使의날개라 생각한다.

금붕어의幸福은 어항속에있으리라는 傳說과같은 이야기도 있다.

×

金붕어는 유리벽에 부대처 머리를 부시는일이없다.

얌전한수염은 어느새 國境임을 느끼고는 아담하게 꼬리를 젓고 돌아선다. 지느레미는 칼날의 흉내를 내서도 항아리를 끊는일이없다.

×

아츰에 책장우에 옴겨 놓으면 窓문턱으로 비스듬이 햇볕을 녹이는 붉은바다를 흘겨 본다. 꿈이라가르켜진그바다는 넓기도 하다고 생각한다.

×

金붕어는 아롱진 거리를지나 어항밖 大氣를 건너서 支那海의 寒流를 끊고 헤염처가고싶다. 쓴매개를 와락와락 삼키고싶다. 沃度빛의 海草에 森林속을 검푸른 비눌을 입고 상어에게쫓겨 댕겨보고도싶다.

×

金붕어는 그러나 작은 입으로 한울보다도 더큰 꿈을 오므려 죽여버려야 한다.

排泄物의 沈澱처럼 어항밑에는 금붕의 年齡이 쌓여간다.

×

金붕어는 오를래야 오를수없는 한울보다도 더 먼바다를 자꾸만 돌아가야할 故鄕이라 생각한다.

―(九・二・八)―

―《조광》 1권 2호(1935. 12), 39~40쪽

흰 장미처럼 잠이 드시다

흰 장미처럼 싸늘하게
내 청춘의 황혼 속에 빛나시는 얼굴

들뜬 손뼉 소리…… 꾸지람…… 휘황한 눈짓에도
당신의 심장은 다시 뜨거워지는 일이 없을 것입니다.

소란한 세기의 우짖음은
한갓 당신의 귀밑을 스치는 먼 바람결

악착한 웃음소리 아우성 소리에도
얼굴빛 하나 찡그림 없이
아득한 허무 앞에 당신은 합장을 하셨습니다.

당신은 지금 뭇 소리와 빛 밖에
태연히 눈을 감으시고
흰 장미처럼 잠이 드셨습니다.

허망한 생의 행렬에 총총히 왔다가는
이윽고는 실없는 나그네처럼 잊어버리워진다 합니다.

기억은 가장 믿기 어려운 그림자
다만 역사의 경영에 어느 구석 이름 없는 돌멩이고저.

힌 薔薇처럼 잠이드시다

원문 1

힌薔薇처럼싸늘하게
내靑春의 黃昏속에 빛나시는얼골

들뜬 손펵소리…… 꾸지람…… 휘황한눈짓에도
당신의 心臟은 다시 뜨거워지는일이없을것임니다

騷亂한世紀의 우지짐은
한갓 당신의귀몃을 스치는 먼 바람결

악착한우숨소리 아우성소리에도
얼골빛하나 찡그림없이
아득한 虛無앞에 당신은 合掌을 하셨읍니다

당신은지금 못소리와 빛밖에
泰然히 눈을 감으시고
힌 薔薇처럼 잠이 드셨읍니다

虛妄한 生의 行列에 총총히 왔다가는
이윽고는 실없는 나그내처럼 잊어버리워진다함니다

記憶은 가장 믿기어려운 그림자
다만 歷史의 經營에 어느 구석 일흠없는 돌맹이고저

—『바다와 나비』, 66~67쪽

힌薔薇같이 잠이 드시다
── 遺骸를 모시고 ──

힌 薔薇처럼 싸늘하게
내靑春의黃昏속에 빛나시는얼골 ──

들뜬손펵소리……꾸지람……휘황한눈짓에도
당신의心臟은 다시 뜨거워지는일이 없을것임니다.

騷亂한 世紀의우지짐은
한갓 당신의귀몇을 스치는 먼 바람결 ──

악착한 우름소리 아우성소리에도
얼골빛 하나 찡그림없이
아득한虛無앞에 당신은 合掌을 하셨읍니다.

당신은 지금 뭇 소리와 빛발에
泰然히 눈을 감으시고
힌薔薇처럼 잠이 드셨읍니다.

黃昏속에 멈춰서서 나는 지금
가슴에 설레오는 오래인
先祖와 先祖들의 소리를 듯습니다.

虛妄한 生의行列에 총총히 왔다가는
이윽고는 실없은나그내처럼 닞어바리워진다함니다.

記憶은 가장 믿기어려운 그림자 ──

다만 歷史의 經營에 어느구석 일홈없는 돌멩이고저 ─

─《인문평론》2권 4호(1940. 4), 46~47쪽

겨울의 노래

망토처럼 추근추근한 습지기로니
왜 이다지야 태양이 그리울까.
의사는 처방을 단념하고 돌아갔다지요.
아니요 나는 인생이 더 노엽지 않습니다.

여행도 했습니다. 몇 날 서투른 러브신 — 무척 우습습니다.
인조견을 두르고 환고향하는 어사도님도 있습디다.
저마다 훈장처럼 오만합니다. 사뭇 키가 큽니다.
남들은 참말로 노래를 부를 줄 아나 뵈.

갈바람 속에 우두커니 섰는 벌거벗은 허수아비들
어느 철없는 가마귀가 무서워할까요.
저런 연빛 하늘에도 별이 뜰 리 있나.
장미가 피지 않는 하늘에 별이 살 리 있나.

바람이 떼를 지어 강가에서 우짖는 밤은
절망이 혼자 밤새도록 내 친한 벗이었습니다.
마지막 별이 흘러가도 아무도 소름 치지 않습니다.
집마다 새벽을 믿지 않는 완고한 창들이 잠겨 있습니다.

육천 년 메마른 사상의 사막에서는 오늘 밤도

희미한 신화의 불길들이
음산한 회의의 바람에 불려 깜박거립니다.

그러나 사월이 오면 나도 이 추근추근한 계절과도 작별해야 하겠습니다.
습지에 자란 검은 생각의 잡초들을 불살라 버리고
태양이 있는 바닷가로 내려가겠습니다.
거기서 벌거벗은 신들과 건강한 영웅들을 만나겠습니다.

겨울의노래

원문 1

『망또』처럼 추근추근한 濕地기로니
웨이다지야 太陽이 그리울까
醫師는 處方을 斷念하고 도라갔다지요
아니요 나는 人生이 더 노엽지않읍니다

旅行도했읍니다 몇날서투룬『러옌씬』— 무척우습습니다
人造絹을 두루고 還故鄕하는 御史道님도있읍다다.
저마다 勳章처럼 傲慢합니다 사뭇 키가큼니다
남들은 참말로 노래를 부를줄 아나베

갈바람속에 우두커니섰는 벌거벗은 허수아비들
어느철없는 가마귀가 무서워할까요
저런 鉛빛한울¹에도 별이 뜯리있나
薔薇가 피지않는 한울에 별이 살理있나

바람이떼를지어 江가에서 우짖는밤은
絶望이 혼자 밤새도록 내 친한 벗이었읍니다
마지막별이 흘러가도 아모도 소름치지않읍니다.
집마다 새벽을 믿지않는 頑固한 窓들이 잠겨있읍니다

六千年메마른 思想의 沙漠에서는 오늘밤도
히미한 神話의 불낄들이
음산한 懷疑의 바람에 불려 깜박어립니다

---

1 납빛 하늘. 회색 하늘.

그러나 四月이오면 나도 이 추근추근한 季節과도 작별해야 하겠읍니다
濕地에 자란 검은생각의 雜草들을 불살워버리고
太陽이있는 바다까로 나려가겠읍니다
거기서 벌거벗은神들과 健康한英雄들을 맞나겠읍니다

─『바다와 나비』, 68~70쪽

겨울의 노래

원문 2

『망또』처럼 추근추근한 濕地이기로니
웨 이다지야 太陽이 그리울가?
醫師는 處方을 斷念하고 돌아갔다지요?
아니요 나는 人生이 더 怒엽지 않읍니다.

旅行도 했읍니다. 몇낮서 투른『러브씬』무척 웃고 싶읍니다.
人造絹을 둘르고 還故鄕하시는 御使道님네도 있읍디다.
저마다 勳章처럼 傲慢합니다. 사뭇 키가 큽니다.
남들은 참말로 노래를 불를줄 아나베.

갈바람속에 우두커니섰는 벌거벗은 허수아비를
어느 철없는 가마귀가 무서워할가요?
저런 鉛빛 한울에 별이 뜰리 있나요?
薔薇가 피지않는 하늘에도 별이 살가요?

바람이 떼를지어 江가에서 우짓는 밤은
절망이 혼자 밤새도록 내 친한 벗이었읍니다.
마지막별이 흘러가도 아무도 소름치지도 않읍니다.
집마다 새벽을 믿지않는 頑固한 窓들이 잠겨있읍니다.

六千年 메마른 思想의 沙漠에서는 오늘밤도
히미한 神話의 불길들이
음산한 懷疑의 바람이 불려 깜박어립니다.

그러나 四月이 오면 나도 이 추근추근한 季節과도 작별해야 하겠읍니다.

濕地에 자란 검은 생각의 雜草들을 불사라버리고
太陽이 있는 바다까로 나려가겠읍니다.
거기서 벌거벗은 神들과 健康한 英雄들을 만나겠읍니다.

―《문장(文章)》(1939. 11), 114~115쪽

새벽의 아담

상아 같은 등허리에 화려한 피를 묻히고
별을 밟으며 가시 언덕을 넘어감은
한시바삐 저 묵은 역사와도 결별함이리라.

희망은 또다시 어둠 위에 떠오르는 태양
밤이면 그대 때문에 거리거리에 나부끼는 홰ㅅ불의 리본
새벽이슬에 함뿍 젖어 오슬거리는
눈방울이 구슬 같은 아담들을 보렴.

장미보다 찬란한 근심을 지녀
보석처럼 영롱한 슬픔은 청춘의 훈장 ─
새벽 행렬은 청초한 수선화 향기가 돌더라.

새벽의「아담」

원문 1

象牙같은 등어리에 華麗한피를 묻히고
별을밟으며 가시언덕을 넘어감은
한時바삐 저 묵은歷史와도 訣別함이리라

希望은 또다시 어둠우에 떠오르는太陽
밤이면 그대때문에 거리거리에 나부끼는 홰ㅅ불의『리본』
새벽이슬에 함뿍젖어 오슬거리는
눈방울이 구슬같은『아담』들을보렴

薔薇보다 찬란한 근심을 지녀
寶石처럼 영롱한슬픔은 靑春의勳章 ─
새벽行列은 淸楚한 水仙花향기가 도더라

─『바다와 나비』, 71~72쪽

새벽의 『아담』

象牙같은 등어리에 華麗한피를 묻히고
별을밟으며 가시언덕을 넘어감은
한時바삐 저 묵은歷史와도 訣別함이리라

希望은 또다시 어둠우에 떠오르는太陽
밤이면 그대때문에 거리거리에 나부끼는 홰ㅅ불의『리본』
새벽이슬에 함뿍젖어 오슬거리는
눈방울이 구슬같은『아담』들을 보렴

薔薇보다 찬란한 근심을 진여
寶石처럼영롱한슬픔은 靑春의勳章 —
새벽行列은 淸楚한 水仙花향기가 도더라

——《조광》 8권 1호(1942. 1), 121쪽

동방 기행

서시

언제고 이게 내 고향이거니 하고 맘 놓은 적은 없다.
산 넘어 들 건너 구름 속에도
영구한 시간의 미래 속에도 내 찾아갈 '약속'은 없다.

행복 — 너는 벌써 나를 유혹할 수도 격려할 수도 없이 병신된 꿈이고나.
불행도 파문도 추방도 이제는 나를 위협하지는 못한다.

연애조차도 고칠 수 없는
이 무성한 우울을 차라리 웃어 버릴까.
절망을 차고 넘어 부질없이 허무를 꾸짖어 본다.

나를 얽매인 이 현재로부터
나는 언제고 탈주를 계획한다.
마음이 추기는 진정하지 못하는 소리는 오직
"가자. 그리고 돌아오지 말자."

미야지마 (宮島)

얼룩진 사슴아.
극진한 호사에 살이 쪘으나
둥근 가슴이 향수로 부은 줄 내사 모르랴.
고사리 가지를 곱게 짜서 훈장이라 채워 주노니
슬픈 영웅처럼 널랑 섬을 뛰어다녀라.

가마쿠라 해변 (鎌倉海邊)

함뿍 비에 젖은 나룻배 등불 하나
저무는 바다를 오락가락 밤을 짭니다.

소라처럼 슬픔을 머금고 나도
두터운 침묵의 껍질 속으로 오므라듭니다.

주젠지호〔中禪寺湖〕

한밤 숨을 죽이고 엎드린 호수 위에
으시시 가을이 추워 등불이 소름친다.

달 아래 두 볼이 홀쭉한 나그네더러
딱한 이국의 소녀는 기어이
웃음을 두고 온 데가 어디냐고 물어 댄다.

"조국이 아닌 조국. 먼 희망의 무덤에 ─ ."
그림 파는 소녀는 아무래도 키네마보다는
재미없는 얘기라 하면서 돌아선다.

센다이〔仙臺〕

이 지리한 장마가 언제나 갤까 ─ 하고 천기예보만 뒤져 보는 날
버려 둔 철필이 삐뚜루 필통에 꽂혀 녹이 슬었다.

기둥이고 싶지는 않았으랴.
날개고 싶지는 않았으랴.
총부리고 싶지는 않았으랴.
보미 낀 철필을 물어뜯으며 뜯으며
창밖에 찌푸린 장마를 흘겨보는 아침
신문엔 또 이웃 나라에 난리가 소란타 했다.

세토나이카이〔瀬戸內海〕

세토나이카이 이 지대는
여호와의 서정시.

금방 단발한 어린 송림들이
타박머리를 바람에 휘젓는 곳
한 폭 말쑥한 푸른 종이에
갈매기 너는 무슨 악보를 그리노.

에노시마〔江之島〕

음분한 제비들이
날아간 뒤에
축축한 모래둔 우에는
빨간 두께를 한 콤팩트와
새까만 날개깃과
얼빠진 달이
떨어져 있었다.

쿠레 군항〔吳軍港〕

해만에 구축함들이
몸 가려운 하돈처럼 뒹굴고 있었다.

어디서 전쟁이 부르지나 않나 해서
자꾸만 귀를 쭈빗거리면서 ―

쇼부다 해수욕장〔菖蒲田海水浴場〕

그 날랜 재봉사 세월도
바다 얼굴에는 주름살을 잡지 못합니다그려.

시간이 달려가는 대륙을 비웃는
바다의 끊임없는 웃음소리.
시들은 내 서른 해가 소라처럼 부끄럽구료.

고베 부두〔神戶埠頭〕

활짝
창공으로 열어젖힌 창.
윤선들은 방금 눈을 뜬 비둘기들처럼
제각기 깃발을 물고
푸른 숲으로 흩어진다.

東 方 紀 行

序 詩

언제고 이게 내고향이거니하고 맘놓은적은없다.
山넘어 들건너 구룸속에도
永久한時間의 未來속에도 내 찾어갈 『約束』은없다.

幸福 —— 너는벌써 나를 誘惑할수도 激勵할수도없이 병신된 꿈이고나.
不幸도 破門도 追放도 인제는 나를 威脅하지는못한다.

戀愛조차도 고칠수없는
이 茂盛한 憂鬱을 차라리 웃어버릴까.
絶望을 차고넘어 부질없이 虛無를 꾸짖어본다.

나를얽매인 이現在로부터
나는언제고 脫走를 계획한다.
마음이 추기는[1] 진정하지못하는 소리는 오직
『가자 그리고 도라오지마자』

---

1 추기다. 다른 사람을 꾀어서 무엇을 하도록 하다.

宮 島²

얼룩진 사슴아.
극진한 호사³에 살이 쪘으나
둥근가슴이 鄕愁로 부은 줄 내사모르랴.
고사리가지를 곱게짜서 勳章이라 채워주노니
숲은 英雄처럼 널랑 섬을 뛰어댕겨라.

鎌 倉⁴ 海 邊

함뿍 비에젖은 나루배 燈불하나
저므는 바다를 오락가락 밤을 짭니다.⁵

소라 처럼 슲음을 먹음고 나도
두터운 沈默의껍질속으로 오무라듭니다.

2   미야지마. 일본 히로시마만의 남서쪽에 있는 섬.
3   호사(豪奢). 호화롭게 사치함.
4   가마쿠라(겸창). 일본 가나가와현 동남부의 도시. 12세기 후반부터 14세기 전반까지 일본 최초의 무사 정권이었던 가마쿠라막부가 자리 잡았던 장소.
5   짜다. 실이나 끈 따위를 씨와 날로 결어서 천 따위를 만들다.

中 禪 寺 湖[6]

한밤 숨을죽이고 업드린 湖水우에
으시시 가을이추워 등불이 소름친다.

달아래 두 볼이 홀쭉한 나그네더려
딱한 異國의少女는 기어히
우슴을 두고온데가 어디냐고 물어댄다.

「祖國이아닌 祖國. 먼希望의무덤에 ─」
그림파는少女는 아모래도「키네마」보다는
자미없는 얘기라 하면서 도라선다.

仙 臺[7]

이 지리한 장마가 언제나 갤까 ─ 하고 天氣豫報만 뒤저보는날
버려둔鐵筆이 삐뚜루 필통에 꼬처 녹이쓸었다.
　　기둥이고 싶지는 않었으랴.

6　주젠지호(中禪寺湖, 중선사호). 일본 도치기현 닛코시 닛코 국립공원 내에 있는 호수.
7　센다이(仙臺, 선대). 일본 도호쿠 지방 미야기현의 현청 소재지. 김기림이 유학했던 동북제국대학이 이곳에
　　자리 잡고 있다.

날개고 싶지는 않었으랴.
　충뿌리고 싶지는 않았으랴.
보미낀[8] 鐵筆을 물어뜯으며뜯으며
窓밖에 찌푸린 장마를 흘겨보는아츰
新聞엔 또 이웃나라에 난리가 소란타 했다.

瀨 戶 內 海 [9]

瀨戶內海 이地帶는
「여호와」의 抒情詩.

금방斷髮한 어린 松林들이
타박머리[10]를 바람에 휘젓는 곳
한幅 말숙한 푸른 종이에
갈마기 너는 무슨 樂譜를 그리노.

---

8 보미 끼다. 녹(綠)이나 동록(銅綠)이 끼다. 사물 현상을 제대로 보지 못하게 가리는 나쁜 사상적 독소가 생기다.
9 세토나이카이(瀨戶內海, 뢰호내해). 일본 혼슈 서부 지역과 규슈·시코쿠에 에워싸인 내해이며 다도해로 유명하다.
10 더벅머리.

江之島[11]

淫奔한 제비들이
나러간 뒤에
축축한 모래둔[12] 우에는
빨간 두께를한「컴팩트」[13]와
새깜안 날 깃 과
얼빠진 달이
떨어저 있었다.

吳軍港[14]

海灣에 驅逐艦들이
몸가려운 河豚[15]처럼 딩굴고 있었다.

---

11 에노시마(江之島, 강지도). 일본 가나가와현 가마쿠라 부근 가타세 강의 하구에 있는 작은 섬. 에노시마 다리로 육지와 연결되어 있으며 명승지로 유명하다.
12 모래언덕.
13 콤팩트(compact). 휴대용 화장 도구. 보통 거울이 붙어 있고 분, 연지 따위가 들어 있다.
14 구레 군항(吳軍港, 오군항). 일본 히로시마만의 세토나이카이에 면해 있는 항구 도시. 군항(軍港)으로 유명하다.
15 하돈(河豚). 복어.

어디서 戰爭이 부르지나 않나 해서
자꾸만 귀를 주핏거리면서16 —

菖 蒲 田 海 水 浴 場17

그 날랜18 裁縫師 歲月도
바다얼골에는 주름살을 잡지못함니다그려.

時間이 달려가는 大陸을 비웃는
바다의 끊임없는 우슴소리.
시드른 내 서른해19가 소라처럼 부끄럽구료.

---

16   쭈빗거리다.
17   쇼부다 해수욕장(菖蒲田海水浴場, 창포전해수욕장). 일본 미야키현 마쓰시마만에 있는 해수욕장. 센다이에서 멀지 않은 명승지다.
18   날래다. 움직임이 빠르다.
19   이 작품의 창작 연대를 말해 주는 대목. 1909년생인 김기림이 서른이 되던 해는 1938년이다. 1939년 3월 동북제대를 졸업하기 전에 해당한다.

神 戶[20] 埠 頭

활짝
蒼空으로 열어제낀 窓.
輪船들은 방금 눈을 뜬 비둘기들처럼
제각기 旗빨을 물고
푸른숲으로 흐터진다.

―『바다와 나비』, 73~83쪽

20 고베[神戶]. 일본 효고현의 중심을 이루는 국제 무역도시. 일본 제3의 무역항이며 한신공업지대[阪神工業地帶]의 중심지로서 세토나이카이 국립공원을 포함하고 있다.

에 노 시 마
— 續東方紀行詩 —

원문 2

I 『가마꾸라』海邊

바다 —
그 날랜 裁縫師 歲月도
당신의 얼골에는 주룸쌀을 잡지못합니다그려.

時間이 달려가는 大陸을 비웃는 당신의 끄님없는 우슴소리.
시드른 내 三十年이 소라처럼 부끄럽구료.

바다 —
슬픈어머니처럼 그러나
당신은 오늘 무엇때문에 그렇게 憂鬱하시오?

來日은 旗幅을 높이 올릴가요?
그렇면 航海를 藍빛 꽃따발로 둘러주시려우?

II 『에노시마』海水浴場

繚奔한 제비들이
날러간뒤에
축축한 모래둔 우에는 —

빨간두께를한 『컴팩트』와
새깜한 날개깃과
얼빠진 달이
떨어져 있었다.

III 軍 港

海灣에는 驅逐艦들이
몸 가려운 河豚처럼 딩굴고 있었다.

어데서 戰爭이 부르지나 않나해서
자꾸만 귀를 주벗거리면서 ― (舊稿)

―《문장》 1권 5호(1939. 6), 102~103쪽

瀨戶內海
―續東方紀行詩―

I 安藝幸崎附近

瀨戶內海 이 地帶는
『에호봐』의 抒情詩.

금방 斷髮한 어린 松林들이
타박머리를 바람에 휘날리는 곳

한幅 말쑥한 푸른 종이에
갈매기야 너는 무슨 樂譜를 그리노?

심술을 부릴양으로
『모오타 뽀오트』를 휘몰아 들어가면
내 배도 어느새 詩의 한 句節이 되어버린다.

II 神戶埠頭

활짝 靑空으로 열어제낀 窓이다.
汽船들은 방금 눈을 뜬 비둘기들처럼
旗빨을 물고 제각기 푸른 숲으로 흩어진다.　　　　　　(舊稿)

―《문장》(1939. 7), 140~141쪽

코끼리

키플링 씨의 자장가만 듣고
코끼리는 잠만 잘 자면 칭찬을 받는다.

코끼리[1]

원문 1

「키풀링」氏의 자장가만 듣고

코끼리는 잠만 잘자면 칭찬을 받는다.

—『바다와 나비』, 84쪽

---

[1] 1939년 7월 《조광》 5권 7호에 발표한 「海洋動物園」이라는 작품 가운데 하나.

海洋動物園

A 코키리

「기풀링」氏의 자장가만듣고
코키리는 잠만잘자면 칭찬을 받는다

—《조광》 5권 7호(1939. 7), 116~117쪽

낙타

됨됨이 천상해야 근로계급이다.
어원 경 태평합시라고 보낸 하느님의 선물이다.

駱 駝[1]

됨됨이 천상[2]해야 勤勞階級이다.

「어윈」[3] 卿 태평합시라고 보낸 한우님의 선물이다.

—『바다와 나비』, 85쪽

1　1939년 7월《조광》5권 7호에 발표한「海洋動物園」이라는 작품 가운데 하나.
2　천상(天常). 하늘이 정한 인륜(人倫)의 길.
3　Lord Irwin(1881~1959). 영국의 정치가. 인도에 파견되었던 초대 영국 총독. 그 후 영국 외무장관을 지냄.

海 洋 動 物 園

원문 2

B 駱駝

됨됨이 천생해야 勤勞階級이다.
「어 — 원」卿 泰平합시라고 보내신 하누님의 선물이다.

—《조광》5권 7호(1939. 7), 116~117쪽

잉코

밤낮 없이 모양만 내시니
조국 에티오피아 왕조의 종언은 모르시나뇨.

잉 코[1]

밤낮없이 모냥[2]만 내시니

祖國「에띠오피아」王朝의 終焉[3]은 모르시나뇨.

——『바다와 나비』, 86쪽

---

1 1939년 7월 《조광》 5권 7호에 발표한 「海洋動物園」이라는 작품 가운데 하나.
2 모양.
3 에티오피아는 19세기까지 이집트, 이탈리아 등의 침략까지 막아 내 독립국으로써의 위상을 전 세계에 알렸으며 1931년 입헌 군주제 국가가 되었다. 그런데 1935년 10월 2일부터 이탈리아의 에티오피아 침략이 개시되었고 1936년 5월 2일, 이탈리아의 2차 공격에 패배해 황제가 예루살렘으로 망명했다. 이 작품에서 언급하고 있는 '왕조의 종언'은 이러한 역사적 사실을 암시한다.

海洋動物園

C 잉 코

밤낮 없이 모양만 내시니
祖國『에디오피아』王朝의 終焉은 모르시나요?

—《조광》 5권 7호(1939. 7), 116~117쪽

유리창

여보
내 마음은 유린가 봐 겨울 하늘처럼
이처럼 작은 한숨에도 흐려 버리니……

만지면 무쇠같이 굳은 체하더니
하룻밤 찬 서리에도 금이 갔구료.

눈포래 부는 날은 소리치고 우오.
밤이 물러간 뒤면 온 뺨에 눈물이 어리오.

타지 못하는 정열 박쥐들의 등대
밤마다 날아가는 별들이 부러워 쳐다보며 밝히오.

여보
내 마음은 유린가 봐.
달빛에도 이렇게 부서지니.

유 리 창

원문 1

여보
내마음은 유린가봐 겨울한울처럼
이처럼 작은한숨에도 흐려버리니……

만지면 무쇠같이 굳은체하더니
하로밤 찬서리에도 금이갔구료

눈포래[1]부는날은 소리치고 우오
밤이물러간뒤면 온뺨에 눈물이어리오

타지못하는 情熱 박쥐들의 燈臺
밤마다 날어가는 별들이 부러워 처다보며밝히오

여보
내 마음은 유린가봐
달빛에도 이렇게 부서지니

— 『바다와 나비』, 87~88쪽

1 눈보라.

봄

사월은 게으른 표범처럼
이제사 잠이 깼다.
눈이 부시다.
가려웁다.
소름친다.
등을 사린다.
주춤거린다.
성큼 겨울을 뛰어넘는다.

봄

원문 1

四月은 겨으른[1] 표범처럼
인제사 잠이 깼다
눈이 부시다
가려웁다
소름친다
등을 살린다[2]
주춤거린다
성큼 겨울을 뛰어넘는다

——『바다와 나비』, 89쪽

---

1 게으르다.
2 사리다. 어떤 일에 적극적으로 나서지 않고 몸을 아끼다.

小 曲

四月은 겨으른표범처럼
인제사 잠이깼다
눈이부시다 가려웁다
소름친다
등을 살린다
주춤거린다
성큼 겨울을 뛰어넘는다

―《조광》 7권 4호(1941. 4), 1쪽

4

주피터 추방
(이상의 영전에 바침)

파초 이파리처럼 축 늘어진 중절모 아래서
빼어 문 파이프가 자주 거룩지 못한 원광을 그려 올린다.
거리를 달려가는 밤의 폭행을 엿듣는
추켜올린 어깨가 이 걸상 저 걸상에서 으쓱거린다.
주민들은 벌써 바다의 유혹도 말 다툴 흥미도 잃어버렸다.

칸다라 벽화를 흉내 낸 아롱진 잔에서
주피터는 중화민국의 여린 피를 들이켜고 꼴을 찡그린다.
"주피터 술은 무엇을 드릴가요?"
"응, 그 다락에 얹어 둔 등록한 사상을랑 그만둬.
빚은 지 하도 오래서 김이 다 빠졌을걸.
오늘 밤 신선한 내 식탁에는 제발
구린 냄새는 피지 말어."

주피터의 얼굴에 절망한 웃음이 장미처럼 희다.
주피터는 지금 실크해트를 쓴 영란은행 노만 씨가
글쎄 대영제국 아침거리가 없어서
장에 계란을 팔러 나온 것을 만났다나.
그래도 계란 속에서는
빅토리아 여왕 직속의 악대가 군악만 치더라나.

주피터는 록펠러 씨의 정원에 만발한
곰팡이 낀 절조들을 도무지 칭찬하지 않는다.
별처럼 무성한 온갖 사상의 화초들.
기름진 장미를 빨아먹고 오만하게 머리 추어든 치욕들.

주피터는 구름을 믿지 않는다. 장미도 별도……
주피터의 품 안에 자빠진 비둘기 같은 천사들의 시체.
검은 피 엉클인 날개가 경기구처럼 쓰러졌다.
딱한 애인은 오늘도 주피터더러 정열을 말하라고 조르나
주피터의 얼굴에 장미 같은 웃음이 눈보다 차다.
땅을 밟고 하는 사랑은 언제고 흙이 묻었다.

아무리 때려 보아야 스트라빈스키의 어느 졸작보다도
이쁘지 못한 도, 레, 미, 파…… 인생의 일주일.
은단과 조개껍질과 금화와 아가씨와
불란서 인형과 몇 개 부스러진 꿈 조각과……
주피터의 노름감은 하나도 재미가 없다.

몰려오는 안개가 겹겹이 둘러싼 네거리에서는
교통순경 로랑 씨 루스벨트 씨 기타 제씨가
저마다 그리스도 몸짓을 흉내 내나

함부로 돌아가는 붉은 불 푸른 불이 곳곳에서 사고만 일으킨다.
그중에서도 프랑코 씨의 직립 부동의 자세에 더군다나 현기증이 났다.

주피터 너는 세기의 아픈 상처였다.
악한 기류가 스칠 적마다 오슬거렸다.
주피터는 병상을 차면서 소리쳤다.
"누덕이불로라도 신문지로라도 좋으니
저 태양을 가려 다오.
눈먼 팔레스타인의 살육을 키질하는 이 건장한
대영제국의 태양을 보지 말게 해 다오."

주피터는 어느 날 아침 초라한 걸레 조각처럼 때 묻고 해어진
수놓는 비단 형이상학과 체면과 거짓을 쓰레기통에 벗어 팽개쳤다.
실수 많은 인생을 탐내는 썩은 체중을 풀어 버리고
파르테논으로 파르테논으로 날아갔다.

그러나 주피터는 아마도 오늘 셀라시에 폐하처럼
해어진 망토를 두르고
무너진 신화가 파묻힌 폼페이 해안을
바람을 더불고 혼자서 소요하리라.

주피터 승천하는 날 예의 없는 사막에는
마리아의 찬양대도 분향도 없었다.
길 잃은 별들이 유목민처럼
허망한 바람을 숨 쉬며 떠다녔다.
허나 노아의 홍수보다 더 진한 밤도
어둠을 뚫고 타는 두 눈동자를 끝내 감기지 못했다.

쥬피타 追放
(李箱의靈前에바침)

원문 1

芭蕉 잎파리처럼 축 느러진 中折帽 아래서
빼여 문 파이프가 자조 거륵지 못한 圓光을 그려올린다.
거리를 달려가는 밤의 暴行을 엿듣는
치켜 올린 어깨가 이걸상 저걸상에서 으쓱거린다.
住民들은 벌서 바다의 유혹도 말다툴 흥미도 잃어버렸다.

깐다라 壁畵를 숭내낸 아롱진 盞에서
쥬피타[1]는 中華民國의 여린피를 드리켜고 꼴을 찡그린다.
「쥬피타 술은 무엇을 드릴가요?」
「응 그 다락에 언저둔 登錄한 思想을랑 그만둬.
빚은지 하도 오라서 김이 다 빠졌을걸.
오늘밤 신선한 내 식탁에는 제발
구린 냄새는 피지말어.」

쥬피타의 얼굴에 絶望한 우슴이 장미처럼 히다.
쥬피타는 지금 씰크햇트를 쓴 英蘭銀行노오만氏가
글세 大英帝國 아츰거리가 없어서
장에 게란을 팔러 나온것을 만났다나.
그래도 게란 속에서는
빅토리아女王 直屬의 樂隊가 軍樂만 치드라나.

쥬피타는 록펠라氏의 庭園에 만발한
곰팽이낀 節操들을 도모지 칭찬하지 않는다.

---

1 주피터(Jupiter). 그리스 신화에 등장하는 남신. 태양계에서 다섯 번째인 가장 큰 행성 목성. 여기에서는 '시인 이상'을 가리킨다.

별처럼 무성한 온갖 思想의 花草들.
기름진 장미를 빨아 먹고 오만하게 머리추어든 恥辱들.

쥬피타는 구름을 믿지않는다. 장미도 별도……
쥬피타의 품안에 자빠진 비둘기 같은 天使들의 屍體.
거문 피 엉크린 날개가 輕氣球처럼 쓰러졌다.
딱한 愛人은 오늘도 쥬피타다려 정열을 말하라고 졸르나
쥬피타의 얼굴에 장미같은 우숨이 눈보다 차다.
땅을 밟고 하는 사랑은 언제고 흙이 묻었다.

아모리 따려보아야 스트라빈스키의 어느拙作보다도
이뿌지 못한 도, 레 미, 파…… 인생의 一週日.
은단 와 조개껍질과 金貨와 아가씨와
佛蘭西人形과 몇개 부스러진 꿈 쪼각과……
쥬피타의 노름감은 하나도 자미가 없다.

몰려오는 안개가 겹겹이 둘러싼 네거리에서는
交通巡査 로오랑氏 로오즈벨트氏 기타 제씨가
저마다 그리스도 몸짓을 숭내내나
함부로 돌아가는 붉은 불 푸른 불이 곳곳에서 事故만 이르킨다.
그중에서도 푸랑코氏의 直立不動의 자세에 더군다나 현기ㅅ증이 났다.

쥬피타 너는 世紀의 아픈 상처였다.
惡한 氣流가 스칠적마다 오슬거렸다.
쥬피타는 병상을 차면서 소리쳤다.
『누덕이불로라도 신문지로라도 좋으니

저 太陽을 가려다고.
눈먼 팔레스타인의 殺戮을 키질하는 이 건장한
大英帝國의 태양을 보지 말게 해다고』

쥬피타는 어느날아침 초라한 걸레쪼각처럼 때묻고 해여진
수놓는 비단 形而上學과 체면과 거짓을 쓰레기통에 벗어팽개쳤다.
실수많은 인생을 탐내는 썩은 體重을 풀어 버리고
파르테논²으로 파르테논으로 날어갔다.

그러나 쥬피타는 아마도 오늘 세라시에 陛下³처럼
해여진 망또를 둘르고
문허진 神話가 파묻긴 폼페이 海岸을
바람을 데불고 혼자서 소요하리라.

쥬피타 昇天하는날 禮儀없는 사막에는
마리아의 찬양대도 분향도 없었다.
길잃은 별들이 遊牧民처럼
허망한 바람을 숨쉬며 떠 댕겼다.
허나 노아의 홍수보다 더진한 밤도
어둠을 뚫고 타는 두 눈동자를 끝내 감기지 못했다.

— 『바다와 나비』, 93~98쪽

2 파르테논 신전.
3 하일레 셀라시에 1세(1892~1975). 에티오피아의 마지막 황제로 1930년부터 1974년까지 재위했다. 1936년 이탈리아의 침공으로 한때 예루살렘으로 망명하기도 했다.

5

세계에 외치노라

부스러진 거리거리 이즈러진 육지에
화약 연기 걷히는 날
오래인 병석에서 일어나는 것처럼
한 새로운 세계의 얼굴은 떠오르리라 —
어지럽던 지옥의 지리가 끝난 곳에
어린 천국의 보석 대문은 열리리라 했더니 —

묻노니 역사여 너는 무엇 때문에
그렇게도 배부를 줄이 없이
수없는 청춘과 또 꿈
박물관과 도서관과 대학
가장 비싼 세계의 재산을 삼켰더냐.
'자유와 그리고 새로운 세계'
그 밖에는 이 커다란 살육을 용서할
오색 논리로 단장한 아무러한 구실도 거짓이리라.

병든 꿈에 배인 어두운 신화와
사나운 열병에 몰린 세 민족이
온 세계의 젊은이와 태양을 묻어 버렸던
저 식은 재와 같은 여러 해를 잊었느냐.
무명전사의 십자가에 묻노니 그대 어깨에 걸린 것은

누구의 자유를 위한 꽃다발이냐.

구라파의 등에 솟은 해골의 산
우크라이나 노르망디 불붙는 화덕에
오— 무럭무럭 거기 풍성한 여러 나라의 청춘을 피웠더라.
녹아 흐르는 불바다 불길 뿜는 섬들
세계의 반 조각에 걸쳐 아직도 남아 타오르는 기름과 유황 연기.
오— 여러 해 꺼질 줄 모르던 세기의 화장터야.

저 동으로 뻗친 살진 동맥
여러 세기를 두고 한 제국을 키워 간 탐욕한 핏줄을 보아라.
존 폴 씨의 사치한 신경이 거기 얽혀 떨리지 않느냐.
저도 모르는 사이에 부엌에서 부엌으로 끌려다니는
사자의 염통 아프리카를 보아라.
구라파의 호텔을 부지하는 수입 맞는 영양을 —

힌두스타니는 얼굴 검은 종족에게 주라.
여왕님, 진주 목도리는 독목주 선수들의 것입니다.
사막과 금강석은 말달리는 주민에게 돌리라.
분주한 문명이라는 시장에 그들은 지각한 죄밖에 없었으니 —
지구에 휘감긴 삭은 사슬을 아직도 지키려는 자 누구냐.

착한 늙은 나라 나라에 황홀한 야시일랑 벌리지 말아라.
지혜와 일과 웃음만이 있으면 그만이다.
분과 비단은 사탄의 얼굴을 감추는 데만 소용이 되리라.
오 ─ 오래인 신전 거룩한 대륙에서
장사치와 마키아벨리의 후예를 쓸어 버릴
성낸 헤브라이 젊은 사나이는 어디 없느냐.

중천에 사무치는 화톳불을 피우자.
제국을 떠받치던 해골의 서까래도 기둥도
호사와 음란을 길러 가던 무지와 부덕도
화톳불에 던져라 어서 살워 버려라.
세계에 금을 그은 저 요새선들과
대포와 조병창과 투구들도 ─
전쟁은 벌써 끝나지 않았느냐.
제국도 강국도 다 역사의 가슴에 달린
부질없는 사치한 장식이 아니냐.

여러 오해와 적의의 가시덤불에 싸여
한 갈래 좁고 가는 이해와 지혜의 길은
아직도 어둔 밤 플라티나 머리칼처럼 희미하게 떨릴 뿐,
나의 아름다운 세계 현란히 열릴 날 언제냐.

오직 하나뿐인 세계 금 가지 않은 세계로 향해
사라센의 휘장처럼
아침 안개 눈부시게 걷힐 날은 언제냐.

어두운 주검 속에서 꽃처럼 피어나는 논리.
해골의 들에도 봄바람이 불면
젖은 잿더미 위에도 벌거벗은 산맥에도
싹은 트리니 푸른 싹은 트리니
이윽고 거기 보랏빛 당홍빛 노랑이
무지개같이 가지가지 꽃 우거져 나부껴
인제 어린 아담들 눈을 부비며 일어나리라.
세계에 외치노니 어서 길을 비키라.
저기 새로운 날은 녹 슬은 사슬을 끄은 채
거만한 프로메테우스처럼 그러나 늠름히 오지 않느냐.

世界에웨치노라

원문 1

부스러진거리거리 이즈러진陸地에
火藥 연기걷히는날
오래인病席에서 이러나는것처럼
한 새로운世界의얼골은 떠오르리라 ―
어지럽던 地獄의 地理가 끝난곳에
어린天國의 寶石대문은 열리리라했더니 ―

묻노니 歷史여 너는무엇때문에
그렇게도 배부를줄이없이
수없는靑春과 또 꿈
博物館과 圖書館과 大學
가장 비싼世界의 재산을 삼켰더냐.
『自由와 그리고 새로운 世界』
그밖에는 이커다란殺戮을 용서할
五色論理로 단장한 아모러한口實도 거즛이리라.

病든꿈에 배인 어두운神話와
사나운熱病에몰린 세民族이
온世界의, 젊은이와太陽을 묻어버렸던
저 식은재와같은 여러해를잊었느냐
無名戰士의十字架에묻노니 그대어깨에걸린것은
누구의自由를위한 꽃따발이냐.

歐羅巴의등에솟은 骸骨의山
『우크라이나』『노르만디』불붙는 화독에

오 — 무럭무럭 거기풍성한 여러나라의 靑春을 피웠더라.
녹아흐르는불바다 불낄뿜는 섬들
世界의半쪼각에걸처 아직도남아타오르는기름과 硫黃연기.
오 — 여러해 꺼질줄모르던 世紀의 火葬터야.

저東으로뻐친 살진動脈
여러世紀를두고 한帝國을키어간 貪慾한 피ㅅ줄을보아라
『쫀·뿔』씨의 사치한神經이 거기얽혀 떨리지안느냐.
저도모르는사이에 부억에서 부억으로 끌려댕기는
獅子의염통『아쓰리카』를보아라
歐羅巴의『호텔』을 부지하는 收入맞는榮養을 —

『힌두스타니』[1]는 얼골검은 種族에게주라.
女王님. 眞珠목도리는 獨木舟選手들의것입니다.
沙漠과 金剛石은 말달리는住民에게돌리라.
분주한 文明이라는市場에 그들은 遲刻한罪밖에 없었으니 —
地球에 휘감긴 삭은사슬을 아직도 지키려는者누구냐.

착한 늙은나라나라에 황홀한 夜市일랑 벌리지말어라.
知慧와 일과 우숨만이있으면 그만이다.
紛과비단은『사탄』의얼골을 감추는데만 소용이되리라.
오 — 오래인神殿 거룩한 大陸에서

---

1 힌두스타니(Hindustani). 인도 북부 지역의 상용어로 힌디어의 방언.

장사치와 『마캬 — 벨리』²의 後예를 쓸어버릴
성낸『헤부라이』³젊은사나이는 어디없느냐.

중천에사모치는 화토불을피우자.
帝國을 떠바치던 骸骨의 석가래도 기둥도
호사와 음난을 길러가던 無知와 不德도
화토불에날라 서서 살워버려라.
世界에 금을그은 저要塞線들과
大砲와 造兵廠과 투구들도 ―
戰爭은 벌서 끝나지않었느냐.
帝國도 强國도 다 歷史의가슴에달린
부질없는 사치한장식이아니냐.

여러誤解와 敵意의 가시덤불에쌓여
한갈래 좁고가는 理解와 知慧의길은
아직도 어둔밤『푸라티나』머리칼처럼 히미하게 떨릴뿐.
나의 아름다운 世界 현란히 열릴날언제냐
오직 하나뿐인世界 금가지않은 世界로향해
『사라센』⁴의휘장처럼
아츰안개 눈부시게 걷힐날은언제냐.

2 마키아벨리(Niccolò Machiavelli, 1469~1527). 이탈리아의 통일과 번영을 꿈꾸며 새로운 정치 사상을 모색한 정치사상가. 저서로 『군주론』이 유명하다.
3 Hebrai. 원래 외국인들이 유대인을 멸시하여 부른 말. 사회적 신분이 낮은 노예 계층 사람들을 가리킨 말.
4 사라센(Saracen). 중세의 유럽인이 서아시아의 이슬람교도를 부르던 호칭.

어두운 주검속에서 꽃처럼 피어나는 論理.
骸骨의들에도 봄바람이 불면
젖은 재떼미우에도 벌거벗은 山脈에도
싹은트리니 푸른싹은트리니
이윽고 거기 보라빛 당홍빛 노랑이
무지게같이 가지가지꽃 우거저나부껴
인제 어린『아담』들 눈을부비며 일어나리라.
世界에 웨치노니 어서길을비끼라
저기 새로운날은 녹쓰른사슬을 끄은채
거만한『푸로메티우쓰』⁵처럼 그러나 늠늠히 오지않느냐.

—『바다와 나비』, 101~106쪽

5 프로메테우스(Prometheus). 그리스 신화에 나오는 티탄족의 이아페토스의 아들. 주신(主神) 제우스가 감추어 둔 불을 훔쳐 인간에게 내줌으로써 인간에게 맨 처음 문명을 가르친 장본인으로 알려져 있다.

世界에 웨치노라[1]

원문 2

부스러진 거리거리 이즈러진 陸地에
火藥 연기 거치는 날
오래인 病席에서 이러나는 것처럼
한 새로운 世界의 얼골은 떠오르리라—
어지럽던 地獄의 地理가 끝난 곳에
어린 天國의 寶石 대문은 열리리라 했더니—

×××

뭇노니 歷史여 너는 무엇 때문에
그렇게도 배부를 줄이 없이
수없는 靑春과 또 꿈
博物館과 圖書館과 大學
가장 비싼 世界의 재산을 삼켰더냐.
『自由와 그러고 새로운 世界』
그밖에는 이 커다란 殺戮을 용서할
五色 論理로 단장한 아모러한 口實도 거즛이리라

×××

저 東으로 뻐친 살진 動脈
여러 世紀를 두고 한 帝國을 키어간 貪慾한 피ㅅ줄을 보아라
『쫀·뿔』 씨의 사치한 神經이 거기 얽혀 떨리지 안느냐.

1 발굴 원문.

저도 모르는 사이에 부엌에서 부엌으로 끌려 댕기는
獅子의 염통『아프리카』를 보아라

歐羅巴의『호텔』을 부지하는 收入 맛는 榮養을——

× × ×

『힌두스타니』는 얼골 검은 種族에게 주라.
女王님. 眞주 목도리는 獨木舟 選手들의 것입니다.
沙漠과 金剛石은 말 잘 달리는 住民에게 돌리라.
분주한 文明이라는 市場에 그들은 遲刻한 罪밖에 없었으니——
地球에 휘감긴 삭은 사슬을 아직도 지키려는 者 누구냐.

× × ×

착한 늙은 나라 나라에 황홀한 夜市일랑 벌리지 말어라.
知慧와 일과 우숨만이 있으면 그만이다.
紛과 비단은 『사탄』의 얼골을 감추는 데만 소용이 되리라.
오—— 오래인 神殿 거룩한 大陸에서
장사치와『마캬-벨리』의 後예를 쓸어 버릴
성낸 『헤부라이』 젊은 사나이는 어디 없느냐.

× × ×

病든 꿈에 배인 어두운 神話와
사나운 熱病에 몰린 세 民族이

온 世界의 젊은이와 太陽을 묻어 버렸던
저 식은 재와 같은 여러 해를 잊었느냐
無名戰士의 十字架에 뭇노니 그대 어깨에 걸린 것은
누구의 自由를 위한 꽃따발이냐.

×××

歐羅巴의 등에 소슨 骸骨의 山
『우크라이나』『노르만디』불붙는 화독에
오— 무럭무럭 거기 풍성한 여러 나라의 靑春을 피웠더라.
녹아 흐르는 불바다 불낄 뿜은 섬들
世게의 半쪼각에 걸처 아직도 남아 타오르는 기름과 硫黃 연기.
오— 여러 해 꺼질 줄 모르던 世紀의 火장터야.

×××

중천에 사모치는 화토불을 피우자.
帝國을 떠바치던 骸骨의 석가래도 기등도
호사와 음난을 길러가던 無知와 不德도
화토불에 던저라 어서 살워버려라.
世게에 금을 그은 저 要塞線들과
大포와 造兵廠과 투구들도—
戰爭은 벌서 끝나지 않었느냐.
帝國도 强國도 다 歷史의 가슴에 달린
부질없는 사치한 장식이 아니냐.

×××

여러 誤解와 敵意의 가시덤불에 쌓여
한 갈래 좁고 가는 理解와 知慧의 길은
아직도 어둔 밤『푸라티나』머리칼처럼 히미하게 떨릴 뿐,
너의 아름다운 世게 현란히 열릴 날 언제냐
오직 하나뿐인 世界 금 가지 않은 世게로 향해
『사라센』의 휘장처럼
아츰 안개 눈부시게 걷힐 날은 언제냐.

×××

어두운 주검 속에서 꽃처럼 피어나는 論理.
骸骨의 들에도 봄바람이 불면
젖은 재떼미 우에도 벌거벗은 山脈에도
싹은 트리니 푸른 싹은 트리니
이윽고 거기 보라빛 당홍빛 노랑이
무지게같이 가지가지 꽃 우거저 나부껴
인제 어린『아담』들 눈을 부비며 일어나리라.
世界에 웨치노니 어서 길을 비끼라
저기 새로운 날은 녹쓰른 사슬을 끄은 채
거만한『푸로메티우쓰』처럼 그러나 늠늠히 오지 않느냐.

─《신조선보(新朝鮮報)》(1945. 12. 29, 30, 31)

4

『새노래』
(雅文閣, 1948)

나는 새 都市와 새 백성들을 노래하는걸세

참말이지 過去는 한줌 재 일 따른

참말이지 어저께는 지나간 바람결

西天에 진 落日이네

참말이지 세상엔 아모것도 없느니

오직 수없는 來日의 바다 뿐

수없는 來日의 蒼空뿐

———칼·쌘드벅

I

나의 노래

서투른 내 노래 속에서
헐벗고 괄시받던 나의 이웃들
그대 울음을 울라 아낌없이 울라
분을 뿜으라.

내 목소리 무디고 더듬어
그대 아픈 사연 이루 옮기지 못하거들랑
내 아둔을 채치라.
목을 때리라.

사치한 말과 멋진 말투
시의 귀족도 한량도 아니라.
그대 그은 얼굴 흙에 튼 팔뚝이 새로워
그대 속에 자라는 새날 목 놓아 부르리라.

나의 노래

원문 1

서투룬 내노래 속에서
헐벗고 괄시받던 나의 이웃들
그대 우룸을울라 아낌업시 울라
憤을 뿜으라

내 목소리 무디고 더듬어
그대 앞은 사연 이루 옴기지 못하거덜랑
내 아둔¹을 채치라
목을따리라

사치한말과 멋진말투
詩의 貴族도 한량도 아니라
그대 그슨얼골 흙에 튼 팔뚝이 사로워²
그대속에 자라는 새날 목노아 부르리라

— 『새노래』, 12~13쪽

1 아둔. 영리하지 못하고 어리석음.
2 새롭다.

나의 노래

서투룬 내노래속에서
헐벗고 괄시밧던 나의이웃들
그래 우름을울라 아낌업시울라
憤을 쑴으라

　　　◇　　　　　◇

내 목소리 무디고 더듬어
그래 아픈 사연 이루 옴기지못하거던
내 아둔을 재치리
목을 짜리라

　　　◇　　　　　◇

사치한말과 멋진말투
詩의貴族도 한량도 아니라
그대그슨얼골 흙에 튼 팔쭉이 사로워
그대속에 자라는 새날 목 노아 부르리라

———《서울신문》(1946. 4. 29)

우리들 모두의 꿈이 아니냐

순이 준 꽃병과 팔뚝의 크롬시계사 내 것이지만
아— 저 푸른 넓은 하늘이야
난의 것도 영의 것도 내 것도 아닌
우리 모두의 하늘이 아니냐.

들을 보아라 그러고 바다를
해당화 수놓은 백사장.
넘실거리는 보리 이삭 벼 초리.
아청 바다에 연이은 초록빛 벌판은
아— 영의 것도 난의 것도 아닌
우리들 모두의 것이 아니냐.

하룻밤 무엔가 한없이 아름다운
꿈을 꾸다가 눈을 떴더니
무슨 진주나 잃은 것처럼 몹시도 서글픔은
모두 즐겁고 살지고 노래하고 나무라지 않는 곳이었기 때문
아— 그것은 난의 것도 영의 것도 내 것도 아닌
우리들 모두의 꿈이었고나.

바다도 산도 꿈도
아— 저 넓은 하늘이야 말할 것도 없이

우리들 모두의 것이 아니냐.
모두 즐겁고 살지고 노래하며
영이도 난이도 순이도 나도 함께 살 나라의
하늘과 들과 바다와 꿈이 아니냐.

우리들 모두의 꿈이 아니냐   원문 1

順이 준 꽃병과 팔뚝의 크롬時計사 내것이지만
아 — 저 푸른 넓은 하늘이야
蘭의것도 英의것도 내것도 아닌
우리 모두의 하늘이 아니냐

들을 보아라 그러고 바다를
海棠花 수놓은 白沙場
넘실거리는 보리이삭 벼초리
아청 바다에 연이은 초록빛 벌판은
아 — 英의것도 蘭의것도 아닌
우리들 모두의것이 아니냐

하루ㅅ밤 무엔가 한없이 아름다운
꿈을 꾸다가 눈을 떴더니
무슨 眞珠나 잃은것 처럼 몹시도 서거픔[1]은
모두 즐겁고 살지고 노래하고 나물하지않는 곳이었기 때문
아 — 그것은 蘭의것도 英의것도 내것도 아닌
우리들 모두의 꿈이었고나

바다도 山도 꿈도
아 — 저 넓은 하늘이야 말할것도없이
우리들 모두의것이 아니냐
모두 즐겁고 살지고 노래하며

---

1 '서거프다'의 명사형. '서글프다'의 방언.

英이도 蘭이도 順이도 나도 함께 살 나라의
하늘과 들과 바다와 꿈이 아니냐

—『새노래』, 14~16쪽

새 나라 송

거리로 마을로 산으로 골짜구니로
이어 가는 전선은 새 나라의 신경.
이름 없는 나루 외따룬 동리일망정
빠진 곳 하나 없이 기름과 피
골고루 돌아 다사론 땅이 되라.

어린 기사들 어서 자라나
굴뚝마다 우리들의 검은 꽃묶음
연기를 올리자
김빠진 공장마다 동력을 보내서
그대와 나 온 백성의 새 나라 키워 가자.

산신과 살기와 염병이 함께 사는 비석이 흔한 마을 마을에 모터와 전기를 보내서
산신을 쫓고 마마를 몰아내자.
기름 친 기계로 운명과 농장을 휘몰아 갈
희망과 자신과 힘을 보내자.

용광로에 불을 켜라 새 나라의 심장에
철선을 뽑고 철근을 늘이고 철판을 펴자.
시멘트와 철과 희망 위에

아무도 흔들 수 없는 새 나라 세워 가자.

녹슬은 궤도에 우리들의 기관차 달리자.
전쟁에 해어진 화차와 트럭에
벽돌을 싣자. 시멘트를 올리자.
애매한 지배와 굴욕이 좀먹던 부락과 나루에
새 나라 굳은 터 다져 가자.

다이너모 아침부터 잉잉거리는 골짝
파이프 팔 들어 떠받친 젊은 산맥들은
희랍 낭하의 목이 굵은 여신들.
해발 삼천 척 호수를 끌어안은 당돌한 댐
압록강 오천 년의 신화를 말렸다 불렸다가

음악을 울리렴. 새 나라의 노래 부르렴.
드보르자크의 애련한 신세계가 아니다.
거리거리 마치 소리 안개 속 떨리는 기적.
전기로 돌아가는 논밭과 물레방아.
그대와 나의 놀라운 심포니 울려라.

어린 새 나라 하나 시달린 꿈을 깨어 눈을 부빈다.

동해 푸른 물 허리에 떨며 일어나는 아프로디테.
모두가 맞이하자. 굳이 잠긴 마음의 문을 열어
피 흐르는 가슴과 가슴을 섞어 새 나라 껴안자.

새나라頌

원문 1

거리로 마을로 山으로 골짜구니로
이어가는 電線은 새나라의 神經
일흠없는 나루 외따룬 洞里일만정
빠진곳 하나없이 기름과 피
골고루 도라 다사론 땅이 되라

어린技師들 어서 자라나
굴둑마다 우리들의 검은 꽃무꿈
연기를 올리자
김빠진 工場마다 動力을 보내서
그대와 나 온백성의 새나라 키어가자

山神과 살기와 염병이 함께사는 碑石이 흔한 마을 마을에
모 — 터와 電氣를 보내서
山神을 쫓고 마마를 몰아내자
기름친 機械로 運命과 農場을 휘몰아갈
希望과 自信과 힘을 보내자

鎔鑛爐에 불을켜라 새나라의 心臟에
鐵線을뽑고 鐵筋을 느리고 鐵板을 피리자
세멘과 鐵과 希望우에
아모도 흔들수없는 새나라 세워가자

녹쓰른 軌道에 우리들의 機關車 달리자
戰爭에 해여진 貨車와 트럭에
벽돌을 실자 세멘을 올리자

애매한 支配와 屈辱이 좀먹던 部落과 나루에
새나라 굳은터 다져가자

『다이나모』[1] 아침부터 잉々거리는 골짝
『파이프』 팔들어 떠바친 젊은 山脈들은
希臘 廊下의 목이굵은 女神들
海拔三千尺 湖水를 끌어안은 당돌한 댐
얄루江[2] 五千年의 神話를 말렸다 불렸다가

音樂을 울리렴 새나라의 노래 부르렴
「드부르샤크」[3]의 哀憐한 新世界가 아니다
거리거리 마치소리 안개속 떨리는 汽笛
電氣로 도라가는 논밭과 물레방아
그대와 나의 놀라운 『씸포니』 울려라

어린 새나라 하나 시달린 꿈을깨여 눈을부빈다
東海 푸른물 허리에 떨며 이러나는 『아프로디테』[4]
모두가 마지하자 굳이 잠긴 마음의 門을 열어
피흐르는 가슴과 가슴을 섞어 새나라 껴안자

——『새노래』, 17~21쪽

1 다이너모(dynamo). 발전기.
2 얄루(yalu)강. 압록강.
3 안토닌 드보르자크(Antonín Dvořák, 1841~1904). 체코의 작곡가. 「교향곡 제9번」은 「신세계로부터」라는 제목으로 유명하다.
4 아프로디테(Aphrodite). 그리스 신화에 나오는 올림포스 12신 중 하나로 미와 사랑의 여신.

새 나 라 頌

거리로 마을로 山으로 골짜구니로
이어가는 電線은 새나라의 神經.
이름없는나루 외따룬 洞里일망정
빠진곳 하나없이 기름과 피
골고루 도라 다사론 땅이되라.

어린技師들 어서 자라나
굴뚝마다 우리들의검은 꽃묶음 연기를올리자.
김빠진工場마다 動力을보내서
그대와나 온백성의 새나라 키어가자.

山神과 살기와 염병이 함께사는 碑石이 선 마을마을에
모 — 터 — 와 電氣를 보내서
山神.을 쫓고 마마를 몰아내자.
기름친 機械로 運命과農場을 휘몰아갈
希望과 自信과 힘을 보내자.

鎔鑛爐에 불을켜라. 새나라의心臟에 —
鐵線을뽑고 鐵筋을느리고 鐵板을 피자.
세멘과 鐵과 希望우에
아무도 흔들수없는 새나라 세워가리.

녹쓰른 軌道에 우리들의 機關車 달리자.
戰爭에 해여진 貨車와 트럭에
벽돌을실자 세멘을 올리자.
애매한 支配와 屈辱이좀먹던 部落과 나루에

새나라 굳은터 다지려가자

다이나모 아침부터 잉잉거리는 골짝
파이프 팔들어떠바친 젊은山脈들은
希臘廊下의 목이굵은 女神들
海拔三千尺 湖水를 끌어안은 당돌한땜
얄루江 五千年의 神話를 말렸다 불렸다가

音樂을 울리렴. 새나라의 노래 부르렴
드부르샤크의 哀憐한 新世界가아니다
거리거리 마치소리 안개속 떨리는 汽笛
電氣로도라가는 논밭과 물레방아
그대와나의 놀라운 씸쏘니 울려라

어린 새나라 하나 시달린 꿈을깨서 눈을 부빈다
東海 푸른물 허리에 떨며 이러나는 『아쯰디테』―
모두가 마지하자 굳이잠긴 마음의 門을열어
피흐르는 가슴과 가슴을 섞어 새나라껴안자

―《문학(文學)》1권 1호(1946. 7), 88~92쪽

부풀어 오른 오월달 아스팔트는

부풀어 오른 오월달 아스팔트는
우리들 소리소리 노래 부르며
어깨 걸고 나가기 좋은 길이다.

로터리 환히 틔어 활개 치고 가기 알맞다.
비췻빛 하늘이 둥글어 우리들 노래 울리기 좋다.
층마다 창이 뚫려 팔을 휘저어 꽃송이 던지기 한창이구나.

이 길을 일찍이 왕과 정승의 행차 호통을 치며 지나갔다.
다음에는 원수의 군대와 경찰이 호기 피우며 휘돌던 길.
아리랑 웅얼이며 새벽 서리 밟고 젊은이들 전쟁으로 끌려가던 길.

오늘은 네 줄씩 깍지 낀 인민의 행렬이 온다.
이마가 그을어 뼈대 굵은 노동자의 행진이다.
그 옆에 가는 것은 미투리 행전 친 농군이 아니냐.
사무원과 교원과 기자도 그 곁에 있구나.

오늘은 뚫어진 먼지 길이나
내일은 아스팔트 고루 다져 물 뿌려 두고
백성의 행렬을 모두들 기다리리.

이 길은 백성의 길, 노래 부르며 구르고 가기가 좋다.
그러나 지배자의 군대와 그들의 앞잡이만은
두 번도 다시 이 길을 지나게 해서는 아니 된다.
이 길은 오직 백성의 길 승리로 가는 백성의 길이다.

      (1947·메이데이절에)

부푸러 오른 五月달 아스팔트는

원문 1

부푸러오른 五月달 『아스팔트』는
우리들 소리소리 노래부르며
어께걸고 나가기 좋은길이다

『로타리』환이 티어 활개치고 가기 알맞다
비취빛 한울이 둥그러 우리들 노래 울리기좋다
층마다 窓이 뚫려 팔을 휘저어 꽃송이 던지기 한창이고나

이길을 일찌기 王과 정승의 행차 호통을치며 지나갔다
다음에는 원수의 軍隊와 경찰이 호기피우며 휘돌든길
아리랑 웅어리며 새벽서리 밟고 젊은이들 戰爭으로 끌려가든 길

오늘은 네줄씩 각지¹긴 人民의 行列이 온다
이마가 그스러 뼈대굵은 노동자의 行進이다
그옆에 가는것은 메투리² 행견³친 農軍이 아니냐
事務員과 敎員과 記者도 그곁에 있고나

오늘은 뚫어진 몬지길이나
來日은 『아스팔트』 고루다저 물뿌려두고
백성의 行列을 모두들 기다리리

이길은 백성의 길 노래부르며 구루고 가기가 좋다

1   깍지. 열 손가락을 서로 엇갈리게 바짝 맞추어 잡은 상태.
2   미투리. 삼이나 노 등으로 엮은 신.
3   행전(行纏). 바지·고의를 입을 때 정강이에 감아 무릎 아래에 매는 물건.

그러나 支配者의 軍隊와 그들의 앞재비만은
두번도다시 이길을 지나게해서는 아니된다
이길은 오직 백성의 길 勝利로가는 백성의 길이다
　　　(一九四七・메이데이節에)

　　　　　　　　　　　　　　　　　　──『새노래』, 22~24쪽

다시 팔월에

만 사람 눈동자에 한순간 빛나던 별찌야.
일만 가슴 한데 얽던 신기한 음악아.

뱀과 박쥐와 올빼미와 구렁이 서렸던 그늘진 땅에
불길처럼 일어서며 찾던 백성들의 나라와 꿈.

눈부리마다 뜨거운 이슬 방울방울 모여
샘 속에 피어나던 깃발아.

별과 구름 아래 젊은이를 모여 연애보다도
안타까이 가슴 졸이며 고대하던 나라.

지금 상서롭지 못한 우짖음 숨 가쁜 앓음 소리.
눈보라 비바람 우렛소리 몰려옴은
새 나라 가는 길 더욱 다짐이리라.

우리 모두 받드는 자유 백옥 같은 몸뚱어리.
점점이 뚫린 생채기마다 장미꽃 피리라.
돌팔매 자욱자욱 구슬과 진주 맺히리라.

백성들의 슬픔 노염 몸부림 속에서

시시각각 커 가는 꿈 백성의 나라.
지층을 흔들며 파도치며 그는 거기
우리들 곁에 다가오지 않느냐.

가슴마다 노래를 기르자.
불도가니처럼 세차게 타오르자. 별 가까이 다가서자.
어둠 짙은 까닭에 햇불은 도리어 그믐밤이 곱지 않으냐.

반석처럼 밀물처럼 시간의 수레에 밀려
그는 지동치며 오지 않느냐.

다시 八月에

만사람 눈동자에 한순간 빛나던 별찌[1]야
일만가슴 한데얽던 신기한 音樂아

뱀과 박쥐와 올뱀과 구렁이 서렷던 그늘진땅에
불길처럼 이러서며 찾던 백성들의 나라와 꿈

눈뿌리 마다 뜨거운 이슬 방울방울 몽여
샘속에 피어나던 旗빨아

별과 구름아래 젊은이를 몽여 戀愛보다도
안타까히 가슴조리며 고대하던 나라

지금 상서롭지못한 우지즘 숨가뿐 아름소리
눈보래 비바람 우뢰소리 몰려옴은
새나라 가는길 더욱 다짐이리라

우리모다 바뜨는 自由 白玉같은 몸둥아리
점점이 뚫린 상채기마다 장미꽃 피리라
돌팔매 자욱자욱 구슬과 眞珠 맺히리라

백성들의 슬픔 노염 몸부림 속에서
시시각각 커가는 꿈 백성의나라
地層을 흔들며 파도치며 그는 거기

1 별똥별이나 유성을 가리키는 북한말.

우리들곁에 닦아오지않느냐

가슴마다 노래를 기르자
불독아니[2]처럼 세차게 타오르자 별가까히 닥아서자
어둠지튼 까닭에 홰불은 도리혀 그뭄밤이 곻읍지않으냐

磐石처럼 밀물처럼 時間의 수레에 밀려
그는 地動치며 오지않느냐

———『새노래』, 25～28쪽

[2] 불도가니.

바람에 불리는 수천 깃발은

바람에 불리는 수천 깃발은
창공에 쓰는 인민의 가지가지 호소라.

소리소리 외치는 노래와 환호는
구름에 사무치는 백성들의 횃불
하늘하늘 올리는 팔월의 횃불

아스팔트 흔들며 밀려서 오는
발자국의 조수는
어둔 밤 설레는 파도 소리냐 아니
다가오는 새날의 발 울림이냐.

바람에 불리는 수천 기빨은

원문 1

바람에 불리는 수천기빨은
蒼空에 쓰는 人民의 가지가지 呼訴라

소리소리 웨치는 노래와 歡呼는
구름에 사모치는 백성들의 홰ㅅ불
한울한울 올리는 八月의 홰ㅅ불

『아스팔트』흔들며 밀려서오는
발자국의 조수는
어둔밤 설레는 파도소리냐 아니
닥아오는 새날의 발울림이냐

―『새노래』, 29~30쪽

八月 데모 行列에 부치는 노래

원문 2

바람에 떨리는 수천기빨은
창공(蒼空)에 쏘는 人民의 가지가지 呼訴라.

소리소리 웨치는 노래와 歡呼는
구름에 사모치는 백성들의 횃불
타다타다 빛도 없는 八月의 횃불

아스팔트 뒤흔들며 밀려오고 밀려가는
발자곡의 조수는
어둔밤 설레는 파도소리냐.
닥아오는 새날의 발울림이냐.

——《현대일보(現代日報)》(1946. 8. 16)

인민공장에 부치는 노래

검은 연기를 올려
은하라도 가려 버려라
그러나 새ㅅ별만은 남겨 두어라.

창마다 뿜는 불길은
어둠을 흘기는 우리들의 눈짓.
지금은 한구석이나
머지않아 모두가 돌아가겠지.
다만
제일 소중한 것을 저버리지만 않으면 그만이다.
팔월이 가져왔던 저 큰 희망 말이다.

그대 옆에
용광로는 꺼지지 않았느냐.
그대 앞에
화통은 달은 대로 있느냐.
그것이 꺼지면 우리들의 심장도 꺼진다.

선반에 다가서자.
희망 곁에 가까이 있자.
피대와 치륜마다 우리들의 체온을 돌리자.

힘 있게 살고 있으며 자라난다고
새벽에 사이렌을 울리자.
동트기 전에 뚜 —를 울리자.

人民工場에 부치는 노래

원문 1

검은 煙氣를 올려
銀河라도 가려버려라
그러나 새ㅅ별만은 남겨두어라

窓마다 뿜는 불길은
어둠을 흘기는 우리들의 눈짓
지금은 한구석이나
머지않어 모두가 돌아가겠지
다만
제일 소중한것을 저버리지만 않으면 그만이다
八月이 가져왔던 저 큰 希望말이다

그대옆에
鎔鑛爐는 꺼지지 않었느냐
그대앞에
화통은 달은대로 있느냐
그것이 꺼지면 우리들의 心臟도 꺼진다

旋盤에 닥아서자
希望곁에 가까이 있자
皮帶¹와 齒輪²마다 우리들의 體溫을 돌리자

힘있게 살고있으며 자라난다고

---

1   피대(皮帶). 두 개의 바퀴에 걸어 동력을 전하는 띠 모양의 물건. 벨트.
2   치륜(齒輪). 톱니바퀴.

새벽에 싸이렌을 울리자
동트기전에 뚜 ─ 를 울리자

─『새노래』, 31~33쪽

人民工場에 부치는 노래

검은 煙氣를 올려
銀河라도 가려버려라
그러나 새ㅅ별만은 남겨두어라

窓마다 뿜는 불길은
어둠을 흘기는 우리들의 눈짓이다
지금은 한구석이나
머지않어 모두가 도라갈것이다
다만
제일소중한것을 잃어버리지만 않으면 그만이다
八月이 가저왔던 저 큰 希望말이다

그대옆에
熔鑛爐는 꺼지지않었느냐
그대앞에
화통은 달은대로 있느냐
그것이꺼지면 우리들의 心臟도 꺼진다

旋盤에 닥아서자
希望곁에 가까이있자
皮帶와 齒輪마다 우리들의 體溫을 돌리자
힘있게 살고있으며 자라난다고
새벽에 싸이렌을 울리자
동트기전에 뚜―를 울리자

―《문학평론》1권 3호(1947. 4), 23~24쪽

우리들의 악수

일만 가슴인데
만으로 천만인 가슴인데
한 갈래로 울리는 신기한 울림은
막을래 막을 수 없는 울림은 무엇이냐.
별보다도 확실한 걸음걸이.
보이지 않는 그러면서도
굽힐 수 없는 강철의 궤도를 구르는
쇠바퀴리라.

함부르크, 룩셈부르크,
로잔,
카이로, 캘커타, 하노이,
시카고와 에든버러.
거리를 무시하는 날랜 전파.
핏줄과 같이 화끈한 것은
황혼에 빛나는 한 떨기 장미 같은 웃음.
내일에 부치는 약속이리라.

무너져 가는 제국.
관절이 부은 자본주의.
피사의 탑을 지탱하는 물리학도
드디어 건질 수 없는

기울어지는 것들의 운명이다.
만 가슴 만만 가슴을
견딜 수 없이 구르는 것은
미래로 뻗은 두 줄기 빛나는 강철.
보랏빛 미명에 감기운 길이다.

우리들의 악수는
내일
한 바퀴 지구가 돌아간 곳에서 하자.

우리들의 握手

一萬 가슴인데
萬으로 千萬 인 가슴인데
한갈래로 울리는 신기한 울림은
막을래 막을수없는 울림은 무엇이냐
별보다도 확실한 거름거리
보이지않는 그러면서도
구필수없는 鋼鐵의 軌道를 굴르는
쇠바퀴리라

『함부르그』『룩쌍부 ─ 르』
『로 ─ 잔느』
『카이로』『칼캇타』『하노이』
『쉬카고』와 『에딘바라』
距離를 無視하는 날랜 電波
피ㅅ줄과 같이 화끈한것은
黃昏에 빛나는 한떨기 薔薇같은 우슴
來日에 부치는 約束이리라

뭃어저가는 帝國
關節이 부은 資本主義
『피샤』의 塔을 지탱하는 物理學도
드디어 건질수없는
기우러지는것들의 運命이다
萬가슴 萬萬가슴을
견딜수없이 구루는것은

未來로 뻗은 두줄기 빛나는 鋼鐵
보라빛 未明에 감기운 길이다

우리들의 握手는
來日
한바퀴 地球가 도라간곳에서 하자

— 『새노래』, 34~37쪽

눈짓으로 이해하는 전선

숀 오케이시의 「가닥과 별」을 읽은 날 밤에
애란 군대를 꿈에 만났다.
공회당이라고 하는 곳에 목이 굵고 눈이 둥근 젊은이들이
우중충 앉아 있었다.
나는 흰 군복을 입은 사령관과 서로
이방 사람이 아니라는 듯이 눈알림으로 인사했다.

   말이 없는 군대.
   굽히지 않는 군대.
   사슬을 용서하지 않는 군대.

인도 군대를 만나면
아마도 손아귀 으스러지라 틀어쥐리라.
안남 군대를 맞나면 껴안고 뺨을 비비며 러시아 춤추듯 돌아가리라.

손을 벌리자.
자유 찾는 불길이 이는 곳마다
우리들의 동무는 있다.
말이 아니라
눈짓으로 이해하는
전선이 있다.

눈짓으로 理解하는 戰線

원문 1

「샨·오케시」[1]의 「가닥과 별」을 읽은 날 밤에
愛蘭軍隊를 꿈에 맞났다
公會堂이라고 하는곳에 목이굵고 눈이둥근 젊은이들이
우중충 앉아있었다
나는 힌軍服을 입은 司令官과 서로
異邦사람이 아니라는 드시 눈알림[2]으로 인사했다

   말이없는 軍隊
   구피지않는 軍隊
   사슬을 용서하지않는 軍隊

印度軍隊를 맞나면
아마도 손아귀 으스러지라 틀어쥐리라
安南軍隊를 맞나면 껴안고 빰을 비서며 로서아 춤추듯 돌아가리라

손을 버리자
自由찾는 불ㅅ길이 이는곳마다
우리들의 동무는 있다
말이 아니라
눈짓으로 理解하는
戰線이 있다

——『새노래』, 38~40쪽

1 손 오케이시(Sean O'Casey, 1880~1964). 아일랜드의 극작가. 더블린 빈민가의 생활을 사실적으로 그렸다. 아일랜드 혁명 당시 시민군으로 참가했다가 영국군에게 체포되어 총살되기 직전 구출되었다.
2 눈으로 하는 시늉. 눈짓.

만세 소리

하도 억울하여
부르는 소리 피 섞인 소리가
만세였다.
총부리 앞에서 칼자욱에서 채찍 아래서
터져 나오는 민족의 소리가
만세였다.

무엇이라 형언할 수 없어
그저 부르는 소리가
만세였다.

눌리다 눌리다
하도 기뻐 어안이 벙벙하여
그저 터져 나온 소리도
만세였다.

만세는 손을 들어 함께 부르자.
만세는
자유를 달라는 소리.
꿈이 왔다는 소리.
못 견디겠다는 소리.

다시 일어난다는 소리.
네 소리도 내 소리도 아닌
우리들 모두의 소리.

민족과 역사와 원한과 소원을 한데 묶은
터질 듯 함축이 너무 무거워
걷잡을 수 없는 소리.
폭죽처럼
별과 구름 사이에 통기는 소리였다.

萬歲 소리

원문 1

하도 억울하야
부르는 소리 피섞인 소리가
萬歲였다
총뿌리 앞에서 칼자욱에서 채찍아래서
터져나오는 民族의 소리가
萬歲였다

무엇이라 형언할수없어
그저 부르는 소리가
萬歲였다

눌리다 눌리다
하도 기뻐 어안이 벙벙하야
그저 터져나온 소리도
萬歲였다

萬歲는 손을 들어 함께 부르자
萬歲는
自由를 달라는 소리
꿈이 왔다는 소리
못견디겠다는 소리
다시 이러난다는 소리
네소리도 내소리도 아닌
우리들 모두의소리

民族과 歷史와 원한과 소원을 한데묶은
터질듯 含蓄이 너무 무거워
것잡을수없는 소리
爆竹처럼
별과 구룸 사이에 퉁기는 소리였다

— 『새노래』, 41~44쪽

어렵고 험하기 이를 데 없으나

어렵고 험하기 이를 데 없으나
이렇게 유쾌한 길이 어디 있으랴?

자유와 빛나는 날로 통하는 길이기
이보다 보람 있는 행군이 어디 있으랴?

파시스트에게 진정 일러 주노니
너는 어림없이 엉뚱한 꿈을 꾸느니라.

이렇게 보람 있고 떳떳한 길이기
묵묵히 웃음 띠우고 모두들 부서로 나가는 것이리.

어렵고 험하기 이를데 없으나

원문 1

어렵고 험하기 이를데 없으나
이렇게 유쾌한 길이 어대있으랴?

自由와 빛나는날로 통하는길이기
이보다 보람있는 行軍이 어대있으랴?

『파씨스트』에게 진정 일러주노니
너는 어림없이 엉뚱한 꿈을 꾸느니라

이렇게 보람있고 떳떳한 길이기
묵묵히 우숨띠우고 모다들 部署로 나가는것이리

——『새노래』, 45~46쪽

데모크라시에 부치는 노래

나라를 판 것은 언제고 백성이 아니라
벼슬아치요 세도 댁이었다.

사천 년 오랜 세월을 두고
이겨 본 일이 없는 백성이다.
떳떳이 말해 본 적이 없어
참고 견디기에 소처럼 목만 부었다.

지금 백성은 무엔가 말하고 싶다.
백성의 입을 막아서는 아니 된다.
백성의 소리는 구수하고 진심이 들어 좋다.

그들의 머리 위에서 하늘과 태양을 가리지 말아라.
삼한 신라 적부터도 남의 것 아닌
본시 이 나라 백성의 별이요 하늘이 아니냐.

이제사 그들의 역사가 시작하려는 것이다.
이번은 백성들이 이겨야 하겠다.
백성을 이기게 해야 하겠다.

데모크라시에 부치는 노래

원문 1

나라를 판것은 언제고 백성이 아니라
벼스라치[1]오 勢道댁이었다

四千年 오랜 세월을 두고
이겨본일이없는 백성이다
떳々이 말해본적이 없어
참고 견디기에 소처럼 목만 부었다

지금백성은 무엔가 말하고싶다
백성의입을 막아서는 아니된다
백성의 소리는 구수하고 眞心이 들어 좋다

그들의 머리우에서 한울과 太陽을 가리지마러라
三韓 新羅적 부터도 남의것아닌
본시 이나라 백성의 별이오 한울이 아니냐

인제사 그들의 역사가 시작하려는것이다
이번은 백성들이 이겨야 하겠다
백성을 이기게 해야 하겠다

——『새노래』, 47~49쪽

---

1 벼슬아치.

民主主義에부침

나라를판것은 언제고 백성이아니라
벼스라치오 勢道집이었다.

四千年오랜세월을두고
이겨본일없는백성이다.
떳떳이말해본적없이
참고견듸기에 소같이목만부었다.

지금백성은 무엔가 말하고싶다.
백성의입을 막아서는안된다.
백성의소리는 구수하고 眞心이들어좋다.

그들의머리우에서 한울과太陽을 가리지마러라.
三韓新羅적부터도 남의것아닌
본시 이나라백성의 별이오 한울이아니냐?

인제사 그들의歷史가 시작하것는것이다.
이번은 백성들이 이겨야 하겠다.
백성을이기게해야하겠다.

―《새한민보》(1947. 6)(上)

파도

좀먹는 왕궁의 기둥뿌리를 흔들며
월 가 하늘 닿는 집들을 휘돌아
배미는 문장을 제끼며 창살을 비틀며
향기와 같이
호수와 같이
음악과 같이
바람과 같이
또
구름과 같이
모든 그런 것들의 파도인 것처럼
아 — 새 세계는 다닥쳐 오는구나.

이름 지을 수 없으면서도
그러나
항거할 수도 없이
확실하고
뚜렷하게

아무 타협도 여유도
허락지 않으면서
시시

각각으로
모양을 갖추면서 다가오는 것.
아 — 파도여 너는 온 지평선을 골고루 퍼져 오는구나.

어둠침침한 산협을 지나 낭떠러진 벼래를 스쳐 들을 건너
개나리
버찌
진달래
나리 창포꽃 일일이 삼켜 가며 여러 밤과 밤
쏟아지는 별빛을 녹여 담아 가지고
강은 지금 둥그렇게 굽이치며 파도쳐 온다.
여러 육지와 바다 뒤덮으며 휘몰려 온다.

벌써 너도 아니고 나도 아닌
너나 나나
출렁이는 파도의 지나가는 파문일 뿐
얽히고설킨 파동의 이 굽이 저 굽이일 뿐

아 — 지금
파도는 굴러온다.
무너진다.

쓰러진다.
떼민다.
박찬다.
뒹구나 보다.

이
호탕한 범람 속에
모 —— 든 우리들의 어저께를 파묻자.
찢어진 기억을 쓸어 보내자.
지금 파도를 막을 이 없다.
그는 아무의 앞에서도 서슴지 않는다.
파도는
먼
내일의 지평선을
주름잡으며
항거할 수 없이
점점
다가올 뿐이다.

波濤

좀먹는 王宮의 기둥뿌리를 흔들며
『월』街 한올닷는 집들을 휘돌아
배미는 문짱을 제끼며 窓살을 비틀며
향기와 같이
湖水와 같이
音樂과 같이
바람과 같이
또
구름과 같이
모 —— 든 그런것들의 波濤인것 처럼
아 —— 새 世界는 다닥처 오는구나

일홈지을수 없으면서도
그러나
抗拒할수도 없이
확실하고
뚜렷하게

아 —— 모 妥協도 여유도
허락지 않으면서
시시
각각으로
모양을 가추면서 닥아오는것
아 —— 波濤여 너는 온 地平線을 골고루 퍼저오는구나

어둠침々한 山峽을지나 낭떨어진 벼래[1]를 스처 들을건너
개나리
벗지[2]
진달레
나리 창포꽃 일々히 삼켜 가며 여러 밤과 밤
쏟아지는 별빛을 녹여 담아가지고
江은 지금 둥그렇게 구비치며 파도처온다
여러 陸地와바다 뒤덮으며 휘몰려 온다

벌서
너도 아니고 나도아닌
너나 나나
출렁이는 波濤의 지나가는 波紋일뿐
얼키고설킨 波動의 이 구비 저 구비 일뿐

아—지금
波濤는 굴러온다
뭉어진다
쓸어진다
떼민다
박찬다
딩구나보다

1   벼랑.
2   벚꽃.

이
호탕한 汎濫속에
모 —— 든 우리들의 어저께를 파묻자
찢어진 기억을 쏠어보내자
지금 波濤를 막을이 없다
그는 아모의앞에서도 서슴지않는다
波濤는
먼
來日의 地平線을
주름잡으며
抗拒할수 없이
점점
닥아올 뿐이다

——『새노래』, 50~56쪽

벽을 헐자

벽을 헐자.
그대들과 우리들 사이의
그대들 속의 작은 그대들과 또 다른 그대들 사이의
우리들 속의 작은 우리들과 또 다른 우리들 사이의

아마도 그것은
금과 은과 상아로 쌓은 치욕의 성일지도
모른다. 그러면 더욱 헐자.

낡은 장벽을 무너 버린 위에 거기
새날의 대로를 뽑자.
그대들과 우리 다
함께 갈 대로를 뽑자.

壁을 헐자

원문 1

壁을 헐자
그대들과 우리들 사이의
그대들속의 작은 그대들과 또 다른 그대들 사이의
우리들속의 작은 우리들과 또 다른 우리들 사이의

아마도 그것은
金과 銀과 象牙로 쌓은 恥辱의 城일지도
모른다 그러면 더욱 헐자

낡은 장벽을 뭉어버린우에 거기
새날의 大路를 뽑자
그대들과 우리 다
함께 갈 大路를 뽑자

——『새노래』, 57~58쪽

파도 소리 헤치고

꽃 바다
깃발 바다
파도 소리 헤치고
밀물쳐 들어온다.
티끌 쓴 기동부대 해방의 병사들이
오만한 요새선과 철조망
실색한 포로 꺾여진 총칼 더미 박차 흩으며

잃어버렸던 조국의 아침이다.
눈물 걷고 쳐다보아라. 형제들아.
산맥과 거리와 마을마다
독사처럼 서렸던 사슬도 돌벽도 쇠창살도
민족의 핏줄에 깊이 박혔던 표독한 이빨도 발톱도
갑갑하던 화약 연기와 함께 하루아침 스러졌다.
화려한 아침.
고대하던 태양이다.

하늘가에서
먼 나라에서
옥중에서
채찍 아래서 창끝에서

이름 없는 전장에서
눈감지 못한 채 꺼꾸러진 형제들.
이제야 모두 한 번씩만이라도 얼굴 돌려
뚫어진 안공에 비치는
풀리운 조국의 일어서는 모양 바라보라.
악물린 이빨 벌려 웃어 보라.

피 엉킨 구절구절
떨리는 글장
삐뚤어진 역사의 여울물 소리
아세아의 밤중에 사무친 지 몇몇 해냐.
잠겼던 바다 바다.
오늘은 침략의 흡반이 아닌 항구마다
해방하는 함대 자유의 병사들이 들어온다.
노랫소리
파도 소리
목메인 만세 소리 헤치며

거리거리
마을마다 부두마다
꽃 바다

깃발 바다
만백성 흐렸던 마음에 떠오르는
다시 돌아온 그립던 모습
웃음 띠우는 조국의 얼굴아
아청빛 비단 폭에 감아
새 시대의 길 앞에 받들어 올리는
꽃 묶음 하나
청초히 나부낀다.
(1945·연합군을 환영하여)

파도소리 헤치고

원문 1

꽃바다
기빨바다
파도소리 헤치고
밀물처 들어온다
띠끌쓴 機動部隊 解放의 兵士들이
傲慢한 要塞線과 鐵條網
失色한 捕虜 꺾여진 총칼 떼미 박차흩으며

잃어버렷던 祖國의아츰이다
눈물걷고 처다보아라 兄弟들아
山脈과 거리와 마을마다
毒蛇처럼 서렷던 사슬도 돌壁도 쇠창살도
民族의 피쭐에 깊이 박혓던 표독한 이빨도 발톱도
갑갑하던 火藥연기와 함께 하로아츰 슬어졌다
화려한 아츰
고대하던 太陽이다

한울까에서
먼나라에서
獄中에서
채찍아래서 창끝에서
일홈없는 戰場에서
눈감지못한채 꺼꾸러진 兄弟들
인제야 모다 한번식만이라도 얼골 돌려
뚫어진 眼孔에 빛외는

풀리운 祖國의 이러서는모양 바라보라
악물린 이빨버려 웃어보라

피엉킨 句節句節
떨리는 글장
삐뚤어진 歷史의 여울물소리
亞細亞의 밤중에 사모친지 몇몇해냐
잠겼던 바다 바다
오늘은 侵略의 吸盤[1]이아닌 港口마다
解放하는 艦隊 自由의 兵士들이 들어온다
노래소리
파도소리
목매인 萬歲소리 헤치며

거리거리
마을마다 埠頭마다
꽃바다
기빨바다
만백성 흐렸던 마음에 떠올으는
다시 돌아온 그립던 모습
우슴띠우는 祖國의 얼골아
아청빛 비단폭에감아
새時代의 길앞에 바뜰어올리는

1   흡반(吸盤). 빨판.

꽃무꿈하나
정초히 나부낀다
　　(一九四五·聯合軍을 歡迎하야)

───『새노래』, 59~64쪽

파도소리헤치고

원문 2

꽃바다
기빨바다
파도소리 헤치고
밀물처들어온다
띠끌쓴 機動部隊 解放의兵士들이
傲慢한要塞線과 鐵條網
失色한捕虜 꺾여진 총칼떼미 박차흩으며
잃어버렷던祖國의아츰이다
눈물걷고 처다보아라 兄弟들아
山脈과 거리와 마을마다
毒蛇처럼 서렷던 사슬도 돌壁도 쇠창살도
民族의 피줄에 깊이 박혓던 표독한 이빨도 발톱도
갑갑하던 火藥 연기와함께 하로아츰 슬어졌다
화려한아츰
고대하던 太陽이다

한울까에서
먼나라에서
獄中에서
채찍아래서 창끝에서
일홈없는 戰傷에서
눈감지못한채 꺼꾸러진 兄弟들
인제야모다 한번식만이라도 얼골돌려
뚤어진 뷘眼孔에빛외는
풀리운 祖國의 이러서는모양 바라보소서

악물린 이빨버려 웃으소서

피 엉킨 句節 句節
떨리는글장
삐뚤어진 歷史의 여울물소리
亞細亞의밤중에 사모친지 몇몇해냐
잠겼던 바다 바다
오늘은 侵略의 吸盤이아닌 港口마다
解放하는艦隊 自由의兵士들이 들어온다
노래소리
파도소리
목메인 萬歲소리 헤치며

거리거리
마을마다 埠頭마다
꽃바다
기빨바다
만백성 흐렸던 마음에 떠올으는
다시 돌아온 그립던 모습
우슴띠우는 祖國의열골아
아청빛 비단폭에감아
새時代의 길앞에 바뜰어올리는
꽃무꿈하나
청초히 나부낀다.

―《신문예》1권 1호(1945. 6), 22~24쪽

아메리카

아득한 바다 건너 한없이 넓은 하늘 아래 흥성한 나라가 있어
아무의 권위도 믿지 않는 자유와 높은 하늘과 들과 일을
죽음보다 사랑하는 한 싱싱한 백성들이 거기 산다고 한다.
만나기도 전부터 그대들 무척 반겼음은
우리 또한 얽매임 없는 넓은 대기와 살림 한없이 그리웠기 때문
모 —— 든 낡은 권위 무너져 부스러져야 함을 알기 때문이다.

사슬과 억압을 잠시도 용서 않으며
포악과 침략을 가장 미워하는 그대
약한 자의 곁에 서 있기를 늘 좋아하는 그대
자유와 또 전진만을 노래하는 시의 전통을 가진
휘트먼의 나라 백성이기에
그대 손목을 우리는 한없이 뜨겁게 잡으리라 하였다.

아! 잊힐 리 없는 1945년 9월 의로운 우리들의 동무
왕 없는 나라 귀족 없는 나라 인민의 나라 젊은 전사들은
바다로 하늘로 구름같이 덮여 온다 하였다.
압제와 학살과 협박에 짓밟히고 찢긴 땅에서
독사의 무리와 그 앞잡이들 모조리 우리
채찍 높이 휘둘러 쫓아내리라 하였다.
그대들 또한 우리 옆에 예루살렘 신전의 성낸 젊은이처럼 서 있으리

라 하였다.

그러나 그대는 젊은 조선의 불타는 눈초리를 알지 못했다.
우리가 바라는 것이 한 혁명임을 알지 못했다.
연속이 아니라 단절을 추이가 아니라 청신한 비약이야말로
젊은 조선의 희망이었음을
지나간 날은 너무나 안타까이도 캄캄했던 까닭에
너무나 역사에게 버림받았던 까닭에
그러므로 우리는 커 — 다란 새날만을 바랐었다.

1945년 8월은 바로 우리들의 1776년 7월이고저 하였다.
모 — 든 불합리와 모반과 사슬에 대한 불붙는 항의
위대한 인민의 권리와 자유의 선언이고저 하였다.
그대는 우리들의 '7년의 싸움'을 거지반 도맡아 4년을 싸웠다.
그대는 우리들의 백만의 라파예트.

감옥과 지하의 우리들의 전사의 굳은 동맹군 —
이제 그대들 우리 곁에 있거늘
여기는 오직 오래인 가난과 부결과 회의와 연기
모두가 왜적이 남기고 간 생채기뿐.
그대 손 너무 높은 데 있어 도시 잡기가 어렵구나.

프록코트도 살롱도 우리는 없다.
비굴이나 아첨이나 예복은
오직 오래 입어 본 치들만이 얼른 다시 뒤집어썼건만
우리는 느꼈다. 그는 도리어 의로운 전사를 대접하는 예의 아님을 ─

축배를 들자. 7월 초나흘을 위하여 ─ 자유로운 아메리카의
성스런 싸움에 빛나는 지나간 날과 오늘과
또 평화와 희망의 부채 무거운 내일을 위하여 ─
워싱턴, 제퍼슨 그리고 프랭클린의 나라
무엇보다도 에이브러햄 링컨의 나라
그 무엇보다도 프랭클린 루스벨트의 나라이기에
그대에겐 있건만 아직도 독립 없는
우리의 아픔을 아 ─ 누구보다도 그대가 잘 알리라.

자유 위한 싸움터 위 다만 이해와 존경과 높은 이상으로만
우리들의 굳은 악수를 맺자.
장미를 던져라. 저 위대한 1776년의 7월을 위하여
우리 모두 축배를 들자.
또 하나 축배는 우리들 것으로 남겨 두자.

    (1946. 7. 4. 미국독립기념일에)

아메리카

원문 1

아득한 바다건너 한없이 넓은 한울아래 흥성한 나라가 있어
아모의 權威도 믿지않는 自由와 높은 한울과 들과 일을
죽엄보다 사랑하는 한 싱싱한 백성들이 거기산다 고한다
만나기도전부터 그대들 무척 반겼음은
우리 또한 억매임없는 넓은 大氣와 살림 限없이 그리웠기 때문
모 ― 든 낡은 權威 묽어저 부스러저야함을 알았기때문이다

사슬과 抑壓을 잠시도 용서않으며
포악과 侵略을 가장 미워하는 그대
弱한者의 곁에 서있기를 늘 좋아하는 그대
自由와 또 前進만을 노래하는 詩의 傳統을가진
『휘트맨』[1]의나라 백성이기에
그대 손목을 우리는 한없이 뜨겁게 잡으리라하였다

아! 잊힐리없는 一九四五年九月 義로운 우리들의동무
王없는나라 貴族없는나라 人民의나라 젊은戰士들은
바다로 하눌로 구름가티 덮여온다하였다
壓制와 虐殺과 脅迫에 짓밟히고 찢긴 땅에서
毒蛇의 무리와 그앞잽이들 모조리 우리
채찍높이휘들러 쫓아내리라하였다
그대들 또한 우리옆에 예루살렘 神殿의 성낸 젊은이처럼 서있으리라 하였다

그러나 그대는 젊은朝鮮의 불타는 눈초리를 알지못했다

---

1 월트 휘트먼(Walt Whitman, 1819~1892). 19세기 미국의 시인. 시집 『풀잎』이 유명하다.

우리가 바라는것이 한 革命임을 알지못했다
連續이 아니라 斷絶을 推移가 아니라 淸新한 飛躍이야말로
젊은 朝鮮의 希望이었음을
지나간날은 너무나안타까이도 캄캄했던까닭에
너무나 歷史에게 버림받았던까닭에
그러므로 우리는 커 — 다란 새날만을 바라섰다

一九四五年八月은 바로 우리들의 一七七六年七月이고저하였다
모 — 든 不合理와 謀叛과 사슬에 대한 불붙는抗議
偉大한 人民의 權利와 自由의 宣言이고저하였다
그대는 우리들의 『七年의싸움』을 거지반 도맡어 四年을 싸웠다
그대는 우리들의 百萬의 『라파이엣트』²

감옥과 地下의 우리들의 戰士의 굳은同盟軍 —
인제 그대들 우리곁에 있거늘
여기는 오직오래인 가난과 不潔과 懷疑와 연기
모두가 倭敵이 남기고간 상채기뿐
그대손 너무 높은데있어 도시잡기가 어렵고나
『푸록코 — 트』도『쌀롱』도 우리는없다
卑屈이나 아첨이나 禮服은
오직 오래 입어본 치들만이 얼른 다시 뒤집어 썼건만
우리는 느꼇다 그는 도리혀 義로운 戰士를 대접하는 禮儀아님을 —

2 라파예트(Marie Lafayette, 1757~1834). 프랑스의 정치가. 혁명운동가. 미국 독립전쟁 당시 독립군으로 참전했던 '자유의 투사'이자 혁명가이다.

祝杯를 들자 七月초나훌을 위하야 ― 自由로운「아메리카」의
聖스런 싸움에 빛나는 지나간날과 오늘과
또 平和와 希望의 負債 무거운 來日을 위하야 ―
『워싱튼』『제퍼 ― 슨』 그리고『프랑클린』의나라
무엇보다도『에부라함·링컨』의나라
그무엇보다도『푸랭클린·로 ― 즈벨트』의나라 이기에
그대에겐 있것만 아직도 獨立없는
우리의 아품을 아 ― 누구보다도 그대가 잘알리라

自由위한 싸움터우 다만 理解와 尊敬과 높은理想으로만
우리들의 굳은 握手를 맺자
장미를 던저라 저 偉大한 一七七六年의 七月을 위하야
우리모다 祝杯를 들자
또하나 祝杯는 우리들것으로 남겨두자
(一九四六·七·四·美國獨立紀念日에)

―『새노래』, 65~71쪽

自由로운 아메리카 (祝詩)

아득한 바다건너 한없이 넓은 한울아래
흥성한 나라가 있어
아모의 權威도 믿지않는
自由와 높은 한울과 들과 일을 죽엄보다
사랑하는
한 싱싱한 백성들이 거기산다고한다
만나기도전부터
그대들 무척 반겼음은
우리 또한 억매임없는 넓은 大氣와 살림
限없이 그리웠기 때문
모 — 든 낡은 權威 묽어저 부스러저야함을
알기때문이었다

    사슬과 抑壓을 잠시도 용서않으며 포악과 侵略을 가장 미워하는 그대 弱한者의 곁에 서있기를 늘 좋아하는 그대 自由와 또 前進만을 노래하는 詩의傳統을가진
    「휘트맨」의나라 백성이기에
    그대 손목을 우리는 한없이 뜨겁게 잡으려하였다

    아! 잊힐리없는 一九四五年九月
    義로운 우리들의동무
    王없는나라 貴族없는나라 人民의나라 젊은戰士들은
    바다로 하늘로 구름가티 덮여온다하였다 壓制와 虐殺과 脅迫에 짓밟히고 찢긴 땅에서
    毒蛇의 무리와 그앞잽이들 모조리
    우리는 채찍높이휘둘러 쫓아내리라하였다

그대들 또한 우리옆에 예루살렘神殿의 성낸 젊은이처럼 서있으리라 하였다

그러나 그대는 젊은朝鮮의
불타는 눈초리를 알지못했다
우리가 바라는것이 한 革命임을 알지못했다
連續이 아니라 斷絶을
推移가 아니라 淸新한 飛躍이야말로 젊은 朝鮮의 希望이었음을
지나간날은 너무나안타까이도 캄캄했던까닭에
너무나 歷史에게 버림받었던 까닭에
그러므로 우리는 커 ─ 다란 새날만을 바라섰다

一九四五年八月은 바로
우리들의 一七七六年七月이고저하였다
모 ─ 든 不合理와 謀叛과 사슬에 대한 불붙는 抗議
偉大한 人民의 權利와 自由의 宣言이었다 그대는 우리들의 「七年의싸움」을 거지반
도맡어 四年을 싸웠다
그대는 우리들의 百萬의 『라파이엣트』
감옥과 地下의 우리들의 戰士의
굳은同盟軍 ─

인제 그대들 우리곁에 있거늘
여기는 오직오래인 가난과 不潔과 懷疑와 연기
모두가 倭敵이 남기고간 상채기뿐 ─ 그대손 너무높은데 있어 도시잡기가 어렵고나

『푸록코ㅡ트』도『쌀롱』도 우리는없다 卑屈이나 아첨이나 禮服은 오직 오래 입어본 者들만이
　　얼른 다시 뒤집어 썼건만
　　우리는 느껏노라 그는 도리혀
　　義로운 戰士를 대접하는 禮儀아님을ㅡ

　　祝杯를 들자 七月초나흘을 위하야ㅡ
　　自由로운『아메리카』의 聖스런 싸움에 빛나는 지나간날과 오늘과
　　또 平和와 希望의 負債 무거운 來日을 위하야ㅡ
　　『워싱튼』『제퍼ㅡ슨』 그리고『프랑클린』의나라
　　무엇보다도『에부라함·링컨』의나라 그 무엇보다도『프랭클린·로ㅡ즈벨트』의나라이기에
　　그대에겐 있것만 아직도 獨立없는
　　우리의 아픔을
　　아ㅡ 누구보다도 그대가 잘알리라

　　自由위한 싸움터우
　　理解와 尊敬과 높은理想으로 매저진 우리들의 굳은握手 위에 장미를 던저라 저 偉大한 一七七六年의 七月을 위하야 우리모다 祝杯를 들자

ㅡ《현대일보》(1946. 7. 4)

II

연가

두 뺨을 스치는 바람결이 한결 거세어 별이 꺼진 하늘 아래
짐승처럼 우짖는 도시의 소리 피해 오듯 돌아오면서
내 마음 어느새 그대 곁에 있구나.
그대 마음 내게로 온 것이냐.

육로로 천리 수로 천리
오늘 밤도 소스라쳐 깨우치는 꿈이 둘.
가로수 설레는 바람 소리 물새들 잠꼬대……
그대 앓음 소리 아닌 것 없구나.

그대 있는 곳 새 나라 오노라 얼마나 소연하랴.
병 지닌 가슴에도 장미 같은 희망이 피어
그대 숨이 가빠 처녀처럼 수다스러우리.

회오리바람 미친 밤엔 우리 어깨와 어깨 지탱하여
찬비와 서릿발 즐거이 맞으리.
자빠져 김 나는 몸뚱어리 하도 달면 이리도 피해 달아나리.

새 나라 언약이 이처럼 화려커늘
그대와 나 하루살이 목숨쯤이야
빛나는 하루아침 이슬인들 어떠랴.

戀歌

두쌤을 스치는 바람결이 한결 거세어 별이 꺼진 한울 아래
즘생처럼 우짖는 都市의소리 피해오듯 돌아오면서
내마음 어느새 그대곁에 있고나
그대마음 내게로 온것이냐

陸路로 千里 水路 千里
오늘밤도 소스라처 깨우치는 꿈이 둘
街路樹 설레는 바람소리 물새들 잠고대……
그대아름소리[1] 아닌것 없고나

그대있는곳 새나라오노라 얼마나 소연하랴
병지닌 가슴에도 薔薇같은 希望이피어
그대 숨이가뻐 處女처럼 수다스러우리

회호리바람 미친 밤엔 우리 어깨와 어깨 지탕하야
찬비와 서리빨 즐거히 맞으리
자빠저 김나는 몸둥아리 하도 달면 이리도 피해 달아나리

새나라언약이 이처럼 화려커늘
그대와나 하로사리 목숨쯤이야
빛나는 하로아츰 이슬인들 어떠랴

——『새노래』, 74~76쪽

---

1 앓는 소리. 신음 소리.

육체 예찬

움켜잡으면 그대 더운 피 가슴까지 화끈 솨 오는구나.
여러 싸움과 모함과 박해 속을 헤치고 온 마디진 손아.

아름다운 진리와 높은 일 위하여는
물불 헤아리지 않고 뚫고 온 퍼진 어깨야.

나라와 백성에게 바치는 뜻밖엔
딴마음 하나 없이 낮과 밤 새워 달리던 세찬 다리야.

창으로 가자. 그대 손아귀 더 오래 잡고 있자.
꽃피는 구름 향기론 새벽
동터 오는 한길이 그대와 함께 보이는 데로 가자.

그대 얼굴에 칼자국 있어 더욱 빛나는 반달이구나.
근심이 차 부어올라 가슴이 둥글어
그대 타는 눈동자 어둠을 뚫고 별 틈에 있고나.

肉體禮讚

움켜잡으면 그대 더운피 가슴까지 화끈 쏴오는구나
여러싸움과 모함과 迫害속을 헤치고온 매디진손아

아름다운 眞理와 높은일 위하야는
물불 헤아리지않고 뚫고온 퍼진어깨야

나라와 백성에게 바치는뜻 밖엔
딴마음 하나없이 낮과밤새워 달리던 세찬다리야

窓으로 가자 그대손아귀 더오래 잡고있자
꽃피는구름 향기론 새벽
동터오는 한길이 그대와함께 보이는데로 가자

그대 얼골에 칼자욱 있어 더욱 빛나는 半달이고나
근심이 차 부어올라 가슴이 둥글어
그대 타는 눈동자 어둠을 뚫고 별틈에 있고나

———『새노래』, 77~78쪽

구절도 아닌 두서너 마디

구절도 아닌 두서너 마디 더듬는 말인데도
나의 머리 수그리게 하는 한량없는 뜻은 무엇일까.

호수에 뜬 별처럼 황혼에 더욱 빛나는 눈동자.
도시 쳐다볼 수 없어 눈 둘 데 몰라 망설이게 함은 무엇 때문일까.
이슬 젖은 구슬처럼 눈물이 어려 한결 빛나
내 마음 꿰뚫어 휘젓는 금빛 화살아
귀 막고 눈을 감으면 호수처럼 그윽히 밀려와
내 가슴 하나 가득이 넘치는 것은 무엇일까.

웅변보다 깊은 뜻 다문 입술기.
말보다 무거운 눈초리들에 지탱되어
초라한 작은 생애가 보람이 있어
진달래 우거지는 언덕과 들 한없이 사랑하며
내 이 들에 즐거이 땀 흐리리라.

句節도 아닌 두서너 마디 　　　　　　　　　원문 1

句節도아닌 두서너마디 더듬는 말인데도
나의머리 수그리게하는 한량없는 뜻은 무엇일까

湖水에 뜬 별처럼 黃昏에 더욱 빛나는 눈동자
도시¹ 처다볼수없어 눈둘데 몰라 멍서리게²함은 무엇때문일까
이슬젖은 구슬처럼 눈물이 어려 한결 빛나
내마음 꾀뚫어 휘젔는 금빛 화살아
귀막고 눈을 감으면 湖水처럼 그윽히 밀려와
내가슴하나 가득이 넘치는것은 무엇일까

雄辯보다 깊은뜻 다문입술기³
말보다 무거운 눈초리들에 지탕되어
초라한 작은 生涯가 보람이 있어
진달레 우거지는 언덕과 들 한없이 사랑하며
내 이 들에 즐거히 땀흘리리라

——『새노래』, 79~80쪽

1　도무지.
2　망설이다.
3　'입술'의 방언.

句節도아닌 두서너마디 더듬는말인데도

원문 2

句節도아닌 두서너마디 더듬는말인데도
나의머리 수그리게하는 한량없는뜻은 무엇일까

湖水에는 별처럼 黃昏속에서 빛나는 눈동자
처다볼 수 도시없어 눈둘데몰라 멍서리게함은 무엇때문일까
이슬젖은구슬처럼 눈물이어려 더욱빛나
내마음 꾀뚫어 휘젓는 금빛화살아

귀막고 눈을감으면 湖水처럼 그윽히 밀려와
내가슴하나 가득히 채우는것은 무엇일까

雄辯보다 깊은뜻다물고 잠근입술기
말보다 다사론 눈초리들에 지탕되어
초라한 작은생애가 보람이있어
진달레피는 벼랑과언덕 한없이 사랑하며
내 이들에 즐거히 땀흘리고저 하노라

―《개벽》9권 1호(1947. 8), 49쪽

오늘도 고향은

오늘도 고향은 천리요 또 오백리.
뜻하지 않은 위도가 은하로구나.

사랑스런 살붙이들.
쟁쟁한 목소리 아물거리는 얼굴.
도시 허위잡을 수 없이
구름만 북으로 밀려가는구나.
여러 십 년 하루같이 모두들 고대턴 것
눈앞에 얼른거리면서도 종내 나서지지 않아
동무와 안타까운 소식 이야기하며 밤을 새우며
목이 말라 가슴이 타 냉수를 켜며
이달도 손때 밴 자전을 팔아 즐거이 살아가리.

오늘도 故鄕은

원문 1

오늘도 故鄕은 千里요 또 五百里
뜻하지않은 緯度가 銀河로구나

사랑스런 살부치[1]들
쟁々한 목소리 아물거리는 얼골
도시 허위잡을[2]수없이
구름만 北으로 밀려가는구나
여러十年 하로같이 모다들 고대턴것
눈앞에 얼른거리면서도 종내 나사서지[3]않어
동무와 안타까운소식 이야기하며 밤을 새우며
목이말라 가슴이 타 냉수를 켜며
이달도 손때밴 字典을 팔아 즐거히 살아가리

―『새노래』, 81~82쪽

1 살붙이. 혈육.
2 허위잡다. 휘어잡다.
3 나사서다. '다가서다'의 방언.

다가앉아 가장 그윽한 얘기……

다가앉아
가장 그윽한 얘기 낮에 듣지 못하던 가장 깊은 데를 스치는 얘기를 들려주게.
오늘 밤 내가 아마 몹시 약해서 그런가 보이.

파도치는 바다를 잠재우는 바람처럼
내 가장 슬픈 곳과 아픈 고장을
정이 배인 눈초리로 쓰다듬어 주렴.

내 본시 한없이 약하고 허물 많은 속된 인간일 따름
호걸도 영웅도 아무것도 될 수 없음을 굳이 후회치 않으나
다만 착하게 인정의 그늘에 서로 의지해 삶이 소원이네.

불의와 싸울 적엔 표범처럼 강하라 채찍을 치라.
혹은 사특한 이해로 하여 발길이 주춤거림은 아닌가.
아첨과 위협 때문에 허리가 주추러듦은 아닌가.
자빠지기 쉬울 적에야말로 그대 한마디가 무쇠 기둥이었네.

그러나 오늘 밤만은 그 거센 얘기일랑 그만두고
저 가슴속 제일 깊은 구석구석까지 스미는 그런 얘기를 들려주세.
인간 이상인 것처럼 성을 내면 도무지 무서우이.

저 가장 약하고 슬픈 짐승처럼
눈물이 고여 그대 눈방울이 더욱 영롱하이.

닥아앉아 가장 그윽한 얘기······   원문 1

닥아 앉아
가장 그윽한얘기 낮에 듯지못하던 가장 깊은데를 스치는
얘기를 들려주게
오늘밤 내가 아마 몹씨 약해서 그런가보이

파도치는 바다를 잠재우는 바람처럼
내 가장 숨은곳과 앞은 고장을
情이 배인 눈초리로 쓰다듬어 주렴

내 본시 한없이 약하고 허물많은 俗된 人間일 따름
호걸도 영웅도 아무것도 될수없음을 구지 후회치 않으나
다만 착하게 人情의 그늘에 서로 의지해 삶이 소원이네

不義와 싸울적엔 표범처럼 强하라 채찍을치라
혹은 사특한[1] 利害로하야 발길이 주춤거림은 아닌가
아첨과 위협때문에 허리가 주추러들믄[2] 아닌가
자빠지기 쉬울적에야말로 그대 한마리[3]가 무쇠기둥이었네

그러나 오늘밤만은 그 거센 얘기일랑 그만두고
저 가슴속 제일깊은 구석구석까지 슴이는 그런 얘기를 들려주세
人間以上인것처럼 성을 내면 도모지 무서우이

1 사특하다. 요사스럽고 간특하다.
2 주출어들다. 주춤대며 움츠러들다.
3 '한마디'의 오식.

저 가장 약하고 슾은 즘생처럼
눈물이 고여 그대 눈방울이 더욱 영롱하이

——『새노래』, 83~85쪽

동화

흰 모래둔과 구름으로 선을 친
바닷가에는
한낮이면 소년과 해당화가
일제히 피었다.

코발트 층계를 기어 올라가다도 말고
숨이 가빠 멈춰 서면은
비둘기 같은 발가락 아래서 바다가
풍금처럼 갑자기 소리 나기 시작한다.

꿈과 대낮의 지경이 분명치 않은
이 마을에서는
조약돌과 조개껍질과 흰 해도가
제일 큰 재산이었다.

이슬 어린 눈동자는 간밤
산호 수풀에서 주워 온 진주
소라인 양 오므린 귀는 먼 바람 소리에도
금속처럼 울었다.

자주 겨드랑이가 아파 옴은

보이지 않는 죽지가 자라는 까닭.

끓는 혈관은 필시
바다 파도에 연이었나 보드라.

童話

원문 1

힌 모래둔[1]과 구름으로 선을 친
바다까에는
한낮이면 少年과 海棠花가
일제히 피었다

『코발트』층게를 기어올라가다도 말고
숨이 가뻐 멈춰서면은
비둘기같은 발꼬락 아래서 바다가
風琴처럼 갑짜기 소리나기 시작한다

꿈과 대낮의 지경[2]이 분명치않은
이 마을에서는
조약돌과 조개껍질과 힌 海圖가
제일 큰 財産이었다

이슬어린 눈동자는 간밤
珊瑚수풀에서 주어 온 眞珠
소라이냥[3] 오무린 귀는
먼 바람소리에도 金屬처럼 울었다

자조 겨드랭이가 앞어옴은

1   모래 둔덕.
2   경계.
3   소라인 양. 소라인 것처럼.

보이지않는 죽찌[4]가 자라는 까닭

끓는 血管은 필시
바다 파도에 연이었나 보드라

(舊作)

——『새노래』, 86~88쪽

[4] 날갯죽지.

사슴의 노래

가랑잎 뒤덮인 샘을 찾아 내려옴은
하룻밤 어지런 꿈으로 단 이마를 적시려 함이라.

높은 사상의 화석을 머리에 받든 채
여러 얽힌 백화 숲 안개 바다에 지치었음이리라.

구름도 기어 넘는 하늘 닿은 영마루는 하룻밤 주막
오늘도 삼가 냇가의 잡초는 씹지 않으리라.

사슴의 노래

가락입 뒤덮인 샘을 찾어 나려옴은
하로밤 어지런 꿈으로 단 이마를 적시려함이라

높은 思想의 化石을 머리에 바뜬 채
여러 얽힌 白樺숲 안개바다에 지치었음이리라

구룸도 기어넘는 한울다은 嶺마루는 하로밤주막
오늘도 삼가 내ㅅ가의 雜草는 썹지않으리라
(舊作)

——『새노래』, 89~90쪽

희망

희망 —
갈리레오가 잊어버린
또 하나
별의 이름.

숨이 가쁜 봄밤
젊은이 꿈속에 즐겨 뜨는
기이한 버릇을 한
별아.

오늘 밤도
네 인력의 한계를 스치어
자주 삐뚤어지는
서투른 포물선들.

온갖 회오리바람과 유혹과 협박에 휩쓸려
시달리는 운명 위에
희미하게 걸리는
원광.

아 — 나는 오늘

차디찬 운성의 무더기를 디디고
나의 항성 나의 희망
가장 멀면서도 가장 가까운 데 있다.

希望

희望―
『갈리레오』가 이저버린
또하나
별의 일홈

숨이 가뿐 봄밤
젊은이 꿈속에 즐겨뜨는
기이한 버릇을 한
별아

오늘밤도
네 引力의 限界를 스치어
자조 삐뚤어지는
서투른 抛物線들

온갖 회호리바람과 誘惑과 脅迫에 휩쓸려
시달리는 運命우에
히미하게 걸리는
圓光

아 ― 나는 오늘
차디찬 隕星의 무덕을 디디고
나의 恒星 나의 希望
가장 멀면서도 가장 가까운데있다

―『새노래』, 91~93쪽

希望

希望—
『갈리레오』가 이저버린
또하나
별의 일홈

숨이 가뿐 봄밤
젊은이 꿈속에 즐겨뜨는
기이한 버릇을 한
별아

오늘 밤도
네 引力의 限界를 스치어
자조 삐뚤어지는
서투른 拋物線들

온갖 회호리바람과 誘惑과 脅迫에 휩쓸려
시달리는 運命 우에
히미하게 걸리는
圓光

아— 나는 오늘
차디찬 隕星의 무덕을 디디고
나의 恒星 나의 希望
가장 멀면서도 가장 가까운 데 있다

—《신천지》 2권 10호(1947. 11), 1쪽

뜻 없이 달이 밝아

뜻 없이 달이 밝아
하늘이 맑아
울어도 시원치 않은
팔월이 얼어들어 뼈가 시리다.

꿈이라기엔 너무나 뚜렷이
한낮 하늘을 구르며 온 소식
팔이 빠지라 휘저어
목이 터지도록 반기던 이름아.

  자유를 달라.
  생활을 달라.
  정부를 달라.
  아 — 희망을 달라.

여러 십 년 주린 소리.
땅 뚜껑 찌르고 올라오다도 말고
흙발에 짓밟혀
뭉개지던 소리.

해골 쌓인 골고다에서 오던 소리.

피 고인 들에서 솟아나던 소리.

구름 닿는 돌담을 기어 넘어
창살을 새어 흘러오던 소리.
형틀에 이슬지며
노래하듯 웅얼이던 소리야.

달이 둥글어 구름이 빛나
노래 나올 듯 올 듯 목에 걸리는 팔월.
꿈이 너무 무거워 다리가 휘청거려 겨우
벗과 의지하여 새벽 거리에 서다.

뜻없이 달이 밝아

원문 1

뜻 없이 달이 밝아
한울이 맑아
울어도 씨언치않은
八月이 얼어드러 뼈가 시리다

꿈이라기엔 너무나 뚜렷이
한낮 한울을 구르며 온 소식
팔이 빠지라 휘저어
목이 터지도록 반기던 일홈아

  自由를 달라
  生活을 달라
  政府를 달라
  아—希望을 달라

여러十年 주린 소리
땅 뚜껑 지르고 올라오다도 말고
흙발에 짓밟혀
뭉캐지던 소리

骸骨 쌓인 『골고다』에서 오던 소리
피고인 들에서 소사나던 소리

구룸닷는 돌담을 기어넘어
창살을 새여 흘러오던 소리

刑틀에 이슬지며
노래하듯 웅어리던 소리야

달이 둥그러 구름이 빛나
노래 나올듯 올듯 목에 걸리는 八月
꿈이 너무 무거워 다리가 휘청거려 겨우
벗과 의지하야 새벽거리에 서다

―『새노래』, 94~97쪽

정녕 떠나신다는 말씀

정녕 떠나신다는 말씀
그대 손아귀 돌보다 차구려.
이렇게 고약한 세상에선
하루바삐 싸움 속으로 가심이 옳겠지요.

거센 밤바람 차 오는 들길.
여러 갈대밭 돌멩이길 또 구렁창이.
분명 어두운 지역이리다.
별이 없이 가기는 어려운 곳이리다.

감옥과 내일은 좋은 곳이라 웃음 띠우며
내 손에 남기신 물고기 같은 찬 기
인제 갈바람 모여드는 저무는 네거리에
그대 눈과 두 볼이 노을보다 붉구료.

어쩌다 맞나면 떠나보낼 일 먼저 근심이더니
떠날 적엔 다시 만날 일 앨써 믿으리다.
갈바람에 부쳐서라도 기어이 믿으리다.

정영 떠나신다는 말슴

원문 1

정영 떠나신다는 말슴
그대 손아귀 돌보다 차구려
이렇게 고약한 세상에선
하로바삐 싸움속으로 가심이 옳겠지요

거센 밤바람 차오는 들길
여러 갈대밭 돌멩이길 또 구렁챙이
분명 어두운 地域이리다
별이 없이 가기는 어려운 곳이리다

감옥과 來日은 좋은곳이라 우숨띠우며
내손에 남기신 물고기같은 찬기[1]
인제 갈바람 몽여드는 저무는 네거리에
그대 눈과 두 볼이 노을보다 붉구료

어찌다 맛나면 떠내보낼일 먼저 근심이더니
떠날적엔 다시 맛날일 앨써 믿으리다
갈바람에 부처서라도 기에[2] 믿으리다

(舊作)

—『새노래』, 98~100쪽

1 찬 기운.
2 기어이. 꼭.

길 잃은 노루처럼

길 잃은 노루처럼 살아왔기에
바다가 바라다보일 적마다 숨이 차 볼이 달았다.
은행나무와 포플러와 나는 그러기에
가을이면 누구보다도 먼저 단풍이 들었다.

믿음과 행복의 테두리만 돌아
갈꽃 날리는 샛길이 비탈이기만 했다.
발에 채는 한 송이 들꽃과 별찌에조차 가슴이 떨렸다.

다사론 인정이 얽힌 양지 바닥에
한량없이 믿으며 의지해 살리라.
등을 구우며 뺨을 움켜 녹여 주며
모닥불가에 옹기종기 옛말처럼 피리라.

메마른 들에는 눈물과 땀을 뿌려
즐거이 이웃끼리 도와 가리라.
길이 멀어서야 못 갈 데 있으랴.
설음을 벗하여도 살아온 마흔 해어든
희망과 함께라면 날이 날마다
신기한 얘기 아닐 날 있으랴.

길일은 노루처럼

원문 1

길잃은 노루처럼 살아왔기에
바다가 바라다 보일적마다 숨이차 볼이 다랐다[1]
銀杏나무와 포프라 와 나는 그러기에
가을이면 누구보다도 먼저 단풍이 들었다

미듬과 향복의 테두리만 도라
갈꽃 날리는 새ㅅ길이 비탈리기만 했다
발에채는 한송이 들꽃과 별찌에 조차 가슴이 떨렸다

다사론 인정이 얽힌 양지바닥에
한량없이 믿으며 의지해살리라
등을 구우며 뺨을움켜 녹여주며
모닥불까에 옹기종기 옛말처럼 피리라

메마른 들에는 눈물과 땀을 뿌려
즐거히 이웃끼리 도아 가리라
길이 멀어서야 못갈데 있으랴
서름을 벗하여도 살아온 마흔 해어던
희망과함께 라면 날이 날 마다
신기한 얘기 아닐날 있으랴

——『새노래』, 101~103쪽

---

1   달다. 뜨거워지다.

코스모스는

코스모스는
부디 귀뚜리 울다 간 섬돌 밑이 좋아서 피는 게냐.

코스모스는
하필 고향과 꿈이 모두 아득히 먼 아침에 피는 겔까.

코스모스는
좋은 날 기다리기에 목이 자즈러진 나라 백성이 못 잊히어
돌아서며 돌아서며 피나 보다.

코스모스는
서릿바람 일일이 견디노라니 목이 저리 가늘었지.

다듬다 물러앉은 분원 백자에도
어느새 연지처럼 코스모스 물이 들었네.

코스모스는
필시 「크로이처 소나타」 쏟아지는 피아노 위에 쓰러질걸.

코스모스는

독립을 기다리다 목이 타 죽은 새 무덤에
안고 가 피워 주자.

코스모쓰는   원문 1

코스모쓰는
부디 귀뚜리 울다간 섬돌밑이 좋아서 피는게냐

코스모쓰는
하필 고향과 꿈이 모두 아득히 먼 아츰에 피는겔까

코스모쓰는
좋은날 기다리기에 목이 자즈러진 나라 백성이 못니치어
도라서며 도라서며 피나부다

코스모쓰는
서리ㅅ바람 일일히 견디노라니 목이 저리 가느럿지

다듬다 물러앉은 分院白磁에도
어느새 연지처럼 코스모쓰 물이 드렀네

코스모쓰는
필시『크로이첼·쏘나타』¹ 쏟아지는 피아노 우에 쓸어질걸

---

1 베토벤의 「바이올린 소나타 9번」(가 장조, Opus 47). 베토벤이 1803년 작곡한 이 바이올린 소나타는 원래는 바이올린 연주가였던 조지 브리지타워에게 헌정하기 위한 것이었다. 그는 시연회에서 베토벤과 함께 공연했지만 그 공연이 끝난 후 술자리에서 브리지타워가 베토벤의 애인을 비난하자 이에 격분해 곡의 헌정 사실을 없애 버리고 대신 당대 최고의 바이올리니스트였던 레오니드 크로이처(Leonid Kreutzer)에게 헌정해 버렸다. 그 뒤로 이 곡에 그의 이름이 붙어 전해지고 있다. 러시아의 소설가 톨스토이가 쓴 소설 「크로이처 소나타」는 아내가 다른 남자와 「크로이처 소나타」를 아름답게 연주하는 것을 보고 이에 질투를 느낀 남편이 그 아내를 죽인다는 이야기를 담고 있다.

코스모쓰는
獨立을 기다리다 목이 타 죽은 새무덤에
안고 가 피워 주자

―『새노래』, 104~106쪽

오늘은 악마의 것이나

문이 아니라 벽인 것 같다.
바위가 아니면 벼래
또 밑 없는 골짜구니.

길이 너무 험하여
두고 가는 무덤이 잦아
진달래와 두견새 울음소리 슬플 날 아직도 많을까 부다.
그러나 지구는 부질없이 돌아가지는 않으리라.

뭇 사라지는 것들의 망령인 것처럼
이즈러진 전차와 강아지와 거지가
악을 쓰며 쫓겨다니는 거리
모두가 헐벗고 춥고 배가 고파
악이 오른 찌푸린 거리
쓰레기 쌓인 골목을 돌아
열 스무 번 다시 일어나 가야 할 길

이 길을 돌아가야만
바다가 트인 평야로 나간다 한다.

지구는 부질없이 돌아가지는 않으리라.

아무리 그믐밤일지라도 저기 별이 있어 좋지 않으냐.
장미와 무지개 가득 차 우리 가슴이 부풀어 좋지 않으냐.

오늘은 악마의 것이나
내일은 우리의 것이다.

오늘은 惡魔의것이나

門이 아니라 壁인것같다
바위가 아니면 벼래[1]
또 밑없는 골자구니

길이 너무험하야
두고가는 무덤이 자저[2]
진달레와 두견새 우름소리 숲을날 아직도 많을가부다
그러나 地球는 부질없이 돌아가지는 않으리라

못 사라지는것들의 亡靈인것 처럼
이즈러진 電車와 강아지와 거지가
악을쓰며 쫓겨댕기는 거리
모두가 헐벗고 춥고 배가고파
악이오른 찌푸린거리
쓰레기 쌓인 골목을 돌아
열 스무번 다시 이러나 가야할 길

이길 을 돌아가야만
바다가 트인 平野로 나간다 한다

地球는 부질없이 돌아가지는 않으리라
아모리 그믐밤일지라도 저기 별이있어 좋지않으냐

1 벼랑.
2 잦다. 자주 있다. 빈번하다.

薔薇와 무지개 가득차 우리 가슴이 부풀어 좋지않으냐

오늘은 惡魔의 것이나
來日은 우리의 것이다

— 『새노래』, 107~109쪽

시와 문화에 부치는 노래

손을 벌리면 산 넘어서 바다 건너서
사방에서 붙잡히는 뜨거운 체온.
초면이면서도 만나자마자 가슴이 열려
하는 얘기가 진리와 미의 근방만 싸고돎이 자랑일세.

그대 모자 구멍이 뚫려 남루가 더욱 좋구려.
거짓과 의롭지 못한 것 위에 서리는 눈초리.
노염 속에 감추인 인정의 불도가니.
나라나라마다 우리들 소리 외롭지 않아 미쁘이.

나기 전부터도 시의 맥으로 이끈 어리석은 종족.
피 아닌 계보가 보석처럼 빛나서 더욱 영롱타.
도연명과 한용운과 노신과 타골
단테와 보들레르와 고리키와 오닐.

포대와 국경을 비웃으며 마음마음의 고집은 뚜껑을 녹이며
강처럼 계절처럼 퍼져 오는 거부할 수 없는 물리.
메마른 사막을 추기는 샘 어둠 속에 차 오는 빛.
세계와 고금에 넘쳐흐르는 것 아 ─ 시여 문화여.

詩와 文化에 부치는 노래

원문 1

손을 벌이면 山넘어서 바다건너서
四方에서 부잡히는 뜨거운 体溫
初面이면서두 맞나자마자 가슴이 열려
하는얘기가 眞理와 美의 근방만 싸고돎이 자랑일세

그대帽子 구멍이 뚫려 襤褸가 더욱좋구려
거즛 과 義롭지못한것우에 서리는 눈초리
怒염속에 감추인 人情의 불독아니
나라나라마다 우리들소리 외롭지않어 미뿌이[1]

나기前부터도 詩의脈으로 이낀[2] 어리석은 種族
피아닌 系譜가 寶石처럼빛나서 더욱玲瓏타
陶淵明과 韓龍雲 과 魯迅과 『타골』
『단테』와 『뽀들레르』와 『고리키』와 『오닐』

砲台 와 國境을 비웃으며 마음마음의 고집은 뚜껑을 녹이며
江처럼 季節처럼 퍼저오는 拒否할수없는 物理
메마른 沙漠을 추기는 샘 어둠속에 차오는 빛
世界와 古今 에 넘처흘으는것 아 ― 詩여 文化여

―『새노래』, 110~112쪽

---

1 미쁘다. 믿음직스럽다.
2 이끌다.

詩와 文化에 부치는 노래

손을벌이면 山넘어서 바다건너서
四方에서 부짭히는 뜨거운体温
初面이면서두 맛나자마자 가슴이 열려
하는얘기가 眞理와美의근방만 싸고돎이자랑일세.

그대帽子 구멍이뚫려 襤褸가 더욱 좋구려.
거즛과 義롭지못한것우에 서리는눈초리
怒염속에감추인 人情의불독아니 ―
나라나라마다 우리들소리 외롭지않어미뿌이

나기前부터도 詩의脈으로이긴 어리석은種族
陶淵明과 韓龍雲과 魯迅과 "타골"
"단테"와 "뽀들레르"와 "고리키"와 "오닐" ―

砲台와國境을비웃으며 마음마음의고집은뚜껑을녹이며
江처럼季節처럼퍼저오는 抗拒할수없는物理
메마른沙漠을 추기는샘 우둠속에 차오는빛
世界와古今에넘처흘으는 것― 아 ― 詩여文化여.

―《문화창조(文化創造)》2권 1호(1947. 3)

센토오르

센토오르는 원래가 말 다리 말굽을 한 괴물이었으나
천행으로 웃몸은 인간의 형상을 하였더랍니다.

센토오르는 그래서 어디서 목양신의 수염을 얻어 붙이고 천사 미카엘의 갑옷을 슬쩍 훔쳐다 입고는
(혹은 고물상에서 사 입었거나 그 흔한 전장 판에서 주워 왔는지도 모르지만)
봄바람을 휘휘 감으며 송아지 망아지 틈에 뒤섞여 꽃밭에 달려들었습니다.

하는 말이 ―
사과밭 무밭 딸기밭 가꾸기란 내가 천하에 제일이지.
어린 가축 맡아 보는 데야 날 당할 자 있나?
한 옛날부터도 그게 신이 저민 내 천직인 데야 ―

그러나
센토오르 지나간 데마다 진탕이 되고 센토오르 댕겨간 곳에 도야지 송아지 병아리 짓밟힌 주검만 쌓였고나.

― 센토오르
어느 숫양의 털을 몰래 뽑아다 만든 겐지는 몰라도

그 은실 수염일랑 떼 버리면 어때?
아무리 보아야 산타클로스 비슷도 않더라.
당홍 투구와 저고리는 치자가 아니라 어느 전장터 피샘에서 물들인 게지.
금사 레이스 밑의 그 마디 굵은 마각이사 어찌한담 —

아이들아 거기 채찍을 가져오너라.

센토오르 때문에 아예
못살구나겠구나.
이러다가는 금년 가을도
또 허사가 될까 부다.
사과밭
딸기밭
개나리
진달래 꽃밭에서
통굽을 한 센토오르를
휘얼 훨
몰아내자.

아이들아 거기 채찍을 가져오너라.

센토오르[1]

원문 1

『센토오르』는 원래가 말다리말굽을한 怪物이었으나
天幸으로 웃몸은 人間의형상을 하였드람니다.

『센토오르』는 그래서 어디서 牧羊神의 수염을 얻어붙이고 天使『미하엘』의 갑옷을 슬쩍 훔쳐다 입고는
(혹은 古物商에서 사입었거나 그 흔한 戰場판에서 주어 왔는지도 모르지만)
봄바람을 휘々 감으며 송아지 망아지 틈에 뒤섞여 꽃밭에 달려들었읍니다.

　하는말이 —
　사과밭 무우밭 딸기밭 가꾸기란 내가 天下에 第一이지.
　어린家畜 맡어보는데야 날 당할者있나?
　한옛날부터도 그게 神이 저민 내 天職인데야 —

그러나
『센토오르』지나간데마다 진탕이 되고『센토오르』댕겨간 곳에 도야지 송아지 병아리 짓밟힌 죽엄만 쌓였고나.

　—『센토오르』
　어늬 숫羊의털을 몰래뽑아다 맨든겐지는 몰라도
　그 銀실수염을랑 떼버리면 어때?
　아모리보아야『산타·클로쓰』비슷도 않더라.

1　켄타우로스(Centauros). 그리스 신화에 등장하는 전원의 신. 상체는 인간이고 가슴 아래부터 뒷부분은 말 모양을 한 반인반마의 종족이다. 테살리아의 펠리온 산에서 날고기를 먹으며 살고, 성질이 난폭하고 호색적이지만 켄타우로스족의 현자 케이론은 영웅들의 스승으로도 유명하다.

당홍 투구와 저고리는 치자²가 아니라 어늬 戰場팀 피샘에서 물드린게지.
金絲『레 — 쓰』밑의 그 마디굵은 馬脚이사 어찌한담 —

아이들아 거기 챗직을 가저오너라.

『센토오르』때문에 아예
못살구나겠구나.
이러다가는 금년가을도
또 虛事가 될가부다.
사과밭
딸기밭
개나리
진달레 꽃밭에서
통굽을 한『센토오르』를
휘얼 훨
몰아내자.

아이들아 거기 챗직을 가저오너라.

2 치자. 치자나무 열매. 붉은색 염료로도 쓰임.

쎈 토 ― 르

원문 2

『쎈토 ― 르』는 原來가 말다리 말굽을한 怪物이엿으나
요행이도 웃몸은 사람의형상을 하였드랍니다.

『쎈토 ― 르』는 그래서어디서 牧羊神의수염을 얻어부치고 天使『미하엘』의옷을
훔쳐다입고는
(혹은 古物商에서 사다입엇거나 그흔한戰場판에서 주어왔는지도 모릅니다)
봄바람을 휘휘감으며 송아지와 망아지들 틈에섞어 꽃밭에 달러들었읍니다.

  하는말이 ―
  ― 사과밭과 무 ― 밭 딸기밭 가꾸기란 天下에 내가 第一이지.
  여린家畜맡어보는데야 날당할者있나?
  한옛날부터도 그게 神이점지인 내 天職인데사 ―

그러나
『쎈토 ― 르』지나거는곳마다 진탕이되고
『쎈토 ― 르』댕겨간곳마다 도야지 송아지 병아리 짓밟힌 죽엄이 쌓입니다.

어늬 숫羊의털을 몰래뽑아다 맨든건지는 몰라도
『쎈토 ― 르』
그銀실수염을랑 떼버리면 어때?
아모래도『쎈타클로쓰』비슷도 않구려.

붉은투구와 저고리는 치자가아니라 어늬 戰爭터나 물샘에서 물드린게지?
金絲『레 ― 쓰』밑에 그 매디굵은 馬脚이사 어찌한담?

아이들아 거기 챗찍을 가저오너라

『쎈토 ― 르』때문에 못살겠구나.
이러다가는 今年일도
또 虛事가될가부다.

사과밭
채마밭
진달레
개나리 꽃밭에서
통굽을 한『쎈토 ― 르』를
휘 ― ㄹ 훨
몰아내자.

아이들아 거기 챗찍을 가저오너라

―《개벽》10권 3호, 1948. 5, 30~31쪽

새해의 노래

역사의 복수 아직도 끝나지 않았음인가
먼 데서 가까운 데서 민족과 민족의 아우성 소리.
어둔 밤 파도 앓는 소린가 별 무수히 무너짐인가?

높은 구름 사이에 애써 마음을 붙여 살리라 한들
저자에 사모치는 저 웅얼임 닿지 않을까 보냐?

아름다운 꿈 지님은 언제고 무거운 짐이리라.
아름다운 꿈 버리지 못함은 분명 형벌보다 아픈 슬픔이리라.

이스라엘 헤매이던 이천 년 꿈속의 고향
시온은 오늘 돌아드는 발자국 소리로 소연코나.

꿈엔들 잊었으랴? 우리들의 시온도 통일과 자주와 민주 위에 세울 빛나는 조국.
우리들 낙엽 지는 한두 살쯤이야 휴지통에 던지는 꾸겨진 조각일 따름
사랑하는 나라의 테두리 새 연륜으로 한 겹 굳어지라.

새해와 희망은 몸부림치는 민족에게 주자.
새해와 자유와 행복은 괴로운 민족끼리 나누어 가지자.

새해의 노래

원문 1

歷史의 復讐 아직도 끝나지않었음인가
먼데서 가까운데서 民族과 民族의 아우성소리
어둔밤 파도 알른소린가 별 무수히 뚫어짐인가?

높은 구름사이에 앨써 마음을 부처 살리라 한들
저자[1]에 사모치는 저 웅어림[2] 닿지않을까보냐?

아름다운 꿈 진임은 언제고 무거운 짐이리라.
아름다운 꿈 버리지못함은 분명 刑罰보다 앞은 슲음이리라.

『이스라엘』헤매이던 二千年 꿈속의 故鄕
『시온』[3]은 오늘 도라드는 발자곡소리로 騷然코나.

꿈엔들 잊어쓰랴? 우리들의『시온』도 統一과 自主와 民主 우에 세울 빛나는 祖國.
우리들 落葉지는 한두살쯤이야 휴지통에 던지는 꾸겨진 쪼각일따름
사랑하는 나라의 테누리 새年輪으로 한겹 굳어지라.

새해와 希望은 몸부림치는 民族에게 주자.
새해와 自由와 幸福은 괴로운 民族끼리 난우어가지자.

——『새노래』, 118~120쪽

---

1 저자. 아침저녁으로 반찬거리를 파는 시장.
2 웅얼거림.
3 시온(Zion). '예루살렘'의 별칭. 유대인이 그들 조상의 땅인 팔레스타인에 조국을 재건하려는 운동을 시온주의라고 함.

새 해 의 노 래

歷史의 復수 아직도 끗나지 안엇슴인가?
먼데서 가까운데서 民族과民族의 아우성소리
어둔 밤 波도 일른소린가? 별 무수히 문허짐인가?

노픈 구름사이에 앨써마음을 부처살리라한들
저자에 사모치는 저 웅어림 닷지안흘가보냐?

아름다운꿈 지님은 언제고 무거운짐이리라
아름다운꿈 버리지못함은 분명 刑罰보다 아픈 슬픔이리라

『이스라엘』헤매이던 二千年 꿈속의고향
『시온』은 오늘 도라드는발자곡소리로 소연코나

꿈엔들 이저쓰랴? 우리들의『시온』도
統一과 自主와 民主우에 설 빗나는 祖國

우리들 落葉지는 한두살쯤이야 휴지통에 던지는 꾸겨진 쪼각일따름
사랑하는 나라의 테두리 새年輪으로 한겹 더구더시라

새해와 希望은 몸부림치는 民族에게 주자
새해와 自由와 幸福은 괴로운民族끼리 난우어 가지자

——《자유신문》(1948. 1. 4)

새노래에 대하여

　세계와 인생에 대한 생각을 끊임없이 하나로 조직하고 바로잡으며 또 거기 옳고 굵고 늠름하게 살아가는 마음의 태세를 갖추어 가야 한다는 것은 사람으로서의 한 무겁고 번거로운 부담일세 옳다. 짐이 너무 무겁고 앞뒤가 하도 막막할 적에 우리는 때로는 차라리 저 들짐승의 생활의 무심하고 순순함을 부러워하기도 한다. 시(詩)는 내게 있어서는 이러한 스스로의 살아가는 문제의 조정의 수단에 지나지 않는다. 시인이란 사람의 사람으로서의 짐을 남달리 깊이 의식하고 자진하여 그것을 걸머지고 가는 무릇 미련하고 못나고 줄난 종족인 것 같다. 벗어 버리려면 못 버릴 것도 없다. 편한 길은 얼마든지 있는 것이다. 짐승의 생활에 한 걸음씩 더 가까이만 가면 그만일 터이다. 하지만 모두가 짐을 잊어버리고 또는 일부러 버리고 가는 것만 같아서 세속의 행렬에서는 가장 뒤떨어진 곳에 정신의 무거운 부담을 끄은 채 시대의 거센 물굽이를 간신히 헤치고 나갈밖에 없다. 사납고 어지러운 시대일수록 그는 더 피로하고 슬프고 노엽고 초라하고 상기해야 하나 보다. 그러므로 그는 항용 창황히 짐을 꾸리는 버릇이 있다. 까닭 모를 출발이 그를 몰아세는 때문이다. 욕스런 과거와 현재에 대한 끊임없는 결별 — 그것은 예술의 성장을 위한 논리인 듯도 하다. 도약 그것이야말로 가장 소중한 정신의 체조일지도 모른다. 모두 떳떳하고 훌륭하게 살아가려는 몸짓이다.

　우리는 일찍이 쎈티멘털 로맨티시즘의 홍수 속에서 시를 건져 냈다. 저 야수적(野獸的)인 시대에 감상(感傷)에 살기가 싫었고 좀 더 투명하게 살고 싶었던 것이다. 속담대로 죽어 가면서도 제 정신만은 잃지 말고자 한 것이다. 그러나 건저 내 놓고 보니 그것은 청결하기는 하나 피가 흐르지 않는 한낱 '미라'였다. 시의 소생을 위하여는 역시 사람의 흘린 피와 더운 입김이 적당히 다시 섞여야 했다. 하지만 벌써 한낱 정신의 형이상학은 아니라 할지라도 또 단순한 육체의 동계일 수도 없었다. 그러한 것을 실천의 혜지와 정열 속에서 통일(統一)하는 한 전인간의 소리라야 했다. 생활의 현실 속에서 우러나와야 했다. 떨어져 나간 한 고독한 영혼의 독백이 아니라 새 역사를 만들어 가는 민족의 베일래야 베일 수 없는 한 토막으로서의 한 사람의 무엇보다도 노래라야 했다. 시(詩)를 읽는 것만으로는 아모도 만족하지 못했다. 무척 노래하고 싶었던 것이다…….

하지만 모든 것을 한꺼번에 내던지기란 그리 쉬운 노릇이 아니다. 비록 낡은 때요 찌라 할지라도 제게 묻은 것이기 때문에 거기 그저 망설이기 쉬운 것이 사람의 마음의 연약한 버릇인 것 같다. 모든 것을 잊어버리라는 말은 피차에 위로나 격려의 말로 항용 쓰기는 하나 하는 편에서도 그리 효과에 기대를 가지는 것은 아니다. 다만 긴장한 대화의 틈을 메우기 위한 수단인 경우가 많다. 사실 이별을 간단히 해치우기 위하여는 괴테처럼 약간의 숙련이 필요할는지 모른다. 사는 데 있어서도 예술에 있어서도 단호하게 해야 할 일이면서도 그저 주저주저하는 동안에 사람들의 반신(半身)은 언제까지고 적당히 과거라는 진흙탕 속에 잠긴 채 좀처럼 솟구쳐 나지 못하고 마나 보다. 더군다나 지금 우리가 막 다닥친 것은 전에 없던 풍랑(風浪)이 아니냐? 아무짝에도 쓸데없는 것이라면 어서어서 뱃장 밖에 팽개치자. 약간의 생리와 습성의 미련이라면 우리들의 경쾌한 항해를 위하여 그만 단념하면 어떨까? 도처에 이별 있어야 하겠다. 예술에 있어서도 인생(人生)에 있어서도 — 이윽고 새로운 내일을 맞이하기 위하여 ——.

(1947. 8. 1)

미수록 시 작품

5

저녁별은 푸른 날개를 흔들며

　높은 하늘의 별에 달리는 수도원의 여승들의 염주를 헤이는 소리 소리 소리 —

　메마른 개천의 잠든 하상에 돌멩이를 베고 미꾸라지는 '가르랑 가르랑' 텅 빈 창자를 틀어쥔다. 천기예보에는 아직도 비 이야기가 없다.

　깊은 공기의 퇴적 아래 자빠진 거리 위를 포도주의 물결이 흐른다. 조개의 가벼운 속삭임 —

　네온사인처럼 투명한 바닷물의 유혹 — 바다는 푸르다.

　사람들은 — 본능적인 어린 어족의 무리들은 그물을 뚫고 시든 심장을 들고 바다의 써늘한 바람으로 뛰어나온다.

　꿈의 조약돌을 담은 바스켓을 들고 푸른 날개를 흔들며 천사와 같이 빌딩의 우울한 지붕 위를 날아오는 초저녁별 —

　어서 와요. 푸른 천사여. 나의 꿈은 지금 나의 차디찬 침실에서 시들었습니다. 거꾸러진 나의 화병에 당신의 장미의 꿈을 피우려 아니 옵니까 —

저녁별은푸른날개를흔들며 원문

    높은한울의 별에달리는 修道院의 女僧들의 염주를헤이는 소리소리소리 —

    메말은개천의 잠든河床에돌멩이를베고 미꾸라지는『가르랑가르랑』텅뷘창자를틀어쥔다 天氣豫報에는 아직도 비이야기가업다

    깊은空氣의 堆積알에잡바진 거리우를 葡萄酒의물결이흐른다 조개의가벼운속삭임 —

    『네온사인』처럼 透明한바다물의誘惑 — 바다는 푸르다

    사람들은 — 本能的인 어린魚族의무리들은 그믈을뚫고시든心臟을들고 바다의써늘한바람으로 뛰어나온다

    꿈의조악돌을담은『빠스켓』을들고 푸른날개를흔들며天使와가티『삘딩』의 憂鬱한집웅우를나러오는 초저녁별 —

    어서와요 푸른天使여나의꿈은지금 나의차듸찬寢室에서시드럿읍니다 꺼구러진나의花甁에 당신의薔薇의 꿈을 피우려아니옵니까 —

—《조선일보》(1930. 2. 14)

서반아의 노래

포플러의 마른 가지에 까마귀 한 마리
검은 묵바울 같은 검은 까마귀
웨스트민스터의 사원의 종이
대영제국의 황혼을 느껴 (껴, 껴, 껴) 우는 소리
까마귀는 검은 칭기즈 칸의 후예올시다
하나 지금은 영양 부족으로 졸도의 증세까지 보입니다.
신사는 아니외다
장식의 행렬에 끌려가는 알폰소 폐황 폐하의 모자는 사십오 도로
기울어져 있습니다
사모라의 키보다 큽니다
카르멘아 노래 불러라
서반아의 피를 마시면서 —

西班牙의 노래

「포플러」의 마른가지에 가마귀한마리
검은묵바울가튼 검은가마귀
「웨스트민스터」의 寺院의 종이
大英帝國의黃昏을 느껴(껴, 껴, 껴) 우는 소리
가마귀는 거문「징키스시칸」의 後裔올시다
하나 지금은營養不足으로卒倒의症勢까지보입니다.
紳士는아니외다
葬式의行列에 끌려가는「알폰소」廢皇陛下의帽子는 四十五度로
기우러져잇습니다
「사모라」의 키보다 큽니다
「칼멘」아 노래불러라
西班牙의 피를마시면서 ―

―《여성조선(女性朝鮮)》제1호(1930. 8)

가거라 새로운 생활로

— 로
— 로
적은 여자의 마음이 움직인다.
개나리의 얼굴이 여린 볕을 향할 때 —

— 로 —
새로운 생활로 —
복숭아꽃봉투가 날아왔다.
— 에 간 작은 미미에게서
그날부터 안해의 마음은 시들어
썼다가 찢어 버린 편지만 쌓여 간다.

안해여 작은 마음이여.
너의 날아가는 자유의 나래를
나는 막지 않는다.

호올로 쌓여 놓은 좁은 성벽의 문을 닫고 돌아서는
나의 외로움을 돌아봄 없이 너는 가거라.

안해여 나는 안다.
너의 작은 마음이 병들었음을 —

동트지도 않은 내일의 창머리에 매달리는
그대의 얼굴 위에 새벽을 기다리는 적은 불안을 나는 본다.

가라 — 새로운 생활로 가라.
너는 '내일'을 가져라. 밝다.
가는 운명을 가지어라.

가거라 새로운 生活로 ─

원문

― 로
― 로
적은여자의마음이 움직인다
개나리의얼골이여린볏흘향할째 ―

― 로 ―
새로운生活로 ―
복송아꼿봉투가 날어왓다
― 에간 작은『미미』에게서
그날부터 안해의마음은 시들어
썻다가 찌저버린편지만 싸혀간다

안해여 작은마음이여
너의날러가는 自由의나래를
나는막지안는다

호을로 싸혀노흔 좁은城壁의문을닷고 돌아서는
나의외로움을 돌아봄업시 너는가거라

안해여 나는안다
너의작은마음이 병들엇슴을
―

동트지도안흔 來日의 窓머리에 매달리는
그대의얼골우헤 새벽을기다리는 적은不安을나는본다

가라 —— 새로운 生活로 가라
너는 『來日』을 가저라 밝다
가는 運命을 가지여라

―《조선일보》(1930. 9. 6)

쉬르레알리스트

거리로 지나가면서 당신은 본 일이 없습니까.
가을볕으로 짠 장삼을 두르고
갈대 고깔을 뒷덜미에 붙인 사람의
어리꾸진 노래를 ―
괴상한 춤 맵시를 ―
그는 1950년 최후의 시민 ―
불란서 혁명의 말예의 최후의 사람입니다.
그의 눈은 프리즘처럼 다각입니다.
세계는 거꾸로 채광되어 그의 백색의 카메라에 잡아집니다.
새벽의 땅을 울리는 발자국 소리에 그의 귀는 기울여지나
그는 그 뒤를 따를 수 없는 가엾은 절름발이외다.
자본주의 제3기의 메리고라운드로
출발의 전야의 반려들이 손목을 이끄나
그는 차라리 여기서 호올로 서서
남들이 모르던 수상한 노래에 맞추어
그는 웁니다. 이윽고 카지노 폴리의 주악은 피곤해 끝이 나고 거리는 잠잠해지고 말 것을 생각지 마세요. 그의 노래나 춤이 즐거운 것이라고 그는 슬퍼하는 인형이외다.

그에게는 생활이 없습니다.
사람들이 모 ― 두 생활을 가지는 때
우리들의 피에로도 쓰러집니다.

슈 — 르레알리스트

원문

거리로 지나가면서 당신은 본일이업슴니싸
가을볏으로짠 장삼을둘르고
갈대고깔을 뒤ㅅ덜미에 부친사람의
어리꾸진[1]노래를 —
怪常한춤맵씨를 —
그는 千九百五十年 最後의市民 —
佛蘭西革命의末裔의 最後의사람입니다
그의눈은『푸리즘』처럼 多角입니다.
世界는 색구로 彩光되여 그의白色의『카메라』에 잠버집니다
새벽의 땅을울리는 발자국소리에 그의귀는 기우러지나
그는 그뒤를딸흘수업는 가엽슨절름바리외다
資本主義 第三期의『메리·꼬 — 라운드』로
出發의前夜의 伴侶들이 손목을잇그나
그는 차라리 여긔서 호올로서서
남들이모르든 수상한 노래에마추어
그는압니다 이윽고『카지노폴리』의 奏樂 疲困해씃치나고거리는잠잠해지고말것을 생각지마르세요 그의노래나춤이즐거운것이라고그는 슬퍼하는人形이외다.
그에게는 生活이업습니다.
사람들이 모 — 다生活을가지는쌔
우리들의『피에로』도 쏠어집니다.

—《조선일보》(1930. 9. 30)

1 어리꾸지다. 어리숭하여 갈피를 잡을 수 없다.

시체의 흐름

광야는 그 무한 속에
정열에 타 죽은 청춘의 주검을 파묻었다.

화장장
아무도 기억하지 않는 주검을 하나
광야에 심었다 ——.
생장하여라 광야여.

만주의 하늘은
창부의 뱃가죽처럼
풀어져 드리워 있다.
오후의 태양이
벌거벗은 새빨간 심장을 들고
피녀의 회색의 침실을 찾아다닌다.

'우수리' 깊은 하수도 속에
오후의 태양이
혼자서 빠져 죽었다.
대지에서 뛰어나온 어린아이가
갈대를 붙잡고
물속에 떨어진 여명의 태양을

낚시질한다.
갈대를 붙잡고 —

그는 들가에서
꼬리 단 호적의 대장을 붙잡았다.
"걸어오는 태양을 본 일이 있느냐."
호적의 머리꼬리가 호적의 작은 골과 같이 돈다.

그의 발길에 채여
사나이의 시체가 흙을 떨며 대지에 뒹군다.
— 사지는 줄어 붙었으나 머리가 없다 —
머리 없는 귀신이여
머리 없는 귀신이여
"너는 지옥에서 너의 연인의 얼굴을 보아도 모르겠지."
오호츠크의 온순한 물결이 따뜻한 마음을 가지기 시작한다.
오호츠크의 도색의 심장에서 화씨 30도의 바람이
따뜻한 키스를 담은 바구니를 들고 말라붙은 온 생물을 손질하며 거친 들 위를 내려온다.

한겨울 동안 감금되었던 눈 아래 파묻힌 망각의 옛집에 '잘 있거라'를 고하고 태양은 어린아이와 같이 얼어붙은 강면을 구르며 쏘다닌다.

무사념한 해방된 큐피드여 골짝에 잠긴 깊은 잠에서 놀라 깨어 간 시커먼 강물은 '분노'와 같이 밀려 나온다.

흑룡강의 오월 —

떠내려오는 얼음 덩이 사이에서

사공은 올을 잡아서 서른일곱 번째의 주검과 대면했다고 안해의 마음 넣은 뗏상(飯床)에도 돌아앉지 않는 밤 사공의 마음을 밤을 밝히며 낯 모를 주검을 에워싸고 강을 내려간다.

이윽고 그의 꿈은 물 바꿔치는 흑룡강 위에서

또 다른 주검에 부딪쳐 깨어났다.

그것은 그 자신이었다 — 그는 스스로를 의심했다.

"다음날 그는 돌아올까?"

우리들의 사공은 벌판으로 뛰어나왔다. 길가에서 ××군의 대장의 카키빛 군복을 붙잡았다.

"자네 무엇하러 자네의 모젤 끝으로

××인의 노르만 코에 겨누고 있는가. 자빠진 놈의 심장 속에 자네 모젤 끝을 적시여 내는 때 자네의 인생에 무엇을 플러스 했는가?"

또 다른 모퉁이에서 부들부들 이를 가는 젊은 병사의 손목을 쥐었다.

"보았지? 자네의 회사의 이층의 사장실의 공기가 불러가는 사장의 배짱 때문에 압축을 느낄 때 자네는 빛나는 백동훈장을 드리운 가슴을 내밀고 자네의 부러진 다리를 끌고서 자네의 국토를 밟겠지.

아예 자네들의 위장과 같은 ××주의는 자네들의 배낭 속에 집어넣게."

이튿날 새벽 동트기 전에

무거운 구두 소리가 강가의 새밭을 쓸고 간다.

사공의 긴 옛이야기와 남은 이야기들을 담은 거적이 강 위에 던져졌다 — 돌아서는 발자취 소리

"다음날 그는 돌아올까?" 기다리는 안해의 작은 오막살이로 흑룡강에는 오월이 돌아왔다.

屍體의흘음

원문

曠野는 그無限속에
情熱에타죽은靑春의 죽엄을 파무덧다

火葬場
아모도 記憶하지안는죽엄을하나
曠野에 심것다 ―
生長하여라 曠野여

滿洲의한울은
娼婦의배ㅅ가죽처럼
풀어저드리워잇다
午後의太陽이
벌거벗은 샛발간心臟을들고
彼女의灰色의寢室을 차저단닌다

『우스리』깁흔下水道속에
午後의太陽이
혼자서 쌔저죽엇다
大地에서 쮜여나온 어린아회가
갈대를붓잡고
물속에떨어진 黎明의太陽을
낙시질한다
갈대를붓잡고 ―

그는 들가에서

5부 미수록 시 작품

꼬리단胡賊의大將을붓잡엇다
『걸어오는 太陽을본일이잇느냐』
胡賊의머리꼬리가 胡賊의작은골과가티돈다

그의발길에채여
사나희의屍體가 흙을떨며大地에뒹군다
— 四肢는 줄어 붓텃스나 머리가업다 —
머리업는귀신이여
머리업는귀신이여
『너는地獄에서 너의戀人의얼골을 보아도몰으겟지』
『오호츠크』의穩順한물결이 따뜻한마음을가지기始作한다
『오호츠크』의桃色의心臟에서華氏30度의바람이
짜뜻한『키쓰』를담은 바구미를들고 말러부튼生物을손질하며 거츤들우를나러온다

한겨울동안 監禁되엿든 눈아래파뭇친忘却의녯집에『잘잇거라』를 고하고
太陽은어린아이와가티 어러부튼江面을 구르며쏴단인다
無邪念한解放된『큐핏트』여꼴작에잠긴 깁흔잠에서 놀라쌔여간 식검언江물은
『憤怒』와가티 밀려나온다
黑龍江의오월 —

떠나려오는 어름덩이 사이에서
沙工은 올을자버서[1]서른일곱번재의 죽엄과對面햇다고 안해의마음너흔

---

1 올해에 들어서.

째ㅅ상(飯床)² 에도 도라안지안는밤沙工의마음을 밤을밝히며 낫모를죽엄을 에워싸고 江을 나려간다

    이윽고 그의쭘은 물박휘치는³ 黑龍江우헤서
    쏘다른죽엄에 부대처쌔여낫다
    그것은 그自身이엿다 —— 그는스시로를의심햇다
    『다음날 그는 도라올가?』

    우리들의沙工은 벌판으로쒸여나왓다 길가에서 ××軍의대장의『카 —— 키』빗군복을붓잡엇다
    『자네무엇하려자네의『모젤』씃흐로
    ××人의『노 —— 르만』코에 겨누고잇는가 잡버진놈의心臟속에 자네『모젤』씃흘 적시여내는 때 자네의人生에무엇을『풀러쓰』햇는가?』

    또다른모퉁이에서 부들부들이를가튼 젊은兵士의손목을쥐엿다
    『보앗지? 자네의會社의 二層의社長室의空氣가불러가는 社長의배ㅅ장때문에 壓縮을늣길째 자네는빗나는白銅훈장을 드리운가슴을 내밀고 자네의부러진다리를 끌고서 자네의國土를 밟겟지
    아에 자네들의 胃臟과가튼『××主義』는 자네들의背襄속에 집어넛케』
    이튿날새벽 동트기전에
    묵어운구두소리가 江가의새밧흘쓸고간다
    沙工의 기 —— ㄴ녯이야기와 남은이야기들을 담은거적이 江우에 던져젓다 —— 도

2   끼니 밥상.
3   물 바꿔치다. 물의 흐름이 뒤바뀌다.

라서는 발자취소리

　『다음날그는도라올가?』기다리는안해의 작은오막사리로 黑龍江에는 五月이
도라왓다

─《조선일보》(1930. 10. 11)

시론

— 여러분 —
여기는 발달된 활자의 최후의 층계올시다.
단어의 시체를 짊어지고
일본 종이의
표백한 얼굴 위에
거꾸러져
헐떡이는 활자 —

'배알'을 수술한
백색 무기호문자의 해골의 무리 —
역사의 가슴에 매어달려
죽어 가는 단말마
시의 새파란 입술을
축여 줄 샴페인은 없느냐?

공동변소 —
오랫동안 시청의 소제부가 잊어버린 질식한 똥통 속에
어느 곳 센티멘털한 영양이 흘리고 간
타태한 사아를 시의 검찰관의
삼각의 귀밑 눈이 낚시질했다.
— 시다 — 브라보 —

낳기를 너무 일찍이 한 것이여.
생기기를 너무 일찍이 한 것이여.
감격의 혈관을 탈장당한
죽은 '언어'의 대량 산출 홍수다.
사해의 범람 — 경계해라.

시의 궁전에 — 골동의 폐허에
시는 질식했다.
엔젤리스여
선세기의
오랜 폐인
시의 조종을
울여라
1930년의 들에
예술의 무덤 위에
우리는 흙을 파 얹자.

'애상'의 매음부가
비장의 법의를 도적해 두르고
거리로 끌고 간다.
모 — 든 슬픔이

예술의 이름으로
대륙과
바다 —
모 — 든 목숨의
왕좌를 짓밟는다.

탁류 — 탁류 — 탁류
센티멘털리즘의 홍수
커다란 어린애 하나가
화강 채찍을 휘두른다.

무덤을 꽃피운
구원할 수 없는 황야
예술의 제단을 휩쓸어 버리려고

위선자와
느렁쟁이 — '어저께'의 시들이여.
잘 있거라.
우리들은 어린아이다
심볼리즘의
장황한 형용사의 줄느림에서

예술의 손을 이끌자.
한 개의
날뛰는 명사
꿈틀거리는 동사
춤추는 형용사
(이건 일찍이 본 일 없는 훌륭한 생물이다)
그들은 시의 다리(각)에서
생명의 불을
뿜는다.
시는 탄다. 백 도로 ―
빛나는 플라티나의 광선의 물질이다.

모 ― 든 율법과
모럴리티
선
판단
― 그것들 밖에 새 시는 탄다.
아스팔트와
그러고 저기 레일 위에
시는 호흡한다.
시 ― 뒹구는 단어.

詩論

원문

　　— 여러분 —
　여기는 發達된 活字의 最後의 層階올시다
　單語의 屍體를 질머지고
　日本조희의
　漂白한얼골우헤
　색구러저
　헐떡이는 活字 —

　『밸』[1]을 手術한
　白色無記號文字의 骸骨의무리 —
　歷史의가슴에 매여달러
　죽어가는 斷末魔
　詩의 샛파란입술을
　축여줄 『참푠』는 업느냐?

　共同便所 —
　오랫동안 市廳의 掃除夫가 니저버린 窒息한 쏭통속에
　어나곳[2] 『쎈티멘탈』한 令孃이 흘리고간
　墮胎한 死兒를 市의 檢察官의
　三角의 귀밑눈이 낙시질했다
　　— 詩다 — 쑤라보 —

1　배알, 창자.
2　어느 곳.

나기를넘우일즉히한것이여
생기기를넘우일직히한것이여
感激의血管을脫腸當한
죽은『言語』의大量產出洪水다.
死海의汎濫 ― 警戒해라

詩의宮殿에 ― 骨董의廢墟에
詩는窒息햇다
『안젤러쓰』여
先世紀의
오랜廢人
詩의弔鐘을
울여라
千九百三十年의들에
藝術의무덤우에
우리는흙을파언자

『哀傷』의賣淫婦가
悲壯의法衣를도적해둘르고
거리로쓸고간다
모 ― 든 슬픔이
藝術의일홈으로
大陸과
바다 ―
모 ― 든목숨의

王座를짓밟는다

濁流 ― 濁流 ― 濁流
『센티멘탈리즘』의洪水
크다란어린애하나가
花崗 채ㅅ죽을휘둘른다.

무덤을꽃피운
救援할수업는荒野
藝術의祭壇을휩쓸어버리려고

僞善者와
느렁쟁이3 ― 「어적게」4의詩들이여
잘잇거라
우리들은어린아히다
『심볼리즘』의
장황한形容詞의줄느림에서
藝術의손을잇글자

한개의
날쮜는名詞
금틀거리는動詞

---

3   '느림뱅이'의 방언.
4   어저께.

춤추는 形容詞
(이건일즉이본일업는훌륭한生物이다)
그들은詩의다리〔脚〕에서
生命의불을
쏨는다.
詩는탄다百度로 ─
빗나는『푸라티나』의光線의물질이다

모 ─ 든律法과
『모랄리틔』
善
判斷
 ─ 그것들밧게새詩는탄다.
『아스팔트』와
그러고저기『렐』[5] 우에
詩는呼吸한다.
詩 ─ 딍구는單語.

─《조선일보》(1931. 1. 16)

5 레일.

목마를 타고 온다던 새해가

회색의 밤이다.
회색의 베드다.
회색의 커튼이다.

"어머니
태양이 어디 있습니까?"
연판과 같은 밤의 가슴이
회색의 목소리를 빨아 버렸다.
반향도 없는 회색의 목소리.

"어머니
커튼을 밀어 주세요.
사금의 물결이 창살을 스칩니다.
태양의 옷 기슭이 아닙니까?"

간호부의 작은 석고의 발을 실은
슬리퍼가 마호가니의 바다를 노질해 간다.
그의 발은 훌륭한 풍금을 탄다.

"어머니 나는 날개가 애마르게 가지고 싶어요.
창밖에 세상은 무척이도 자라서 넓겠지요.

들 위에 뛰어다니는 바람과 함께 나는 춤추고 싶어요.

어머니 새해는 목마와 장화와 임금과 밀크를 한 아름 가득이 담은 바구니를 들고 저 컴컴한 들 가로부터 온다고 했지요.

오—지금 총총하게 문을 두드리는 소리가 납니다.

어서 문을 열어 주어요 어머니.

아마도 저것은 그의 손인가 봅니다."

어린것은 지금 꿈을 붙잡고 구름 사이로 올라갔다. 오전 네 시?

경쾌한 탄환이

모—든 욕망과 초조와 예상의 화단 위에 폭발하였다.

검은 말발굽이

아침의 전야의 미소를 짓밟고 지나간다.

날개의

오—생명의 피에 젖은 모—든 순간을

바람의 날개로 날아가는 차디찬 손길이여—

반항의 악착한 선언이 순간과 순간의 뒤를 이어 걸리었다.

그 최후의 순간에 생의 에네르기의 참패를 고하는 한 개의 비극이 멈춰 서서 그것을 지워 버렸다.

"오 — 너는 안심하여도 좋다.

너의 작은 얼굴과 밀과 같은 너의 포동포동한 몸집과

그리고 네가 인생에서 흘리고 간 수없는 작은 이야기와 웃음을 위하여 우리들의 기억의 속에 작은 오막살이를 꾸밀 제 —

너는 언제든지 우리가 보고 싶을 때

너의 오막살이로 돌아오겠지.

그리고 옥 같은 구름의 배를 타고 네가 그 이름을 부르기를 좋아하던 — 태양과 싫증이 나도록 키스하려무나."

木馬를 타고 온다던 새해가

원문

灰色의밤이다
灰色의『쩨드』다
灰色의『커틴』이다

『어머니
太陽이어대잇슴니까?』
鉛板과가튼밤의가슴이
灰色의목소리를싸러버렷다.
反響도업는灰色의목소리

『어머니
『커틴』을미러주세요
砂金의물결이창살을스침니다
太陽의옷기슭이아님니까』

간호부의작은石膏의발을실은
『슬럽퍼』가『마호가니』의바다를노질해간다.
그의발은훌륭한풍금을탄다.

『어머니나는날개가애말르게[1]가지고십허요
창밧게世上은무척이도자라서넓겟지요
들우헤뛰여다니는바람과함께나는춤추고십허요.
어머니새해는木馬와長靴와림금과『밀크』를한아름가득이담은바구미를들고저

---

1   애 마르다, '애타다'의 방언.

컴컴한들가로부터온다구햇지요
　오 — 지금총총하게문을두다리는소리가남니다

어서문을여러주어요어머니
아마도저것은그의손인가봅니다』

어린것은지금쑴을붓잡고구름사히로올라갓다.오전네시 —
경쾌한彈丸이
모 — 든慾望과焦燥와豫想의花壇우에爆發하엿다.
검은말발굽이
아츰의戰野의微笑를짓밟고지나간다.

날개의
오 — 生命의피에저즌모 — 든瞬間을
바람의날개로나러가는차듸찬손길이여 —

反抗의악착한宣言이瞬間과瞬間의뒤를니어걸리엇다
그最後의瞬間에生의『에네르기』의慘敗를告하는한개의悲劇이멈춰서서그것을지여버렷다.
『오 — 너는안심하여도조타
너의작은얼골과밀과가튼너의포동포동한몸집과
그러고네가人生에서흘리고간수업는작은이야기와우슴을위하야우리들의記憶의속에작은오막사리를쑴일 제 —
너는언제든지우리가보고십흘 쌔
너의오막사리로도라오겟지.

그러고옥가튼구름의배를타고네가그일홈을부르기를조와하든 — 태양과실증이 나도록『키쓰』하렴으나』

―《조선일보》(1931. 3. 1)

살수차

대학병원의 뾰죽집의 시계가
아침 아홉 시인데

망할 자식 ─
태양은 가로의 상공에 자빠져 빨갛게 성이 났다.

최근의 그 자식도 성만 나면 지구를 성가시게 구는 병이 있어서
아주 어쩔 줄 모를 망나니야.

오늘도 부의 낙인을 걸머진 살수차는 주책없이 오줌을 싸고 간다.
이 큰길을 오전 아홉 시부터 오후 다섯 시까지 바네온같이 살수차부의 궁둥이로 쫓으며 쉴 새 없이 왕복한다.

철로를 놓았으면 하도록
그것은 끝이 없는 길이다. 그의 인생도 매일의 일도.

살수차부의 몸뚱어리는 깨어진 라디에이터다.
냉정을 잃어버린 그의 피부의 분비물은 돌아오는 길에는 떡 팔러 가는 안해에게 고무신을 빌려준 벌거벗은 그의 발바닥에 향수와 같이 달라붙는다.

언제든지 라무네와 같이 써늘한 그 길을
번호를 단 검은 꼬리를 내저으며 가는 쉐보레는 전혀 매음부다

그 내부의 포장물을 열거하면
우선 안경이 있다. 그리고 약간의 원서와 구두와 단백질과 석회와 수분 등으로 구성된 준동물이 있다.

놀라운 일은 이것들의 합성물인 박사라는 존재는 어디서 배웠는지 시계를 쳐다보고는 방송 시간의 절박을 느꼈다.

필경 그 물질의 내부에는 눈물이 없으리라는데
우리들 관중의 의견은 일치되었다.

오늘도 살수차부는
이 거리 위에 땀과 물의 액체의 씨를 뿌리며 간다. 말없이 대지 위에 코를 박고
언제 거둘지도 모르는 농사를 ─

하지만 해조인 태양의 타는 주둥아리는
떨어도 지기 전에 그것을 다 집어 먹는다.

유월을 잡아서는
망할 자식 태양의 두 뺨은 뽈록하기만 하다.
어느 때가 되면 그 자식의 병은 달아날까?

撒水車

大學病院의 뾰죽집의 時計가
아츰 아홉 時 ── ㄴ데

망할자식 ──
太陽은 街路의 上空에 잡바저 빨가케 성이낫다

最近의 그자식도 성만나면 地球를 성가시게 구는 病이 잇서서
아주 엇질줄 모를 막난이야

오늘도 府의 烙印을 걸머진 撒水車는 주착업시 오줌을 싸고간다
이큰길을 午前아홉 時부터 午後다섯 시까지 「바네」[1]온가티 撒水車夫의 궁뎅이로 쪼츠며 쉴새업시 往復한다

鐵路를 노앗스면 하도록
그것은 끗이업는길이다 그의 人生도 每日의일도

撒水車夫의 몸동아리는 째여진 「라듸에 ── 터」다
冷靜을 일허버린 그의 皮膚의 分泌物은 도라오는길에는 떡팔러가는 안해에게 고무신을빌려준 벌거버슨 그의 발바닥에 鄕愁와가티 달라붓는다

언제든지 『라무네』[2]와가티 써늘한 그길을

---

[1] 일본어 'ばね'. 용수철.
[2] 라무네(ラムネ). 일본에서 널리 사랑받고 있는 청량음료. 물에 설탕과 라임이나 레몬 향을 첨가한 달콤한 탄산음료이며, 라무네라는 이름은 영국에서 유래된 레모네이드(lemonade)가 변한 것이다.

番號를단 검은소리를 내저으며가는 『씨보레 —』³는 전혀 賣淫婦다
그內部의 包藏物을 列擧하면
爲先 眼鏡이잇다 그리고 若干의 原書와 구두와 蛋白質과 石灰와 水分等으로 構成된 蠢動物이잇다

놀라운일은 이것들의 合成物인 博士라는 存在는 어데서 배홧는지 時計를 처다보고는 放送時間의 切迫을 늣긴다

畢竟 그物質의 內部에는 눈물이업스리라는데
우리들 觀衆의 意見은 一致되엿다

오늘도 撒水車夫는
이거리우헤 짬과물의 液體의씨를 쑤리며간다 말업시 大地우헤 코를박고
언제 거들지도 모르는 農事를 —

하지만 害鳥인 太陽의 타는 주둥아리는
써러도 지기전에 그것을 다 집어먹는다

六月을 잡아서는
망할자식 太陽의 두쌤은 쏠록하기만하다
어느때가 되면 그자식의 病은 달너날가?

─《삼천리》3권 7호(1931. 7), 85쪽

3   쉐보레 자동차.

고대

원정이여 —
수없는 별들이 피는 밤의 화단 위에
절계를 따라 비를 주던 당신의 오래인 일과를 회복하지 않으렵니까?

더위에 타 찌어진 목을 축여 주는 비를 고대하는 우리들의 희망은 영구히 잔인한 유혹에 불과합니까?

평화는 지금은 전설 속의 전연 무해한 임금(왕)이 되어 대영박물관의 진열단 위에 훈장을 차고 졸고 있다고 합니다.

오늘도 어저께도 그저께도 —
가엾은 아세아의 지도는 태평양의 검은 이빨에 씹혀서 빛이 없습니다.

비여 —
외다리로써 마른하늘을 구르며 달려오는 너의 훌륭한 발자국 소리로 이들 위에 죽음과 같은 정적을 짓밟으러 오지 않으려니.

苦待

園丁이여 —
수업는 별들이피는 밤의 花壇우헤
節季를짜라 비를주던 당신의 오래인 日課를 回復하지안흐렵니까?

더위에타 찌여진목을 축여주는비를 苦待하는 우리들의希望은 永久히殘忍한 誘惑에 不過합니까?

平和는 지금은 傳說속의 全然 無害한 임검(王)이되여 大英博物館의 陳列壇우헤 勳章을차고 졸고잇다고합니다.

오늘도 어적게도 그적게도 —
가엽슨 亞細亞의地圖는 太平洋의 검은니쌜에 씹혀서 비치업습니다.

비여 —
외다리로써 마른한울을 구르며 달려오는 너의홀륭한 발자곡소리로 이들우헤 죽음과가튼 靜寂을 짓밟으려 오지안흐려늬.

—《신동아》1권 1호(1931. 11), 88쪽

날개만 돋치면

대련행의 여객 운수기는 탄력적인 어린 곡예사입니다.

타원형의 비행장의 가슴 위에서 빽빽한 레몬의 아침 공기를 프로펠러로 휘저으면서 포근포근한 구름의 휘장 속으로 뛰어 들어갑니다.

선량한 할아버지인 해는 빛나는 금빛의 손짓으로 이 장난꾼의 은나래를 어루만지며 벙글거립니다.

지평선을 내려가는 희망의 새여.

고독한 미라인 우리들의 '생활'을 건져 가지고 이 옹색한 우주의 박물관에서 우리도 뛰어 나가련다.

우리들의 등덜미에 날개만 돋치면 우리들도 출발하련다.

지평선 저쪽의 '알지 못할 날'에로 향하여 우리들의 날개를 펴련다.

날개만도치면

원문

　大連行의 旅客運輸機는 彈力的인 어린 曲藝師입니다.
　楕圓形의 飛行場의 가슴우헤서 쌕々한『레 ― 몬』의 아츰空氣를『푸로페라』로 휘저으면서 포근포근한 구름의 휘장속으로 쮜여들어갑니다.
　善良한 할아버지인 해는빗나는 金빗의 손깃으로 이작난군의 銀나래를어르만지며 벙글거립니다.

　地平線을 나려가는 希望의새여.
　孤獨한『미이라』인 우리들의『生活』을 건저가지고 이몽색한 宇宙의博物館에서 우리도쮜여나가련다.
　우리들의등덜미에 날개만도치면 우리들도出發하련다.
　地平線저쪽의『아지못할날』에로向하야 우리들의 날개를 펴련다.

―《신동아》1권 1호(1931. 11), 88쪽

어머니 어서 일어나요

어머니 —

어서 이러나요 오래인 누병의 이불을 차 버리고…… 지금 새해는 말 등에 채질하며 동트는 들 위를 쏴 — 옵니다 오랫동안 비어 있던 '희망' 과 '동경'과 '불만'의 모든 당신의 항아리들을 채워 줄 온갖 선물을 가지 고 —

어머니 —

어서 문을 열어요. 떨리는 팔다리에 힘을 주세요.

지금 새해는 당신의 집 문 앞에 말을 세울 것이외다. 태양이 버리고 간 후 오랫동안 당신의 집을 채우고 있던 참참한 어둠을 불사르기에 넉 넉한 햇불을 들고 그는 옵니다.

어머니 —

눈물 속에 빛나는 구슬과 같은 당신의 미소를 보여 주어도 좋은 때가 왔습니다.

부러진 죽지에 진 피를 어루만지는 서러운 일은 그만 그치세요. 당신 의 상처의 아픔을 씻어 버리기 위하여 그는 동방의 샘 속에서 미끄러운 향수를 함북 길어 가지고 옵니다.

시간은 지금 —

오랫동안 그가 엉클어 온 문명의 온갖 실마리를 이 땅 위에서 가루를 낼 때를 당하여 줌저리고 있습니다. 그는 어머니의 품속에 감추어 둔 그 가 매어 주고 간 오래인 '마디'를 도로 풀어주려 돌아옵니다.

오— 어머니 —

그 귀찮은 울음을 거두고 들으소서.

저 영마루 턱의 눈길을 차 일으키며 달려오는 말발굽 소리가 아니 들립니까?

바다의 음악과 같이 훌륭한 저 소리가 —

어머니 — 어서 일어나요. 문을 열어요.

새해는 우리의 것이외다.

어머니 어서 이러나요

원문

어머니 —

어서 이러나요 오래인 瘻病¹의 이불을 차버리고…… 지금 새해는 말등에 채질하며 동트는 들우흘 쐬 — 옵니다 오랫동안 뷔여잇든 「希望」과 「憧憬」과 「不滿」의 모든 당신의 항아리들을 채워 줄 온갖 선물을 가지고 —

어머니 —

어서 문을 여러요 쩔리는 팔다리에 힘을 주세요

지금 새해는 당신의 집 문아페 말을 세울 것이외다 太陽이 버리고 간후 오랫동안 당신의 집을 채우고 잇던 참참한 어둠을 불살으기에 넉넉한 홰ㅅ불을 들고 그는 옵니다

어머니 —

눈물 속에 빗나는 구슬과 가튼 당신의 微笑를 보혀주어도 조흔 때가 왓습니다

부러진 죽지에 진 피를 어르만지는 서러운 일은 그만 끈치세요 당신의 상처의 아픔을 씨서버리기 위하야 그는 東方의 샘속에서 밋그러운 香水를 함북 기러가지고 옵니다

時間은 지금 —

오랫동안 그가 엉크러온 文明의 온갖 실마리를 이 땅우에서 가룩²을 낼때를 당하야 줌저리고³ 잇습니다 그는 어머니의 품속에 감추어둔 그가 매여주고간 오래인 「마디」⁴를 도루 푸러주려 도라옵니다

오 — 어머니 —

그 귀찬은 우름을 거두고 드르소서

저 嶺 마루턱의 눈길을 차이르키며 달려오는 말발굽 소리가 아니들립니까?

1 구루병. 등뼈나 가슴뼈가 굽어 곱사등이가 되는 병.
2 '가루'의 방언.
3 쭝그리다. 움츠리다.
4 매듭.

바다의 音樂과 가티 훌륭한 저 소리가 —
어머니 — 어서 이러나요 문을 여러요
새해는 우리의 것이외다

—《동아일보》(1932. 1. 9)

오 — 어머니여

어머니여 — 당신의 옛 성은 지금 검은 눈포래가 날랜 채찍을 휘두르며 벌판을 찢는 속에서 불도 없이 붉은 먼지 더미 파묻혀 있는 글을 압니다.

나는 당신에게로 가야 할 터인데 나는 어쩌면 이렇게 먼 곳에 있습니까? 이 먼 구름 속의 소란한 잔치로 누가 나의 손목을 이끌고 저 아득히 높은 층층대를 올라왔습니까?

이 깊은 곳에 나를 가두어 두고 문을 잠그고 돌아서 간 이는 누굽니까? 지극히 먼 이 나라에서 부르는 나의 노래는 끝없이 외롭고 슬픕니다. 밤마다 나의 꿈은 눈포래 — 속을 뚫고 내려가서 미친 이의 머리칼같이 찌어진 당신의 지붕 위에 나래를 펴고 있습니다.

이 화려한 문명의 거리에 나의 마음을 팔아 버리라고 달콤히 속살인 것은 이브의 배암이의 부르운 목소리가 아닙니까? 그렇지만 나는 당신에게로 가야 하겠는데 —

오 — 악마여, 나의 교양이여, 내게서 물러가라. 어머니 — 당신의 품에서 내가 떠날 때 새빨간 벌거숭이가 아니었습니까. 그런데 지금 나의 몸은 무거운 쇠붙이로 빛나게 꾸민 찬란한 갑옷 밑에서 헐떡입니다. 당신의 붉은 몸뚱어리에는 당신이 손수 짜신 무명이 감겨 있을 터인데 —

오 — 나는 문명이 내게 준 무거운 이 옷을 어서 벗어 버리고 새빨간 벌거숭이로 타오르는 가스에 수수낀 이 목을 미끄러운 당신의 것으로 축이려 당신의 품속으로 돌아가야 할 터인데!

나의 가슴을 내리누르는 보석의 훈장에 경례하는 사람들에게 이 옷을 벗어 주고 나는 눈포래 속의 당신에게로 가야 할 터인데 오— 악마여, 나의 교양이여, 내 손목을 놓아라.

오 — 어머니여

원문

어머니여 — 당신의 녯 城은 지금 검은 눈포래[1]가 날랜 채ㅅ직을 휘두르며 벌판을 찟는 속에서 불도 업시 붉은 몬지미테 파뭇겨 잇는 글을 암니다.

나는 당신에게로 가야할터인데 나는 엇지면 이러케 먼곳에 잇슴니까?

이 먼 구름속의 소란한 잔채로 누가 나의 손목을 잇끌고 저 아득이 노픈 층층대를 올라왓슴니까?

이 깁흔 곳에 나를 가두어두고 문을 잠그고 도라서간 이는 누굼니까? 지극히 먼 이 나라에서 부르는 나의 노래는 끝업시 외롭고 슬픔니다 밤마다 나의 꿈은 눈포래 — 속을 쑬코 나려가서 미친이의 머리칼가티 찌여진[2] 당신의 집웅 우헤 나래를 펴고 잇슴니다

이 華麗한 문명의 거리에 나의 마음을 파러버리라고 달큼이 속살인[3] 것은 「이브」의 배암이의 부르운[4] 목소리가 아님니까? 그러치만 나는 당신에게로 가야하겟는데 —

오 — 악마여 나의 敎養이여 내게서 물러가라 어머니 — 당신의 품에서 내가 쩌날 때 새ㅅ발간 벌거숭이가 아니엿슴닛가 그런데 지금 나의 몸은 무거운 쇠부치로 빗나게 꿈인 찬란한 갑옷 밋테서 헐덕임니다 당신의 붉은 몸둥아리에는 당신이 손수 짜신 무명이 감겨잇슬터인데 —

오 — 나는 文明이 내게 준 무거운 이 옷을 어서 버서버리고 새ㅅ발간 벌거숭이로 타오르는 「개쓰」에 수수낀[5] 이목을 밋그러운 당신의 것으로 축이려 당신의 품속으로 도라가야 할터인데!

나의 가슴을 나리누리는 寶石의 훈장에 敬禮하는 사람들에게 이 옷을 버서주고

---

1 '눈보라'의 방언.
2 찌다. 머리카락을 뒤통수 아래에 틀어 올리고 비녀를 꽂다.
3 속살거리다.
4 부르다.
5 수수끼다. 수수잎이 햇볕에 꼬이듯이 마르다.

나는 눈포래 속의 당신에게로 가야할터인데 오 ― 악마여 나의 *敎養*이여 내 손목을 노아라

―《신동아》 2권 2호(1932. 2), 68쪽

잠은 나의 배를 밀고

공회당 꼭대기 —
시계의 시침은 '12' 위를 분주하게 구르고 갑니다.

불을 끕니다.
그러면 작은 풍선인 나의 침실은 밤의 부두를 떠나갑니다.

피 섞인 눈동자 흘기는 눈자위. 칼날 같은 미소. 오 — 잘 있거라.
나의 대낮을 찬란하게 달리던 것들이여.

잠은 나의 배를 밀고
지구를 멀리 떠나갑니다.

밑 없는 어둠의 물바퀴 속에
물거품처럼 뒹구는 지구를 버리고
멀리멀리 나의 배는
별들의 노래에 이끌리며
푸른 꿈의 바다 위를 들놀며 미끄러져 갑니다.

잠은 나의 배를 밀고

원문

公會堂 꼭대이 ―
時計의 時針은「12」우흘 분주하게 구르고 갑니다

불을 씀니다
그러면 작은 風船인 나의 寢室은 밤의 埠頭를 떠나감니다

피 석긴 눈동자 흘기는 눈자위 칼날가튼 微笑 오 ― 잘잇거라
나의 대낫을 찬란하게 달리던 것들이여

잠은 나의 배를 밀고
地球를 멀리 떠나감니다

맛업는 어둠의 물박휘 속에
물거품처름 딍구는 地球를 버리고
멀리멀리 나의 배는
별들의 노래에 잇끌리며
푸른 꿈의 바다 우흘 드놀며[1] 밋그러져 감니다

―《삼천리》 4권 4호(1932. 4), 93쪽

---

1 '들놀다'의 잘못 쓴 말. 들썩거리며 이리저리 흔들리다.

오 ─ 기차여
(한 개의 실험시)

긴 꼬리를 가진 것을 자랑으로 삼는 긴 꼬리를 가진 기차는 긴 꼬리를 휘젓는 장거리 선수랍니다.

그의 연대기의 제일 페이지는 말합니다 ─

1769년 잉글랜드의 평범한 어느 날 와트의 찻물 끓이는 주전자에서 가엾은 김을 뿜으면서…… 운운 ─

국민들은 들에서 깨어진 북소리와 목쉰 외침을 높이어 올림피아보다도 더 화려한 ××의 축제를 올리고 있습니다. 바로 이러한 때 기차여

일찍이(그것은 1830년이라고 역사는 말한다.) 스티븐슨의 실험실을 나와서는 리버풀에서 맨체스터를 오락가락하던 네가(오 ─ 기차여)

지금 땅 위에 가는 곳마다 검은 레일을 늘이고 닫는다 닫는다 닫는다 너는 ─

푸른 독수리의 충실하기 짝이 없는 강철의 전령아, 너는 지금 모 ─ 든 들 위에서 ××의 축제의 제 일렬에 참여하기 위하여 모 ─ 든 인구 속에서 ××의 불길을 키질하기 위하여 큰 나팔을 볼이 메어지게 불며 너의 수만 개의 다리는 벌판을 주름잡으며 성큼성큼 뛰어간다.(오 ─ 기차여.)

너의 닿는 곳마다 철교는 엎드려 강을 건너 주고 터널은 바위를 뚫어 네 길을 열어 준다.

지구는 강철의 레일의 거미줄 속에서 새파랗게 쪼그리고 밤마다 날아다니는 별들을 쳐다보면서 탐욕한 검은 레일의 투덜거리는 끊임없는 소리의 심장을 튀기고 있습니다.

긴 꼬리를 가진 것을 자랑으로 삼는 긴 꼬리를 가진 기차는 푸른 독수리의 개가를 부르면서
국경에서 또 다른 국경에로 그칠 줄 모르는 경주에 참가하는 장거리 선수랍니다.

오 — 汽車여
(한 개의 實驗詩)

긴소리를 가진것을 자랑으로 삼는 긴소리를 가진 汽車는 긴소리를 휘젓는 長距離選手람니다
　그의 年代記의 第一『페이지』는 말함니다 —
　千七百六十九年『잉글랜드』의 平凡한 어느날『왓트』의 茶ㅅ물쓰리는 주전자에서 가엽슨 김을 쑴으면서……云云 —
　國民들은 들에서 깨여진 북소리와 목쉰 웨침을 노피어『올림피아』보다도 더 華麗한 ××의 祝祭를 올리고 잇슴니다 바로 이러한째 汽車여
　일즉이(그것은 一八三O년이라고 歷史는 말한다)『스티븐슨』의 實驗室을 나와서는『리예풀』에서『만췌스터』를 오락가락하던 네가 (오 — 汽車여)
　지금 짱우에 가는곳마다 검은『렐』을 느리고 달른다 달른다 달른다 너는 —
　푸른독수리의 忠實하기 짝이업는 鋼鐵의 傳令아 너는 지금 모 — 든 들우헤서 ××의 祝祭의 第一列에 參與하기 위하야 모 — 든 人口속에서 ××의 불길을 치질하기위하야 큰나팔을 볼이미여지게 불며 너의 수만個의 다리는 벌판을 주름잡으며 성큼성큼 쒸여간다(오 — 汽車여)
　너의 닷는곳마다 鐵橋는 업디여 江을 건누어주고『턴넬』은 바위를 뚤러 네길을 여러준다
　地球는 鋼鐵의『렐』의 거미줄속에서 샛파랏케 쪼그리고 밤마다 나러다니는 별들을 처다보면서 貪慾한검은『렐』의 투덜거리는 끈임업는소리의 心臟을 투기고 잇슴니다
　긴소리를 가진것을 자랑으로 삼는 긴소리를 가진 汽車는 푸른독수리의 凱歌를 부르면서
　國境에서 또 다른國境에로 끈칠줄모르는 競走에 參加하는 長距離選手람니다

—《신동아》2권 7호 (1932. 7), 130쪽

폭풍경보

동 북 —
일만 팔천 킬로미터의 지점 —
폭풍이다.
사나운 먼지와 불길을 차 일으키며
폭풍을 뚫고 나가는 산병선.

살과 살의 부딪침 번적이는 불꽃 —
군중의 꿈틀거림 — 외침.
투닥 탁 탁
"저 병정 정신 차려라.
총알이 너의 귀밑 3인치의 공간을 날지 않니?"
아세아의 지도는 전율한다.

투닥 탁 탁
으아 — ㅇ 앙
르르르르르르르
타당
탕 —

"평화올시다. 평화올시다"
예끼, '라우드 스피커'를 부는 자식은 누구냐?

미친 소리.
제네바의 신사는 거짓말쟁이다.
너는 발칸의 옛날을 잊어버렸느냐?

울란바토르의 상공에서
피에 젖은 구름장이 떠돈다. 또 저기 —
사막을 짓밟는 대몽고의 진군을 보아라.

동북 —
일만 팔천 킬로미터의 지점 —
또 폭풍이다 폭풍이다.

투닥 탁 탁
이 병정 정신 차려라.

용의 — 돌격.

暴風警報

東 北 ―
―萬八千 『킬로』 米突의 地點 ―
暴風이다.
사나운 몬지와 불길을 차이르키며
暴風을뚤코 나가는 散兵線.[1]

살과 살의 부대침 번적이는 불꽃 ―
群衆의 굼틀거림 ― 웨침.
투닥 탁 탁
『저兵丁 정신 차려라.
총알이 너의귀밋 三『인취』의 空間을 날지안니?』
亞細亞의 地圖는 戰慄한다.

투닥 탁 탁
으아 ― ㅇ 앙
르르르르르르르르
타당
탕 ―

『平和 올시다. 平和올시다』
엑, 『라우드스피 ― 커』를 부는 자식은 누구냐?
미친소리.
『제네빠』의 紳士는 거짓말쟁이다.

---

[1] 산병선. 전술 연습이나 공격 중에 부대가 넓게 옆으로 벌린 선.

너는 『발칸』의 녯날을 니저버렷느냐?

『홀룸바이르』[2]의 上空에서
피에저즌 구름 장이 떠돈다. 또저기 ―
沙漠을 짓밟는 大蒙古의 進軍을 보아라.

東北 ―
―萬八千 『킬로』米突의 地點 ―
또 暴風이다. 暴風이다.

투닥 탁 탁
이 兵丁 정신 차려라.

用意[3] ― 突擊.

―《신동아》 2권 12호(1932. 12), 96쪽

---

2 몽고의 수도 울란바토르.
3 일본어 'よ う い'(用意). '주의'의 뜻.

아롱진 기억의 옛 바다를 건너

당신을 압니까.

해오라비의 그림자 거꾸로 잠기는 늙은 강 위에 주름살 잡히는 작은 파도를 울리는 것은 누구의 장난입니까.

그러고 듣습니까. 골짝에 쌓인 빨갛고 노란 떨어진 잎새들을 밟고 오는 조심스러운 저 발자취 소리를 —

클레오파트라의 눈동자처럼 정열에 불타는 루비빛의 임금이 별처럼 빛나는 잎사귀 드문 가지에 스치는 것은

또한 누구의 옷자락입니까.

지금 가을은 인도의 누나들의 산홋빛의 손가락이 짠 나사의 야회복을 발길에 끌고 나의 아롱진 기억의 옛 바다를 건너옵니다.

나의 입술에 닿는 그의 피부의 촉각은 석고와 같이 희고 수정과 같이 찹니다.

잔인한 그의 손은 수풀 속의 푸른 궁궐에서 잠자고 있는

귀뚜라미들의 꿈을 흔들어 깨우쳐서 그들로 하여금 슬픈 소프라노를 노래하게 합니다.

지금 불란서 사람들이 좋아한다는 검은 포도송이들이

사라센의 포장에 놓인 것처럼 조용히 달려 있는 덩굴 밑에는 먼 조국

을 이야기하는 이방 사람들의 작은 잔치가 짙어 갑니다.

   당신은 나와 함께 순교자의 찢어진 심장과 같이 갈라진 과육에서 흐
르는 붉은 피와 같은 액체를 빨면서
   우리들의 먼 옛날과 잊어버렸던 순교자들을 이야기하며
   웃으며 이야기하며 울려 저 덩굴 밑으로 아니 오렵니까.

아롱진 記憶의 옛바다를건너

원문

　당신은 암니까.
　해오라비의 그림자 격구로 잠기는 늙은江우에 주름살 자피는 작은 파도를 울리는것은 누구의 작난임니까.
　그러고듯습니까. 골작에 싸인 빨갓코 노란 떠러진입새들을 밟고오는 조심스러운 저 발자취소리를 —

　『클레오파트라』의눈동자처름 情熱에불타는『루비』빛의 林檎이 별처름 빛나는 입사귀드문가지에 스치는 것은
　또한 누구의 옷자락임니까.

　지금 가을은 印度의 누나들의 珊瑚 빛의 손가락이 짠 羅紗의 夜會服을 발길에 끌고 나의아롱진 記憶의 옛 바다를 건너옴니다.

　나의 입술기에 닷는 그의 皮膚의 觸覺은 石膏와가 티 히고 水晶과가티차ㅂ니다.
　殘忍한 그의 손은 수풀속의 푸른 宮闕에서 잠자고잇는 귀뚜라미들의 꿈을 흔드러 깨우처서 그들로하여곰 슬푼『쏘푸라노』를 노래하게 합니다.

　지금 불란서 사람들이 조와한다는 검은 포도송이들이
　『사라센』의 포장에 노인것처름 종용이달려잇는 덩굴미테는 먼祖國을 이야기하는 異邦 사람들의 작은 잔채¹가 지터감니다.

　당신은 나와함께 殉敎者의 찌여진² 心臟과 가티 갈라진 果肉에서 흐르는 붉은

1　잔치.
2　찢어진.

피와 가튼 *液體*를 빨면서
　우리들의 먼옛날과 니저버렷든 殉敎者들을 이야기하며
　우스며 이야기하며 울녀 저 덩굴 미트로 아니오렴니까.

　　　　　　　　　　　―《신동아》 2권 12호(1932. 12), 97쪽

구두

항로 없는 이 배는 어디로 가나?
지금은 시인의 애수를 싣고
눈물 흘리려 한강으로 나가는 길이랍니다.

선장들이 상륙한 뒤면 배는
마루의 부두에서 말없이 다음의 항행을
기다립니다. 온순한 강아지여.

길가의 구두 수선인의 '도크야드'에서까지 거절을 당하면
상처를 걸머진 그러나 한때는 화려하던 에나멜 혹은 키트의 군함들은
그리스도의 관대한 마음을 가진 쓰레기통이 삼켜 버립니다.

구두

원문

航路없는 이배는 어대로 가나?
지금은 詩人의哀愁를실고
눈물흘리려 漢江으로 나가는길이랍니다.

船長들이 上陸한뒤면 배는
마루의 埠頭에서 말없이 다음의 航行을
기다립니다. 온순한 강아지여.

길가의 구두修繕人의『똑크야 ― 드』[1]에서까지 拒絶을 당하면
傷處를 걸머진 그러나 한때는 화려하던 『에나멜』 혹은 『킷드』[2] 의軍艦들은
『기리스도』의寬大한마음을가진 쓰렉이통이 삼켜버립니다.

― 《신동아》 3권 3호(1933. 3), 164쪽

1 dockyard. 배의 수리 물품을 보관하기 위한 구역.
2 키트. 조립 용품 세트.

가등

눈물에 젖은 그 눈동자를 쳐다봅니까?
그는 나그네의 향수만을 바라보는 일에 아주 지쳐서 지금은 쌕쌕 하품만 합니다.

街燈

원문

눈물에저즌 그 눈동자를 처다봅니까?
그는 나그내의 鄕愁만을 바라보는일에 아주 지처서 지금은 쌕々 하폄[1]만합니다.

─《신동아》 3권 3호(1933. 3), 164쪽

---

1   '하품'의 방언.

고전적인 처녀가 있는 풍경

할머니 이 애야, 그 녀석이 언제 돌아온다고 그러니?
   바다를 건너서도 사흘이나 불술기(汽車)를 타고 가는 데란다.
처녀 그렇지만 그이는 꼭 돌아옵니다.
할머니 무얼 돌아온다구 그러니?
   옛날부터도 강동군이란 간 날이 막날이란다.
   그놈만 믿다가는 좋은 시절을 다 놓친다.
   아예 내 말대로 마음을 돌려라.
처녀 (치맛자락으로 눈을 가린다.)
   꼭 돌아오신다고 했는데요. 십 년이라도 기다려야 하지요. 다른 데로 옮겨 앉을 몸이 못 된답니다.
할머니 (새빨개진 얼굴을 좀 보시오.)
   무얼 어쩌고 어째? 그러면 그놈에게 몸을 허락했단 말이냐?
처녀 아니 그런 일은 없어요.
할머니 (담뱃대를 다시 집는다.)
   그러면 그렇지. 아무 일도 없다. 내 말대로 해라.
처녀 (동글한 주먹이 입술가의 눈물을 씻는다.)
   그렇지만 할머니 그렇지만.
할머니 ?
처녀 나는 그에게 마음을 주어 보냈어요.

古典的인 處女가잇는 風景   원문

할머니   이애야 그년석이 언제도라온다고그러니?
          바다를 건너서도 사흘이나 불술기[1](汽車)를 타고가는데란다.
처녀   그러치만 그이는 꼭도라옴니다.
할머니   무얼 도라온다구 그러니
          녯날부터도 江東군이란 간날이 막날이란다.
          그놈만 밋다가는 조흔시절을 다노친다.
          아에 내말대로 마음을 돌려라.
처녀   (초마자락으로 눈을가린다)
          꼭 도라오신다고 햇는데요 十年이라도 기다려야하지요 다른데
          로 옴겨안즐 몸이못된담니다
할머니   (새빨개진 얼골을 좀 보시오)
          무얼 엇저고엇재? 그러면 그놈에게 몸을 허락햇단말이냐?
처녀   아니 그런일은 없어요
할머니   (담배ㅅ대를 다시 집는다)
          그러면 그러치 아모일도없다 내말대로해라.
처녀   (동글한 주먹이 입술가의 눈물을씻는다)
          그러치만 할머니 그러치만.
할머니   ?
처녀   나는 그에게 마음을 주어보냇서요.

—《신동아》 3권 5호(1933. 5), 119쪽

---

1 불술기. '기차'의 방언.

분수
— S 씨에게 —

배암이의 살결을 가진
찬 분수물의 축축한 손
흰 손 손 손

나의 피부 위를 기어다니는 조심스러운 너희들의 애무 —
나는 너에게 대하여 전연 한 마리의 강아지밖에 아니다.

늙은 보석상인 하느님은
오늘 밤도 그의 가게에 보석 상자를 펴놓고 그의 고객인 시인들을 부르고 있다.
집 없는 바람들이 검은 천막을 드리우고 잠이 든 다음에 —

긴 세기의 구라파 시민들과 동양의 주민들의 하수도인 나의 뇌수의 하상의 퇴적 —
실로 공개된 먼지통을 씻어 줄 세탁쟁이는 아니 오려누

나는 이 고독을 버리고
도망질 칠 수는 없을까. 그러나 고독 —
나의 셰퍼드여
분수들이 눈물을 흘리는 곳에서
내 무릎 위에 머리를 얹고 귀를 드리운 너 —

헝크리는 시선, 끌어안는 시선, 마주쳐 불타는 시선.
"나의 영혼이 달아날까 보아 그럽니까.
파수병정 각하
자 — 모자를 벗으리까."

噴水
― S 氏에게 ―

배암이의살갈을가진
찬噴水물의축축한손
힌손 손 손

◇

나의皮膚우홀 기여댕기는 조심스러운너희들의愛撫 ―
나는너에게대하야 全然한마리의강아지밧게아니다.

◇

늙은寶石商인한우님은
오늘밤도 그의가개에 寶石상자를펴노코그의顧客인詩人들을 부르고잇다
집업는바람들이검은天幕을드리우고잠이든다음에 ―

◇

기 ― ㄴ世紀의 歐羅巴市民들과 東洋의 住民들의 下水道인나의腦髓의河床의
堆積 ―
실로公開된몬지통을씨처줄洗濯쟁이는 아니오려누

◇

나는 이孤獨을바리고
도망질칠수는업슬가 그러나 孤獨 ―

나의『쉐퍼 ― 드』여
噴水들이눈물을흘리는곳에서
내무릅우헤 머리를언고귀를드리운너 ―
엉크리는視線 쓰러안는視線마주처불타는視線
『나의 靈魂이 다라날가보아그럽니까
派寸兵丁閣下
자 ― 모자를버스릿가』

―《조선일보》(1933. 5. 9)

유람 버스

동물원

"스토 — ㅂ —"
 염세주의자들의 수도원이올시다. 날마다 사람들의 얼굴만 구경하는 일에 아주 실연해 버린 야수들은 내일은 아마도 원장님께 이 싫증 나는 관광단은 차라리 해산하면 어떠냐고 충고할까 하고 생각합니다.
 "오 — 라잇 —"

광화문(1)

 스토 — ㅂ —
 사냥개를 잃어버린
 늙은 포수의 '포스'는
 전혀 역사적입니다.

경회루

　우울한 검은 백조는 노래를 하지 않습니다. 빗방울에게 얻어맞지 않는 푸른 이끼를 띄운 숨소리 없는 수면을 찢고 어족의 반역자들은
　대기 속에 생명의 악보를 그리고는 잠깁니다. 여기는 난간에 기대어 어둠들의 등을 어루만져 주려 모여오는 쾌활한 바람들의 놀이텁니다.

광화문(2)

"나의 사랑하는 개들은 대체 어디 가 헤맵니까."
하고 이 늙은 포수는 혹은 손님의 소매에 매달릴는지도 모릅니다.
어서 타서요
"오라 — 잇"

파고다공원

"스토 — ㅂ"

쓰레기통의 설비가 없는 까닭에 마나님들은 때때로 쓰레받기를 들고 이곳으로 나옵니다.

오후가 되면 하느님은 절대로 필요치 않은 제6일의 남조물들을 이 쓰레기통에 모아 놓고는 탄식하는 습관이 있습니다.

"오라 — 잇"

남대문

얼빠진 교통 순사 나리는 유월이 되었음으로 푸른 복장을 갈아입었습니다.

그러나 당신의 눈은 가엾이도 직선이올시다. 그러기에 하이칼라한 빌딩들이 그의 어깨 밑으로 쉐보레 팩카드를 빵빵 울리며 타고 들어와서는 그의 오래인 동무인 납작 집들을 이리 밀고 저리 밀어서 시내는 아주 혼잡을 이루고 있는 줄도 모르고 버티고만 서고 있지요.

한강인도교

'스톱ㅂ'—

항구의 종점이올시다.

때때로 임자 없는 모자들이 난간에 걸려서는 "인생도 잘 있거라"고 바람에 펄럭거립니다.

그러므로 기둥 밑에는 아가씨들을 위하여 커다란 눈물받이가 놓여 있습니다.

바꿔 탈 이는 어서 타셔요.

그러나 공자님의 최후의 제자인 목패는 말합니다. "잠깐만 기다리시오."

아마도 호적조사나 유물 처분에 대한 이야기겠지요.

수부들이 타고 와서는 내버린 낡은 배엔 구두 짝들이 돌아오지 않는 선장님을 기다리고 있기에 충실합니다.

선장님은 돌아오려누?

遊覽쎄쓰

動物園

『스토 — ㅂ —』
厭世主義者들의 修道院이올시다 날마다사람들의 얼골만구경하는일에 아주失戀해버린野獸들은 내일은아마도園長님씌 이 실증나는 觀光團은 차라리 解散하면 엇더냐고 忠告할가하고 생각합니다
『오 — 라잇 —』

光化門

스토 — ㅂ —
산양개를 일허버린
늙은포수의『포 — 스』는
全혀歷史的입니다

---

1 이 작품은 일종의 연작 장시이며 버스를 타고 서울 시내 일원을 돌아보는 내용으로 구성했다. 시내 중요 지점인 동물원, 광화문, 경회루, 파고다공원, 남대문, 한강인도교를 거치고 있다. 버스의 안내원이 "오라잇", "스톱" 하고 외치는 소리를 시의 앞뒤에 배치해 놓음으로써 버스의 이동 경로를 실감 있게 표현하고 있다.

慶會樓

　우울한검은 白鳥는 노래를하지안습니다 빗방울에게 어더맛지안는 푸른잇기²를 띄운 숨소리업는 水面을 찟고 魚族의 叛逆者들은
　大氣속에 生命의樂譜를 그리고는 잠김니다. 여기는란간에기대여어둠들의 등을 어르만저주려모여오는 快活한 바람들의노리텀니다

光化門

『나의사랑하는개들은
대체어대가 헤맴니싸』
하고 이늙은 포수는 혹은손님의 소매에 매달릴는지도모름니다
어서타서요
『오라 ─ 잇』

2　이끼.

828

『파코다』公園[3]

『스토 — 브』
쓰렉이통의 설비가업는싸닭에 마나님들은 째째로 쓰레백기[4]를 들고 이곳으로 나옴니다
　午後가되면 한우님은 절대로 必要치안은 第六日의 濫造物들을 이 쓰럭이통에 모아노코는 嘆息하는 習慣이잇슴니다
『오라 — 잇』

南大門

　얼빠진交通巡査나리는 六月이되엿슴으로 푸른服裝을가러입엇슴니다
　그러나당신의눈은 가엽시도直線이올시다 그러기에 『하이칼라』한『쌜딍』들이 그의억게미트로『시보레』『팍카 — 드』[5]를『쌩쌩』울리며타고드러와서는 그의오래인 동무인납작집들을 이리밀고저리밀어서市內는아주混雜을이루고잇는줄도모르고 버티고만서고잇지요

3　시집 『태양의 풍속』에 동일한 제목으로 독립시켜 수록함.
4　쓰레받기.
5　자동차 브랜드 명칭. Chevloret. Packard.

漢江人道橋

『스 — 톱』—
港口의終點이올시다
때때로 임자업는모자들이 란간에걸려서는『人生도 잘 잇거라』고 바람에펄럭거림니다
그럼으로 기둥미테에는아가씨들을위하야 커 — 다란눈물밧기가노혀잇습니다
박귀탈이는어서타서요
그러나 孔子님의最後의弟子인木牌[6]는말함니다『잠간만 기다리시요』
아마도戶籍調査나遺物處分에대한이야기겟지요
水夫들이 타고와서는내버린낡은배엔구두짝들이 도라오지안는船長님을 기다리고잇기에忠實함니다
船長님은도라오려누?

—《조선일보》(1933. 6. 23)

6 여기에서는 버스의 앞유리창에 달아 놓은 안내판을 말함.

한여름

탐욕의 계절이올시다.
정욕에 다른 풀잎사귀의 푸른 입김이
지구의 전 표면을 정복하려는 의지로써 태웁니다.
수없는 세포의 퇴적인 식물의 단면은
지각을 고갈시키려는 야심을 선동합니다.
그렇지만 솔직한 계절이올시다.

한여름

貪慾의 季節이올시다.
情慾에 다른 풀닙사귀의 푸른입김이
地球의 全表面을 征服하려는 意志로써 태웁니다.
수없는 細胞의 堆積인 植物의 斷面은
地殼을 枯渴시키려는 野心을 煽動합니다.
그러치만 率直한 季節이올시다.

―《가톨릭청년》 1권 3호(1933. 8)

능금밭

능금나무의 잎사귀들은
연빛의 호수인 공기의 경사면에 멈춰 섰다.

희디흰 논리의 모래 방천에 걸앉아
머리 수그린 소크라테스인 버드나무.

비는 오후 네 시의 시골 하늘을 적시며
잎사귀들의 푸른 사면을 미끄러진다.

불평가인 바람은 (오늘도) 알지 못할 말을 중얼거리며
매미들의 푸른 잔등을 어루만지면서 숲속을 쏘다닌다.

나무 밑에서 작은 머리를 갸웃거리며
흐린 하늘에 슬픈 노래를 쓰는 참새 —
레인코트도 없는 나의 즉흥시인이여.

땅을 겨누는 수없는 비의 화살들의 틈을 채우며
어둠들이 산밭을 넘어 흘러온다.
조수 — 나루에서는 바다의 패스가 굵어진다.

나의 마음의 사막을 축이며 오는 기억의 비

잔인한 비는 개울을 지우고 여울을 채우며
검은 날개와 이빨을 가진 홍수를 사막 우에 몰아 보낸다.

똑— 똑— 똑— 시름 없이
눈을 감으면 마음의 벽을 때리는 소리.

나는 침묵의 바다 밑에서 익사체가 된 내 자신을 굽어본다.(웃어 주어라.)
어디서 뉴톤의 눈을 놀래인 훌륭한 능금의 붉은 시체는 떨어지지 않누.

林檎밭[1]

원문 1

능금나무의 잎사귀들은
연(鉛)빛의 호수인 공기의 경사면에 멈췃섯다.

히디힌 론리(論理)의 모래방천에 걸앉어
머리 숙으린 『쏘크라테쓰』인 버드나무.

비는 오후네시의 시골 한울을 적시며
잎사귀들의 푸른 사면(斜面)을 미끌어 진다.

불평가인 바람은 (오늘도) 알지못할 말을 중얼거리며
매암이들의 푸른 잔등을 어르만지면서 숲속을 쏴댕긴다.

나무밑에서 작은 머리를 갸웃거리며
흐린한울에 슬픈 노래를 쓰는참새 ─
『레인코 ─ 트』도 없는 나의 즉흥시인이어.

땅을겨누는 수없는 비의화살들의 틈을채우며
어둠들이 산ㅅ밭을 넘어 흘러온다
조수 ─ 나루에서는 바다의 『빠쓰』[2]가 굵어진다.

나의 마음의 사막을 추기며[3]오는 기억의비

---

1 능금밭.
2 '통로' '길'을 뜻하는 '패스'(path)로 읽을 수 있다. 물이 들고 나면서 생기는 바닷길을 뜻하는 것으로 보인다.
3 축이다. 물에 적시어 축축해지다.

잔인한 비는 개울을 지우고 여울을 채우며
검은 날개와 이ㅅ발을 가진 홍수를 사막우에 몰아보낸다.

똑— 똑— 똑— 시름 없이
눈을 감으면 마음의 벽을 따리는소리.

나는 침묵의 바다밑에서 익사체가된 내자신을 굽어본다(웃어주어라)
어대서 『뉴—톤』의 눈을 놀래인 훌륭한 능금의 붉은 시체는 떨어지지않누.

—《신가정》1권 9호(1933. 9), 94~95쪽

전율하는 세기

"경계해라"
신호를 싣고 가는 전파·전파·파·파

  ×

강서가 붉어졌다고
세계의 백색 ××주의자들의
트라코마 중세의 눈알들이
코걸이 안경 너머서 둥그래져 구른다.

  ×

뉴욕의 부두
뒷골목 사십오 층 지붕 밑에서
코뮤니스트 잭의 붉은 장식이
붉은 눈물 속에 새벽으로 향하여 떠나갔다.
그래서 아메리카 유니언의 최고의 경찰부는 672명의 경관을 동원했다.

×

프로이트에 의하면
무솔리니의 꿈은 늘 붉은 바다 밑에서 새파랗게 떨고 있는 모양이다.
공포
공포
공포
×색 공포

　　×

희어지지 않는 것은
제국 경관의 모자 테와
네거리의 고스톱과
그러고 교수대의 이슬과 ─

　　×

희어지지 않는 것은
제국 경관의 모자 테와

네거리의 고스톱과
그러고 교수대의 이슬과 ─

戰慄하는 世紀

『警戒해라』
信號를 실고 가는 電波・電波・波・波

   ×

江西가 붉어졌다고
世界의 白色××主義者들의
『토라홈』[1] 症勢의 눈알들이
코걸이 眼鏡 넘어서 둥그래져 굴른다

   ×

『뉴욕』의 埠頭
뒷골목 四十五層 지붕 밑에서
『컴뮤니스트』『젝크』의 붉은 葬式이
붉은 눈물 속에 새벽으로 向하야 떠나갔다.
그래서 『아메카 유니언』[2]의 最高의 警察部는 六百七十二名의 경관을 動員했다.

   ×

『프로이드』[3]에 依하면
「무쏠리니」의 꿈은 늘 붉은 바다 밑에서 새파랗게

---

1 트라코마(trachom). 전염성 만성 결막염.
2 America Union.
3 프로이트.

떨고 있는 모양이다
恐怖
恐怖
恐怖
×色恐怖

   ×

히어지지 않는 것은
帝國 警官의 모자테와
네 거리의 『꼬오스톱』⁴과
그러고 絞首臺의 이슬과 ―

   ×

히어지지 않는 것은
帝國 警官의 모자테와
네거리의 『꼬오스톱』과
그러고 絞首臺의 이슬과 ―

―《학등(學燈)》(1933. 10), 35쪽

---

4 '신호등'을 말함.

편집국의 오후 한 시 반

편집국의 오후
한 시 반
모 — 든 손가락이
푸른 원고지에
육박한다.
돌격한다.

    가을 해의
    삐뚤어진
    노 — 란 얼굴이
    주름잡힌
    커튼을 밀고
    편집국의
    마루판에
    자빠져
    낮잠 잔다.

        찌륵
        째륵
        찰각
        철걱

공장에서는
　　　활자의 비명 —

사회부장의 귀는
일흔두 개다
젊은 견습기자의 손끝은
종이 위로 만주의 전쟁을 달린다.
빙옥상
장개석
동원령
산탄의 빗발
투덜거리는 기관총
탄환과 생명의 포옹
땅을 핥은 이등병의 최후의 키스
"어머니인 대지. 아멘"
"일 장군의 신성한 명예를 위하여. 아멘"

　　분만의 수 분 전
　　달음박질하는 윤전기
　　벙글거리는 치륜
　　다리 꼬고 의자에 자빠져

나는 눈을 감고 망막 위에 그려 본다.
기차는 역마다
우리의 아들 — 신문지를 뿌리워 주겠지.
전 조선의 수그러진 머리 위에서
외치는
뒹구는
그 자식의 모양을

編輯局의 午後한時半

編輯局의 午後
한時半
모 ── 든 손가락이
푸른原稿紙에
肉迫한다
突擊한다

    가을해의
    삐뚤어진
    노 ── 란얼골이
    주름잡힌
    『커 ── 틴』을 밀고
    編輯局의
    마루판에
    잡바저
    낫잠잔다

        씨륵
        째륵
        찰각
        철걱
        工場에서는
        活字의 悲鳴 ──

社會部長의 귀는

일흔두 개다
젊은 見習記者의 손짓은
조히 우흐로 滿洲의 戰爭을 달린다
憑玉祥[1]
蔣介石[2]
動員令
霰彈의 비ㅅ발
투덜거리는 機關銃
彈丸과 生命의 抱擁
땅을 할튼 二等兵의 最後의『키쓰』
『어머니인 大地. 아 — 멘』
『一將軍의 神聖한 名譽를 위하야. 아 — 멘』

    分娩의 數分前
    다름박질하는 輪轉機
    벙글거리는 齒輪
    다리쏘고 의자에 잡바저
    나는 눈을 감고 網膜 우헤 그려본다
    汽車는 驛마다
    우리의 아들 — 신문지를 뿌리워주겟지
    全朝鮮의 수그러진 머리 우헤서

---

[1] 펑위샹(1880~1948). 중국의 군벌 정치가. 국민당 정부에 속해 있다가 장제스에게 반발하고 국공합작에 가담함.

[2] 장제스(1887~1975). 중국의 정치가. 국민당을 중심으로 군벌과 공산주의에 대결하다가 타이완으로 건너가 중화민국을 세움.

웨치는
딩구는
그 자식의 모양을

―《신동아》 3권 11호(1933. 11), 100~101쪽

새벽

 발자취들은 바삐바삐 창 밑을 지나갔다. 길바닥을 긁는 수레바퀴의 이빨 갈리는 소리. (그 자식은 언제든지 군소리뿐이야.)
 낡은 절의 게으른 종이 갑작이 울어야 할 그의 의무를 기억했나 보다.
 자 — 나는 들창을 열어야 하지. 길거리의 잡음을 마시고 싶어 하는 작은 입을 —

새벽

원문

　발자취들은 밧비밧비 窓미틀지나갓다 길바닥을 극는 수레바퀴의 이쌀갈리는 소리 (그 자식은 언제든지 군소리쑨이야)
　날근 절의 게으른 鐘이 갑작이 우러야할 그의 義務를 記憶햇나보다
　자 ─ 나는 들窓을 여러야하지 길거리의 雜音을 마시고 시퍼하는 작은입을 ─

─《조선문학(朝鮮文學)》 1권 4호(1933. 11), 71쪽

산보로

이깔나무의 정열은 푸른빛입니다.
이깔나무 숲속의 꼬부라진 길은
푸른 그늘에 손수건처럼 젖어 있습니다.

散步路

원문

이깔나무[1]의情熱은푸른빛임니다.
이깔나무숩속의꼬부라진길은
푸른그늘에손수건처럼저저잇슴니다.

——《문학》1권 1호(1934. 1)

---

1 잎갈나무. 이깔나무라고도 한다.

나의 성서의 일절

생은 다만 사에의 모험이 아니고 무엇이랴?

생활 — 현대에 있어서는 대부분 그것은 자기의 학살이다. (결국 신숙주가 최고의 생활철학자였다.)

사람은 무엇이고 믿지 않고는 견디지 못한다. 그것은 사람의 영구한 질병이다.

아마 하나님도 창조의 전야까지도 사람이 이다지 욕심쟁이일 줄은 짐작도 못 했을 것이다.

그는 자기의 하는 일에 최대의 매력을 느낀다.

동시에 자기하고는 전연 다른 세계에도 그의 흥미는 움직인다.

나의聖書의 一節

生은 다만 死에의 冒險이 아니고 무엇이랴?

生活 —— 現代에 잇어서는 大部分 그것은 自己의虐殺이다. (結局 申叔舟가 最高의 生活哲學者엿다)

사람은 무엇이고 믿지않고는 견디지못한다. 그것은 사람의 永久한疾病이다.

아마 하나님도 創造의 前夜까지도 사람이 이다지 慾心쟁이 일줄은 짐작도 못햇을것이다.
그는 自己의 하는일에 最大의魅力을 느낀다.
同時에 自己하고는 全然 다른 世界에도 그의興味는 움직인다.

——《조선문학》 2권 1호(1934. 1), 90쪽

소아성서

나의 조선은 어린아이였다. 나는 불행히도 어느새 어린아이로부터 어른으로 자라나 버렸다.

어린 마음 — 그것은 세계의 심장이다. 우주의 초점이다. 예술의 비료다.

아이들의 세계에는 연애가 없다. 있는 것은 애정이다. 그러니까 행복할밖에 있소?

아이의 이지는 시끄러운 논리를 모른다. 그것은 도덕관념과 법률 조문과 규율의 습관과 비판을 초월한 곳에서 무명 속의 보석과 같이 차게 빛난다.

사실을 말하면 마테를링크도 수염은 갈라 붙였어도 어린애가 되고 싶어서 「파랑새」를 쓴 게라고 자백하지는 못하고 죽었다.

마티스가 세상에서 참말로 부러워한 것은 한림원의 의자가 아니고 '어린애의 눈' — 바로 그 눈이었다.

어린애는 장난할 때에만 때때로 본래의 천사의 얼굴로 돌아간다.

모든 사람이 참말로 사람이 되려면 연설 공부를 해 가지고 국제연

맹으로 가기 전에 순전한 어린애로부터 다시 출발하는 것이 좋았을 것이다.

인류를 그 조로에서 구원하는 방법 말인가? 간단하다 이 지상에 영원한 유치를 범람시키는 일이다.

小兒聖書

원문

나의 祖先은 어린 아이엿다. 나는 不幸이도 어느새 어린아이로부터 어른으로 자라나 버렷다

어린마음 ― 그것은 世界의 心臟이다. 宇宙의 焦點이다. 藝術의 肥料다.

아이들의 世界에는 戀愛가업다. 잇는것은 愛情이다. 그러니까 幸福할밖에 잇소?

아이의 理智는 시끄러운 論理를 모른다. 그것은 道德觀念과 法律條文과 規律의 習慣과 批判을 超越한곳에서 無明속의 寶石과같이 차게 빛난다.

事實을 말하면 『메 ― 텔링크』[1]도 수염은 갈라붙엿어도 어린애가 되고 싶어서 『파랑새』를 쓴 게라고 自白하지는 못하고 죽엇다.

『마티쓰』[2]가 세상에서 참말로 부러워한것은 翰林院의 椅子가 아니고 『어린애의 눈』― 바로 그눈이엿다.

어린애는 작난할때에만 때때로 本來의 天使의 얼골로 도라간다.

모 ― 든 사람이 참말로 사람이되려면 演說工夫를 해가지고 國際聯盟으로 가기

---

[1] 모리스 마테를링크(Maurice Maeterlinck, 1862~1949). 벨기에의 극작가. 상징주의를 대표하는 작가로서 침묵과 죽음 및 불안의 극작가로 불리기도 한다. 1906년에 발표한 아동극 「파랑새」는 국내에도 널리 알려졌다. 파랑새를 찾기 위해 여기저기 헤매지만 결국 집안의 새장에서 파랑새를 찾게 되는 이야기를 통해 행복은 먼 곳이 아닌 가까운 곳에 있음을 말해 주고 있다.

[2] 앙리 마티스(Henri Matisse, 1869~1954). 프랑스의 화가. 그가 주도한 야수파(포비슴) 운동은 20세기 회화의 일대 혁명으로 인정받고 있으며, 피카소와 함께 20세기 회화의 위대한 지침이 되었다.

전에 純全한 어린애로부터 다시 出發하는것이 좋앗을것이다.

   人類를 그무老에서 救援하는 方法말인가? 간단하다 이地上에 永遠한 幼稚를 汎濫 시키는일이다.

—《조선문학》 2권 1호(1934. 1), 91쪽

거지들의 크리스마스 송

어머니인 대지여.
당신의 핏줄을 흐르는
12월의 피는 얼어서 찹니다.
당신은 언제부터 우리들의 의붓어머님이니까?
여름에
당신은 별로 수놓은 찬란한 이불을 가지고
우리 몸을 가리던 것을 기억하오.
가벼운 바람의 부드러운 손짓이
우리들의 벌거벗은 가슴을 쓰다듬어 주었지요.
그때에 (어머니인 대지여.)
당신의 사랑은 우리들의 잠의 충실한 파수병인 것을 우리는 기뻐했소.
지금(크리스마스 날 밤이라오.)
벽돌 담장 너머서는
끓던 기름이 빚는 훌륭한 음악이 달콤하오.
때때로 높은 부엌문이 비스듬이 입을 열고 닭고기의 냄새를 비위 사납게 자랑하오.
그런데 검은 담장 밑에는
우리들의 찌그러진 여섯 얼굴이 피었소. 서리 맞은 해바라기라고 시인은 노래하겠지요.
(죄 없는 창자여 나는 참말이지 너를 이다지도 학대할 의사는 없었다.)
크리스마스트리에 흰 솜의 배꽃이 피었다고 애들이 손뼉을 때리오.

그러고 애기 앞에서 그것을 눈이라고 부르는 어른의 소리가 들리오.
아가, 참말이지 너는 다스한 눈을 믿지 말아라.
우리들의 산타클로스 늙은이는 심술궂어서
그가 펴 주고 간 흰 눈은 얼음보다도 차단다.
교회당에서는
붉게 달은 난로에 녹은 찬미가가 흘러오오.
시장의 집에는 연회가 있다나.
그러나 우리는 어둠의 벗
우리들의 이마를 핥고 있는 추추근한 감촉은 밤의 검은 혓바닥이라오.
우리를 친하려는 바람아.
네가 뼈를 찌르는 찬 입김만 가지고 있지 않다면
우리는 무슨 일에 이 쓰레기통 구석으로 너를 피하였겠니.
개나리 웃고 춤추던 때
오월의 잔디밭 위에서
너는 우리의 친한 벗이 아니었니.
삼월이 오면
대지인 어머니 어머니인 대지의 노한 마음도 풀리라고 하더구나.
그러면 그 가슴을 흐르는 지온에 내 몸을 던지리.
오늘 밤 우리들 여섯 얼굴을 밝히는 것을 졸려하는 가로등뿐이다.
그러나 노할 줄을 모르는 한심한 가로등아, 온기를 감추는 인색한 가로등아.

거지들의『크리스마쓰』頌

원문

어머니인 大地여
당신의 피쭐을 홀으는
十二月의 피는 어러서 참디다
당신은 언제붙어 우리들의 이붓어머님이니까
여름에
당신은 별로 수놓은 찬란한 이불을 가지고
우리몸을 가리든것을 기억하오
가벼운바람의 부드러운 손깃이
우리들의 벌거버슨 가슴을 쓰다듬어 주엇지요
그때에 (어머니인 大地여)
당신의사랑은 우리들의잠의 忠實한把守兵인것을 우리는 기뻐햇소
지금(『크리스마쓰』날밤이라오)
벽돌 담장넘어서는
끌튼 기름이 빗는 훌륭한音樂이 달큼하오
때々로 높은부엌문이 비스듬이 입을열고 닥고기의 냄새를 비위사납게 자랑하오
그런데검은 담장밑에는
우리들의 찌그러진여섯얼골이 피엇소 서리마즌해바라기라고 詩人은노래하겟지요
(죄없는창자여 나는참말이지 너를이다지도 虐待할意思는 없엇다)
『크리스마쓰 츄리』에 힌솜의배꽃이 피엇다고 애들이 손벽을 따리오
그러고 애기앞에써 그것을눈이라고 부르는 어른의 소리가 들리오
아가 참말이지 너는 다스한눈을 믿지마러라
우리들의『싼타 크로쓰』늙은이는 심술구저서
그가 펴주고간힌눈은 어름보다도차단다
敎會堂에서는

붉게다른 난로에 녹은 讚美歌가 흘러오오
市長의 집에는 연회가 잇다나
그러나 우리는 어둠의벗
우리들의이마를 할코잇는 추추근한感觸은 밤의 검은 혀빠닥이라오
우리를 親하려는 바람아
네가 뼈를찌르는 찬입김만 가지고 잇지않다면
우리는무슨일에 이쓰레기통구석으로 너를避하엿겟니
개나리 웃고춤추든때
五月의 잔디밭웋에서
너는 우리의 찬한벗이 아니였니
三月이 오면
大地인어머니 어머니인大地의 怒한마음도 풀리라고 하더구나
그러면 그가슴을 흘으는地溫에 내몸을던지리
오늘밤 우리들 여섯얼골을 밝히는것을 조려워하는 街路燈뿐이다
그러나 怒할줄을몰으는 한심한街路燈아 溫氣를 감추는吝嗇한 街路燈아

—《형상(形象)》1권 1호(1934. 2). 42쪽

악마

밤중에
불을 켰다.

자느냐?
나의 악마야

차디찬 회오의 침구에 싸여
나는 영구히 잠들 줄 모르는 작은 악마ㄴ가?

또
불을 꺼 보았다.

惡魔

원문

밤중에
불을 켯다

자느냐?
나의 惡魔야

차디찬 悔悟의 寢具에 쌓여
나는 永久히 잠들줄몰으는 작은 惡魔 ─ ㄴ가?

또
불을 꺼보앗다

―《중앙》 2권 3호(1943. 3), 161쪽

시(1)

선량한 악마는
때때로 탄식한다.

詩(1)

善良한 惡魔는
때때로 嘆息한다

시(2)

발열한 뇌세포의
불결한 배설물……

그러나 여염집에는 없으므로
있는 집 마나님이 사 가기도 한다.

詩(2) 　　　　　　　　　　　　　　　　　　　　　　　원문

發熱한 腦細胞의
不潔한 排泄物……

그러나 예염집¹에는 없음으로
잇는집 마나님이 사가기도한다

―《중앙》 2권 3호(1943. 3), 161쪽

1　여염집. 일반 백성의 살림집.

제야시

조심 없는 세월아.
오늘 밤 너는 아버지의 방문 앞을 지날 때
부디 소리 없는 비단신을 바꾸어 신어라.
동짓달 추운 바닷가 양지 쪽에
가만히 그물을 꿰매고 모여 앉았는 이들은 해수다.

除夜詩

원문

조심없는 歲月아
오늘밤 너는 아버지의 房문앞을 지날 때
부듸 소리없는 비단신을 바꾸어신어라
冬至달 치운 바다까 양지 쪽에
가많이 그물을 꾀매고 모여 앉엇는 이들은 海獸다.

──《중앙》 2권 3호(1943. 3), 161쪽

항구

오후의 졸리운 벤치에서는
히푸른 향수를 뿜는
마도로스 파이프……

부두에서는
　이별
　　　상봉
사람들은 노골한 배우들이다.

港口

午後의 조려운 『뻰취』에서는
히푸른 鄕愁를 뿜는
『마도로쓰 파이프』……

埠頭에서는
　『離別』
　　『相逢』
사람들은 露骨한 俳優들이다.

―《학등》 4호(1934. 3), 38쪽

님을 기다림

님이 오신다기에
나는 어저께
쌓이고 가쁜 설움과 한숨의 침낭
화롯불에 던져 버렸어요.
모두……
　　그러고 님에게 보이자던
　　슬픈 페이지로 엮인 일기책과
　　고대에 타는 나의 눈이
　　날마다 쳐다보던 그 카렌다도……
풀더미 속에 파묻힌 울타리라고
님의 발길이 행여나 문밖에서 돌아서지나 않을까
찢어진 치마폭 때 고인 옷자락이
호수와 같은 님의 눈동자를 흐리우지나 않을까 보아.
　　어저께 무너진 울타리를 꿰매노라고
　　가시에 찔리고 갈라져 터진 손이
　　텅 빈 이 농 속을 넋 없이 휘저어 보았으나……
캄캄한 이 방에 잔칫상도 없이
어여쁘신 님의 행차를 어떻게 뫼시고
바다와 같이 맑고도 깊은 님의 풍금 소리를 들려 달라고
차마 나의 입이 벌려질 수가 있을까.
　　그러나 님의 손길은 새벽안개와 같이 부드러우리.

그 손에 부딪치면 부르터 갈라진 내 손도 녹으리.
　　끌어매고 덧붙인 나의 남루도
　　님의 눈물의 구슬방울로 꿰매면
　　공작의 날개라도 비웃으리.
님이여 지난밤 저이가
눈보라와 싸우며 들 위에 닦아 놓은 석고의 길은
대리석의 살결처럼 미끄러웁니다.
그 위에 빛나는 햇볕의 금사포를 밟으시고
기다림에 주름 잡힌 이 작은 뜰 앞으로 어서 오시지 않으렵니까.
　　그래서 무딘 대지의 가슴을
　　우렁차게 때리는 님의 말발굽 소리를 들려주셔요.
　　물결과 같이 구르는 님의 목소리로
　　시름은 나뭇잎같이 뜰 위에 드리운 하늘을
　　뒤흔들어 놓래 주셔요.
그러면 나는
낡은 카렌다가 걸렸던 그 자리에는
어린 수선화의 화병이나 걸어 둘까요.
　　잔인하게도 더딘 걸음으로
　　나의 마음을 몹시 굴던 카렌다더니……

님을 기다림

원문

님이 오신다기에
나는 어저께
쌓이고 가쁜 설움과 한숨의 침랑
화로불에 던져 버렸서요
모다……
　그러고 님에게 보이자던
　슬픈 『페이지』로 엮인 일기책과
　고대[1]에 타는 나의눈이
　날마다 처다보던 그『카렌다』도……
풀덤이속에 파 묻힌 울타리라고
님의 발길이 행여나 문밖에서 돌아서지나 않을가
찢어진 치마폭 때고인 옷자락이
호수와 같은 님의눈동자를 흐리우지나 않을가보아.
　어저께 묽어진 울타리를 꿰매노라고
　가시에 찔리고 갈라져 터진손이
　텡뷘 이 농속을 넉없이 휘저어 보았으나……
캄캄한 이방에 잔치상도 없이
어여뿌신 님의행차를 어떻게 뫼시고
바다와 같이 맑고도깊은 님의 풍금소리를 들려달라고
참아 나의입이 벌려질수가 있을가.
　그러나 님의손길은 새벽안개와 같이 부드러우리
　그손에 부대치면 불으터 갈라진 내손도 녹으리
　끌어매고 덧붙인 나의 남루도

---

[1] 고대(苦待). 몹시 기다림.

님의 눈물의 구슬방울로 꿰매면
　　공작의 날개 라도 비웃으리.
님이여 지난밤 저이가
눈포래와 싸우며 들우에 닦아 논 석고의길은
대리석의 살깔처럼 미끄러웁니다
그우에 빛나는 해 별 의 금사포를 밟으시고
기다림에 줄음잡힌 이작은 뜰앞으로 서 오시지 않으렵니까.
　　그래서 무딘 대지의 가슴을
　　우렁차게 때리는 님의말발굽 소리를 들려주서요
　　물결과 같이 굴르는 님의목소리로
　　시름은 나무 닢 같이 뜰우에 드리운 하늘을
　　뒤흔들어 놀래 주서요.
그러면 나는
낡은『카렌다』가 걸렸던 그자리에는
어린 수선화의 화병이나 걸어둘까요.
　　잔인하게도 더딘 걸음으로
　　나의 마음을 몹시굴던『카렌다』더니……

　　　　　　　　　　　—《신가정》2권 2호(1934. 3), 186~187쪽

관념 결별

회의의 십자로에서
(관념아)
너는 비길 데 없는 미녀였다.

나의
사상의 회색의 산보로이던 십자로.

너의 품속에 고여 있는
안개 낀 사상의 호수에 낚시를 던지고 나는
진리의 고기들을 기다렸다.
사해의 밤을 헤매는 나의 작은 모험선에서 —

그러나 지금
너는(관념아) 나를 떠나가거라
그리고 너를 초대하는 발레리의 사랑으로 나가렴.
지금 나를 유혹하는 것은
"무엇인가?"가 아니다
다만 "어찌할까?"다
오래인 역사의 곰팡이에 저린 무거운(빛 잃은) 관념의 예복을 벗어 버리고
나는 가련다.

취한 가두.
생각에 잠긴 대지.
숨 쉬는 하늘.
(너는 있으려무나. 자못 아름다운 관념의 딸아.)
너는 한 개의 감상적인 위치에 정지한다
나는 다만 한 개의 방향을 찾는다.

길 —
일찍이 하는 주저하기 위해 있던 너.
지금은 다만 걸어가기 위하여
행동의 지평선으로 달린다.
너는 —

새로운 미학의 페이지 속에서
타는
행동, 행동, 행동, 행동의 선율

觀念訣別

懷疑의 十字路에서
(觀念아)
너는 비길데업는 美女엿다

◇

나의
思想의灰色의散步路이든
    十字路

◇

너의 품속에 고혀잇는
안개낀思想의湖水에 낙시를 던지고 나는
眞理의고기들을 기다렷다
死海의 밤을 헤매는 나의작은冒險船에서 ─

◇

그러나 지금
너는(觀念아)나를 떠나가거라
그리고 너를 招待하는 『발레리』[1]의사랑으로나가렴

---

[1] 폴 발레리(Paul Valéry, 1871~1945). 프랑스의 시인·비평가·사상가. 말라르메의 전통을 계승하면서 이를 새롭게 구축한 상징시의 정점에 섰던 시인.

지금 나를 誘惑하는것은
『무엇인가?』가아니다
다만『엇지할가?』다
오래인 歷史의곰팽이에저린
무겁은(빗일흔)觀念의 禮服을 버서버리고
나는 가련다
醉한街頭
생각에 잠긴 大地
숨쉬는 한울
(너는잇스럼으나 자못아름다운 觀念의딸아)

   ◇

너는 한개의 感傷的인 位置에 停止한다
나는 다만 한개의 方向을 찻는다.

   ◇

길 ―
일즉이하는 躊躇하기위해잇든 너
지금은 다만 거러가기 위하야
行動의 地平線으로 달린다
너는 ―

새로운 美學의 『페 ― 지』속에서
타는
行動 行動 行動行動의 旋律

―《조선일보》(1934. 5. 15)

장식

유월의 볕이 희롱한다.
　　바다의 얼굴을
　　늘어선 언덕의 늘어진 등을
　　클로버 꽃의 흰 타박머리를
　　물결의 푸른 허리를
잔디풀의 옷깃을
　　중얼거리는 개천을
　　해당화의 피 튀는 입술기를
　　섬의 여자의 검은 이마를
　　벗은 다리를
　　둥근 돛의 흰 배를
　　말모락을
유월의 볕을 튀긴다.
　　포플러의 푸른 손톱이
　　물결의 흰 발길이
　　모래 방천의 무릎이
　　붉은 기왓장이
　　조으는 소라가
　　앓는 거위가
　　감동할 줄 모르는 비석의 흰 이마가

유월의 볕은 '녹아내리는 금붕어 떼'.

유월의 볕은 금속성의 지느러미를 가진 금붕어 떼.

유월의 볕은 분열식의 아침이다.

유월의 볕은 사상의 종점이다.

유월의 볕은 열대의 숨을 쉰다.

유월의 볕은 찢어진 심장 정열의 폭포.

   백혈구의 분무.

裝飾

원문

六月의 볕이 히롱한다.
　바다의 얼굴을
　늘어선 언덕의 늘어진 등을
　『클로버 ─ 』꽃의 힌 타박머리[1]를
　물결의 푸른 허리를
잔디풀의 옷깃을
　중얼거리는 개천을
　해당화의 피튀는 입술기를
　섬의 여자의 검은 이마를
　벗은 다리를
　둥근 돛의 힌 배를
　말모락[2]을
六月의 볕을 투긴다
　포플라의 푸른 손톱이
　물결의 힌 발길이
　모래 방천의 무릎이
　붉은 기와짱이
　조으는 소라가
　앓는 거의가
　감동할줄 모르는 비석의 힌 이마가

六月의 볕은 『녹아 나리는 금붕어떼』

1　다박머리. 다보록하게 난 머리털.
2　말모락. 말갈퀴.

六월의 별은 금속성의 지느러미를 가진 금붕어떼
六월의 별은 분렬식의 아츰이다
六월의 별은 사상의 종점이다
六월의 별은 열대의 숨을 쉰다
六월의 별은 찢어진 심장 정열의 폭포
  백혈구의 분무(噴霧)

―《신가정》 2권 18호(1934. 8), 102~103쪽

광화문통

전차들은 목적지의 기억을 잊지 않는 우등생의 표본이오.
국방전람회의 문전에 늘어서는 소학생들의 시끄러운 행렬.

광화문통 하수도 밑에서는
쫓겨 간 비가 중얼대오.

세수한 아스팔트의 얼굴에서
흘기는 붉은 '스톱'
픽 웃는 푸른 '고 —'

오토바이는 명랑한 단거리선수인 체하나
우울한 가솔린의 탄식을 뿜소.
(그 녀석 실연했나 봐.)

도야지가 탄 수레를 조심스럽게 끌고 가는 정육상의 심부름꾼들.
도살장행의 도야지에게 바치는 인간의 최후의 친절. 모자 벗엇.

이윽고 부의 소제부가 간밤의 유실물들을 실으러
수레를 끌고 공원으로 갈 테지.
겁쟁이 아가씨의 핸드백. 휴지 조각.
(거지들은 잠을 깼을까? 오늘은 제발 행려병 시체를 보지 말았으면 —)

활발하게 하늘을 물들이는 호텔의 굴뚝이 뿜는 검은 비눗방울.
양인들은 퍽이나 장난꾼인가 봐.

건축장의 기중기 꼭대기에 걸려 찢어진 하늘은 해어진 손수건.
아마도 구름 속에서 비가 앓나 보다.

나는 송교다리의 난간에 기대서
세계의 횡사를 볼 뻔한 실업쟁인가.

光化門通

電車들은 目的地의記憶을 넛지안는 優等生의 標本이요.
國防展覽會의 門前에 늘어서는 小學生들의 시끄러운行列.

光化門通下水道밑에서는
쪼껴간비가 중얼대오

洗手한『아스팔트』의 얼골에서
흘기는 붉은『스톱』
픽웃는 푸른『꼬 ─ 』

『오 ─ 토바이』는 明朗한 短距離選手인체 하나
우울한『깨솔린』의 嘆息을뿜소.
(그여석 失戀헛나봐)

도야지가 탄 수레를 조심스럽게 끌고가는 精肉商의 심부름꾼들.
屠殺場行의도야지에게 바치는人間의最後의親切. 帽子·버섯.

이윽고 府의掃除夫가 간밤의 遺失物들을 실으러.
수레를끌고 公園으로 갈테지.
怯쟁이아가씨의『핸드빽』. 휴지쪼각.
(거지들은잠을깻슬가?오늘은제발 行旅病屍體를보지말엇스면 ─)

活潑하게 한울을 물드리는『호텔』의 굴둑이뿜는 검은비누방울.
洋人들은 퍽으나 작난군인가봐.

建築場의 起重機꼭댁이에걸려 찌저진 한올은 해여진 손수건.
아마도구름속에서 비가 알라보다.

나는 松橋다리의 欄干에기대서
世界의 橫死를 볼번한 실업쟁인가.

―《중앙》 2권 9호(1934. 9), 74쪽

희화

초저녁달은 장난꾼.
바닷가의 모래둔에
나와 같은 그림자를 먹칠해 놓고는
빙긋 웃는다.
나도 웃는다.

戲畵　　　　　　　　　　　　　　　　　　　원문

초저녁달은 작난군
바닷가의 모래둔에
나와같은 그림자를 풀칠해놓고는
빙긋웃는다
나도웃는다

———《가톨릭청년》 2권 11호(1934. 11), 62쪽

마음

여기에 한 젊은 사나이
그의 존재마저 잃어버리고
흐르는 강물 속에서
우주의 마음을 찾으려 하오.

마음

원문

여기에 한 젊은사나히
그의 *存在*마저 잃어버리고
흐르는 *江*물속에서
*宇宙*의 마음을 차즈려하오

——《가톨릭청년》 2권 11호(1934. 11), 62쪽

밤

조 메이의 「아스팔트」를 보고
돌아오는 길 —
어두운 거리.
말없는 발자국 소리. 소리. 소리.

밤

원문

『요 — 마이』의 『아스팔트』[1]를보고
도라오는길 —
어두운거리
말없 는 발자곡소리 소리 소리

　　　　　　　　　　　—《가톨릭청년》 2권 11호(1934. 11), 62쪽

---

[1] 「아스팔트」. 독일 감독 조 메이(Joe May)가 1929년에 발표한 무성영화. 보석을 훔친 요염한 여자의 죄를 간과해 주는 경관에게 일어나는 비극을 그린 화제작이다.

창

바다가 바라보이는 창이 있는
이층으로 올라간다……

어디서든지 출발의 명령이 떨어지기를 기다리는
안타까운 이 집의 귀인 것처럼
나는 남쪽으로 뚫린 그 창을 열어젖히려……

그렇고는 바다에 얽매어 흘러갈 줄을 모르는 섬들을 비웃어 줄게다.
또 햇볕의 애무를 받기를 바라는 주린 고양이와 시들은 국화꽃들을
오늘도 노대에 옮겨 놓자.

천사의 심부름꾼들인 비둘기들이 날아와 본
일도 날아가 본 일도 없는 창.
커튼의 이쪽에서는 행복이 자 본 일도 없다.

나는 그 창에 기대어 꾸짖는다.
— 인생아
나는 네가 나를 놀래어 기절시키려고 하여 수없는 불행과 잔인을
이 계절의 담벼락 넘어서 음모하고 있는 것을 안다.

올에도 나는 의사의 걱정을 끼쳐 본 일은 없다.

지금 너의 타격에 거꾸러지지 않기 위하여
나는 나의 마음에 향하여 무장을 명한다. —

窓

바다가 바라보이는 窓이 잇는
二層으로 올라간다……

어디서든지 出發의 命令이 떨어지기를기다리는
안타까운 이집의귀인것처름
나는南쪽으로 뚤린 그窓을 열어제치려……

그렇고는 바다에억매여 흘러갈줄을모르는섬들을 비우서줄게다.
또 해뼡의 愛撫를 받기를바라는 주린고양이와 시드른菊花꽃들을
오늘도 露台에옴겨놓자.

天使의 심부름꾼들인 비닭이들이 날어와본
일도 날어가본일도없는 窓.
『커 ― 틴』의 이쪽에서는 幸福이 자본일도없다.

나는 그窓에 기대여 꾸짓는다.
　― 人生아
나는 네가 나를 놀래여 기절시키려고하야
수었는 不幸과 殘忍을
이季節의 담벼락 넘어서 陰謀하고잇는것을안다.

올에도 나는 醫師의걱정을 기처본일은없다.
지금너의打擊에 꺼구러지지않기위하야
나는 나의마음에향하야 武裝을命한다. ―

―《개벽》속간 2권 1호(1935. 1), 22~23쪽

층층계

미술관 벽에 기댄 마돈나의 허연 표정이
창살 넘어 여위어 가는 바다를 바라본다.

다람쥐와 고슴도치들은 그들의 지하실에서
벌써 털외투를 바꾸어 입었겠지.

어느새 마음속에 쭈그리고 들어앉은 흰 침묵의 좌상을
드디어 쫓아내지 못하고 나는 층층계의 중간에서
계절의 체중에 지치어 문득 멈춰 선다……

층층계

원문

美術館의 壁에 기댄 『마돈나』의 허―연 表情이
窓살 넘어 여위어가는 바다를 바라본다.

다람쥐와 고슴도치들은 그들의 地下室에서
버―ㄹ서 털外套를 바꾸어 입었겠지.

어느새 마음속에 쭈그리고 들어앉은 힌 沈默의 坐像을
드디어 쫓아내지못하고 나는 층층게의 中間에서
季節의 體重에 지치어 문득 멈춰선다……

―《시원(詩苑)》 1권 1호(1935. 2)

배우

자동차 속에서
떨리는 여자의 말소리는 엔진 소리보다도 날카로웠다.
"여보 이젠 배우라는 직업은 그만둬요."
(사나이의 눈은 대답이 없었다.)
"당신의 말과 몸짓이 대체 어디까지가 연극인지 참말인지 알 수 없어요."

나는 생각한다.
배우를 남편으로 가지는 안해는 불행할 게다.
배우를 안해로 가지는 남편은 불행할 게다.
배우를 벗으로 가지는 벗은 불행할 게다.

엎드려저 흔드는 여자의 등덜미에 우물거리는 흰 불빛.
푸른 광선이었더면 더 효과적일 뻔했다.

아 — 언제나 이 연극이 끝이 날까?

俳優

自動車속에서
찔리는 女子의 말소리는 『엔진』소리 보다도 날카로웠다.
『여보 인젠 俳優라는 職業은 그만둬요』
(사나이의 눈은 대답이 없었다)
『당신의말과 몸짓이 大體 어디까지가 演劇인지 참말인지 알수없어요』

나는 생각한다.
俳優를 男便으로 가지는 안해는 不幸할게다.
俳優를 안해로 가지는 男便은 不幸할게다.
俳優를 벗으로 가지는 벗은 不幸할게다.

업드려저 흔드는 女子의 등덜미에 우물거리는 힌불빛
푸른 光線이었더면 더 效果的일번 했다.

아 ─ 언제나 이 演劇이 끝이 날까?

─《시원》 1권 1호(1935. 2)

선물

사근사근
이빨에 씹히는
올사과 한 조각 —
천리 밖 흙냄새를
숨겨서 왔구료.

오물오물
입안에 녹이는
복숭아 어린 살결 —
벌레 먹은 어금니가
고향의 전설을 깨물었소.

膳物

사근사근
이빨에 씹히는
올사과[1] 한쪼각 ─
千里밖 흙냄새를
숨겨서왔구료.

오몰오몰
입않에 녹이는
복숭아 어린살갈 ─
버레먹은 어금니가
故鄕의 傳說을 깨물었소.

[1] 제철보다 일찍 익는 사과.

연애

 그 여자가 나는 당신을 사랑합니다고 말한 것은 아마 바닷가인 것 같다. 그러나 나는 아무러한 반응도 일으킬 줄 모르는 한 장의 편지에 불과했다.
 흰 들창에 새겨진 그 여자의 표정은 석고의 비너스처럼 실색했다. 나의 눈으로부터는 일만 촉광의 탐조등이 겨우 37도 5분밖에 달지 아니한 여자의 심장으로 향하여 퍼졌다. 여리게도 해체하는 그 여자의 사랑은 투명치 못한 푸른 액체였다.
 나는 그 여자의 편지를 받아서 봉투를 찢지 않은 채 책상 위에 던졌더니 하도 손에 걸어차이므로 다음에는 원고지 틈에 접어 둔 것 같은데 대청결 때에는 어느새 쓰레기통 속에 있었다. 그 뒤에는 아마 부의 마차가 실어 갔을 게다.
 ....
 나는 오늘도 그날 연애를 하지 못한 것을 후회할 수가 없다.

戀愛

　그女子가 나는당신을 사랑합니다고 말한것은 아마 바다ㅅ가인것같다. 그러나 나는 아모러한反應도 이르킬줄모르는 한장의便紙에 不過했다.
　흰들창에색여진 그女子의表情은 石膏의「비 ― 너쓰」처럼 失色했다. 나의눈으로부터는 一萬燭光의探照燈이 겨우 三十七度 五分밖에 달지아니한 女子의心臟으로향하야퍼졌다. 여리게도 解體하는그女子의사랑은 透明치못한 푸른液體였다.
　나는 그女子의편지를 받아서 봉투를찢이않은채 책상우에던젔드니 하도 손에거둬채이므로 다음에는 原稿紙틈에 접어둔것같은데 大淸潔때에는 어느새 쓰레기통속에있었다. 그뒤에는 아마 府의馬車가 실어갔을게다.
　……………
　나는 오늘도 그날戀愛를 하지못한것을 後悔할수가없다.

―《중앙》 3권 2호(1935. 2), 109쪽

나

그 여자의 팔은 나를
그의 침대로 끌었다.
그 문전에서 나는 주저한다.
"들어갈까? 그만둘까?"
드디어 결심 못 하는 사이에
꿈은 깼다……

간밤의 서랍 위에서
능금은 암고양이처럼 고독하다
나는 여전히 인색한 지붕 밑에서 떠는 한 그루 한대의 식물이다……
꿈속에서조차 비겁한 나……
드디어 한 애인도 못되는 나……
드디어 한 아들도 못되는 나……
드디어 한 아버지도 못되는 나……
드디어 한 범인도 못되는 나……

나는 내 미운 가죽 밑에서
꿈틀거리는 늙은 구렁이와 담판한다.
"조만간 우리는 갈라지자.
네가 가든지 내가 떠나든지……"

나

그 女子의 팔은 나를
그의 寢臺로 끌었다.
그 門前에서 나는 주저한다.
『들어갈가? 그만둘가?』
드디여 決心 못하는사이에
꿈은 깼다……

간밤의 설합우에서
林檎[1]은 암고양이처름 孤獨하다
나는 如前히 인색한지붕밑에서 떠는 한거루 寒帶의 植物이다……
꿈속에서조차 卑怯한나……
드디여 한 愛人도 못되는나……
드디여 한 아들도 못되는나……
드디여 한 아버지도 못되는나……
드디여 한 犯人도 못되는나……

나는 내 미운 가죽 밑에서
굼틀거리는 늙은구렁이와 談判한다.
『早晩間 우리는 갈라지자
네가 가든지 내가 떠나든지……』

―《시원》 1권 2호(1935. 4), 19~20쪽

[1] 능금.

생 활

한 장의 백지인 나의 낮과 나의 밤.

어느새 독수리가 푸른 잉크를 빨아 버렸다.

불결한 시가 겨우 백지의 한 구석을 지꾼다.

生活

원문

한장의 白紙인 나의낮과 나의밤.
어느새 독수리가 푸른 「잉크」를 빨어버렸다.
不潔한詩가 겨우 白紙의 한구석을 지꾼다.[1]

—《시원》 1권 2호(1935. 4), 21쪽

---

[1] '어지르다'의 함북 지방 방언.

습관

지렁이는 어느새 하늘을 쳐다보지 않는 습관을 길렀다.
상인의 가족들의 입은 '비싸다'는 말의 발음을 잊어버렸다.
부회의원의 아들의 이마에는 실크해트의 자리가 남았다.
능금 열매는 아마도 그 몸에 가시를 붙이지 않고는
천사의 노리개가 될 희망이 없을 게다.

習慣

원문

지렁이는 어느새 한울을 쳐다보지않는 習慣을 길렀다.
商人의 家族들의입은 「비싸다」는 말의 發音을 잊어버렸다.
府會議員의 아들의 이마에는 「씰크, 햇트」의자리가 남었다.
林檎열매는 아마도 그몸에 가시를 부치지않고는
天使의 노리개가될 希望이 없을게다.

—《시원》 1권 2호(1935. 4), 21쪽

바다의 향수

1

날마다 푸른 바다 대신에
꾸겨진 구름을 바라보려
엘리베이터로
오 층 꼭대기를 올라간다……

2

파랑 파라솔을 쓴
기선 회사의 깃발과
파랑 파라솔을 쓴
아라사의 아기씨들이
옥색의 손수건을 흔드는 부두의 거리에서는
바다는 해관의 지붕보다도
높은 곳에 있었다.
긴 시멘트의 축대을 돌아가면
갑자기 머리 위에서
물결의 지저귐이 시끄러웠다.
꼬집은 조각지들이
아직도 밤을 깨물고 놓지 않는 모래무지에는

까치들이 모여와서
아무도 모르는
조국의 옛 방언을 지껄이고
남빛 목도리를 두른 섬들 사이를 호고
흰 선수의 복장을 입은 증기선들이
다다다다다다다
바다의 등을 항용 기어 올라갔다……

3

오늘도
푸른 바다 대신에 꾸겨진 구름을 바라보려
엘리베이터로
오 층 꼭대기를 올라간다.
거기서 우리들은
될 수 있는 대로 멀리 고향을 떠나 있는 것처럼
서투른 손짓으로 인사를 바꾸고
그러고는 바닷가인 것처럼
소매를 훨씬 걷어 올리고 난간에 기대서서
동그랗게 담배 연기를 뿜어 올린다.

바다의 鄕愁

원문

1

날마다 푸른바다대신에
꾸겨진 구름을 바라보려
『엘레베이터 —』로
五層꼭대기를 올라간다……

2

파랑『파라숄』을쓴
汽船會社의 旗빨과
파랑『파라숄』을쓴
『아라사』의아기씨들이
玉色의손수건을흔드는埠頭의거리에서는
바다는 海關의집웅보다도
노푼곳에 잇섯다.
기 — ㄴ『세멘트』의築臺을 도라가면
갑작이 머리우에서
물결의 지저귐이 시끄러윗다.
고집은[1] 조각지[2]들이
아직도 밤을 깨물고노치안는 모래물[3]에는
까치들이 모혀와서

1 꼬집다.
2 조갑지. '조개'의 방언.
3 모래가 쌓여 있는 더미.

아모도 모르는
祖國의 녯方言을 지꺼리고
남빗목도리를 둘은섬들사히를호고⁴
힌選手의 복장을입은 蒸氣船들이
다다다다다다다
바다의등을 항용⁵ 기여올라갓다……

3

오늘도
푸른바다대신에 꾸겨진구름을 보라보려
『엘레베이터』로
五層꼭대기를올라간다
거기서 우리들은
될수잇는대로 머 — ㄹ리 故鄕을떠나잇는것처름
서투른 손짓으로 인사를 바꾸고
그러고는 바다까인것처름
소매를 훨신거둬올리고 欄干에 기대서서
동그라케 담배연기를 뿜어올린다.

—《조선일보》(1935. 6. 24)

4 호다. 헝겊을 겹쳐 바늘땀을 성기게 꿰매다.
5 항용(恒用). 늘. 흔히.

기적

마지막 버스 속에서는 여러 가지 목적지가 흔들리우면서 저마다 성 밖으로 나간다. 승객들은 아무러한 공통된 화제도 없는 듯이 대화의 흥미는 아주 잃어버렸다.

기적은 일찍이 아마도 동방의 어느 거리에서 시작되리라는 소문이 어디로부턴가 안개처럼 흘러 들어와서 흥분하는 거리를 둘러쌌다.

이스라엘의 안해와 누이들은 다만 예수가 기적을 행하였다는 소문 때문에 마리아의 부정을 용서하였다.

그날부터 수없는 칠면조들은 얼굴을 찡기면서도 눈 오는 밤에 주방으로 끌려갈밖에 없었다. 기적을 위하여서는 우리도 작고 큰 소망의 병아리들을 도살장으로 보내리라. 이 고약한 어둠도 용서하리라……

지금 밤도 모든 화려한 폭죽의 화장과 웃음소리를 빨아 버리고 가로수 그늘에서도 기념비의 아래서도 기적을 이야기하는 소리를 들을 수가 없다. 아무 데서도 기적을 믿는 듯한 얼굴을 만날 수가 없다. 희망은 맹장처럼 사람들의 체내의 한 불수의근으로 굳어 버렸다.

그러나 기적은 역시 있어야 할 것이다. 우리들의 단조로운 일기를 놀래어 주기 위하여 그것은 대낮의 반항에도 불구하고 하늘을 채우고도 넘치는 어둠처럼 어느새 우리들의 옛 거리로 왔어야 할 것이다. 어느 갱도를 새어 기어 오는지도 모른다.

　날이 새기 전에 우리는 동방의 거리로 가서 거기서 기적이 도적처럼 와서 꿈을 잃은 사람들을 웃기는 것을 보고 싶다.

　기적아 너는 새악씨처럼 수줍어만 말고 대담하게 이 거리를 걸어오너라. 사람들은 집집마다 그들의 긴 고달픔과 슬픔과 분노와 후회로 짠 오래인 보료를 층계에 걸어 놓고 너의 발자국 소리를 기다릴 것이다. 기적에 대한 소문이 또다시 조수와 같이 맥 빠진 거리를 휩쓸 것이다.

奇蹟

원문

마지막『뻐쓰』속에서는 여러가지目的地가 흔들리우면서 저마다 城밖으로 나간다. 乘客들은 아모러한 共通된話題도 없는드시 對話의興味는 아주 잃어버렸다.

奇蹟은 일즉이 아마도 東方의 어느거리에서 시작되리라는 소문이 어대로부턴가 안개처름 흘러드러와서 興奮하는거리를 둘러쌋다.

『이스라엘』의 안해와 누의들은 다만『예수』가 奇蹟을 행하였다는 소문 때문에『마리아』의 不貞을 용서하였다.
그날부터 수없는 七面鳥들은 얼골을 찡기면서도 눈오는밤에 廚房으로 끌려갈밖에없엇다. 奇蹟을위하여서는 우리도 작고 큰所望의 병아리들을 屠殺場으로 보내리라. 이고약한 어둠도 용서하리라……

지금 밤도 모 — 든 화려한 爆竹의 化粧과 우슴소리를 빨아버리고 街路樹 그늘에서도 紀念碑의 아래서도 奇蹟을 이야기하는 소리를 들을수가없다. 아모데서도 奇蹟을 믿는듯한 얼골을 맛날수가없다. 希望은 盲臟처럼 사람들의 體內의 한不隨意筋으로 굳어버렸다.

그러나 奇蹟은 역시 있어야 할것이다. 우리들의 單調로운 日記를 놀래여주기 위하야 그것은 대낮의 反抗에도 不拘하고 한울을 채우고도 넘치는 어둠처럼 어느새 우리들의 옛거리로 왔어야할것이다. 어느坑道를 새여기여오는 지도 몰은다.

날이새기전에 우리는 東方의 거리로가서 거기서 奇蹟이 도적처름와서 꿈을일흔 사람들을 우끼는것을 보고싶다.

奇蹟아 너는 시악씨처럼 수집어만말고 大膽하게 이거리를 걸어오너라. 사람들은 집집마다 그들의 긴 고닲음과 슲음과 분노와 후회로 짠 오래인 보료를 층계에 걸어놓고 너의 발자곡 소리를 기다릴것이다. 奇蹟에 대한 소문이 또다시 潮水와같이 맥빠진거리를 휩쌀 것이다.

—《삼천리》7권 9호(1935. 9), 248~249쪽

연애와 탄석기

(1) 연애와 탄석기

연애인 것을 깨닫자마자
나는 황망히 달아날 자세를 가진다.

성급한 탄석기는
연애의 부근에서 망서릴 수 없다.

이 해어진 빅토리안의 레인코트는
어서 벗어 버려야지. 그래야지.

(2) 어떤 연애

실없는 습관을 또 배웠지.

다 타 버린 담배 꼭지와 함께 뱉어 버렸다.

그 여자는 오늘 어디선가 시원한 혜성일 게다.

(3) 축전

결혼식은 결혼식처럼 기껏 화려하려므나.

이제 세상은 안심해도 좋을 게다.
자유를 주고 산 것이 너무 비싼 것을 깨닫는 날까지
두 사람은 서로 얼굴을 찡그려 가며
쓰디쓴 행복의 거죽을 핥을 게다…….

희고 검은 수의에 쌓인 희망을 싣고
꽃 자동차가 떠나간 뒤에서
일동은 자못 정중하게 최경례를 하였다.

戀愛와彈石機

원문

(1) 戀愛와彈石機

戀愛인것을 깨닷자 마자
나는 慌忙히 달아날 姿勢를 갖인다.

性急한 彈石機는
戀愛의 附近에서 멍서릴[1]수없다.

이 해여진 『빅토 — 리안』의 『레인코 — 트』는
어서 버서버려야지. 그래야지.

(2) 어떤戀愛

실없은 習慣을 또배윗지.

다타버린 담배 꼭지와함게 비앗아버렷다.

그女子는 오늘 어디선가 씨원한慧星일게다.

---

1 망설이다.

(3) 祝電

結婚式은 結婚式처름 기껏 華麗하려므나.

이제 세상은 安心해도 좋을게다.
自由를 주고산것이 너무비싼것을 깨닷는날까지
두사람은 서로 얼골을 찡그려가며
쓰디쓴 幸福의거죽을 할틀게다…….

히고 검은 襚衣에 쌓인 希望을실고
꽃自動車가 떠나간뒤에서
一同은 자못정중하게 最敬禮를 하였다.

―《삼천리》8권 1호(1936. 1), 292~293쪽

제야

광화문 네거리에 눈이 오신다.
꾸겨진 중절모가, 산고모가, 베레가, 조바위가, 사각모가, 샤포가
모자, 모자, 모자가 중대가리, 고수머리가 흘러간다.

거지 아이들이 감기의 위험을 열거한
노랑빛 독한 광고지를
군축 호외와 함께 뿌리고 갔다.

전차들이 주린 상어처럼
살기 띤 눈을 부릅뜨고
사람을 찾아 안개의 해저로 모여든다.
군축이 될 리 있나? 그런 건
목사님조차도 믿지 않는다드라.

마스크를 걸고도 국민들은 감기가 무서워서
산소흡입기를 휴대하고 다닌다.
언제부터 이 평온에 우리는 이다지 특대생처럼 익숙해 버렸을까?

영화의 역사가 이야기처럼 먼 어느 종족의 한 조각 부스러기는
조그마한 추문에조차 쥐처럼 비겁하다.
나의 외투는 어느새 껍질처럼 내 몸에 피어났구나.

크지도 적지도 않고 신기하게도 꼭 맞는다.

시민들은 가족을 위하여
바삐바삐 데파트로 달린다.
  (그 영광스러운 유전을 지키기 위하여……)
애정의 뇌옥 속에서 나는 언제까지도 얌전한 포로냐?
안해들아 이 달지도 못한 애정의 찌꺼기를
누가 목숨을 내놓고 아끼라고 배워 주더냐?
우리는 조만간 이 기름진 보약을 구토해 버리자.

아들들아 여기에 준비된 것은
어여쁜 곡예사의 교양이다.
나는 차라리 너를 들에 놓아 보내서
사자의 울음을 배우게 하고 싶다.

컴컴한 골목에서 우리는 또
차디찬 손목을 쥐었다 놓을 게다.
그리고 뉘우침과 한탄으로 더럽혀진
간사한 일 년의 옷을 찢고
피 묻은 몸둥아리를 쏘아보아야 할 게다.

전쟁의 요란 소리도 기적 소리도 들에 멀다.
그 무슨 감격으로써 나에게
카렌다를 바꾸어 달라고 명하는
바티칸의 종소리도 아무것도 들리지 않는다.

광화문 네거리에 눈이 오신다. 별이 어둡다.
몬셀 경의 연설을 짓밟고 눈을 차고
죄 깊은 복스 구두 키드 구두
캥거루, 코도반 구두, 구두, 구두들이 흘러간다.

나는 어지러운 안전지대에서
나를 삼켜 갈 상어를 초조히 기다린다.

除夜

光化門 네거리에 눈이 오신다.
꾸겨진 中折帽가 山高帽가 「베레」가 조바위가 四角帽가 「샤포」[1]가
帽子 帽子 帽子가 중대가리 고치머리[2]가 흘러간다.

거지아히들이 感氣의 危險을 列擧한
노랑빛 毒한 廣告紙를
軍縮號外와함끼 뿌리고갔다.

電車들이 주린鱸魚처럼
殺氣띤 눈을 부르뜨고
사람을찾어 안개의海底로 모여든다.
軍縮이될리있나? 그런건
牧師님조차도 믿지않는다드라.

「마스크」를 걸고도 國民들은 感氣가 무서워서
酸素吸入器를 携帶하고 댕긴다.
언제부터 이平穩에 우리는 이다지 特待生처럼 익숙해버렸을까?

榮華의歷史가 이야기처럼 먼 어느 種族의 한쪼각부스러기는
조고만한 醜聞에조차 쥐처럼卑怯하다.
나의外套는 어느새 껍질처럼 내몸에 피어났구나.
크지도 적지도않고 신기하게두 꼭맛는다.

---

1 샤포(chapeau). 프랑스식 군모.
2 고수머리. 곱슬머리.

市民들은 家族을 위하야
바삐바삐「데파 —— 트」로 달린다.
　　　　(그 榮光스러운 遺傳을 지키기위하야……)
愛情의 牢獄속에서 나는 언제까지도 얌전한 捕虜냐?
안해들아 이 달지도못한 愛情의 찌꺽지를
누가 목숨을내놓고 아끼라고 배워주드냐?
우리는 早晩間 이 기름진 補藥을 嘔吐해버리자.

아들들아 여기에 준비된것은
어여뿐 曲藝師의 敎養이다.
나는 차라리 너를들에노아보내서
獅子의 우름을 배호게하고싶다.

컴컴한 골목에서 우리는또
차디찬 손목을 쥐었다놓을게다.
그리고 뉘우침과 恨歎으로 더려펴진
간사한 一年의 옷을찢고
피묻은 몸둥아리를 쏘아보아야할게다.

戰爭의 요란소리도 汽笛소리도 들에멀다.
그 무슨 感激으로써 나에게
「카렌다」를 바꾸어달라고 命하는
「바치칸」의 鐘소리도 아모것도들리지않는다.

光化門 네거리에 눈이오신다. 별이어둡다.

몬셀卿의 *演說*을 짓밟고 눈을차고
*罪*깊은 복수구두[3] 키드구두[4]
캥가루[5] 고도반[6] 구두 구두 구두들이 흘러간다.

나는 어지러운 *安全地帶*에서
나를 삼켜갈 *鱘魚*를 초조히기다린다.

—《시(詩)와 소설(小說)》(1936. 3), 20~22쪽

---

3 소가죽 구두.
4 kid shoes.
5 캥거루.
6 코도반(cordovan). 말 엉덩이 가죽. 코도반 가죽으로 만든 구두.

관북 기행 단장

1 야행열차

샛바람에 달이 떠는
거리에 들어서자
기차는 추워서 앙 울었다.

2 기관차

나의 종점은 어디이냐.
나는 이처럼도 늘
전방을 의지해야 하는
초조한 기관차냐.

3 산역

두 무산이 여기서 십 리란다.
부뚜막엔 이글이글 드덕불도 타리라.
내려서 아주머님네와 감자를 벗기며 이야기하며
이야기하며 벗기며 이 밤을 새고 가고 싶다.

3 마을 (가)

물레방아가 멈춰 선 날 밤
아버지는 번연히 돌아오지 못할 아들이
돌아오는 꿈을 꾸면서 눈을 감았단다.

마을에서는
구두 소리가 뜨락에 요란하던 그날 밤 일도
불빛이 휘황하던 회관의 일도 모르는 아이들이
어머니의 잔소리만 들으면서 자라난다.

4 마을(나)

풋볼 대신에 소 방광을 굴리다가도
끝내 어머니가 저녁을 먹으라고 부르지 않기에
아이들은 지쳐서 돌아와서 새우처럼 꼬부라져 잠이 든다지.

5 마을(다)

조그마한 소문에도
마을은 엄청나게 놀랐다.

소문은 언제든지 열매를 맺어서
한 집 두 집 마을은 여위어 가고 —.

간도 소식을 기다리는 이웃들만 그 뒤에 남아서
사흘 건너 오는 우체군을 반가워했다.

7 고향(가)

이렇게 친구의 이야기가 아까운 밤에는
눈이나 오시지.
눈이라도 함박눈이 쏟아져 내려서
창밖에 바쁜 밤의 걸음을 멈춰나 주지.

8 고향(나)

사노 마나부의 전향 성명을
스무 번 읽어도 알 수 없더라는 청년에게 이끌려
못 먹는 술을 곱배기로 석 잔을 넘기다.

9 고향(다)

아버지의 친구를 경멸했다는 그 악덕한 소년도
루바시카를 입은 얼굴이 흰 청년도 만날 수 없어서
북쪽의 십이월이 이마에 차다.

10 두만강

대륙은 이 간사한 혀끝이 보기 싫어서
스무 남은 발 강물로 갈라놓았다.
그럴 바엔 아주 바다에나 집어던지지
그랬더면 오늘 와서 딴소리는 없었을 것을 ── .

11 국경

저렇게 털모자를 쓰고 나서면
단포쯤 옆구리에 차고 싶을걸.
저렇게 다리 굵은 아기네가 목도리를 감아 주면
이만쯤 눈포래엔 황마차도 달리리라.

12 국경(가)

차에서 내리자마자
어느새 한대가 코를 문다.

13 국경(나)

살찐 화교가 나무 상에 기대서 라디오를 틀어 놓고
조국의 소란을 걱정스레 엿듣는 거리 ―.

14 국경(다)

지도를 펴자
꿈의 거리가 갑자기 멀어지네.

15 밤중

잠이 더딘 창밖에서는
별을 쫓는 바람 소리만

산발에 빠르고나.

16 동해의 아침

눈보라가 멎자
지치인 산맥들은 바닷가에 모여들어 머리를 박고
진한 간물을 들이켠다.

정치적 음모도 없다.
해류의 변절도 없다.

오늘 아침 바다는 진정
간밤의 눈보라를 뉘우치나 보다.

18 육친(가)

"이것을 먹어라" "저것두 먹어라"고
집어 놓으시는 바람에
이번에도 또 배탈을 내 가지고 돌아왔다.

19 육친(나)

담요를 둘러쓰고 십 리를 온
누님의 눈썹에는 고조가 달렸다.
얼어 온 두 발을 부엌에 땡겨다가 주물러 주며
갈라진 손등의 부스럼 자국을 헤어 본다.

20 출정

두고 떠난 그날 밤은
식당의 차 맛도 유달리 쓰더라.

關北紀行斷章[1]

1 夜行列車

샛바람에 달이떠는
거리에 드러서자
汽車는 추워서 앙 우렀다.

2 機關車

나의 終點은 어디이냐.
나는 이처럼도 늘
前方을 意志해야 하는
焦燥한 機關車냐.

---

[1] 김기림이 1936년 3월 14일부터 20일까지 《조선일보》에 연재한 연작시. 함경북도 두만강 근처의 고향을 떠나온 과정을 그린 19편의 작품이 연결되어 있는데, 연재 중 일부 작품의 번호가 잘못된 것은 바로잡았음.

3 山驛

두 茂山²이 여기서 十里란다.
붓두막엔 이글이글 드덕불³도 타리라.
나려서 아즈머님네와 감자를 버끼며 이야기하며
이야기하며 버끼며 이밤을 새고 가고싶다.

―《조선일보》(1936. 3. 14)

3 마을(가)

물레방아가 멈춰선날밤
아버지는 번연히 도라오지 못할 아들이
도라오는 꿈을 꾸면서 눈을감엇단다.

마을에서는
구두소리가 뜰악에 요란하든 그날밤일도

2   함경북도 무산(茂山).
3   등걸불. 나뭇등걸을 태우는 불.

불빗이휘황하든會館의일도 모르는아히들이
어머니의 잔소리만 드르면서 자라난다.

4 마을(나)

『풋뽈』대신에 소膀胱⁴을 굴리다가도
끗내 어머니가 저녁을먹으라고 부르지안키에
아히들은 지처서 도라와서 새우처름 꼬부라저잠이든다지.

5 마을(다)

조고만한 소문에도
마을은 엄청나게 놀랏다.

소문은 언제든지 열매를매저서
한집두집 마을은 여위여가고 —

---

4   소의 오줌보.

間島소식을 기다리는 이웃들만 그뒤에남어서
사흘건너오는 郵遞군을 반가워햇다.

―《조선일보》(1936. 3. 15)

7 故鄕(가)

이렇게 친구의 이얘기가 아까운밤에는
눈이나 오시지.
눈이라도 함박눈이 쏘다저나려서
창박게 바뿐밤의 거름을 멈춰나주지.

8 故鄕(나)

佐野學5의 轉向聲明을

---

5 사노 마나부(佐野學). 1930년대 일본 공산당 운동을 주도했던 인물. 그는 1933년 당시 나베야마 사다치카(鍋山貞親)와 함께 감옥에서「공동 피고 동지에게 알리는 글」을 발표했는데, 이 글은 공산주의 이념의 포기(전향)를 선언한 것으로 볼 수 있으며, 이 글 이후 '전향'이라는 용어가 유행했다.

스무번 읽어도 알수업드라는 靑年에게 이끌려
못먹는술을 곱배기로 석잔을 넘기다.

9 故鄕(다)

아버지의 친구를 輕蔑햇다는 그惡德한少年도
『루바슈카』를입은 얼골이힌靑年도 맛날수업서서
北쪽의 十二月이 이마에차다.

―《조선일보》(1936. 3. 17)

10 豆滿江

大陸은 이간사한 혀끗이 보기시려서
스무나문⁶ 발 江물로 갈라노앗다.
그럴바엔 아주 바다에나 집어던지지.
그랫드면 오늘와서 딴소리는 업섯슬것을 ―.

---

6   스무 남직한.

11 國境

저러케 털모자를 쓰고나서면
短砲7쯤 엽꾸리에 차고시풀걸.
저렇게 다리굴근 아기네가 목도리를감아주면
이만쯤 눈포래엔 幌馬車도 달리리라.

—《조선일보》(1936. 3. 18)

12 國境(가)

車에서 나리자마자
어느새 寒帶가 코를 문다.

13 國境(나)

살진 華僑가 나무床에 기대서 『라듸오』를 틀어노코

---

7   총신이 짧은 총. 권총.

祖國의 騷亂을 걱정스레 엿듯는 거리 —.

14 國境(다)

地圖를 펴자
꿈의 距離가 갑작이 멀어지네.

15 밤중

잠이더딘 창박게서는
별을 쫓는 바람소리만
山뿌리[8]에 빠르고나.

---

8 산발. 산의 줄기.

16 東海의아츰

눈보래가 멋자
지치인 山脈들은 바다ㅅ까에 모여들어 머리를박고
진한 간물9을 드리켠다.

◇

政治的 陰謀도 업다.
海流의 變節도 업다.

◇

오늘아츰 바다는 진정
간밤의 눈포래를 뉘우치나보다.

─《조선일보》(1936. 3. 19)

9   소금기가 섞인 물.

18 肉親(가)

"이것을 먹어라" "저것두 먹어라"고
집어 노흐시는 바람에
이번에도 또 배탈을 내 가지고 도라왓다

19 肉親(나)

담뇨를 둘러쓰고 十里를 온
누님의 눈섭에는 고조[10]가 달렷다.
어러온 두발을 부억에 땡겨다가 주물러 주며
갈나진 손등의 부스럼 자곡을 헤여 본다.

20 出程

두고떠난 그날밤은

10 '고드름'의 방언.

食堂의 茶ㅅ맛도 유달리 쓰드라.

―《조선일보》(1936. 3. 20)

전별

전별 I

웃어 보이려고 애써 꾸미는 네 입술인데
왜 '안녕히……'도 채 이루지 못하고
벌써 깨물리기만 하느냐?

급행열차야 너도 정을 아드냐?
차마 내닫지 못하고
그저 머뭇머뭇거리는구나.

전별 II

너더러 떠날 때 채 만날 날을 이르지 못한 것은
그 모진 세월에게 어떻게 우리들의
무거운 기약을 부탁할 수 없었던 까닭이다.

餞別   원문

餞別 I

웃어보일랴고 앨써 꾸미는 네입술인데
웨「安寧히……」도 채이루지못하고
벌써 깨물리기만하느냐?

急行列車야 너도情을아드냐?
참아 내닷지못하고
그저 머뭇 머뭇 거리는구나

餞別 II

너다려 떠날때 채맞날날을 일르지못한것은
그 모진歲月에게 어떻게 우리들의
무거운 기약을 부탁할수없었던까닭이다.

―《여성》4권 9호(1939. 9), 15쪽

연륜

무너지는 꽃이파리처럼
휘날려 발아래 깔리는
서른 남은 해야.

구름같이 피려던 뜻은 날로 굳어
한 금 두 금 곱다랗게 감기는 연륜.

갈매기처럼 꼬리 떨며
산호 핀 바다 바다에 내려앉은 섬으로 가자.

비췻빛 하늘 아래 피는 꽃은 맑기도 하리라.
무너질 적에는 눈빛 파도에 적시우리.

초라한 경력을 육지에 막은 다음
주름 잡히는 연륜마저 끊어 버리고
나도 또한 불꽃처럼 열렬히 살리라.

年輪

원문

뭉어지는 꽃이파리처럼
휘날려 발아래 깔리는
서른나문해야

구름같이 피랴던 뜻은 날로굳어
한금두 금 곱다랗게 감기는 年輪

갈매기처럼 꼬리떨며
珊瑚핀바다바다에 나려앉은섬으로 가자

비취빛한울아래 피는꽃은 맑기도하리라
뭉어질적에는 눈빛파도에 적시우리

초라한 經歷을 陸地에 막은다음
주룸자피는 年輪마저 끊어버리고
나도또한 불꽃처럼 熱烈히살리라

─《춘추》 3권 5호(1942. 5), 86~87쪽

청동

녹슬은 청동 그릇 하나
어두운 빛을 허리에 감고
현란한 세기의 골목에 물러앉아
흡사 여러 역사를 산 듯하다.

도도히 흘러온 먼 세월
어느 여울 가에 피었던
가지가지 꽃향기를
너는 담았더냐.

靑銅

원문

녹쓰른 靑銅그릇하나
어두운빛을 허리에 감고
현란한 世紀의 골목에 물러앉어
흡사 여러歷史를 산듯하다

도도히 흘러온 먼歲月
어느여울까에 피었던
가지가지 꽃香氣를
너는 담었드냐

—《춘추》 3권 5호(1942. 5), 87쪽

울어라 인경아

1

문 열어 주어라
인경이 울겠단다
벙어리살이 마흔 해
이제 사내나 다 목놓아 울라

(후렴)
울어라 인경아
네거리의 황혼을 찌르며
네가 울면 나도 울마
삼천만이 다 울자

2

창살을 뜯어 줘라
인경이 울겠단다
이 땅에 고인 피 상채기
고이 씻으며 쓰다듬으며

3

뭉치어라 엉키라고
인경이 울겠단다
놈들의 칼과 채찍
함께 겪은 마흔 해 잊지 말라고

4

새 나라 오신다고
소리쳐 울겠단다
겹겹이 감긴 어둠
떨어버리고 몸부림치며

울어라 인경아

원문

1

문 열어주어라
인경이 울겠단다
벙어리사리 마흔 해
인제 사내나 다 목 노아 울라

(후렴)
울어라 인경아
네거리의 황혼을 찌르며
네가 울면 나도 울마
三千萬이 다 울자

2

창살을 뜨더 줘라
인경이 울겠단다
이 땅에 고인 피 상채기
고이 씨스며 쓰다듬으며

3

뭉치어라 엉키라고
인경이 울겠단다
놈들의 칼과 채찍

함께 겪은 마흔 해 잊지 말라고

4

새나라 오신다고
소리쳐 울겠단다
겹겹이 감긴 어둠
떨어버리고 몸부림치며

　　　　　　　　　　　　　—《신조선보》(1945. 12. 27)

영광스러운 삼월

해 없는 나라 굳게 닫힌 겨울의 문 어두운 육지에 펴지는 빙하에 깔려 다 식어 가는 역사의 하상에 그러나 영광스러운 삼월 구름 사이 새어 흐르는 가녀린 햇볕에도 생명과 샘과 싹은 화산처럼 솟아졌다.

누가 막으랴, 철이 돌아와 가꾸는 이 없어도 산과 들 우거져 피어 눈이 모자라는 진달래꽃을 —

민족의 기억 속에 높이 세운 기념비 우리들의 삼월에 해마다 감기우는 젊은이 마음 또한 꽃다발이니 푸른 하늘 우러러 피어오르는 짙은 핏빛은 자유와 아름다움 죽음보다 사랑하여 열열함이라.

늙은이는 이윽고 모든 것 무덤에 파묻어 있어도 버리련만 이 땅이 널린 곳 해마다 뒤이어 피어나는 젊은 싹 녹여 버리는 식은 하늘과 소낙비. 세계가 모이는 날 나라 없는 머리 추켜들 곳 없어 잃어버린 조국은 목숨보다 비싸더라. 어버이와 자손들 드디어 일어났으니 조여드는 독사의 허리 비틀어 빼기며 라오곤보다 사나웁게 소리쳤드라.

조상적 남기신 여러 번 빛나는 사연과 용맹한 기록 가지가지 지니지 못하는 못난 자손들 미운 굴욕의 역사 지워 버리려 상처받은 민족의 노염 불길처럼 국토에 덮여

우리들의 삼월은

하늘하늘 뻗치는

세기의 봉수불이었다.

창칼에 땅이 찢겨 다시 어두운 강산이 꽃 같은 피와 눈물에 젖어 감추어진 민족의 마음 하늘가에 이즈러진 무지개 걸리어 닥쳐 오는 시간의

저편에 새 나라 찾아 민족의 방랑은 시작하였었다. 구름과 눈물 아롱져 빛나는 달 삼월을 안고……

젊은 삼월달 아네모네 곱게 타는 달은 우리들의 자랑 무지한 세기의 암벽에 피로 쓴 아름다운 항의.

흐린 하늘과 어지러운 밤과 사막에 울리던 태양의 예언자 일어나라…… 외치는 목 쉰 소리였다.

이제 삼월은 꺼질 줄 모르는 횃불. 우리들의 앞날 곤하고 괴로운 먼 길 낙심과 회의 비겁의 그림자 일일이 살라 버리는 거룩한 불길이어라.

榮光스러운 三月

원문

해 없는 나라 굿게 닷힌 겨울의 門 어두운 陸地에 펴지는 氷河에 깔려 다 식어가는 歷史의 河上에 그러허나 榮光스러운 三月 구름 사이 새어 흐르는 간열힌 햇볏에도 生命과 샘과 싹은 火山처럼 솟아젓다

누가 막으랴 철이 돌아와 가꾸는 이 없어도 山과 들 욱어저 피어 눈이 모자라는 진달래꽃을 ─

民族의 記憶 속에 높이 세운 記念碑 우리들의 三月에 해마다 감기우는 젊은이 마음 또한 꽃다발이니 푸른 하늘 우러러 피어오르는 지튼 피빗은 自由와 아름다움 죽음보다 사랑하야 열열함이라.

늙은이는 이윽고 모든 것 무덤에 파뭇어 잇어도 버리련만 이 땅이 널린 곳 해마다 뒤니어 피어나는 젊은 싹 녹여버리는 식은 하늘과 소낙비. 世界가 모이는 날 나라 없는 머리 추어들 곳 없어 일허버린 祖國은 목숨보다 비싸더라. 어버이와 子孫들 드되어 일어낫으니 조여드는 毒蛇의 허리 비틀어 뻐기며 '라오콘'보다 사나웁게 소리첫드라.

祖上적 남기신 여러 번 빗나는 사연과 용맹한 기록 가지가지 지니지 못하는 못난 子孫들 미운 屈辱의 歷史 지워버리려 상처 바든 民族의 노염 불길처럼 國土에 덥여

우리들의 三月은
하늘하늘 뻿히는
세기의 봉수불이었다.

창칼에 땅이 찍겨 다시 어두운 江山이 꽃가튼 피와 눈물에 젓어 감추어진 民族의 마음 하늘가에 이즈러진 무지개 걸리어 닥처오는 시간의 저편에 새나라 찾어 民族의 放浪은 시작하였다. 구름과 눈물 아롱져 빗나는 달 三月을 안고……

젊은 三月 달 '아네모네' 곱게 타는 달은 우리들의 자랑 無知한 世紀의 岩壁에 피로 쓴 아름다운 抗議.

흐린 하늘과 어즈러운 밤과 砂漠에 울리던 太陽의 豫言者 일어나라…… 웨치는

목쉰 소리었다.

　인제 三月은 꺼질 줄 모르는 횃불. 우리들의 압날 困하고 괴로운 먼 길 落心과 懷疑 卑怯의 그림자 일일이 살워버리는 거룩한 불길이어라.

——《한성일보(漢城日報)》(1946. 3. 2)

진달래 피는 나라
(작곡하기 위한 가사)

1. 장백산 줄기줄기 감도는 푸른 바다
   삼천만 한 형제 정이 든 보금자리
(후렴) 전사들의 피 위에 키워 가자.
   진달래 피는 나라 자유의 나라.

2. 쫓기고 시달려온 백성과 나라기에
   청춘도 사랑도 모두 다 바치오리.

3. 해마다 진달래 우짖어 피는 땅은
   어머니와 누이들 어여쁜 꿈나라.

4. 젊은 피 힘으로 움직이는 새나라
   세계에 울리자 우리들의 노래를.

진달래피는나라
(作曲하기 위한 歌詞)

一, 長白山 줄기줄기 감도는 푸른바다
　　三千萬 한형제 정이든 보금자리
(후렴) 戰士들의 피우에 키워가자
　　진달레 피는나라 自由의나라

二, 쫏기고 시달려온 백성과 나라기에
　　靑春도 사랑도 모도다 바치오리

三, 해마다 진달레 우지쳐 피는땅은
　　어머니와 누이들 어여쁜 꿈나라

四, 젊은 피 힘으로 움짓기는 새나라
　　世界에 울리자 우리들의 노래를

―《한성일보》(1946. 3. 5)

한 깃발 받들고

피 묻은 깃발인데
갈래갈래 등지고 가는 행렬은 웬일이냐.

너무나 급한 걸음
주저할 줄 모르는 매몰한 발길아.
골수에 맺힌 사슬 자국 아직도 아물지 않았건만 —

삼월 초하루
눈물 어린 태양이 그리 무섭지 않아
거기 바삐 가려는 십자길 부름아.

발길이 떨리지 않았더냐.
큰 근심 지닌 무거운 마음이라면서
너무나 가벼운 몸짓 어찐 일이냐.

티 하나 없는 삼월 첫 하늘
다사론 피 어디서고 도무지 흐르지 않아
얼음보다 식어 뼈저리구나.

찢어져 퍼덕이는 깃발
가슴 아픈 손짓 쳐다보자.

상하고 지친 나라와 백성이어늘
돌아와 피 묻은 한 깃발.
껴안고 울지 않으려니.
함께 받들고 가지 않으려니.

한 旗ㅅ발 받들고

피 묻은 旗빨인데
갈래갈래 등지고 가는 行列은 웬 일이냐.

너무나 急한 걸음
주저할줄 모르는 매몰한 발길아.
골수에 매친 사슬 자욱 아직도 아물지않었건만 —

三月초하루
눈물어린 太陽이 그리 무섭지않아
거기 바삐 갈려는 十字길 부름아.

발길이 떨리지 않었드냐.
큰 근심 지닌 무거운 마음이라면서
너무나 가벼운 몸짓 어쩐일이냐.

티 하나 없는 三月 첫 하늘
다사론 피 어듸서고 도모지 흐르지않어
얼음보다 식어 뼈 저리고나.

찢어저 퍼덕이는 旗빨
가슴 앞은 손짓 쳐다보자.

傷하고 지친 나라와 백성이어늘
도라와 피 묻은 한 旗빨
껴안고 울지않으려니.

함께 바뜰고 가지않으려니.

—《인민평론》(1946. 7), 118~119쪽

말과 피스톨

말을 타는 것쯤은
물론
건강상으로도 무방하겠으나

피스톨만은
그만두는 게 좋겠어.

노리개로서는
좀 유행에 뒤진 것 같고
노름감으로서는
선불리 남을 다치기 쉬울까 보아.

말과 피스톨

원문

말을 타는것 쯤은
물론
건강상으로도 무방하겟스나

피스톨 만은
그만두는게 조캣어

노리개로서는
좀 流行에 뒤진것 갓고
노름감으로서는
섯불리 남을 다치기 쉬울싸보아

―《중앙신문》(1947. 4. 27)

백만의 편을 잃고

당신은 자동차를 싫어하셨다.
자동차보다는 버스를
버스보다는 먼지 낀 길바닥을 걷기를 좋아하셨다.
거기 티끌을 쓰고 가는 우리들 곁에 늘 오시고 싶은 때문이었다.

당신의 곁에는 총칼 찬 친위대도 아무것도 없었다.
그런 것은 비겁한 파쇼의 대장들의 짓이라 하셨다.
백성에게 자유가 없고 억울한 죽음이 그들 앞에 나날이 뒹굴 적에
호올로 안전한 곳에 당신은 도시 앉았을 수가 없었다.
쓰러질지라도 다만 괴로운 인민의 속에 있기가 소원이셨다.

당신은 언제고 젊은이들의 벗
가난한 이웃과 불쌍한 사람들의 친구
아이들과 공 차고 달리기 좋아하는 진정한 스포츠맨이었다.
그러기에 당신과는 참말 민주주의를 얘기할 수 있었고
마음 놓고 정권도 맡기리라 했다.

언제고 군중의 환호 속에 나타나던 당신
성낸 사자처럼 단상에서 노호하실 적에도
우리는 서산을 쳐다보며 뻑뻑 담배를 빨 수가 있었다.
야단맞고 벌벌 떠는 것은 파쇼의 대장들과 인민의 적들이고

우리가 아니었기 때문이다.

시달리는 백성을 등에 돌리고 반동 앞에
당신이 가로막아 섰을 때
우리는 참말이지 신이 났었다.
그러기에 당신의 이름과 함께 인민이 부르는 만세 소리는
가슴과 배짱에서 아니 발톱에서 머리끝까지 울려 나왔다.
당신은 벌써 당신 자신이 아니요
모든 인민의 당신이었다.

뚫어진 차에 실려 소리없이 종로로 돌아오실 적에
골목의 과일 장수도 신기우려도 어멈도 여점원도
기구와 저울과 수판을 내던지고 엉엉 울었다.
기자는 연필을 팽개쳤으며 늙은이와 소년은
벽보 앞에 그만 주저앉았다.
그들은 그들의 곁에서 백만의 편을 한꺼번에 잃었던 것이다.

지금 전에 없이 사나운 반동의 회오리 속에서
아우성치는 인민의 곁에 아무리 돌아보아야 당신이 안 계시다.
오늘은 웅변 대신에 무거운 침묵으로써 가르치시는
승리로 가는 싸움의 길이 만 사람의 눈앞에 눈물에 어려 빛날 뿐

피로써 당신이 헤치신 인민공화국의 길이
횃불처럼 별처럼 떨리고 있을 뿐.

— 몽양 선생을 잃고

百萬의 편을 잃고

당신은 自動車를 싫여하섯다.
自動車보다는 뻐쓰를
뻐쓰보다는 몬지 낀 길바닥을 것기를 좋아하섯다.
거기 띠끌을 쓰고 가는 우리들 곁에 늘 오시고 싶은 때문이었다.

당신의 곁에는 銃칼 찬 親衛隊도 아모것도 없었다.
그런 것은 卑怯한 괏쇼의 大將들의 짓이라 하섯다.
백성에게 自由가 없고 억울한 죽엄이 그들 앞에 나날이 딩굴 적에
호올로 安全한 곳에 당신은 도시 앉었을 수가 없었다.
쓸어질지라도 다만 괴로운 人民의 속에 있기가 소원이섯다.

당신은 언제고 젊은이들의 벗
가난한 이웃과 불상한 사람들의 친구
아이들과 공 차고 달리기 좋아하는 진정한 스포츠맨이었다.
그러기에 당신과는 참말 民主主義를 얘기할 수 있었고
마음 놓고 政權도 마끼리라 했다.

언제고 群衆의 歡呼 속에 나타나던 당신
성낸 獅子처럼 壇上에서 怒號하실 적에도
우리는 西山을 처다보며 뻑뻑 담배를 빨 수가 있었다.
야단맛고 벌벌 떠는 것은 괏쇼의 大將들과 人民의 敵들이고
우리가 아니였기 때문이다.

시달리는 백성을 등에 돌리고 反動 앞에
당신이 가로막아 섰을 때

우리는 참말이지 신이 났었다.
그러기에 당신의 일홈과 함께 人民이 부르는 萬歲 소리는
가슴과 뱃장에서 아니 발톱에서 머리끝까지 울려나왔다.
당신은 벌써 당신 自身이 아니오
모든 人民의 당신이었다.

뚫어진 車에 실려 소리없이 鐘路로 도라오실 적에
골목의 과일 장수도 '신기우려'¹도 어멈도 女店員도
기구와 저울과 수판을 내던지고 엉엉 울었다.
記者는 연필을 팽개첫으며 늙은이와 少年은
壁報 앞에 그만 줏앉었다.
그들은 그들의 겻테서 百萬의 편을 한꺼번에 잃었던 것이다.

지금 전에 없이 사나운 反動의 회오리 속에서
아우성치는 人民의 곁에 아모리 도라보아야 당신이 안 계시다.
오늘은 雄辯 대신에 무거운 沈默으로써 가르키시는
勝利로 가는 싸움의 길이 萬 사람의 눈앞에 눈물에 어려 빛날 뿐
피로써 당신이 헤치신 人民共和國의 길이
횃불처럼 별처럼 떨리고 있을 뿐.
　　　　　　　　　　　　　　　— 夢陽 先生을 일코

　　　　　　　　　　　　　　—《조선중앙일보》(1947. 8. 7)

1　신발 수선공이 길에서 외치는 '신기우려'라는 소리를 그대로 옮긴 말. 신발 수선공을 가리킴.

통일에 부침

우리는 본시 하나이었다.
뼈저린 채찍 아래서도 끌어안고 견디던 하나이었다.
소리소리 지르면 저절로 반항의 합창이던
눈물 어린 망향의 쓴 잔도 함께 나눈
오! 둘을 모르는 하나이었다.
틋기 없는 하늘 아래
무늬 놓은 기와와 그릇과 비단과 종종한 말
모두 아름다운 것
죽어지라 사랑하며 살아온 내력도 하나.

이제 온 백성을 들어 구임 문제의 막다른 골로 몰아넣어
형제 있는 곳과 소식 또 오래인 꿈
돌볼 새 없이 만드는
이 놀라운 실리주의의 천재에 우리 모두 항거하리라.
짓밟힌 아름다운 것 함께 모여 소곤소곤 살아갈 길 지키기 위하여

이방 친구들에게 이르노니
한데 뭉친 민중의 민주주의 대신에
조각난 폭군의 민주주의를
그대들에게 우리 언제 부탁한 기억이 없다.
사월달 진달래 뿌리 벋어

말래도 굳이 벋어
남북으로 만발한 산맥과 핏줄
두드러져 꿈틀거리는 것
뉘 감히 끊을 것이냐?

흐르는 강물도 철로도 전선도 변하는 계절도
오로지 한 소리 아래 움직이고 싶어
모든 시내 강물 바다로 모이듯
진달래 개나리 우거져 피는 한 보금자리로
우리 모두 한데 엉키어 나뉘지 말자.

틀어쥔 손과 손 악수가 아니라
남과 북의 자국도 없는 용접
모든 열역학의 법칙을 기울여
거만한 이방 사람들의 눈앞에서
보아지라 우리 모두 감아매리.

統一에 부침

원문

우리는 본시 하나이었다.
뼈저린 챗직 아래서도 끌어안고 견디던 하나이었다.
소리소리 지르면 제절로 反抗의 合唱이던
눈물 어린 望鄕의 쓴 잔도 함께 난운
오! 둘을 모르는 하나이었다.
텃기 없는 하늘 아래
문의 놓은 기와와 그릇과 비단과 종종한[1] 말
모두 아름다운 것
죽어지라 사랑하며 살아온 來歷도 하나.

인제 온 백성을 들어 口臨 問題의 막다른 골로 몰아넣어
兄弟 있는 곳과 소식 또 오래인 꿈
돌볼 새 없이 만드는
이 놀라운 實利主義의 天才에 우리 모두 抗拒하리라.
짓밟힌 아름다운 것 함께 뭉쳐 소곤소곤 살아갈 길 지키기 위하여

異邦 친구들에게 일르노니
한데 뭉친 民衆의 民主主義 대신에
쪼각난 暴君의 民主主義를
그대들에게 우리 언제 부탁한 記憶이 없다.
四月달 진달레 뿌리 벋어
말래도 굳이 벋어
南北으로 滿發한 山脈과 핏줄

---

1 서두르는 폼이 수선스럽고 급하다.

뚜드러져 굼뚤거리는 것
뉘 감히 끊을 것이냐?

흐르는 강물도 鐵路도 電線도 변하는 季節도
오로지 한 소리 아래 움지기고 시퍼
모든 시내 강물 바다로 뭉이듯
진달레 개나리 욱어져 피는 한 보금자리로
우리 모두 한데 엉키어 논이지 말자.

틀어쥔 손과 손 握手가 아니라
南과 北의 자국도 없는 鎔接
모든 熱力學의 法則을 기우려
거만한 異邦 사람들의 눈앞에서
보아지라 우리 모두 감아 매리.

―《신민일보(新民日報)》(1948. 4. 18)

재산

낙화 삼천을 거느리고도
또 구중궁궐을 차지하던 왕이야
내가 지닌 모든 것은 아마도 발길 내키는 대로 하시리다마는
이 마음속 오장보다도 깊은 데 감춘 것이사 빼앗지 못하시리.

마음대로 세도를 쓰시지 호강을 하렴 하물며
○○을 못 내시면 여자와 구전을랑 다 가져가시지
그러나 다만 내 남루에 싼 어리석은 우슴은 어쩔 수 없으리다.

전답도 저금도 채권도 분명 없사외다
등록할 수 있는 모든 것은 당신과 당신의 신하의 것이리다.

그러니 불쏘던 근심을 뿌려 낭비하며
희망을 홀로 내 재산이라 간직할밖에.

財産

落花 三千을 거느리고도
또 九重宮闕을 차지하던 王이야
내가 지닌 모 — 든 것은 아마도 당신 내키는 대로 하시리다마는
이 마음속 五臟보다도 깊은 데 감초인 것이사 빼앗지 못하시니

마음대로 勢道를 쓰시지 호강을 하렴 하시지
○○[1]을 못내시면 女子와 口錢을랑 다 가져가시지
그러나 다만 내 襤褸에 싼 어리석은 우슴은 어쩔 수 없으리다

田莊도 貯金도 旅券도 분명 없사외다
登錄한 수많은 모 — 든 것은 당신과 당신의 신하의 것이리다

그러니 불쏘든[2] 근심을 뿌려 낭비하며
히망을 홀로 내 재산이라 간직할밖에

―《민성(民聲)》 합병호(1948. 7·8), 71쪽

---

1 판독 불가.
2 불쏘다. 과녁이나 목적을 맞추거나 이루지 못하다.

창머리의 아침(번역시)
― T. S. 엘리엇

사람들은 지하층 부엌에서
아침 접시를 덜커덕거린다.
그리고 짓밟힌 거리 가장자리에 줄지어
낮은 뜨락 문으로
쭈그러들어 튕겨 나오는
어멈들의 축축한 영혼을 나는 느낀다.

거무데데한 안개의 물결이 나에게
거리 밑바닥으로부터
찌그러진 얼굴들을 튀겨 올린다.
그러고는 허공에 번뜩이다
지붕머리에 사라지는
속없는 웃음을 흙투성이 치맛자락으로
길 가는 행인에게서 찢어 낸다.

窓머리의 아츰 (譯詩)
― 「T. S. 엘리엇」 ―

사람들은 地下層 부엌에서
아츰 접시를 덜끼덕거린다.
그러고 짓밟힌 거리 가장자리에 줄지어
나즌 뜰악 門으로
주그러드러 튕겨나오는
어멈들의 축축한 영혼을 나는 느낀다.

검으데데한 안개의 물결이 나에게
거리 밋바닥으로부터
찌그러진 얼골들을 투겨올린다.
그러고는 虛空에 번덕이다
집웅머리에 사라지는
속업는 우슴을 흠투성이 치마자락으로
길 가는 行人에게서 찢어낸다.

―《자유신보(自由新報)》(1948. 11. 7)

새해 앞에 잔을 들고

첫 잔은
금이 간
자꾸만 금이 가려는 민족을 위하여 들자.

다음 잔은
속임 많던 고약한 어저께를 잊기 위하여 —

그다음 잔은
우리들
무너져 가는 아름다운 생각을 위하여.

피는 과연 물보다도 진한 것인가.
아 — 그러나 도그마는 피보다도 진하였다.

너무나 헤픈 목숨과 청춘
울어도 시원치 못한 우리 모두의 손실이었다.

불 꺼진 공장
헐벗은 마을
빛 다른 물건 나부랭이만 넘치는
거리 거리

너 나 없이 숨이 찬

어린 광대들
잔을 들어라.
우리들 한량없이 착하나
그러나 그지없이 약한 무리들 웃을 날 위하여 —

철 철 철
넘치는 잔은
다시 이들 민족의 이름으로 들자.

또 한잔은
지혜롭고 싱싱할 내일과 또 인류에게 —

마지막 잔은 —
그렇다.
우리 모두의 한결같은 옛 꿈의 소생을 위하여 들자.

새해 앞에 잔을 들고

원문

첫 잔은
금이 간
자꾸만 금이 가려는 民族을 위하여 들자

다음 잔은
속임 많던 고약한 어저께를 잊기 위하야 ―

그다음 잔은
우리들
뭉어져 가는 아름다운 생각을 위하여

피는 과연 물 보다도 진한 것인가
아 ― 그러나 『도그마』는 피보다도 진하였다

너무나 헤푼 목숨과 청춘
울어도 시언치 못한 우리 모두의 손실이었다

불 꺼진 공장
헐벗은 마을
빛 다른 물건 나부랭이만 넘치는
거리 거리
너 나 없이 숨이 찬

어린 광대들
잔을 들러라

아리[1]들 한량 없이 착하나
그러나 그지없이 약한 무리들 웃을 날 위하여 ―

철 철 철
넘치는 잔은
다시 이들 民族의 이름으로 들자

또 한잔 은
지혜롭고 싱싱할 내일과 또 인류에게 ―

마지막 잔은 ―
그렇다
우리 모두의 한결같은 옛꿈의 소생을 위하여 들자

―《주간(週刊)서울》(1949. 1. 10)

---

[1] 아리. '사랑하는 이'를 뜻하는 말이라는 주장도 있으나 '우리'의 오식으로 볼 수 있음.

곡 백범 선생

살 깎고 피 뿌린 사십 년.
돌아온 보람
금도 보석도 아닌
단 한 알의 탄환.

꿈에도 못 잊는
조국 통일의 산 생리를 파헤치는
눈도 귀도 없는 몽매한 물리여!

동으로 동으로 목말라 찾던 어머니인 땅이
이제사 바치는 성찬은 이뿐이던가.

저주받을 시 옳은 민족이로다.
스스로 제 위대한 혈육에
아로새기는 박해가 어찌 이처럼 가련하냐.

위태로운 때
큰 기둥 뒤 따라 꺾어짐.
민족의 내일에
빗바람 설레는 우짖음 자꾸만
귀에 자욱하구나.

눈물을 아껴 둬 무엇하랴.
젊은 가슴마다 기념탑 또 하나 무너지는 소리.
옳은 꿈 사랑하는 이어든 멈춰서
가슴 쏟아 여기 통곡하자.

눈물 속 어리는
금 없는 조국의 어여쁜 얼굴
저마다 쳐다보며
꺼꾸러지며
그를 넘어 또다시 일어나 가리.

哭 白凡先生 원문

살 깎고 피 뿌린 四十년
돌아온 보람
금도 보석도 아닌
단 한 알의 탄환

꿈에도 못잊는
조국통일의 산 生理를 파헤치는
눈도 귀도 없는 몽매한 物理여!

동으로 동으로 목말라 찾던 어머니인 땅이
인제사 바치는 성찬은 이뿐이든가

저주받을 시 옳은 민족이로다
스스로 제 위대한 혈육에
아로새기는 박해가 어찌 이처럼 가련하냐

위태로운 때
큰 기둥 뒤 따라 꺾여짐
민족의 내일에
빗바람 설레는 우지즘 자꾸만
귀에 자욱하구나

눈물을 아껴둬 무엇하랴
젊은 가슴마다 기념탑 또하나 묻어지는 소리
옳은 꿈 사랑하는 이어던 멈춰서

가슴 쏟아 여기 통곡하자

눈물속 어리는
금[1]없는 조국의 어여뿐 얼굴
저마다 쳐다보며
꺼꾸러지며
그를 넘어 또다시 일어나 가리

─《국도신문(國都新聞)》(1949. 6. 30)

1 금. 접거나 긋거나 한 자국.

조국의 노래

언제 불러 보아도
내 마음 설레는
아 — 어머니인
조국이여.

아득히 먼 듯
삼한 신라에 뻗은 맥맥
그러나 한없이 가까웁게
내 핏줄에 밀려오고 밀려드는
물굽이
굽이마다 감기운
그대 숨결

다보의 돌난간 문수보살 손길에
청자병 모가지에 자꾸만 만지우는
다사론 손길

향가, 가요, 가사, 시조에
되쳐되쳐 울리는 그 목소리
강과 호수와 또 비췻빛 하늘
가는 곳마다 비치는 얼굴

아 — 무시로 내 피부에 닿는 것.
귀에 울리는 것, 다가오는 것.
그는 내 조국
내 자랑일러라.

지난날
그대 없어서
우리 너 나 없이 서럽게 자란 아이
나면서 모두가 인 찍힌 망명자.
그대 맞고 피북어처럼 여위던 족속.

오늘
거리거리
바람에 파득이는
태극기
꽃이파린가 별 조각인가.
아 — 이는 내 희망.

내가 태어나
그 밑에 살기 소원이던 꿈
인류에게 고하라

우리 목숨 앞서
그를 다시 빼앗을 길 없음을.

역사의 행진
한 모퉁이 떳떳이 나선 우리
삐걱이는 바퀴에
내 약한 어깨 받치었음
한없이 보람 있고나.

언제 불러 보아도
마음 설레는
아 —— 어머니인
내 조국이여.

祖國의 노래

원문

언제 불러 보아도
내 마음 설레는
아 — 어머니인
祖國이여

아득히 먼 듯
三韓新羅에 뻗은 맥맥
그러나 한없이 가까웁게
내 핏줄에 밀려오고 밀려드는
물구비
구비마다 감기운
그대 숨결

多寶의 돌난간 文殊보살 손길에
靑磁병 모가지에 자꾸만 만지우는
다사론 손길

鄕歌 歌謠 歌辭 時調에
되처 되처 울리는 그목소리
강과 호수와 또 비춰빛 하늘
가는 곳마다 비최는 얼골
아 — 무시로 내 피부에 닷는 것
귀에 울리는 것 닥아오는 것
그는 내 조국
내 자랑일러라

지난날
그대 없어서
우리 너나없이 서럽게 자란 아이
나면서 모두가 인찍힌 亡命者
그대 맞고 피북어[1]처럼 여위던 족속

오늘
거리 거리
바람에 파득이는
태극기
꽃이파린가 별 쪼각인가
아 — 이는 내 희망

내가 태어나
그 밑에 살기 소원이던 꿈
인류에게 고하라
우리 목숨 앞서
그를 다시 빼앗을 길 없음을

역사의 행진
한 모퉁이 떳떳이 나선 우리
삐걱이는 바퀴에
내 약한 어깨 받치었음

---

[1] 피북어. 껍질째로 말린 북어.

한없이 보람 있고나

언제 불러 보아도
마음 설레는
아—— 어머니인
내 조국이어

—《연합신문(聯合新聞)》(1950. 5. 24)

부록

해설 __ 김기림의 시와 시적 모더니티

1 장시 「기상도(氣象圖)」

 김기림은 장시 「기상도」를 네 차례에 걸쳐 잡지 《중앙》과 《삼천리》에 연재했다. 「기상도 1」은 1935년 5월에 발표했는데, 1부는 '아침의 표정' 과 '시민행렬'로 이루어져 있으며, 2부는 '태풍의 기침(起寢)'과 '손'으로 구분되어 있다. 「기상도 2」는 같은 해 7월에 발표했다. 여기에는 3부 '만조(滿潮)로 향하여' 4부 '병든 풍경'이 포함되었다. 11월 《삼천리》에 발표한 「기상도 종편」은 5부 '올빼미의 노래'로 이루어졌고, 12월에 '차륜(車輪)은 듣는다'를 발표하면서 그 대단원을 마감했다. 그러므로 「기상도」의 원작은 1부 '아침의 표정', '시민행렬', 2부 '태풍의 기침', '손' 3부 '만조로 향하여', 4부 '병든 풍경', 5부 '올빼미의 노래', '차륜은 듣는다'로 이어진다. 이 작품은 1936년 창문사에서 단행본 시집으로 발간하면서 부분적인 첨삭을 거쳤고, 그 텍스트를 7부로 나누어 '세계의 아침', '시민행렬', '태풍의 기침 시간', '자취', '병든 풍경', '올빼미의 주문', '쇠바퀴의 노래' 등으로 소제목을 붙였다. 이 시집은 그 장정을 구인회에서 함께 활동했던 이상이 맡았는데, 시집의 판형은 4×6판의 변형(12×21)이며 총 40면에 걸쳐 시의 텍스트를 420여 행으로 고정해 놓았다.

김기림은 이 시를 연재하면서 자신의 새로운 시적 구상에 대해 "한 개의 현대의 교향악을 계획한다. 현대 문명의 모든 면과 능각(稜角)은 여기에서 발언의 권리와 기회를 거절당하는 일이 없을 것이다. 무모 대신에 다만 그러한 관대만을 준비하였다."라고 짤막하게 언급한 바 있다. 여기에서 밝히고 있는 "현대의 교향악"이라는 비유적인 표현은 그 의미가 분명하지는 않다. 하지만 "현대 문명의 모든 면"에 대한 발언의 권리와 기회를 주장하고 있는 것을 보면 이 말 속에 현대 문명에 대한 시인의 인식이 담길 수 있다는 것을 어느 정도 짐작할 수 있다. 김기림은 그의 『시론』에서 장시의 현대적 성격에 대해 "어떠한 점으로 보아 더 복잡다단하고 굴곡이 많은 현대 문명은 그것에 적합한 시의 형태로서 차라리 극적 발전이 가능한 장시를 환영하는 필연적 요구를 가지는 것처럼 보이기도 한다."라고 언급한 적이 있다.

김기림의 「기상도」는 한국 현대문학사에서 장시 형태의 시적 가능성에 대한 새로운 실험과 도전을 보여 주고 있다. 이 시에는 거대한 힘으로 인간의 문명을 파괴하는 태풍이 그 중심 소재로 등장한다. 그리고 태풍의 발생과 그 이동 경로를 따르는 극적 장면의 전환과 역동적인 변화를 통해 시적 긴장을 살려 낸다. 시적 텍스트에서 설정하고 있는 시간적 배경은 태풍이 발생하기 직전부터 태풍의 발생과 이동, 그리고 대륙으로의 진출과 그 소멸에 이르는 짧은 기간이다. 태풍의 발생에서 그 소멸에 이르는 이동 경로를 통해 공간적 배경의 변화를 보여 주면서 거대한 자연의 위력과 그 작동의 범위를 실감 있게 그려 내고 있다. 전반부는 태풍이 내습하기 이전의 상황을 보여 주기 위해 현대 문명사회의 특징적인 모습을 부분적으로 그려 내고 있으며, 중반부는 태풍이 발생하여 이동하면서 항구와 도시를 강타하는 과정과 그 파괴적 위력을 극적으로 보여 준다. 후반부는 태풍이 휩쓸고 지나간 이후 폐허가 되어 버린 해안과 도시의 상황을 설명하면서 밤이 가고 새날이 밝으면 태양이 떠오르고 새로운 생명이 약동하는 세계가 펼쳐질 것임을 노래하고 있다.

「기상도」의 시적 구상

「기상도」는 시적 상상력을 통해 그려 낸 일기도 속의 지리 공간과 그 특성을 확인해야만 텍스트를 통해 구축해 놓은 복잡한 의미 구조를 제대로 이해할 수 있다. 시인 자신이 이 작품에서 강조하고자 했던 '현대문명의 모든 면'이라는 것도 이러한 시적 진술의 중층적 구조에 대한 정밀한 분석을 통해서만 실체에 도달할 수 있게 된다. 특히 이 작품 속에 담겨 있는 반제국주의적 담론 구조의 특성을 식민지 조선이라는 공간적 제약 안에서 어떻게 해석해야 할 것인지가 매우 중요하다. 식민지 상황 속에서 이루어진 왜곡된 근대화를 비판하고자 하는 시인의 풍자적 시각이 이 작품에 어떻게 드러나고 있는지를 검토 분석해야만 문명 비판의 의미를 확인할 수 있기 때문이다. 이러한 작업은 「기상도」의 시적 모더니티의 문제성을 이해하는 데에 핵심적 요건이 된다고 하겠다.

「기상도」에서 '기상도'라는 제목은 이름 그대로 일기의 변화를 예측하여 지도상에 그려 보이는 상상의 지도를 말한다. 이 지도는 기압골의 배치를 표시하는 몇 개의 기호와 등고선으로 전체적인 기후 변화를 알려 준다. 그러나 실제로 인간의 삶의 현실은 지도 위에 예측하여 표시하는 기상의 변화처럼 그렇게 단순하게 지역별 특징을 그려 낼 수는 없다. 그럼에도 김기림은 태풍이 발생하여 그것이 이동하는 경로를 예상해 두고, 그 태풍이 육지로 상륙하여 도시를 휩쓰는 장면을 시적 상상력을 동원해 구체적으로 그려 보고자 한다. 여기에서 주목해야 할 것은 태풍이 휩쓸어 가는 지역을 서구 제국주의의 지배권 아래 놓인 중국의 마카오와 홍콩 등의 해안 도시로 설정하고 있는 점이다. 이 상상적 그림은 사실 '기상도'라는 가상의 지도 위에서만 가능한 것이지만, 굴욕을 참고 지내 온 식민지 조선의 시인만이 가질 수 있는 일종의 비판적 역사의식의 투영이라고 할 만하다.

「기상도」에 드러나 있는 식민주의에 대한 비판적 의식은 이 작품에서 태풍의 경로로 설정하고 있는 지리적 배경에 대한 역사적 이해를 전제하지 않고서 그 명확한 해석이 가능하지 않다. 이 시에서 태풍의 발생 지점은 필리핀 루손섬 북서쪽에 자리한 바기오(Baguio)의 동쪽 해상이다. 시적 텍스트에는 그 위도가 적도 근처인 북위 15도로 표시되고 있다. 시의 내용을 따라가 보면 바기오의 동쪽 남태평양 해상에서 발생한 태풍은 엄청난 바람과 폭우를 동반한 채 바시 해협을 통과한 후 대륙으로 북진한다. 이 상륙 지점이 바로 마카오와 홍콩 일대의 해안 지대라는 것은 시의 내용 속에서 암시된다. 태풍은 이 지역을 휩쓸고 내륙으로 올라가면서 엄청난 위력으로 "세기의 밤중에 버티고 일어섰던/ 오만한 도시를 함부로 뒤져 놓고" 소멸한다. 이 작품에서 태풍의 내습으로 파괴되는 마카오와 홍콩 지역은 서구 제국주의의 동양 진출을 상징하는 공간이다. 마카오는 1557년 포르투갈 정부가 실질적인 사용권을 인정받고 도시를 건설한 후 포르투갈의 동양 진출을 위한 거점이 되었으며, 오랫동안 포르투갈 정부가 임명하는 총독의 통치 아래에서 '아시아의 작은 유럽'이라는 별칭을 얻을 정도로 서구화되었다. 홍콩의 경우는 아편전쟁(1840~1842) 후 청국과 영국 사이에 체결된 난징조약(南京條約)에 따라 홍콩섬이 영구 할양되면서 영국의 지배를 받아 왔다. 이 지역은 중국 대륙의 해안 지역으로 서구 제국의 동양 지배의 상징적 거점이 되었으며, 식민지 지배라는 정치 사회적 조건 속에서 서구 자본주의의 체제가 최초로 자리 잡은 동양 속의 유럽으로 성장한 곳이다.

장시 「기상도」의 공간적 배경이 마카오와 홍콩 등지의 대륙 연안 도시라는 점, 특히 이 지역의 역사적 변천과 그 지리적 조건을 염두에 두고 이곳을 거대한 태풍이 휩쓸고 지나가는 길목으로 정해 놓았다는 것은 시인의 의도적인 선택임은 물론이다. 이 시에서 태풍의 발생과 이동, 그리고 그 소멸의 과정은 거대한 자연의 힘의 원리를 그대로 따르고 있다. 태풍은 스스로 자기 힘으로 일어나고 스스로 그 힘을 잃고 소멸한다. 이 자연의 원시적 힘 앞에서 인간이 만들어 낸 문명이라는 것은 속수무책이며 보잘것없다. 서구 제국의 야욕에 의해 강요된 지배 질서가 문명이라는 이름으로 그 위용을 자랑하던 곳이 동양 속의 작은 유럽으로 추켜세워진 마카오와 홍콩이다. 「기상도」의 시인은 더 이상 이러한 불균형과 부조화의 기압 배치를 자신이 그리고자 하는 '기상도'에서 용인하고 싶지 않았을지 모른다. 그렇지 않고서는 "잠자코 있을 수 없다"면서 태풍이라는 자연의 힘을 빌려 도시 공간을 휩쓸어 버리게 만든 것을 달리 설명할 방법이 없다. 지배와 굴종의 현실을 숨겨 둔 채 겉으로만 화려하게 문명이라는 탈을 쓴 모든 것이 인간의 삶에 무슨 의미가 있겠는가? 이 굴욕의 현장을 지구상에서 쓸어 내야 하겠다는 이 어마어마한 상상적 시도를 과연 무모한 짓이라고 탓할 것인가?

「기상도」에서 강조되고 있는 문명 비판의 시각은 반제국주의적 담론의 공간 속에서 볼 때 그 주체와 타자의 구획이 분명해진다. 시인이 꿈꾸고 있는 밝은 '태양'의 힘은 대자연의 원시적 생명력과 그 질서라는 거대한 원리 위에서 작동하고 있다. 이것은 식민지에 대한 제국주의의 횡포와 억압에 대응하고자 하는 시인의 의지와 직결된다고 할 수 있다. 동시대의 시인 이상이 연작시 「오감도」를 통해 상상적으로 펼쳐 보였던 현대 문명에 대한 공포 역시 이와 비슷한 구도를 보여 준 바 있다. 「기상도」는 제국주의 탈을 쓰고 있는 냉혹한 자본주의의 질서에 대한 시인의 비판

의식을 '기상도'라는 상상의 그림 위에 펼쳐 보이고 있는 셈이다. 이것은 일본의 식민지 지배 현실의 한국적 특수성을 문명사적인 차원으로 끌어올려 보편적 시각에서 그 문제성을 규명하고자 했던 모더니스트의 발상과 기획이라는 점에서 그 의미를 소홀히 다룰 수 없는 일이다. 장시「기상도」에 숨겨진 탈식민주의적 관점이 새롭게 강조되어야 하는 이유가 여기 있다.

태풍의 위력과 서구 제국주의 문명의 붕괴

「기상도」는 태풍의 이동 경로를 따라 시적 공간이 구분된다. 그리고 그 공간의 사회 역사적 성격을 통해 현대 문명에 대한 비판적 인식이라는 주제 의식에 도달하게 된다. 시의 텍스트에서 전반부는 '세계의 아침' '시민행렬'이라는 두 단락을 통해 다양하게 서로 얽힌 현대 세계의 정치 사회적 질서와 그 지형도를 펼쳐 보인다. 밝고 경쾌한 일상적인 아침 풍경이 몽타주의 방법으로 제시되고 있는 가운데 항구 도시의 분주한 하루가 시작된다. 그러나 이 평화로운 하루는 중앙기상대의 '폭풍경보'로 깨어진다. 이 폭풍은 거대한 태풍으로 발전하면서 긴장을 불러일으키고 시적 의미의 중심을 차지하게 된다. 태풍의 발생 지점은 필리핀 루손섬 북서쪽에 자리한 바기오의 동쪽 해상이며 북위 15도로 표시하고 있다. 시적 텍스트의 중반부에서는 해상에서 발생한 태풍이 엄청난 바람과 폭우를 동반한 채 바시 해협을 통과한 후 북진하여 중국으로 상륙하는 장면을 그려 낸다. 시적 정황 속에서 보듯이 태풍의 상륙 지점이 대륙의 남부 연안에 자리하고 있는 마카오와 홍콩 일대로 설정된 것은 의미심장하다. 태풍은 엄청난 위력으로 이 지역의 해안 도시를 휩쓸고는 내륙으로 올라가면서 "세기의 밤중에 버티고 일어섯든 / 오만한 도시를 함부로 뒤저

놓고" 소멸한다. 그리고 밤이 지나고 태양이 떠오르면서 새 아침이 밝아 온다.

「기상도」에서 태풍이 휩쓸고 지나가는 길목으로 설정된 마카오와 홍콩 일대는 서구 제국의 동양 지배를 상징하는 거점이며, 근대 자본주의 체제가 최초로 자리 잡은 동양 속의 '작은 유럽'으로 성장해 온 지역이다. 「기상도」에서 시의 공간적 배경으로 설정한 이 지역은 식민지 지배의 역사와 그 정치 사회적 요소가 여전히 갈등하고 있는 곳이다. 이 특이한 시적 공간은 사실 '기상도'라는 가상의 일기도 위에서 재현된 일종의 '심상지리'의 속성을 드러낸다. 실제의 일기도에서는 특정 지역을 중심으로 하여 기압골의 배치를 표시하는 몇 개의 기호와 등고선이면 전체적인 기후 변화를 알리는 데에 충분하다. 그러나 현실 세계의 변화는 실제로 제국의 식민 지배와 피식민지 집단 내부의 크고 작은 권력과 이익을 다투는 갈등으로 인하여 그 양상이 간단치 않다. 지도 위에 예측하여 표시하는 기상의 변화처럼 그렇게 단순하게 그 특징을 그려 낼 수는 없다. 그럼에도 이 시가 '기상도'라는 상상적 장치를 통해 급변하는 세계의 정치 질서와 함께 서구 제국의 동양 지배를 상징하는 공간이 태풍이라는 거대한 자연의 힘으로 무참하게 파괴되고 어지럽게 휩쓸리는 장면을 재현하고 있다는 점은 특기할 만하다.

물론 이 같은 시적 공간의 구성을 통해 이루어지고 있는 정치 현실에 대한 지정학적 관찰과 반제국주의적 비판은 어느 정도 관념의 유희를 벗어나고 있느냐에 따라 그 성패가 판가름 날 수밖에 없다. 백인종이 유색 인종을 지배하게 된 상황을 희화하는 "넥타이를 한 힌 식인종"이라는 첫 구절부터 서구 제국의 식민지 지배와 그 착취 구조의 모순을 인종의 차별이라는 관점에서 야유하고 풍자한다. "살갈을 히게 하는 검은 고기의 위력"이라는 구절에서는 억압받는 '타자'의 피부 속으로 들어가 보기도

한다. 여기서 검은 고기를 먹고 더욱 살결을 희게 만드는 식민 권력의 모순적 위상을 비판하고 풍자하는 시선이 강하게 느껴진다. 서구 제국주의의 확대 과정을 유색인종에 대한 백인종의 지배와 착취로 규정하고 있는 반제국주의적 관점은 중국, 미국, 파리 등의 전 세계를 불안한 눈길로 돌아보는 내용에서도 쉽게 감지된다. 광적 파시스트가 판을 치는 이태리를 풍자하고 삶의 안일에 빠져들어 있는 미국인들과 일상에 매달려 있는 프랑스인들의 모습을 비꼰다. 경제적 궁핍에 시달리는 사람들과 보이지 않게 이들을 억압하는 독재자의 모습도 그려진다. 미국 유학을 통해 서구의 생활 방식을 몸에 익혀 온 송미령(宋美齡) 여사를 특정하여 그녀의 서양 옷차림을 비꼬기도 한다. 그녀에 관한 관심이 중국만이 아니라 동양 사회 전반에 증폭되고 있었기 때문이다. 그리고 시적 화자의 시선은 실업자들의 쉼터가 되어 버린 만국공원 지역의 걸인들이 늘어선 거리에 고정된다. 그러므로 "내 얼골이 요로케 이즈러진 것도/ 내 팔이 이렇게 부러진 것도/ 마님과니 말이지 내 어머니의 죄는 아니랍니다"라는 걸인의 말은 피지배 민족을 억압하고 구속하면서 전개된 식민 지배의 역사적 모순을 암시한다. 이러한 시적 진술 내용은 그 출발점에서부터 서구 제국주의의 동양 침략과 식민지 지배의 현실이 보여 주는 양면을 보여 준다. 겉으로 보기에 화려한 서구화된 도시의 문물이지만, 그 이면에 숨겨진 인종적 차별과 편견, 자본주의의 탐욕과 빈부의 격차와 갈등 문제 등이 도사리고 있기 때문이다. 이 속에는 세계 정치 질서의 혼란과 일본 군국주의의 등장으로 점차 불안해지고 있는 식민지 한국 사회를 관망하고 있는 시인 자신의 내면 의식도 함께 암시하고 있음은 물론이다.

「기상도」에서 태풍이 대륙으로 상륙하여 해안 도시를 덮치는 장면은 변화무쌍한 동적 이미지의 중첩을 통해 극적으로 그려진다. 이 장면에서 시적 화자가 먼저 주목한 것은 당시 중국의 내부에서 이루어진 정치 세력의 분열상이다. 서구 제국의 침탈과 그 문명의 충돌을 제대로 이겨 내지 못한 채 왜곡된 근대화를 거쳐야 했던 중국은 서구 제국의 권력과 정치적 영향에서 벗어나기 위한 노력보다는 1920년대 중반 이후 국민당과 공산당의 분열로 인하여 두 세력의 정치적 주도권 싸움으로 내부적 갈등이 더욱 심화된다. 태풍은 육지로 올라서면서 '흔들리는 늙은 왕국'의 대립과 갈등을 말로만 봉합하고자 했던 환담의 장면을 뒤흔들어 놓고 있다. 당시 중국은 좌우 세력이 분열되면서 정파의 내부적 갈등이 고조되고 이로 인한 사회 혼란이 더욱 가중되던 상황이었다. 하지만 중국의 지배층은 환락에 빠져 위기의 시대상을 제대로 파악하지 못한다. 태풍은 이들이 벌여 놓은 환락의 공간을 뒤흔들고 도시의 거리와 공원을 휩쓴다. 여기서도 야유와 조소와 풍자가 넘쳐 난다. "탐욕한 삐 — 프스테일의 꿈/ 건방진 햄 샐러드의 꿈/ 비겁한 강낭죽의 꿈"이라는 구절이 암시하듯 서구 제국과 지배층의 탐욕이 빚어낸 동양의 빈곤이 대조적으로 드러난다. 거짓과 탐욕이 넘치는 도회의 뒷골목에는 타락한 삶으로 얼룩진 자본주의의 추악한 몰골이 그대로 묘사되고 있다. 여기서 시적 화자의 시선은 태풍이 도심의 빌딩과 공원과 거리를 휘젓고 도서관과 성당을 뒤엎는 장면을 숨가쁘게 따라간다. 먼저 인간이 만들어 낸 지식과 교양의 집합소라고 할 수 있는 도서관을 휩쓸면서 서구 지성이 강조했던 인문주의가 식민지 공간에서는 아무 힘이 없음을 꼬집는다. 영원한 믿음을 강조해 온 성당을 휩쓸어 가면서 천국으로 가는 길의 방향을 물으며 그 서구 편향의 가치를 야유한다. 그리고 도심 환락가의 골목을 누비면서 어지럽게 이동한다. 문명이라는 이름으로 예찬되던 도시의 변화가 일순간에 폐허로 변하여 처참하게 붕괴된 모습을 드러낸다. 서구 제국이 자랑하던 동양 속의 작은 유럽은 태풍의 위력 앞에서 여지없이 무너진다. 태풍이 몰아치면서 건물 지붕이 바람에 벗겨져 날아간다. 골목 어귀에서 공자님이 쫓겨나 울고 서 있다. 거리에는 방향을 잃은 자동차가 바람에 넘어지고 전차도 개울 속으로 쓰러진다. 마카오의 도심 네거리에 서 있던 마르코 폴로의 동상은 어깨가 떨어지고 이제는 머리도 잘려 나간 채 호령도 할 수 없다. 여기서 울고 서 있는 공자님은 스스로 몰락한 동양적 가치와 이념을 표시하는데 머리가 잘린 마르코 폴로의 동상은 제국의 식민주의와 그 지배력의 위세에 대한 강한 반감과 거부를 암시한다. 물론 이 두 개의 상징은 다분히 의도적인 배치를 통해 대조의 효과를 드러낸다. 항구를 따라 펼쳐진 해안 가도는 식민지 공간을 지배 관리하던 제국의 관리들이 위용을 보여 주는 행렬과 승마 클럽에서의 말발굽 소리와 여흥을 즐기던 홀에서 돌아오던 자동차의 바퀴 소리가 덮였던 곳이다. 거기는 멀리 멕시코로 팔려 가는 꾸리들의 슬픈 노래가 뒤섞였던 곳이기도 하다. 태풍은 그 가도에서 지배 제국과 피지배 민족의 서로 다른 삶의 행적을 지워 버리기라도 하듯 시가지를 휩쓴다.

「기상도」는 도시를 휩쓸고 난 뒤 위력을 잃은 태풍이 그 소멸 과정을 주재하고 있는 '태양'을 향해 자기의 희망을 토로하는 방식으로 시적 진술의 대단원을 매듭짓는다. 태풍이라는 원시적 자연의 위력을 동원하여 현대 문명의 모순과 비리의 현장을 뒤엎고 그 파괴의 어두운 분위기에서 극적으로 벗어나기 위해 다시 태양을 불러내고 있는 셈이다. 이 특이한 시적 구상은 결국 대자연의 힘을 통해 새로운 질서를 회복하고 생명력을 추구하고 있다는 점에서 일종의 원시주의적 상상력의 구현을 의미하는 것으로 평가할 수 있다. 서구 모더니즘에서 원시주의는 발육 불능 상태에 빠져든 서구의 감수성을 해체하고 전복하려는 시도였고 '원시적'이고 '이질적인 것'의 도움을 빌려 문화적 소생을 꾀하고자 하는 노력이었음은 널리 알려진 사실이다. 더구나 새로운 문명의 건설을 위해서는 거대한 파괴의 행위가 필수적임은 물론이다. 김기림 자신도 그의 시론 가운

데에서 현대시가 보여 주는 중요한 특징 가운데 하나로 원시(原始)에의 지향을 주목하고 있다. 그는 원시성의 동경이야말로 현대 예술의 어떤 위대한 불만의 표현이라고 단언하기도 했다. 그리고 그것은 문화의 영역에서의 새출발에 필요한 힘의 회복을 위하여서임을 강조하였다.

「기상도」의 끝 장면은 태풍이 휩쓸며 파괴한 제국주의 문명의 초라한 자취를 그려 내면서 그 폐허의 터전 위에 태양의 생명력을 통해 새로운 세계의 질서가 회복될 수 있음을 노래하고 있다. 태풍은 도시를 휩쓸고 지나간 후에 내륙으로 올라가면서 그 위력을 잃게 된다. 밤이 지나고 태양이 떠오르면서 태풍은 완전히 스스로 소멸한다. 태풍의 일생은 바람결이 대지를 감싸고돌면서 그렇게 마감된다. 세찬 바람과 엄청난 비를 함께 몰아온 태풍으로 파괴된 도시 공간은 어둠 속에 갇혀 버린다. 그렇지만 그 어둠을 살라 버릴 수 있는 것은 인간의 힘이 아니다. 파괴의 공포와 암흑의 밤이 지나고 다시 아침이 되면 태양이 떠오른다. 그리고 거기서 새로운 자연의 질서가 회복되기 시작한다. 이 위대한 자연의 힘은 재생의 의지이면서 동시에 건강한 새 생명의 탄생을 의미한다. 태양이 솟아오르는 사이에 태풍은 자신이 들고 있던 채찍을 꺾어 버리고 끝없는 들판 언덕 위에서 망아지처럼 뛰는 훈풍으로 변해 버린다. 물론 태풍은 언제든지 다시 살아날 수 있다. 대지의 지열을 마시고 다시 불사조처럼 일어날 수 있으며, 빛처럼 스스로 피어나는 법칙에 인도되어 끝없이 달릴 수 있는 것이다.

「기상도」의 탈식민주의적 상상력

「기상도」의 시적 주제와 그 성격은 거대한 '태풍'이 휩쓸어 가는 지리 공간의 식민주의 역사와 문화에 대한 이해를 전제하지 않고서는 납득하기 힘들다. 이것은 김기림 자신이 언급한 바 있듯이 현대 문명에 대한 지식 또는 그 비판적 인식이 요구된다는 점을 말해 주는 것이라고 할 수 있다. 실제로 이 시의 텍스트에서 볼 수 있는 진술의 중층성과 각각의 장면에 등장하는 화자의 극적인 배치는 이 시에서 구상하고 있는 일기예보와 태풍의 이동 경로를 시적 배경으로 삼을 수 있을 때만 그 특징을 확인할 수 있다. 다시 말하자면 반제국주의적 관점에서 만들어진 심상지리의 특성을 실제의 역사 지리적 공간과 결합해 보아야 그 시적 형상성을 구체적으로 인식할 수 있는 것이다.

「기상도」는 1930년대 중반 불안한 국제 정세의 급격한 변화 양상을 태풍의 발생과 그 소멸을 추적하는 과정에 빗대어 비판적으로 그려 내고 있다는 점에서 풍자성이 강하다. 이 작품에서 시인이 급변하는 국제 질서와 문명의 충돌과 그 붕괴를 예견하는 하나의 '기상도'를 상상하고 있다는 점은 주목할 필요가 있다. 물론 이 같은 시적 인식에 기반하여 이루어지고 있는 정치 현실에 대한 지정학적 관찰과 문명 비판은 그것이 어느 정도 관념의 유희를 벗어나고 있느냐에 따라 그 성패가 드러난다. 이 작품에서 시도하고 있는 풍자와 비판, 야유와 조소 등은 시상의 전개와 그 변주를 긴장감 있게 이끌어 가는 데 필요한 시적 어조의 변화에 크게 작용하고 있다. 하지만 이 작품을 통해 시인이 형상화하고자 한 시적 주제의 폭이 너무 넓고 지나치게 추상적이라는 점은 부인할 수가 없다. 「기상도」에서는 복잡한 논쟁을 수반하게 되는 지리 역사적 배경이 시적 진술을 통해 단순화되고 있으며 요약적으로 제시된 특징적 장면들이 몽타주 방식으로 배열되고 있다. 이 시에서 볼 수 있는 풍자와 조소, 과장과 축소의 방법은 피상적 관찰에 의한 것처럼 보이기도 하지만 식민주의적/탈식민주의적 관점과 그를 통해 관찰된 사례들로 이어지고 있다. 그러므로 각각의 장면들이 때로는 역사 문화적 요건을 적시하거나 지리적,

공간적 위치를 중시하기도 하고 정치사회적 의미를 강조하기도 한다. 시적 진술의 주체로서 화자가 제기하는 이러한 문제들은 서로 다른 지역의 사례와 부딪칠 수도 있지만 그 강조점이나 전망들이 모두 반제국주의와 탈식민주의적 관점에서 재음미될 필요가 있는 것이다.

1930년대 지구상의 모든 면적의 80퍼센트 이상은 서구 제국의 식민지이거나 또는 식민지였던 곳이다. 실제로 서구 제국의 정치 군사적 통제에서 벗어나 있었던 지역은 별로 많지 않다. 「기상도」는 시적 발단에서부터 동양의 초기 근대화 과정이 서구의 식민지화와 겹치면서 야기하고 있는 사회 문화적 모순에 초점을 맞춘다. 그리고 서구 제국의 힘으로 문명화된 지역 공간이 태풍의 원시적 힘에 붕괴하는 모습을 그려 낸다. 이 상상의 장면은 사실 '기상도'라는 가상의 일기도 위에서만 가능한 것이지만, 굴욕을 참고 지내 온 식민지 조선의 시인만이 가질 수 있는 일종의 비판적 역사의식의 투영이라고 할 만하다. 이 시에서 식민지로 전락한 동양을 바라보는 시인 자신의 태도를 반제국주의적 관점에서 논의해야 하는 이유가 여기 있다. 특히 일본의 식민지 지배 아래 비슷하게 왜곡된 근대화의 과정을 경험하고 있던 조선의 현실을 생각한다면 이 시가 문제 삼고자 하는 현대 문명의 모순과 세계 정치의 험난한 '기상도'를 충분히 이해할 수 있는 것이다.

「기상도」의 결말에서 확인할 수 있는 것처럼 시인이 꿈꾸고 있는 밝은 '태양'의 힘은 대자연의 원초적 생명력과 그 질서라는 거대한 원리 위에서 작동하고 있다. 이것은 제국주의의 횡포와 억압에 대응하고자 하는 시인의 의지를 상징한다. 이 시가 제국주의 탈을 쓰고 있는 냉혹한 자본주의 체제와 그 정치 질서에 대한 시인의 비판 의식을 '기상도'라는 상상의 그림 위에 펼쳐 보이고 있는 것은 일본의 식민지 지배 현실을 우회적으로 비판하고 있는 모더니스트의 발상과 기획이라는 점에서 그 의미를 소홀히 다룰 수 없는 일이다. 식민지라는 불평등의 공간을 자연의 힘을 빌려 쓸어 내고자 하는 「기상도」의 상상력에서 그 시적 지향 자체의 반제국주의적 속성이 특히 주목되는 이유가 여기에 있다.

2 시집 『태양의 풍속』과 문명의 감각

『태양의 풍속』은 김기림이 문단 활동을 본격적으로 시작한 1930년부터 1934년 가을까지의 초기 시를 수록했다. 장시 「기상도(氣象圖)」(1936)의 출간을 제외하고 보면 이 시집이 그의 첫 시집에 해당한다. 1939년 9월 학예사에서 발간한 이 시집은 전체 190면이며, B6판과 문고판의 두 가지 판형으로 나왔다. 이 시집에는 91편의 작품을 6부로 나누어 실었다. 1부 '마음의 의상'에는 「태양의 풍속」, 「기차」 등을 포함하여 12편의 시가 실려 있다. 2부 '화술'에는 「향수」, 「첫사랑」 등 44편의 시가 수록되어 있다. 3부 '속도의 시'에는 「스케이팅」을 비롯하여 2편, 4부 '씨네마 풍경'에는 「호텔」, 「아침해」를 비롯하여 「삼월의 씨네마」에 포함된 8편의 시를 합한 9편의 시가 실려 있다. 5부 '앨범'에는 「가을의 태양은 플라티나의 연미복을 입고」, 「오월」, 「풍속」 등 17편과 「식료품점」에 포함된 4편의 시를 합해 21편의 시가 실려 있다. 6부 '이동건축'에는 「훌륭한 아침이 아니냐?」, 「어둠 속의 노래」 등 3편이 수록되어 있다.

이 시집의 서문 「어떤 친한 시(詩)의 벗에게」의 내용은 다음과 같다.

드디어 이 책은 완성된 질서를 갖추지 못하였다. 방황 돌진 충돌 그러한 것들로만 어쩌면 이렇게도 야만(野蠻)한 토인(土人)의 지대이냐?

그러면서도 내가 권하고 싶은 것은 의연히 상봉이나 귀의나 원만이나 사사나 타협의 미덕이 아니다. 차라리 결별을 — 저 동양적 적멸로부터 무절제한 감상의 배설로부터 너는 이 즉각으로 떠나지 않아서는 아니 된다.

탄식. 그것은 신사와 숙녀들의 오후의 예의가 아니고 무엇이냐? 비밀. 어쩌면 그렇게도 분 바른 할머니인 19세기적 '비너스'냐? 너는 그것들에게서 지금도 곰팡이의 냄새를 맡지 못하느냐?

그 비만(肥滿)하고 노둔(魯鈍)한 오후의 예의 대신에 놀라운 오전의 생리에 대하여 경탄한 일은 없느냐? 그 건장한 아침의 체격을 부러워해 본 일은 없느냐?

까닭 모르는 울음소리. 과거에의 구원할 수 없는 애착과 정돈. 그것들 음침한 밤의 미혹(迷惑)과 현훈(眩暈)에 너는 아직도 피로하지 않았느냐?

그러면 너는 나와 함께 어족과 같이 신선하고 깃발과 같이 활발하고 표범과 같이 대담하고 바다와 같이 명랑하고 선인장과 같이 건강한 태양의 풍속을 배우자.

나도 이 책에서 완전히 버리지 못하였다만은마는 저 운문이라고 하는 예복을 너무나 낡았다고 생각해 본 일은 없느냐? 아무래도 그것은 벌써 우리들의 의상이 아닌 것 같다.

나는 물론 네가 이 책을 사랑하기를 바란다. 그러나 영구히 너의 사랑을 받기를 두려워한다. 혹은 네가 이 책만 두고두고 사랑하는 사이에 너의 정신이 한곳에 멈춰 설까 보아 두려워하는 까닭이다.

네가 아다시피 이 책은 1930년 가을로부터 1934년 가을까지의 동안 나의 총망한 숙박부(宿泊簿)에 불과하다. 그러니까 내일은 이 주막에서 나를 찾지 말아라. 나는 벌써 거기를 떠나고 없을 것이다.

어디로 가느냐고? 그것은 내 발길도 모르는 일이다. 다만 어디로든지 가고 있을 것만은 사실일 게다.

이 글에서 시인은 '까닭 모를 울음, 과거에의 구원할 수 없는 애착, 무절제한 감상(感傷), 탄식 등을 배제하고, 신선하고 활발하며 대담하고 명랑, 건강한 태양의 풍속을 배우자.'라고 자신의 시작 의도를 밝히고 있다. 여기서 무절제한 감상과 탄식의 배제는 한국 근대시가 빠져들었던 지나친 주관적 감상주의를 극복하고자 하는 새로운 시적 지향을 강조한 것이라고 할 수 있다. 특히 밝고 명랑하고 건강한 태양의 풍속을 배우고자 하는 의지는 시 정신의 전환과 시적 감수성의 변화를 추구하는 김기림의 태도를 그대로 보여 준다. 그는 감상주의에 사로잡혀 있는 근대시의 고질적 병폐를 지적하면서 허무주의로 흐르고 있는 시정신을 바로잡기 위해, 건강하고 명랑한 '오전의 시론'을 가져야 한다고 주장한다. 이러한 관점과 태도는 김기림이 근대화와 그에 따른 물질문명의 발전을 긍정적으로 평가하고 있음을 말해 준다. 특히 한국 사회의 근대적 변화와 모더니티에 대한 비판적인 인식이 1930년대 모더니즘 시 운동의 특징임을 밝혀 주는 것이기도 하다. 그만큼 이 시집은 김기림 시정신의 결정체이며 그가 추구한 시학의 구체적 성과라고 할 수 있다.

시집 『태양의 풍속』에 수록된 작품들 가운데에는 세계적인 불안 사조의 유행과 근대적인 문명의 허실에 대한 비판적 자각을 담고 있는 것이 많다. 이러한 경향은 장시 「기상도」에서 보여 준 관심을 점차 심화하고 그 범위를 확대하고자 하는 방향으로 전개되고 있다. 다음에 몇몇 작품을 살펴보기로 한다.

산봉우리들의 나즉한 틈과 틈을 새어 남빛 잔으로 흘러 들어오는 어둠의 조수. 사람들은 마치 지난밤 끝나지 아니한 약속의 계속인 것처럼 그 칠흑의 술잔을 들이켠다. 그러면 해는 하릴없이 그의 희망을 던져 버리고 그만 산모롱이로 돌아선다.

고양이는 산기슭에서 어둠을 입고 쪼그리고 앉아서 밀회를 기다리나 보다. 우리들이 버리고 온 행복처럼…… 석간신문의 대영제국의 지도 위를 도마뱀처럼 기어가는 별들의 그림자의 발자국들. 미스터 볼드윈의 연설은 암만해도 빛나지 않는 전혀 가엾은 황혼이다.

집 이층집 강 웃는 얼굴 교통순사의 모자 그대와의 약속…… 무엇이고 차별할 줄 모르는 무지한 검은 액체의 범람 속에 녹여 버리려는 이 목적이 없는 실험실 속에서 나의 작은 탐험선인 지구가 갑자기 그 항해를 잊어버린다면 나는 대체 어느 구석에서 나의 해도를 편단 말이냐?

위의 시 「해도(海圖)에 대하여」에 등장하는 특유의 시각적 심상 또는 언어의 회화성은 시적 공간의 형상을 위해 동원되고 있다. 김기림은 이러한 시의 방법이 단순한 기교주의를 넘어서서 시대정신을 담기 위한 기법으로 자리 잡아야 한다고 주장한 바 있다. 이 시에서 "어둠의 조수", "칠흑의 술잔", "가엾은 황혼", "검은 액체" 등이 드러내는 정서의 암울성은 시대적 분위기를 반영하고 있는 것으로 보인다. 이것은 물론 객관적 현실에 대한 인식 자체가 불안의 정서를 벗어나지 못하고 있음을 의미한다. 그러나 시적 모더니티의 인식 자체만을 놓고 볼 때, 이 같은 시적 정조가 구체적 현실의 경험을 추상화하고 관념화하는 데에 일정한 성과를 거두고 있다는 점을 부인할 수는 없다.

백화점의 옥상정원의 우리 속의 날개를 드리운 카나리아는 니힐리스트처럼 눈을 감는다. 그는 사람들의 부르짖음과 그리고 그들의 일기(日氣)에 대한 주식에 대한 서반아의 혁명에 대한 온갖 지껄임에서 귀를 틀어막고 잠속으로 피난하는 것이 좋다고 생각한다. 그렇지만 그의 꿈이 대체 어데 가 방황하고 있는가에 대하여는 아무도 생각해 보려고 한 일이 없다.

　기둥 시계의 시침(時針)은 바로 12시를 출발했는데 농(籠) 안의 호닭은 돌연 삼림의 습관을 생각해 내고 홰를 치면서 울어 보았다. 노랗고 가는 울음이 햇볕이 풀어져 빽빽한 공기의 주위에 길게 그어졌다. 어둠의 밑층에서 바다의 저편에서 땅의 한끝에서 새벽의 날개의 떨림을 누구보다도 먼저 느끼던 흰 털에 감긴 붉은 심장은 이제는 '때의 전령(傳令)'의 명예를 잊어버렸다. 사람들은 무슈 루소의 유언(遺言)은 서랍 속에 꾸겨서 넣어 두고 옥상의 분수에 메말라 버린 심장을 축이러 온다.

　건물 회사는 병아리와 같이 민첩하고 튤립과 같이 신선한 공기를 방어하기 위하여 대도시의 골목골목에 75센티의 벽돌을 쌓는다. 놀라운 전쟁의 때다. 사람의 선조는 맨 처음에 별들과 구름을 거절하였고 다음에 대지를 그러고 최후로 그 자손들은 공기에 향하여 선전(宣戰)한다.

　거리에서는 티끌이 소리친다. "도시계획국장 각하 무슨 까닭에 당신은 우리들을 콘크리트와 포석(鋪石)의 네모진 옥사(獄舍) 속에서 질식시키고 푸른 네온사인으로 표박하려 합니까? 이렇게 호기적(好奇的)인 세탁의 실험에는 아주 진저리가 났습니다. 당신은 무슨 까닭에 우리들의 비약과 성장과 연애를 질투하십니까?" 그러나 부(府)의 살수차는 때없이 태양에게 선동되어 아스팔트 위에서 반란하는 티끌의 밀물을 잠재우기 위하여 오늘도 쉴 새 없이 네거리를 기어다닌다. 사람들은 이윽고 익사한 그들의 혼을 분수지(噴水池) 속에서 건져 가지고 분주히 분주히 승강기를 타고 제비와 같이 떨어질 게다. 여안내인(女案內人)은 그의 빵을 낳는 시를 암탉처럼 수없이 낳겠지.

　"여기는 지하실이올시다."
　"여기는 지하실이올시다."

앞의 시 「옥상정원」의 첫 단락에서 시적 화자는 현대식 건축물인 백화점 옥상에 올라서 있다. 백화점이란 모든 산업 생산품이 한곳으로 집결되어 상품으로 소비되는 현대적인 소비문화의 상징 공간이다. 특히 백화점 옥상이란 특이한 공간은 근대적 건축물이 아니고서는 체험할 수 없다는 사실을 주목해야 한다. 전통적인 초가집이나 기와집의 경우 사람이 올라가 활동할 수 있는 옥상이 존재하지 않지만, 근대적인 서양식 건축에는 사람이 올라갈 수 있는 옥상이라는 새로운 공간이 생겨난다. 이 공간은 건축물의 상층부에 허공을 향해 열려 있다. 여기서는 모든 방향으로 시야가 열리고 모든 사물이 그 시야 안에 펼쳐진다. 하늘을 올려다볼 수도 있고, 눈 아래 펼쳐진 사물을 내려다볼 수도 있다. 그러므로 건축물의 옥상이라는 공간은 일상적인 생활공간의 위치와 높이에 관한 감각과는 전혀 다른 시각을 제공한다. 높은 곳에서 아래를 내려다볼 수 있는 위치에 선다는 것, 그것은 일상적인 생활 감각으로는 상상할 수 없는 일이다. 그러나 이 공간은 인공적인 것일 뿐 자연 그대로의 공간은 아니다.

  이 시에서 시적 화자가 한낮의 대도시에서 백화점 옥상에 올라 가장 먼저 발견한 것은 옥상정원 새장 안에 갇혀 있는 '카나리아'다. 사방으로 탁 트인 옥상의 공간적 개방성과는 전혀 반대로 카나리아는 좁은 새장 안에 갇혀 있다. "니힐리스트처럼" 눈을 감고 있는 카나리아는 도시의 일상에 지친 시적 화자의 모습과 그대로 일치한다. 옥상 아래에서 일어나고 있는 온갖 소란스러움들 — 자잘한 일상에서 경제적 혼란과 국제 정치의 긴장 국면에 이르기까지 — 로부터 카나리아는 귀를 막고 눈을 감은 채 잠이 든 모양이다. 그러나 이 카나리아가 꾸고 있는 '꿈'은 이런 일상사와는 상관없다. 카나리아는 어쩌면 탁 트인 허공으로 날아가고 싶은 꿈을 꾸고 있을지 모르지만 아무도 그 꿈에는 관심이 없다.

  둘째 단락에서도 시적 화자가 주목한 것은 농(籠) 안에 갇혀 있는 호닭이다. 기둥 시계가 12시를 가리키는 한낮이다. 그런데 갑자기 닭장 안에서 호닭이 날갯짓을 하면서 울어 댄다. 이 장면을 시적 화자는 이렇게 그려 놓는다. "노랗고 가는 울음이 햇볕이 풀어져 빽빽한 공기의 주위에 길게 그어졌다. 어둠의 밑층에서 바다의 저편에서 땅의 한끝에서 새벽의 날개의 떨림을 누구보다도 먼저 느끼던 흰 털에 감긴 붉은 심장은 이제는 '때의 전령(傳令)'의 명예를 잊어버렸다." 관상용으로 종자가 개량되어 닭장 안에 갇혀 사람들의 구경거리로 전락한 호닭의 울음소리가 "노랗고 가는 울음이 햇볕에 풀어져"라고 묘사한 대목은 그 섬세한 감각이 놀랍다. 청각으로 인지되는 닭의 울음소리를 시각적 감각으로 포착하여 이미지로 구현하는 솜씨가 뛰어나다. 야생의 본능을 모두 잃어버린 호닭의 모습도 카나리아와 마찬가지로 시적 화자와 동일시되고 있음은 물론이다.

이 시에서 시상의 흐름은 셋째 단락부터 새로운 방향으로 전환된다. 백화점 옥상에 올라서 있는 시적 화자의 시선이 옥상에서 내려다본 거리의 풍경으로 바뀌고 있기 때문이다. 셋째 단락에서 그려 놓고 있는 거리의 풍경은 건축 회사들이 벌이고 있는 공사장의 모습이다. 건축 공사를 하면서 이웃과 간격을 표시하기 위해 벽을 쌓고 있다. 이 인위적인 구획이 결국은 자연과 담을 쌓고 여기저기 땅을 가르고 외부의 공기마저 차단하게 된다는 사실을 지적한다. 근대 문명의 발전이 결국은 인간과 자연의 단절을 가져오고 인간을 자연으로부터 고립시킨다는 점을 은연중에 비판적으로 지적하고 있다. 넷째 단락은 아스팔트로 포장된 거리 위로 살수차가 지나가는 모습이다. 흙을 볼 수 없는 도시의 거리의 비자연적 속성을 말하기 위해 흙먼지를 의인화하고 있다. 도시의 거리가 자연 그대로의 모습을 완전히 잃어버린 채 이제는 인위적으로 살수차가 물을 뿌리는 상태에 이르게 되었음을 말해 준다. 이 시의 결말 부분은 시적 화자가 어느새 백화점의 지하실로 이동했음을 보여 준다. 아마도 엘리베이

터를 이용했을 가능성이 크다. 여성 안내인이 지하실에 도달했다고 안내하는 모습이 시의 마지막 장면으로 제시되고 있다. 결국 이 시는 백화점 옥상에서 시작되어 백화점 지하실로 내려오면서 끝이 나는데 교묘하게도 이 두 개의 공간이 모두 인공적인 것임을 알 수 있다.

이 시의 화자가 그려 낸 백화점 옥상은 이 작품에서 새롭게 발견한 시적 공간이다. 이 공간은 사방으로 탁 트인 전망이지만 인공적으로 만들어 낸 것이다. 현대 문명이라는 괴물이 만들어 낸 이 인공의 공간에 모든 꿈을 잃고 있는 카나리아가 새장 안에 갇혀 있다. 야생의 본능을 잃어버린 호닭도 우리에 갇힌 채 사람들의 구경거리가 되었다. 시적 화자는 백화점 옥상에 올라서 공사 중인 건물과 도시의 아스팔트 거리를 내려다본다. 자연을 모조리 차단하고 있는 도회 공간을 바라보면서 시적 화자는 문명이라는 이름으로 강요되고 있는 단조로운 도시의 삶이 인간을 자연과 단절시키고 있음을 발견하게 되는 것이다. 모더니스트로서 현대 문명의 비인간화 현상을 비판하고 있는 시인 김기림의 태도를 여기서 확인할 수 있다.

일월(一月)의 대기는
투명한 프리즘

나의 가슴을 막는
햇볕은 칠색의 테이프

파리(玻璃)의 바다는
푸른 옷 입은 계절의 화석이다.

감을 줄 모르는
진주의 눈들이 쳐다보는

어족들의 원천극장(圓天劇場)에서
내가
한 개의 환상 아웃커브를 그리면
구름 속에서는 천사들의 박수 소리가 불시에 인다.

한강(漢江)은 전연 손을 댄 일이 없는
생생한 한 폭의 원고지.

나는 나의 관중 ─ 구름들을 위하여
그 위에 나의 시를 쓴다.

희롱하는 교착선(交錯線)의 모든 각도와 곡선에서 피어나는 예술
기호 위를 규칙에 얽매어 걸어가는
시계(時計)의 충실을 나는 모른다.

시간의 궤도 위를 미끄러져 달리는 차라리
방탕한 운명이다. 나는……

나의 발바닥 밑의
태양의 느림을 비웃는 두 칼날……

나는 얼음판 위에서

전혀 분방한 한 속도의 기사(騎士)다.

시 「스케이팅」은 스케이트의 속도감을 자신의 체험을 통해 감각적으로 표현하고 있는 흥미로운 작품이다. 인간이 자기 다리 힘을 이용하여 내달릴 수 있는 최고의 속도로 달리는 것이 스케이트가 아닐까 생각된다. 김기림이 즐긴 이 속도감은 사실은 모더니티의 요소 가운데 중요한 감각이다. 20세기를 전후하여 인간이 만들어 낸 현대 문명이 가장 크게 변혁을 가한 것이 속도이다. 속도는 거리를 좁히고 공간을 축소하는 힘을 갖는다.

이 시에서 시적 화자인 '나'는 겨울철 1월 어느 날 얼음판으로 변해 버린 한강으로 스케이트를 타러 나간다. 시의 전반부는 시상의 발단을 말해 주는 배경 묘사가 중심을 이룬다. 차가운 날씨이지만 햇살이 밝다. 상쾌한 공기를 "프리즘"에 비유하고, 스케이팅하는 자기 가슴으로 부딪는 햇볕을 "칠색 테이프"라고 비유한다. 햇빛이 무지개 색깔로 드러난다는 점에 착안한 은유법의 표현이다. 맑고 투명한 얼음판을 "파리의 바다"로 비유하고 그것을 다시 "푸른 옷을 입은 계절의 화석"이라고 비유한다. 시각적 감각을 중심으로 비유적 이미지가 구성된다. 밝고 명랑하고 상쾌한 분위기를 느낄 수 있다. 시의 중반부는 시적 화자인 '나'의 스케이팅 모습을 그려 놓고 있다. 얼음 속의 물고기들과 얼음판 위의 자기 모습과 그리고 거기 비친 하늘의 구름을 모두 하나의 장면 속에 끌어들여 묘사하고 있다. 얼음판은 거대한 "원천극장"이다. 하늘을 천정 삼은 극장이라는 말이다. "환상의 아웃커브"는 자신의 스케이팅 모습을 동적인 이미지로 그려 낸 부분이다. 구름 속에서 천사들이 그 장면을 보고 박수를 보낼 것만 같다. 그리고 한강의 얼음을 전혀 아무도 손대지 않은 원고지에 비유한다. 그리고 그 위에서 스케이팅하는 자신을 시를 쓰는 것에 비유한다. 자기 마음대로 움직이고 미끄러져 가면서 이리저리 커브를 돌아가는 자유로운 동작이 가능하기 때문에 이것을 상상력의 자유로움을 발산하는 시 쓰기에 비유한 것이라고 생각된다.

이 시에서 핵심에 해당하는 부분은 후반부에 해당하는 8~11연이다. 여기서 시적 화자가 그려 내고자 하는 스케이팅의 묘미가 드러나고 있기 때문이다. "희롱하는 교착선의 모든 각도와 곡선에서 피어나는 예술/ 기호 위를 규칙에 얽매어 걸어가는/ 시계의 충실을 나는 모른다."라는 구절은 스케이팅의 전후좌우로 움직일 수 있는 자유로운 방향과 그 빠르기를 비유한 대목이다. 시계의 자판을 따라 일정하게 움직이는 시곗바늘의 규칙적인 운동을 모른다는 것은 자유자재로 빠르게 달릴 수 있음을 말하고 있는 것이다. 다시 말하자면 스케이팅은 속도의 예술인 셈이다. 이 속도감은 "시간의 궤도를 미끄러져 달리는" 것으로 비유되기도 하는데, "태양의 느림을 비웃는" 두 개의 칼날이 자신의 발밑에 달려 있음을 은근히 내세우기도 한다. 그리고 얼음판 위에서 스스로를 "분방한 한 속도의 기사"라고 단정하는 것으로 시상을 마감한다.

아스팔트 위에는
사월의 석양이 졸립고

잎사귀를 붙이지 아니한 가로수 밑에서는
오후가 손질한다.

소리 없는 고무바퀴를 신은 자동차의 아기들이
분주히 지나간 뒤

너의 마음은
우울한 해저(海底)

너의 가슴은
구름들의 피곤한 그림자들이 때때로 쉬러 오는 회색의 잔디밭

바다를 꿈꾸는 바람의 탄식을 들으러 나오는 침묵한 행인들을 위하여
작은 아스팔트의 거리는
지평선의 흉내를 낸다.

　위의 시 「아스팔트」는 도시의 거리를 아스팔트 도로를 시적 대상으로 삼고 있다. 도시가 발전하면서 인구가 급증하고 교통량이 늘어나면서 가장 먼저 정비하게 된 것이 도로망이다. 일제강점기에 서울은 1920년대 후반부터 도심의 일부 도로가 아스팔트로 포장되었고 그 위를 자동차들이 미끄러지듯이 달릴 수 있게 되었다. 하지만 이렇게 변화는 결국 자연 그대로의 땅과 인간을 서로 떼어 놓고 흙을 만져 볼 수 없게 만들었다. 이 시의 시적 화자는 도시 문명의 상징인 아스팔트를 '너'라고 지칭하고 의인화의 방법으로 묘사하면서 자신의 내면에 그대로 연결시키고 있다. 이렇게 시적 주체와 대상을 동일시하고 정서적으로 합일화한다.
　시의 배경은 4월의 어느 날 석양 무렵이다. 봄철이지만 아직 가로수에 잎이 나오지 않고 있으며, 남은 햇살이 가로수 밑에 비치는 모습을 "오후가 손질한다"라고 동적으로 묘사하고 있다. 중반부는 자동차들이 지나가고 난 뒤의 텅 빈 아스팔트 거리의 모습을 제시하고 있다. "너의 마음은/ 우울한 해저"는 아스팔트의 가라앉은 칙칙한 모습을 어두운 바닷속에 비유한 대목이다. 그리고 뒤이어 아스팔트의 가슴을 "회색의 잔

디밭"이라고 묘사한다. 때때로 구름의 피곤한 그림자가 그곳에서 쉰다는 설명도 덧붙여 놓고 있다. 아스팔트가 칙칙하고 어둡고 답답하게 묘사되고 우울한 느낌을 불러일으킨다. 6연에서는 아스팔트가 지니는 인공적인 요소를 자연적인 것과 대비시킨다. 아스팔트 위의 도시의 행인들은 모두 입을 다물고 있다. 이 인공적인 도시의 공간에서 바다처럼 탁 트인 시원한 바람을 맞을 수가 없다. 이 인공의 거리는 지평선의 흉내를 낼 수 있을 뿐이다. 도시인들의 피곤하고도 우울한 일상이 아스팔트 위에서 반복된다는 사실을 여기서 확인할 수 있다.

이 시는 시인 김기림이 지향하고 있던 모더니즘이라는 것이 근대 문명에 대한 비판적인 인식에 맞닿아 있음을 보여 주고 있다. 인간의 생활을 위해 발달한 문명이 자연으로부터 인간을 격리시키고 인공적인 공간 속에 인간을 고립시켜 온 것은 이 시의 어두운 분위기와 거기서 느껴지는 우울함을 통해 쉽게 짐작할 수 있는 문제이다. 이러한 근대성에 대한 반성은 그의 시에서 발견되는 시적 모더니티의 하나의 특징이라고 할 수 있다.

3 시집 『바다와 나비』

1946년 4월 신문화연구소에서 발간한 김기림의 세 번째 시집 『바다와 나비』는 전체 106면의 A5판이다. 서시(序詩)로서 「모다들 돌아와 있고나」 외에 40편의 시를 수록했다. 책머리에 자서(自序)로서 「머리말」이 있다. 제1부에 실린 「우리들의 팔월로 돌아가자」, 「지혜에게 바치는 노래」 등 9편과 제5부의 「세계에 웨치노라」는 8·15 해방의 감격을 노래한 것들이다. 제2부의 「바다와 나비」 등 6편, 제3부의 「바다」, 「동방기행」 등 23편, 제4부의 「쥬피타 추방」은 모두 해방 이전의 작품으로 시집 『태양의 풍속』에 수록하지 못한 작품들이다. 1부와 5부의 작품들은 모두 시집 『새노래』의 시적 경향과 맥락을 같이하며 광복의 감격을 격앙된 어조로 노래하고 있다. 그러나 2부와 3부의 일제 말기 작품들에서는 정서적 균형을 보여 주는 작품들이 눈에 띤다.

이 시집의 「머리말」을 보면 이런 변화 과정을 어느 정도 이해할 수 있다.

> 1930년대를 통해서 나는 우리 시의 조류 속에서 두 갈래의 흐름을 물리치고 나와야 했다. 그 하나는 지나친 감상주의요 다른 하나는 봉건적 요소였다. 더 바로 말한다면 이 두 흐름의 결혼이었다. 그것이 합쳐서 빚어낸 시단(時壇) '비'근대적 '반'근대적인 분위기와 작시 상의 풍속을 휩쓸어 버리지 않고는 '근대'라는 것에조차 우리는 눈을 뜨지 못한 시골뜨기요 반도의 개구리가 되고 말 것을 두려워했다. 이 두 가지의 저기압과 불연속선을 휩쓸어 버리기 위한 가장 힘 있는 무기로서는 다름 아닌 지성의 태양이 필요하였던 것이다.
>
> 1939년 제2차 세계대전의 발발은 벌써 피할 수 '근대' 그것의 파산의 예고로 들렸으며 이 위기에선 '근대'의 초극이라는 말하자면 세계사적 번민에 우리들 젊은 시인들은 마주치고 말았던 것이다. 이러한 일들이 일본 제국주의의 조선에 대한 점점 고조로 향하는 정치적 문화적 침략의 급한 '템포'와 집중사격과 함께 다닥쳤으며 따라서 생활의 체험을 통해서 실감되어 왔던 것은 물론이다. 1945년 8월 15일까지 약 5, 6년 동안의 중단과 침묵은 다름 아닌 우리 시단의 세계와 자신에 대한 이중의 커다란 고민을 품은 침통한 표정이었다.
>
> 8월 15은 분명 우리 앞에 위대한 '낭만'(로망틱)의 시대를 펼쳐 놓았다. 그러나 또다시 감상적으로 이 속에 탐닉하기에는 우리는 너무나 큰 통찰과

투시를 준비해야 할 것이다. 한 고전주의도 아니다. 한 상징주의도 아니다. 한 초현실주의도 아니다. 우리는 모든 그런 것을 지나왔다. 이제야 우리 앞에는 대전 이전에 좀처럼 상상할 수 없었던 새로운 세계가 탄생하려 하고 있다. 조선은 문을 열고 이 세계와 마주 서게 되었다. 이 새로운 세계— 올더스 헉슬리가 빈정댄 그런 의미가 아니고 진정한 한 새로운 찬란한 세계— 가 완전히 인류의 것이 되기까지에는 아직도 여러 가지 진통이 있을는지 모른다. 그러나 먼저 여명 전초에 눈을 뜬 사람 또 먼저 먼 기이한 발자취에 귀가 밝은 사람들의 꾸준하고도 끈직한 노력만이 참말로 이 새로운 세계의 문을 열어젖힐 수 있을 것이다.

　시의 문제도 실상은 이러한 인류의 문제 속에 묻혀 있는 것이다. 시의 문제만을 동따로 찾아다닌다든지 해결해 나가는 것 그 길밖에는 없을 성싶다.

　8월 15일 이후 많은 벗들이 나에게 새로운 시론을 보이기를 청했다. 지금 말한 것이 나의 친절한 벗들에게 보내는 나의 생각의 요점이다. 그러나 자신은 아직도 한 문제도 완전한 답안을 꺼내지는 못하였다. 다만 끊임없이 연필을 가지고 지웠다 살렸다 하면서 운산하고 있는 것만은 사실이다. 불행한 계산가는 아마도 일생을 두고 끝없는 운산을 계속해 갈 것 같다. 그때그때의 작품은 늘 끝나지 않은 긴 계산의 한 토막일 것이다. 그런 것으로서 읽어 주기 바란다.

　시집 『바다와 나비』에 표제작으로 수록한 시 「바다와 나비」는 김기림의 대표작 가운데 하나로 손꼽힌다. 이 작품은 지적 감각과 정서의 조화를 의도한 시적 경향의 전환을 드러낸다. 김기림 자신은 감정의 과잉을 경계하고 보다 투명한 지성을 강조하기도 했지만, 시의 궁극적 경지가 지성과 정서의 합일과 균형임은 두말할 필요조차 없는 일이다.

아무도 그에게 수심(水深)을 일러 준 일이 없기에
흰 나비는 도무지 바다가 무섭지 않다.

청(靑)무 밭인가 해서 내려갔다가는
어린 날개가 물결에 절어서
공주(公主)처럼 지쳐서 돌아온다.

삼월달 바다가 꽃이 피지 않아서 서거푼
나비 허리에 새파란 초생달이 시리다.

  이 작품은 간결한 형식과 선명한 이미지가 돋보인다. 1연에는 바다를 배경으로 흰 나비 한 마리가 등장한다. 모든 시적 진술은 나비의 입장에서 이루어진다. 나비가 바다를 두려워하지 않는 것은 아무도 바다의 깊이를 가르쳐 주지 않았기 때문이다. 바다 위를 날고 있는 흰 나비의 날갯짓이 위태롭게 느껴진다. 2연에서 바다는 청무밭으로 바뀐다. 바다의 일렁이는 파도가 청무밭에 하얗게 핀 장다리꽃처럼 펼쳐진다. 이 장면도 나비의 입장에서 본 바다의 모습이다. 흰 나비가 바다 위로 날아든 이유가 여기서 밝혀지는 셈이다. 하지만 나비는 이내 자신의 착각을 깨닫고는 공중으로 떠오른다. 나비의 날갯짓이 마치 바다 물결에 절은 것처럼 무거워 보인다. 나비의 곱고 연약한 모습이 지친 "공주"의 이미지로 바뀐다. 3연에서 시적 배경이 되는 계절이 표시된다. 이른 봄 3월의 바다임을 알 수 있다. 나비의 허리에 새파란 초승달이 비친다.
  이 시에서 시적 대상이 된 "바다"와 "나비"는 그 성격이 서로 다르다. 끝없이 펼쳐진 푸른 "바다"는 광대하고 변화무쌍하며, 그 역동적인 움직임은 예측 불가능하다. 그러므로 바다는 원대한 포부나 새로운 도전 등의 의미로 상징화되기도 하지만 인간 세계에서 거칠고 견디기 힘든 현실로 비유되기도 한다. "나비"는 섬세하고 연약한 작은 곤충에 불과하다. 그 움직임이 연약하면서도 곱고 아름다워서 이 시에서는 "공주"에 비유했지만 인간이 지닌 꿈 또는 환상의 세계 등을 상징하기도 한다. 그런데 작품 속의 시적 진술은 나비를 의인화(擬人化)하여 이루어진다. 특히 시적 화자가 나비를 초점화(焦點化)하고 있기 때문에 화자의 내면 의식이 그대로 나비에 투영된다. 시적 화자와 나비가 동일시되고 있는 셈이다. 여기서 나비가 시적 화자를 대변한다면 바다는 험난한 현실 세계로 바꾸어 볼 수 있다. 냉혹한 삶의 현실에 겁이 없이 뛰어들었다가 자신의 잘못된 판단을 깨달으면서 뒷걸음치는 경우에 느낄 수 있는 좌절감이 암시되기도 한다.

이 작품의 시적 성취는 바다와 나비를 통해 형상화하고 있는 섬세한 시각적 이미지의 대조에서 찾을 수 있다. "바다"는 "청무밭"의 푸른색으로 그려 내고 "흰 나비"는 "새파란 초승달"과 연결되면서 이미지의 공간적 대조가 선명하게 드러난다. 절제된 감정 위에 펼쳐지는 '청'과 '백'의 시각적 이미지는 "새파란 초승달"과 겹쳐진다. 바다 위의 흰 나비와 하늘의 새파란 초승달이 서로 대응한다. 이 절묘한 이미지의 공간적 구성은 시적 대상을 바라보는 시인의 관점과 상상력의 폭이 얼마나 넓은가를 그대로 말해 주는 것이다. 시집 『바다와 나비』에 수록된 작품 가운데 특기할 만한 것이 「주피터 추방」이다. 이 시는 김기림이 이상의 죽음을 애도하면서 그의 영전에 바친 것으로 알려져 있다. 이 시에서 시적 진술의 대상이 된 "주피터"는 세상을 떠난 이상을 비유적으로 지칭한 말이다. 그리스 로마 신화 속에서 최고의 신으로 떠받들어졌던 "주피터(제우스)"라는 호칭을 이상에게 붙였다는 것은 이상의 예술적 성취와 그 뛰어난 정신을 기리기 위한 최고의 찬사였다고 할 수 있다.

파초 이파리처럼 축 늘어진 중절모 아래서
빼어 문 파이프가 자주 거룩지 못한 원광(圓光)을 그려 올린다.
거리를 달려가는 밤의 폭행(暴行)을 엿듣는
추켜올린 어깨가 이 걸상 저 걸상에서 으쓱거린다.
주민들은 벌써 바다의 유혹도 말 다툴 흥미도 잃어버렸다.

(중략)

주피터 너는 세기(世紀)의 아픈 상처였다.
악한 기류(氣流)가 스칠 적마다 오슬거렸다.
주피터는 병상(病床)을 차면서 소리쳤다.
"누덕이불로라도 신문지로라도 좋으니
저 태양을 가려 다오.
눈먼 팔레스타인의 살육을 키질하는 이 건장한
대영제국의 태양을 보지 말게 해 다오."

주피터는 어느 날 아침 초라한 걸레 조각처럼 때 묻고 해어진
수놓는 비단 형이상학과 체면과 거짓을 쓰레기통에 벗어 팽개쳤다.
실수 많은 인생을 탐내는 썩은 체중(體重)을 풀어 버리고
파르테논으로 파르테논으로 날아갔다.

그러나 주피터는 아마도 오늘 셀라시에 폐하처럼
해어진 망토를 두르고
무너진 신화가 파묻힌 폼페이 해안을
바람을 더불고 혼자서 소요(逍遙)하리라.

주피터 승천하는 날 예의(禮儀) 없는 사막에는
마리아의 찬양대도 분향도 없었다.
길 잃은 별들이 유목민처럼
허망한 바람을 숨 쉬며 떠 댕겼다.
허나 노아의 홍수보다 더 진한 밤도
어둠을 뚫고 타는 두 눈동자를 끝내 감기지 못했다.

  이 시는 텍스트 자체가 11연으로 구분되어 있다. 1~7연은 시상의 흐름으로 보아 전반부에 해당한다. 이상의 생전의 모습과 그 특이한 행동이 그가 살았던 시대의 역사와 문명 속에서 조명된다. 김기림은 친구인 이상의 쓸쓸한 죽음을 애도하면서 이상의 삶과 그 태도를 그가 살았던 시대의 삭막한 상황에 빗대어 일종의 문명 비판의 관점에서 노래하고 있다. 이상이라는 한 개인의 삶과 죽음을 두고 새로운 시대정신의 탄생과 그 좌절이라는 정신사적 의미를 시를 통해 노래하고 있는 것이다.
  1연은 이상의 풍모를 그려 내고 있다. 중절모에 파이프를 물고 어깨를 들썩거렸던 모습을 그대로 묘사하고 있다. 구본웅이 이상을 모델로 1935년에 그린 「우인의 초상」이 연상된다. 2연부터 7연까지는 이상의 특이한 개성과 사고방식 그리고 행동을 그가 살았던 시대 상황에 빗대어 서술하고 있다. 2연에서는 기존의 제도와 가치를 일체 거부했던 이상의 태도를 김빠진 술을 거부하는 모습으로 바꾸어 그려 낸다. 이 장면에서 낡은 기성적인 것을 표상하는 대상으로 '중국'을 거명한다. 3연은 시대적 상황에 절망하던 이상의 모습을 보여 준다. 세계 경제의 혼란과 대영제국의 시장의 불안 상태를 이 장면에 덧붙여 놓고 있다. 4연은 이상이 지니고 있었던 자본주의 체제의 모순에 대한 불만을 미국의 부익부 빈익빈의 현실에 빗대어 설명한다. 5연은 삶에 대한 애착도 열정도 모두 잃어버린 채 무기력해진 이상의 모습을 보여 주고, 6연에서는 이상이 가지고 있던 현대 예술에 대한 불만을 드러낸다. 7연은 유럽의 정치적 불안과 스페인 혁명 이후의 혼란 등에 빗대어 이상의 사회적 무관심을 그려 낸다.

후반부에 해당하는 8~11연은 이상의 병환과 그의 죽음을 그려 놓고 있다. 8연에서 이상은 '세기의 아픈 상처'에 비유된다. 전반부에서 보여 준 시대에 대한 절망, 삶에 대한 회의, 기성적인 것에 대한 거부 등이 결국은 이상의 개인적 삶에 커다란 상처가 되었음을 말해 주고 있다. 9연은 그가 죽어서 신들이 모여 산다는 '파르테논' 신전으로 날아갔음을 말해 준다. '주피터'가 되어 신의 왕국을 주재하기 위해서 그는 파르테논 신전으로 옮겨 간 셈이다. 10연은 1936년 이태리의 침공으로 권좌에서 밀려난 에티오피아의 황제 셀라시에가 예루살렘에서 망명 생활을 보내듯 이상도 가끔 폐허의 도시 폼페이의 해변을 거닐 것이라고 말해 준다. 11연은 그의 쓸쓸한 죽음을 애도한다. 아무도 지켜 주지 못한 그의 운명을 놓고 "주피터 승천하는 날 예의 없는 사막에는/ 마리아의 찬양대도 분향도 없었다."라고 진술하고 있다.

이 시의 의미를 깊이 있게 이해하기 위해서는 김기림과 이상의 관계를 자세히 알아 둘 필요가 있다. 김기림과 이상은 서울 보성고등보통학교의 동문이었고, 문단에서 '구인회'의 동인으로 활약하면서 가장 친한 친구가 되었다. 특히 김기림은 1936년부터 1939년까지 일본 동북지역의 센다이 소재 도호쿠〔東北〕제국대학으로 유학하여 영문학을 공부했는데, 이상의 동경 체류 기간이 그대로 이 시기와 겹쳐 있다. 당시 이상이 김기림에게 보냈던 편지는 『이상 전집』에 그대로 소개되고 있다. 이상은 동경에서 김기림을 만나고 싶어 했지만 대학의 학기 중에 쉽게 센다이를 벗어날 수 없었다. 김기림이 이상을 만난 것은 학년말 봄방학을 이용하여 한국으로 귀국하던 길에 동경에 들렀던 1937년 3월 20일 밤이었다.

이상이 동경 니시간다〔西神田〕 경찰서 유치장에 구금되었다가 건강을 완전히 잃은 채 막 풀려나 동경대학부속병원에 입원하기 직전이었다. 이상은 좁은 하숙방에서 "날개가 아주 부러져서 기거도 바로 못하고 이불을 둘러쓰고 앉아 있었다." 김기림은 이상의 모습을 보고 "전등불에 가로 비친 그의 얼굴은 상아(象牙)보다도 더 창백하고 검은 수염이 코밑과 턱에 참혹하게 무성하다."라고 적었다. 김기림은 제대로 기동조차 하지 못하는 이상을 만나 하룻밤을 지낸 후 그와 헤어지면서 방학을 보내고 다시 일본으로 돌아오게 되는 4월에 동경에 들러서 만나자고 약속했다. 하지만 이상은 김기림을 끝내 기다려 주지 않았다. 그는 1937년 4월 17일 병원에 눈을 감았다. 김기림은 이상의 동경 생활과 그 죽음을 이렇게 회고한 바 있다.

1936년 겨울에 그는 불현듯, 서울과 또 그의 지나간 생활 전부에 고별하고 그 대신 무슨 새 생활의 꿈을 품고 현해탄을 건너갔던 것이다. 좀 더 형편이 되었다면 물론 나와의 약속대로 파리로 갔을 것이다. 그의 이 탈주, 도망, 포기, 청산 — 그러한 여러 가지 복잡한 동기를 가진 이 긴 여행은, 구태 찾는다면 '랭보'의 실종에라도 비길 것일까.

와 보았댔자 구주(歐洲) 문명의 천박한 식민지인 동경 거리의 추잡한 모양과, 그중에서도 부박한 목조건축과, 철없는 '파시즘'의 탁류에 퍼붓는 욕만 잠뿍 쓴 편지를 무시로 날리고 있던, 행색이 초라하고 모습이 수상한 '조선인'은, 전쟁 음모와 후방 단속에 미쳐 날뛰던 일본 경찰에 그만 붙잡혀, 몇 달을 간다(神田)경찰서 유치장에 들어 있었다. 워낙 건강을 겨우 부지하던 그가 캄캄한 골방 속에서 먹을 것을 먹지 못하고 천대받는 동안에, 그 육체가 드디어 수습할 수 없이 되어서야, 경찰은 그를 그의 옛 하숙에 문자 그대로 담아다 팽개쳤던 것이다. 무명처럼 얇고 희어진 얼굴에 지저분한 검은 수염과 머리털, 뼈만 남은 몸뚱어리, 가쁜 숨결 — 그런 속에서도 온갖 지상의 지혜와 총명을 두 낱 초점에 모은 듯한 그 무적(無敵)한 눈만이, 사람에게는 물론 악마나 신에게조차 속을 리 없다는 듯이, 금강석처럼 차게 타고 있는 것이다. 그것은 인생과 조국과 시대와 그리고 인류의 거룩한 순교자의 모습이었다. '리베라'에 필적하는 또 하나 아름다운 '피에타'였다.

　얼마 안 가 조국은 그가 낳은 이 한 사람의 슬픈 천재의 시체를 묵묵히 받아들이고 만 것이다. 그리하여 지상은 그릇 이리로 망명해 온 '주피터'를 다시 추방하고 만 것이다. 그의 짧은 생애는 그러나 그가 남긴 예술에 의해서 드디어 시간을 초월할 수가 있었다. 그 속에서 우리는 겨우, 말할 수가 있다고 하면 '영원한 이상'의 얼굴을 무시로 쳐다보면서 그의 목소리를 듣고 있는 것이다. 그러나 이것으로도, 그가 그의 요절로 하여 우리에게 남긴 너무나 큰 공허와 아까움의 천만분지의 일도 지워 주지 못하는 것을 어찌하랴?

—『이상 선집』 서문(백양당, 1949)

　김기림은 이상의 죽음을 보고 애통해하지 않을 수 없었다. 그는 하늘을 향해 '주피터 추방'을 절규했다. 김기림이 이상에게 붙여 준 '주피터'라는 이름은 그 예술적 재능에 값한다. 모든 기성적 권위를 거부하고 현실의 제도와 이념과 가치를 넘어서고자 했던 이상을 달리 어떻게 호명할 수 있겠는가? 이상은 세상을 떠난 후에 김기림이 붙여 준 '주피터'라는 또 하나의 이름으로 우리 문학사의 가장 크고 밝은 별이 된다.

4 시집 『새노래』와 공동체 의식

　김기림의 네 번째 시집이면서 마지막 시집이 된 『새노래』는 1948년 4월 아문각(雅文閣)에서 나왔다. B6판의 126면으로 이루어진 이 시집에는 서문을 붙이지 않은 대신 미국 시인 샌드벅(Sandburg, C.)의 시를 맨 앞에 실었고,「새노래에 대하여」라는 글이 발문(跋文)의 형태로 말미에 붙어 있다. 광복 이후 발표한 작품을 모아서 엮은 이 책에는 전체 32편의 시를 2부로 나누어 수록했다. 제1부에는「나의 노래」,「우리 모두의 꿈이 아니냐」,「새나라 송」,「파도 소리 헤치고」,「아메리카」등 16편을 실었고 제2부에는「연가」,「구절도 아닌 두서너 마디」,「사슴의 노래」,「벽을 헐자」,「새해의 노래」등 16편이 실렸다. 이들은 저자도 허두(虛頭)에서 '새날에 부치는 노래'라고 하였듯이, 일제치하에서 벗어나 나라를 되찾은 감격과 앞으로 펼쳐질 새나라에 대한 희망찬 보람을 노래하고 있다.

(1)

만 사람 눈동자에 한순간 빛나던 별찌야.
일만 가슴 한데 얽던 신기한 음악아.

뱀과 박쥐와 올빼미와 구렁이 서렸던 그늘진 땅에
불길처럼 일어서며 찾던 백성들의 나라와 꿈.

눈부리마다 뜨거운 이슬 방울방울 모여
샘 속에 피어나던 깃발아.

별과 구름 아래 젊은이를 모여 연애보다도
안타까이 가슴 졸이며 고대하던 나라.

지금 상서롭지 못한 우짖음 숨 가쁜 앓음 소리.

눈보라 비바람 우렛소리 몰려옴은
새나라 가는 길 더욱 다짐이리라.

우리 모두 받드는 자유, 백옥 같은 몸뚱어리.
점점이 뚫린 생채기마다 장미꽃 피리라.
돌팔매 자욱자욱 구슬과 진주 맺히리라.

백성들의 슬픔 노염 몸부림 속에서
시시각각 커 가는 꿈 백성의 나라.
지층을 흔들며 파도치며 그는 거기
우리들 곁에 다가오지 않느냐.

가슴마다 노래를 기르자.
불도가니처럼 세차게 타오르자. 별 가까이 다가서자.
어둠 짙은 까닭에 횃불은 도리어 그믐밤이 곱지 않으냐.

반석처럼 밀물처럼 시간의 수레에 밀려
그는 지동치며 오지 않느냐.

―「다시 팔월에」

(2)

벽을 헐자.
그대들과 우리들 사이의
그대들 속의 작은 그대들과 또 다른 그대들 사이의

우리들 속의 작은 우리들과 또 다른 우리들 사이의

아마도 그것은
금과 은과 상아로 쌓은 치욕의 성(城)일지도
모른다. 그러면 더욱 헐자.

낡은 장벽을 무너 버린 위에 거기
새날의 대로(大路)를 뽑자.
그대들과 우리 다
함께 갈 대로를 뽑자.

—「벽을 헐자」

　김기림은 시집 말미의 후기「새노래에 대하여」에서 말하기를 시의 소생(蘇生)을 위해서는 첫째는 사람이 흘린 피와 더운 입김이 섞여야 한다는 것, 둘째는 이를 위해서는 실천의 혜지(慧知)와 정열 속에서 통일하는 전인간(全人間)의 목소리, 곧 생활의 현실 속에서 우러나야 할 것을 역설하고 있다.

　세계와 인생에 대한 생각을 끊임없이 하나로 조직하고 바로 잡으며 또 거기 옳고 굵고 늠름하게 살아가는 마음의 태세를 갖추어 가야 한다는 것은 사람으로서의 한 무겁고 번거로운 부담일세 옳다. 짐이 너무 무겁고 앞뒤가 하도 막막할 적에 우리는 때로는 차라리 저 들짐승의 생활의 무심하고 순순함을 부러워하기도 한다. 시는 내게 있어서는 이러한 스스로의 살아가는 문제의 조정의 수단에 지나지 않는다. 시인이란 사람의 사람으로서의 짐을 남달리 깊이 의식하고 자진하여 그것을 걸머지고 가는 무릇 미련하고 못나고 줄난 종족인 것 같다. 벗어 버리려면 못 버릴 것도 없다. 편한 길은 얼마든지 있는 것이다. 편한 길은 얼마든지 있는 것이다. 짐승의 생활에 한 걸음씩 더 가까이만 가면 그만일 터이다. 하지만 모두가 짐을 잊어버리고 또는 일부러 버리고 가는 것만 같아서 세속의 행렬에서는 가장 뒤떨어진 곳에 정신의 무거운 부담을 끄은 채 시대의 거센 물굽이를 간신히 헤치고 나갈밖에 없다. 사납고 어지러운 시대일수록 그는 더 피로하고 슬프고 노엽고 초라하고 상기해야 하나 보다. 그러므로 그는 항용 창황히 짐을 꾸리는 버릇이 있다. 까닭 모를 출발이 그를 몰아세는 때문이다. 욕스런 과거와 현재에 대한 끊임없는 결별——그것은 예술의 성장을 위한 윤리인 듯도 하다. 도약 그것이야말로 가장 소중한 정신의 체조일지도 모른다. 모두 떳떳하고 훌륭하게 살아가려는 몸짓이다.

우리는 일찍이 '센티멘털 로맨티시즘'의 홍수 속에서 시를 건져 냈다. 저 야수적인 시대에 감상에 살기가 싫었고 좀 더 투명하게 살고 싶었던 것이다. 속담대로 죽어 가면서도 제 정신만은 잃지 말고자 한 것이다. 그러나 건져 내 놓고 보니 그것은 청결하기는 하나 피가 흐르지 않는 한낱 '미라'였다. 시의 소생을 위하여는 역시 사람의 흘린 피와 더운 입김이 적당히 다시 섞여야 했다. 하지만 벌써 한낱 정신의 형이상학은 아니라 할지라도 또 단순한 육체의 동계일 수도 없었다. 그러한 것을 실천의 혜지와 정열 속에서 통일하는 한 '전인간'의 소리라야 했다. 생활의 현실 속에서 우러나와야 했다. 떨어져 나간 한 고독한 영혼의 독백이 아니라 '새 역사'를 만들어 가는 민족의 베일래야 베일 수 없는 한 토막으로서의 한 사람의 무엇보다도 노래라야 했다. 시를 읽는 것만으로는 아무도 만족하지 못했다. 무척 노래하고 싶었던 것이다…….

하지만 모든 것을 한꺼번에 내던지기란 그리 쉬운 노릇이 아니다. 비록 낡은 때요 찌라 할지라도 제게 묻은 것이기 때문에 거기 그저 망설이기 쉬운 것이 사람의 마음의 연약한 버릇인 것 같다. 모든 것을 잊어버리라는 말은 피차에 위로나 격려의 말로 항용 쓰기는 하나 하는 편에서도 그리 효과에 기대를 가지는 것은 아니다. 다만 긴장한 대화의 틈을 메우기 위한 수단인 경우가 많다. 사실 이별을 간단히 해치우기 위하여는 괴테처럼 약간의 숙련이 필요할는지 모른다. 사는 데 있어서도 예술에 있어서도 단호하게 해야 할 일이면서도 그저 주저주저하는 동안에 사람들의 반신은 언제까지고 적당히 과거라는 진흙탕 속에 잠긴 채 좀처럼 솟구쳐 나지 못하고 마나 보다. 더군다나 지금 우리가 막 다닥친 것은 전에 없던 풍랑이 아니냐? 아무짝에도 쓸데없는 것이라면 어서어서 뱃장 밖에 팽개치자. 약간의 생리와 습성의 미련이라면 우리들의 경쾌한 항해를 위하여 그만 단념하면 어떨까? 도처에 이별 있어야 하겠다. 예술에 있어서도 인생에 있어서도 — 이윽고 새로운 내일을 맞이하기 위하여 — .

여기서 저자는 8·15광복 이후 펼쳐질 우리들이 지향해야 할 시적 과제를 제시한 셈인데, 이 기간의 작품으로는『바다와 나비』의 시편 일부와『새노래』의 시편들이 해당된다. 다시 말해서『바다와 나비』의 시편 일부나『새노래』의 시편은 8·15 직후의 되찾은 나라의 감격과 환희를 노래하고 있다. 그리고 우리의 예리한 통찰력으로 세계와 마주 서야 한다는 결의와 참여의 시작 태도를 보이고 있다.

엮은이
권영민

충남 보령에서 태어났다. 서울대학교 국문과를 졸업하고 동 대학원에서 박사 학위를 받았다. 서울대학교 국문학과 교수로 재직했고, 하버드대학교 한국문학 초빙교수, 캘리포니아 버클리대학교 한국문학 초빙교수, 일본 도쿄대학교 한국문학 초빙교수 등을 역임했다. 현재 대한민국예술원 종신회원이며 서울대학교 명예교수, 중국 산동대학교 외국인 석좌교수로 활동 중이다. 주요 저서로 『한국 현대문학사』, 『한국 현대문학비평사』, 『서사 양식과 담론의 근대성』, 『한국 계급문학 운동 연구』, 『이상 연구』, 『한국 현대문학의 이해』, 『이상 문학의 비밀 13』, 『오감도의 탄생』, 『정지용 시 126편 다시 읽기』, 『문학사와 문학비평』 등이 있다. 현대문학상, 김환태평론문학상, 만해대상 학술상, 세종문화상, 경암학술상 등을 수상했다.

김기림 전집 1
시

1판 1쇄 찍음   2025년 7월 23일
1판 1쇄 펴냄   2025년 8월 20일

엮은이   권영민
발행인   박근섭, 박상준
펴낸곳   (주)민음사

출판등록   1966. 5. 19. 제16-490호
주소   서울시 강남구 도산대로1길 62(신사동)
             강남출판문화센터 5층 (우편번호 06027)
대표전화   515-2000 | 팩시밀리 515-2007
홈페이지   www.minumsa.com

© 권영민, 2025. Printed in Seoul, Korea

ISBN 978-89-374-0492-4 (04810)
ISBN 978-89-374-0491-7 (세트)

* 잘못 만들어진 책은 바꾸어 드립니다.